LITERATURA COMO MISSÃO

NICOLAU SEVCENKO

# Literatura como missão
*Tensões sociais e criação cultural
na Primeira República*

2ª edição revista
e ampliada

3ª reimpressão

COMPANHIA DAS LETRAS

Copyright © 1983, 2003 by Nicolau Sevcenko

*Grafia atualizada segundo o Acordo Ortográfico da Língua Portuguesa de 1990, que entrou em vigor no Brasil em 2009.*

*Capa*
Dupla Design sobre *Avenida Central*, c. *1906, Rio de Janeiro*, foto de Marc Ferrez (detalhe reproduzido na quarta capa).

*Índice remissivo*
Frederico Dentello

*Preparação*
Frederico Dentello

*Revisão*
Maysa Monção
Ana Maria Barbosa
Nestor Turano Jr.

---

Dados Internacionais de Catalogação na Publicação (CIP)
(Câmara Brasileira do Livro, SP, Brasil)

---

Sevcenko, Nicolau
    Literatura como missão : Tensões sociais e criação cultural na Primeira República / Nicolau Sevcenko. — 2ª ed. — São Paulo : Companhia das Letras, 2003.

    Bibliografia.
    ISBN 978-85-359-0409-3

    1. Brasil — História — República Velha, 1889-1930 2. Brasil — Vida intelectual — Séc. 19 3. Brasil — Vida intelectual — Séc. 20 4. Literatura brasileira — Séc. 19 — História e crítica 5. Literatura brasileira — Séc. 20 — História e crítica 6. Literatura e sociedade — Brasil I. Título. II. Título: Tensões sociais e criação cultural na Primeira República.

---

03-4402                                                            CDD-869.909

---

Índice para catálogo sistemático:
1. Literatura brasileira : História e crítica 869.909

Todos os direitos desta edição reservados à
EDITORA SCHWARCZ S.A.
Rua Bandeira Paulista, 702, cj. 32
04532-002 — São Paulo — SP
Telefone: (11) 3707-3500
www.companhiadasletras.com.br
www.blogdacompanhia.com.br
facebook.com/companhiadasletras
instagram.com/companhiadasletras
twitter.com/cialetras

# Sumário

*Agradecimentos* .................................... 11
*Prefácio à primeira edição* — *Francisco de Assis Barbosa* .. 15
*Nota de reedição* .................................. 21
*Introdução* ........................................ 27

I. A inserção compulsória do Brasil na belle époque ..... 35
   1. Rio de Janeiro, capital do arrivismo .............. 36
   2. A República dos Conselheiros ................... 58
   3. O inferno social ............................... 72

II. O exercício intelectual como atitude política:
os escritores-cidadãos .............................. 95
   1. Os "mosqueteiros intelectuais" .................. 96
   2. Paladinos malogrados ......................... 107
   3. Transformação social, crise da literatura
   e fragmentação da intelectualidade ................ 117

III. Euclides da Cunha e Lima Barreto:
sintonias e antinomias .............................. 139

IV. Euclides da Cunha e o círculo dos sábios ............ 153
   1. A linguagem ................................... 154
   2. A obra ........................................ 163
   3. Os fundamentos sociais ........................ 176

V. Lima Barreto e a "República dos Bruzundangas" ...... 189
   1. A linguagem ................................... 190
   2. A obra ........................................ 201
   3. Os fundamentos sociais ........................ 224

VI. Confronto categórico: a literatura como missão ...... 235
   1. Disparidade elementar ......................... 236
   2. Identidade profunda ........................... 258
   3. Literatura e ação pública ..................... 272

*Conclusão — História e literatura* .................... 285
*Posfácio — O núcleo notável e a "linha evolutiva" da
   sociedade e cultura brasileiras* .................... 303
*Notas* ............................................... 319
*Fontes e bibliografia* ............................... 367
*Lista das abreviações utilizadas* .................... 381
*Créditos de fotos e ilustrações* ..................... 383
*Índice remissivo* .................................... 387

*Aos Babenko e Cheuvtchenko*

*Que cilada que os ventos nos armaram!*
*A que foi que tão longe nos trouxeram?*

*San Gabriel, arcanjo tutelar,*
*Vem outra vez abençoar o mar,*
*Vem-nos guiar sobre a planície azul.*

*Vem-nos levar à conquista final*
*Da luz, do Bem, doce clarão irreal.*
*Olhai! Parece o Cruzeiro do Sul!*
   Camilo Pessanha, "San Gabriel"

# Agradecimentos

Os créditos maiores para a realização deste trabalho de pesquisa e de quaisquer qualidades que ele possa ter devem ser atribuídos em primeiro lugar à prof.ª Maria Odila da Silva Dias, que o nutriu desde cedo da mais completa atenção e vivo interesse. Seu relacionamento de orientadora acompanhou-me, juntamente com vários outros amigos da minha geração, desde o curso de graduação, caracterizando-se sempre pelo estímulo intelectual generoso e pela afeição envolvente. Sua erudição refinada fez dela uma guia exigente, a que todos nos esforçávamos por satisfazer. Acredito que ficaram assinalados nas páginas deste trabalho alguns dos seus predicados intelectuais; neste espaço, porém, eu gostaria de registrar todo o calor humano e a vibração que ela nos transmitiu e jamais deixou esmorecer.

Para a minha felicidade ainda, no ambiente do Departamento de História, outros professores foram de enorme valia para a condução do esforço de pesquisa e elaboração deste estudo. Gostaria de lembrar aqui particularmente os nomes dos professores Maria Teresa Schorer Petrone, Augustin Wernet e Adalberto

Marson, que, informados da substância deste trabalho, forneceram-me informações preciosas, orientando-me ainda sobre alguns aspectos particulares. Muito prestimoso também me foi o prof. Ruy Galvão de Andrada Coelho, do Departamento de Sociologia. Em nome deles, gostaria de estender os meus agradecimentos a todos os que de alguma forma colaboraram para a concretização dos meus esforços, tanto quanto para a minha formação e o meu amadurecimento intelectual. Tudo o que eu espero é não tê-los decepcionado e ter me mantido à altura do que esperavam de um aluno seu.

Maria Cristina Simi Carletti, além de ter dividido comigo o esforço físico deste trabalho, forneceu-me o alento moral e a coragem para uma empresa que muitas vezes me pareceu acima das minhas forças. Artista plástica, de invejável talento, a partir da observação de seu trabalho e de nossas conversas informais, ela, sem que o soubesse, forneceu-me a notação sensível indispensável para a adequada compreensão dos complexos e delicados processos de criação estética.

Os amigos de préstimo e colaboradores foram muitos. Elias Thomé Saliba acompanhou de perto todo o meu trabalho, cruzando as suas informações com as da minha pesquisa e contribuindo para enriquecer o meu material. Foi sobretudo o companheiro das horas amargas, solidarizando-se comigo nas inúmeras dificuldades angustiantes, que ambos enfrentamos durante nossos trabalhos paralelos. Maria Inez Machado Pinto, sempre solícita, nunca perdeu uma oportunidade de prestar seu auxílio, quer na forma de livros ou de diretrizes teóricas. Os companheiros da pós-graduação Rita Germano, Silvia Levy, Jaci Moura Torres e Silvia Lara Ribeiro me ofereceram continuamente ideias, informações e préstimos de enorme valia. Roney Bacelli me sugeriu fontes e instituições de pesquisa, Glória Amaral forneceu informações bibliográficas de grande utilidade; e assim uma legião de amigos, que se incorporou definitivamente, de uma forma ou de outra, a este trabalho.

Por intermédio da pessoa representativa de Hermínia Musanek, que procurou me facilitar por todas as formas o trabalho na biblioteca do Departamento de História, agradeço aqui a todos os funcionários dessa instituição, do Instituto de Estudos Brasileiros e da Biblioteca Municipal de São Paulo, que sempre me receberam com gentileza.

Este trabalho foi defendido como tese de doutoramento no Departamento de História da Faculdade de Filosofia, Letras e Ciências Humanas da Universidade de São Paulo, em 18 de dezembro de 1981. Participaram da arguição, como membros da banca examinadora, os professores Maria Odila da Silva Dias, Maria Teresa Schorer Petrone, Bóris Schnaiderman, Ruy Galvão de Andrada Coelho e Sérgio Buarque de Holanda, de cujas observações e comentários, sempre de grande interesse, esta publicação sai notavelmente beneficiada. A versão que ora apresentamos sai filtrada de alguns equívocos e acrescida de apontamentos importantes, mas, principalmente, escoimada dos excessos de anotações e do aparato erudito a que obrigam as praxes acadêmicas e que não se justificariam perante um público maior e mais variado. Aos pesquisadores interessados, indicamos que a versão original encontra-se disponível nas bibliotecas da FFLCH-USP.

Por fim, gostaria de frisar que sem o generoso apoio fornecido pela Fundação de Amparo à Pesquisa do Estado de São Paulo, nas gestões dos senhores diretores científicos prof. dr. William Saad Hosne e prof. dr. Ruy C. C. Vieira, esta pesquisa jamais teria sido possível.

A todos deixo consignada aqui a minha mais profunda gratidão.

# Prefácio à primeira edição

Com este livro, escrito inicialmente para uma tese de doutoramento na Universidade de São Paulo, que teve como orientadora a profª. Maria Odila da Silva Dias, Nicolau Sevcenko apresenta um quadro muito objetivo e correto da nossa belle époque, no campo das ideias, centrando a sua análise crítica em duas figuras aparentemente marginalizadas tanto política como intelectualmente, apesar do êxito incontestável alcançado pelas obras que publicaram: Euclides da Cunha e Lima Barreto. Ambos tiveram vida atormentada e amargurada, mas não é sob o lado negativo de suas existências que os aproxima o jovem autor dessa bela síntese dos anseios e frustrações da *intelligentsia* brasileira nos anos iniciais da República, num período que se estende na verdade do início da campanha abolicionista até a década de 1920, em que o Rio de Janeiro exerceu papel preponderante, senão hegemônico, como capital cultural, além de ser o centro das decisões políticas e administrativas.

É nesse clima um tanto caótico que se acentua o afastamento entre a camada intelectual e os grupos adventícios da República, como acentuou José Veríssimo, citado por Nicolau Sevcenko, e que vai gerar em muitos uma série de conflitos existenciais e desequilíbrios emocionais, atuando de um modo dramático no próprio desenvolvimento de suas produções literárias, como escritores. O signo da frustração os persegue. Daí o interesse da leitura deste livro e sua significação para a história intelectual de um período malsinado pela geração modernista, que o subestimou a ponto de desprezá-lo como infecundo e desestimulador da atividade literária, quer na prosa, quer na poesia. Havia um fosso, não há dúvida, entre os intelectuais e a classe política. Nas palavras do autor, revela-se a impotência da ação dos escritores: "Desligados da elite social e econômica, descrentes da casta política, mal encobrem o seu desejo de exercer tutela sobre uma larga base social que se lhes traduzisse em poder de fato. Era evidente contudo que essa generosidade ambígua não convinha aos projetos das oligarquias e morreu na reverberação ineficaz da retórica".

Nicolau Sevcenko escolheu Euclides da Cunha e Lima Barreto pensando num paralelo que marca esse desconcerto, por distanciá-los da maioria dos seus contemporâneos: é que ambos possuíam a consciência de que alguma coisa tinha de ser feita pelos escritores a serviço do povo brasileiro, para retirá-lo da situação de miséria e ignorância em que vivia, abandonado pelos governos, consequência da própria organização social e política do país, quer sob o Império, quer sob a República.

Lima Barreto bateu-se por uma literatura militante, o que de resto já não era novidade na época. Só o era talvez para o Brasil. Euclides da Cunha, embora parecendo desconhecer a expressão, não faria outra coisa, ao longo da sua obra, e toda a sua ação intelectual o conduziria ao mesmo objetivo, de vez que, para ele, um homem de letras devia ser o contrário de um beletrista ou afeito exclusivamente ao belo, isto é, apenas interessado pelo papel da literatura, sem qualquer base política ou social.

Euclides foi republicano, desde o tempo de aluno da Escola

Militar, mas sempre se mostrou descrente de que a mudança do regime, por si só, pudesse realizar o milagre de uma democracia popular. Lima Barreto, que se conservou de certo modo um nostálgico da Monarquia, apesar das suas manifestações anarquistas, atacou sem reservas o sistema que se lhe afigurava uma oligarquia de caráter mais aristocrático que o parlamentarismo imperial. O que pode parecer até um paradoxo, mas não era. A essa curiosa forma de governo de fazendeiros de café, capitalistas e bacharéis, muitos dos quais advogados dos interesses de grupos privilegiados e até antinacionais, Lima Barreto chamou de plutocracia, talvez com um certo exagero, mas sem falsear a verdade.

O mesmo se dirá de Euclides da Cunha, em certos momentos, como no seu discurso de posse na Academia Brasileira de Letras, em solenidade que contou com a presença do presidente da República, Afonso Pena, que na ocasião teve de ouvir dois contundentes pronunciamentos: o do próprio Euclides e o de Sílvio Romero, autor do elogio do novo acadêmico, ambos desabusados nas críticas a certos rumos que tomara a política republicana. Euclides da Cunha não se mostrará menos agressivo na sua linguagem no discurso com que assumirá pouco depois o cargo de sócio efetivo do Instituto Histórico e Geográfico Brasileiro, instituição venerável, bem mais antiga que a Academia, e que ainda conservava muito vivo, e sempre continuará conservando, o respeito pelo seu grande protetor, o imperador Pedro II, num culto quase religioso, ainda não arrefecido.

São atitudes muito semelhantes as de Euclides da Cunha e Lima Barreto no combate ao que se considerou na época vícios e distorções do regime republicano. Lima Barreto atacou com violência a oligarquia mineira-paulista, que promovia a "valorização do café" e as suntuosas obras públicas da área metropolitana do Centro-Sul, enquanto o trabalhador agrícola permanecia "quase sempre errante de fazenda em fazenda, donde é expulso por qualquer dá cá aquela palha, sem garantias de espécie alguma — situação agravada pela sua ignorância, pela natureza das culturas, pela politicagem roceira e pela incapacidade e cupidez dos proprietários" (*Os bruzundangas*).

Se era este o tom dos artigos de crítica política de Lima Barreto, publicados na imprensa libertária e até mesmo na grande imprensa, na *Gazeta de Notícias*, reunidos em livros do autor que não têm sido reeditados com a frequência desejável, como *Bagatelas*, *Feiras e mafuás* e *Os bruzundangas*, livros esses que parecem juntar-se à mesma linha de protesto e denúncia do livro vingador de Euclides da Cunha, *Os sertões* (1902), e mesmo depois, nos artigos sobre a Amazônia e a triste situação do seringueiro, "Judas Asvero", a vagar pela imensidão da floresta tropical.

Esses artigos de Euclides da Cunha foram objetos de uma reconstituição na década de 1970, por iniciativa de Hildon Rocha, que reuniu os ensaios sobre a Amazônia, sob o título *Um paraíso perdido* (Petrópolis, Vozes, 1976). Mas os numerosos e importantes pronunciamentos de Lima Barreto continuam no esquecimento.

Lima Barreto assim se expressou sobre o trabalhador rural: "O pária agrícola (colono ou caboclo), quando se estabelece nas suas propriedades, tem todas as promessas e garantias verbais. Constrói o seu rancho, que é uma cabana de taipa, coberta com o que nós chamamos de sapé, e começa a trabalhar para o barão, desta ou daquela maneira. [...] Mas posso asseverar que o trabalhador agrícola — esteja o café em alta, suba o açúcar, desça o açúcar — há trinta anos", assinalava Lima Barreto em 1918, "ganha o mesmo salário" (*Os bruzundangas*), salário, já se vê, irrisório, e assim mesmo a seco, sem direito a alimentação.

Quanto à modernização do Rio de Janeiro, Lima Barreto sempre se colocou como voz solitária em posição radicalmente contra a forma como se processava. Para ele, os homens ricos, os agentes imobiliários, os pseudourbanistas, que se empenhavam em loteamentos para valorizar e especular os terrenos pantanosos de Copacabana, Ipanema e Leblon, não estavam preocupados com a natureza. Só se pensava mesmo em ganhar dinheiro, à custa dos favores da prefeitura. "Excessivamente urbana", escrevia Lima Barreto por volta de 1919, "a nossa gente abastada não povoa os arredores do Rio de Janeiro de vivendas de campo, com pomares, jardins, que os figurem graciosos como a linda paisagem da maioria deles está pedindo. Os nossos arrabaldes e subúrbios são uma desolação. As casas de gente abastada têm, quando muito, um jardinzito liliputiano de polegada e meia e as da gente pobre não têm coisa alguma" (*Bagatelas*).

Em 1919, a situação ambiental da paisagem no Rio de Janeiro é bem diversa da que hoje se apresenta, quando a destruição vai bem mais avançada, com a selva de pedra, em torno dos montes derrubados. Os "reformadores apressados", contra os quais clamava Lima Barreto como voz única e isolada, multiplicaram-se em escala geométrica, na construção desordenada de espigões colossais agredindo a paisagem, sufocando-a. Na música e no teatro, um Antônio Carlos Jobim e um Dias Gomes, pouco mais, juntam-se com o eco amortecido das palavras do romancista. "Onde estão os jasmineiros das cercas? Onde estão aqueles extensos tapumes de maricás que se tornam de algodão que mais é neve, em pleno estio?", Lima Barreto, *Bagatelas*. Já à época de Lima Barreto não passavam de destroços das velhas chácaras abandonadas, no jogo da especulação, incentivado pelos chamados melhoramentos municipais, para a satisfação, denunciava o escritor, a cupidez de meia dúzia de matreiros, "sujeitos para quem a beleza, a saúde dos homens, os interesses de uma população nada valem" (*Bagatelas*).

Vivíamos, então, em plena maré dos "melhoramentos" desde o começo do século xx, desde a gestão de Pereira Passos na prefeitura do Distrito Federal, com o "bota-abaixo" do casario colonial, e que, depois da Primeira Guerra Mundial, tomaria novo alento com Paulo de Frontin e Carlos Sampaio. O escritor achava absurdo todo aquele sonho de grandeza que vinha acentuar ainda mais o desequilíbrio entre o litoral e o sertão, a área metropolitana sempre beneficiada e o interior desamparado, o crescimento desmedido dos centros urbanos e o abandono sistemático das populações rurais. E atacou sem rebuços, nos seus artigos, como se fosse um cientista social, a "megalomania dos melhoramentos apressados, dos palácios e das avenidas" (*Marginália*), apontando-lhes as consequências inevitáveis que já se tornavam evidentes com as migrações internas, o deslocamento em massa de camponeses para os grandes centros metropolitanos, à procura de trabalho.

Esses exemplos bastam para mostrar não apenas a atualidade de Euclides da Cunha e Lima Barreto, como para significar o interesse do belo livro de Nicolau Sevcenko, *Literatura como missão: tensões sociais e criação cultural na Primeira República*. Um livro para ficar e que está a pedir a atenção de todos os estudiosos em ciência social.

*Francisco de Assis Barbosa (1983)*

# Nota de reedição

*Literatura como missão* recebe uma nova edição, agora pela Companhia das Letras, revista, acrescida de um caderno de ilustrações, de um posfácio novo e de um índice remissivo. Exceto pela revisão e por esses acréscimos, o texto permanece o mesmo da publicação original pela editora Brasiliense. Nem preciso dizer como me faz contente a acolhida que esse livro, minha primeira aventura intelectual, vem tendo desde que foi lançado. Acredito que parte desse acolhimento foi devido a aspectos algo ousados que ele apresentava quando do seu lançamento. *Literatura como missão* envolvia uma abordagem interdisciplinar, quando essa tendência era vista mais com suspeita do que com entusiasmo. Enveredava pela história da cultura, corrente pouco praticada então entre nós, para não dizer pouco apreciada. E se afinava também com o chamado "linguistic turn", que redefiniu as coordenadas das ciências humanas no quarto final do século xx.

Se essas características, observadas em resenhas e debates, chamaram a atenção dos leitores, havia, em paralelo, uma outra dimensão do livro que era igualmente destacada nos comentários.

Ela não estava muito clara para mim durante o empenho da pesquisa e da redação do livro, mas foi ganhando preeminência na sua recepção por diferentes especialistas e setores do público leitor. Refiro-me à afinidade que *Literatura como missão* assinalava entre o contexto histórico do início do século, seu tema básico, e a própria conjuntura do país tal como a vivíamos nas suas últimas décadas. O livro procurava compreender a grande crise histórica que marcou a entrada do Brasil na modernidade, após a Abolição e a República, com o afluxo de vultosos capitais externos, imigrantes, a formação do mercado de trabalho remunerado e os inícios da industrialização. Grande parte desse processo foi abortada, e suas mazelas se tornaram entraves ao ingresso do país numa segunda etapa dessa modernidade, representada agora pela mudança tecnológica centrada na microeletrônica e nos impasses da globalização.

Em especial, o livro questionava o papel decisivo que cabem à imaginação artística e às energias intelectuais em momentos críticos de mudança histórica. A pesquisa procurou definir as fissuras no debate cultural em que as diferentes alternativas que se punham para definir o destino do país eram refletidas, discutidas, propostas, sendo algumas adotadas e outras descartadas para sempre. A linha divisória central era nítida. De um lado, aqueles que defendiam e celebravam os poderosos do momento, tanto daqui quanto do exterior, em estreita aliança, reservando a eles o futuro do país. Do outro, uma minoria de consciências íntegras, animadas pela sensibilidade humana, pelo anseio de justiça e pela inteligência crítica, clamando corajosamente, embora em vão, por uma sociedade equilibrada, capaz de enfrentar os efeitos nefastos da escravidão, do colonialismo, da exploração predatória da natureza, tanto quanto de uma modernidade excludente, discriminatória, antidemocrática e concentradora de bens, riquezas e oportunidades. Como se vê, uma situação que nos é tristemente familiar e um debate que é ainda mais urgente hoje, em decorrência do modo como foi escamoteado outrora.

Para esta nova edição, minhas dívidas com amigos e colaboradores se multiplicaram e gostaria de registrá-las aqui. Em primeiro lugar, agradeço ao Luiz e à Lilia Schwarcz. O Luiz era o editor da Brasiliense, assistindo o intrépido Caio Graco Prado, quando fui batalhar a publicação do livro, desconhecido, tímido e com um tema incomum. Desde então, ele e a Lilia, tomando rumo próprio, têm me apoiado, pelo que lhes sou sinceramente grato. No "Posfácio" acrescentado a esta reedição, deixo manifesta a minha dívida para com o professor John Gledson, de cuja refinada sensibilidade crítica tenho tido o privilégio de compartilhar num convívio frequente. O mesmo "Posfácio" deixa evidente o quanto devo ao meu interlocutor mais direto, o professor Elias Thomé Saliba, com quem compartilho não apenas minhas questões de pesquisa histórica, mas também aspirações éticas, sociais e ecológicas. Nunca é demais ressaltar, é claro, a dívida comum que temos com nossa mestra e mentora intelectual, a professora Maria Odila da Silva Dias.

Pelos cuidados desta edição, sou grato ao apoio e às observações cuidadosas da equipe da Companhia das Letras. Tive também a feliz oportunidade de contar com a generosa contribuição do escritor Luiz Maria Veiga, especialista na cultura lusitana, revendo o texto e sugerindo intervenções tópicas. Colaborou igualmente nos esforços de revisão e como autor do índice remissivo, Frederico Dentello, com sua inteligência intransigente. Deixada por último, justamente porque foi decisiva, registro aqui minha infindável gratidão a Cristina Simi Carletti. Do estímulo inicial à nova publicação, à revisão rigorosa do texto, à pesquisa iconográfica e ao levantamento das fontes, ela foi a agente promotora desta reedição, como tem sido a inspiração constante do meu trabalho. Em particular, aproveitei e me deliciei dos duelos intermináveis e hilários entre ela, o Luiz Maria e o professor John Gledson sobre autores brasileiros e portugueses notáveis desse período. Criaturas iluminadas como essas fazem justiça ao lema de Lima Barreto: "Amplius, sempre mais longe!"

*Nicolau Sevcenko*

*Henoch brada: "É mister uma linha tão larga*
*De torres, que nenhum olhar passe por ela;*
*Uma forte muralha e, dentro, a cidadela;*
*Funde-se uma cidade e cerque-se de muros".*
*Tubalcaim, o pai desses ferreiros duros,*
*Uma enorme cidade ergueu, quase divina.*
*Enquanto ele a constrói, os outros na campina*
*Afugentam de Seth os filhos e os d'Enós,*
*Os olhos arrancando aos que se encontram sós;*
*Lançam flechas ao ar, de noite, contra os astros;*
*A pedra sucedeu à tenda erguida em mastros;*
*Ligou-se o paredão com duros nós de ferro;*
*Parecia a cidade um infernal desterro;*
*A sombra das muralhas escurecia as terras;*
*Deram a cada torre as dimensões de serras*
*Gravaram sobre a porta: "Aqui não entra Deus".*
*E, arrojando essa luva à cólera dos céus,*
*Fecharam numa torre o velho fratricida;*

*Ficou numa atitude inerte, espavorida;*
*"Ó meu pai, já não vês o olhar?", perguntou Tsila;*
*Respondeu: "Não me larga a tétrica pupila!".*
                    Victor Hugo, "A consciência"

# Introdução

Procedente, nas suas raízes, da Filologia e da escola histórica alemãs oitocentistas, houve no século xx um reconhecimento categórico de que a linguagem está no centro de toda atividade humana. Sabe-se hoje que, sendo ela produzida pelo complexo jogo de relações que os homens estabelecem entre si e com a realidade, ela passou também a ser, a partir do próprio momento de sua constituição, um elemento modelador desse mesmo conjunto de relações.[1] A linguagem se torna, dessa forma, como que um elemento praticamente invisível de sobredeterminação da experiência humana, muito embora ela tenha uma existência concreta e onímoda. Foi a sua natureza ambígua oscilante entre o palpável e o impalpável, simultaneamente material e imaterial, que suscitou num poeta essa imagem ao mesmo tempo muito estranha e muito lúcida, pressentindo-a:

> [...] comme le vent des grèves,
> Fantôme vagissant, on ne sait d'où venu,
> Qui caresse l'oreille et cependant l'effraie.[2]

Fonte do prazer e do medo, essa substância impessoal é um recurso poderoso para a existência humana, mas significa também um dos seus primeiros limites. As potencialidades do homem só fluem sobre a realidade através das fissuras abertas pelas palavras.[3] Falar, nomear, conhecer, transmitir, esse conjunto de atos se formaliza e se reproduz incessantemente por meio da fixação de uma regularidade subjacente a toda ordem social: o discurso. A palavra organizada em discurso incorpora em si, desse modo, toda sorte de hierarquias e enquadramentos de valor intrínsecos às estruturas sociais de que emanam. Daí por que o discurso se articula em função de regras e formas convencionais, cuja contravenção esbarra em resistências firmes e imediatas.[4] Maior, pois, do que a afinidade que se supõe existir entre as palavras e o real, talvez seja a homologia que elas guardam com o ser social.

Dentre as muitas formas que assume a produção discursiva, a que nos interessa aqui, a que motivou este trabalho, é a literatura, particularmente a literatura moderna. Ela constitui possivelmente a porção mais dúctil, o limite mais extremo do discurso, o espaço onde ele se expõe por inteiro, visando reproduzir-se, mas expondo-se igualmente à infiltração corrosiva da dúvida e da perplexidade. É por onde o desafiam também os inconformados e os socialmente mal-ajustados. Essa é a razão por que ela aparece como um ângulo estratégico notável, para a avaliação das forças e dos níveis de tensão existentes no seio de determinada estrutura social. Tornou-se hoje em dia quase que um truísmo a afirmação da interdependência estreita existente entre os estudos literários e as ciências sociais.[5]

A exigência metodológica que se faz, contudo, para que não se regrida a posições reducionistas anteriores, é de que se preserve toda a riqueza estética e comunicativa do texto literário, cuidando igualmente para que a produção discursiva não perca o conjunto de significados condensados na sua dimensão social.[6] Afinal, todo escritor possui uma espécie de liberdade condicional de criação, uma vez que os seus temas, motivos, valores, normas ou revoltas são fornecidos ou sugeridos pela sua sociedade e seu tempo — e é destes que eles falam.[7] Fora de qualquer dúvida: a literatura é antes de mais nada um produto artístico, destinado a agradar e a comover; mas como se pode imaginar uma árvore sem raízes, ou como pode a qualidade dos seus frutos não depender das características do solo, da natureza do clima e das condições ambientais?

O estudo da literatura conduzido no interior de uma pesquisa historiográfica, todavia, preenche-se de significados muito peculiares. Se a literatura moderna é uma fronteira extrema do discurso e o proscênio dos desajustados, mais do que o testemunho da sociedade, ela deve trazer em si a revelação dos seus focos mais candentes de tensão e a mágoa dos aflitos. Deve traduzir no seu âmago mais um anseio de mudança do que os mecanismos da permanência. Sendo um produto do desejo, seu compromisso é maior com a fantasia do que com a realidade. Preocupa-se com aquilo que poderia ou deveria ser a ordem das coisas, mais do que com o seu estado real.

Nesse sentido, enquanto a Historiografia procura o ser das estruturas sociais, a literatura fornece uma expectativa do seu vir-a-ser. Uma autoridade tão conspícua quanto Aristóteles já se havia dado conta desse contraste. Comentava ele na sua *Poética*:

> Com efeito, não diferem o historiador e o poeta por escreverem verso ou prosa (pois que bem poderiam ser postas em verso as obras de Heródoto, e nem por isso deixariam de ser de história, se fosse em verso o que eram em prosa) — diferem, sim, em que diz um as coisas que sucederam, e outro as que poderiam suceder.[8]

Ocupa-se portanto o historiador da realidade, enquanto o escritor é atraído pela possibilidade. Eis aí, pois, uma diferença crucial, a ser devidamente considerada pelo historiador que se serve do material literário.

Mas e se invertermos as perspectivas: qual a posição do escritor diante da história? Quem nos responde é um crítico contemporâneo.

> A História, então, diante do escritor, é como o advento de uma opção necessária entre várias morais da linguagem; ela o obriga a significar a Literatura segundo possíveis que ele não domina.[9]

A história, assim, ao envolver um escritor, o arroja contraditoriamente para fora de si. Para que ele cumpra o papel e o destino que lhe cabem, é necessário que se perca nos meandros de possíveis inviáveis. Desejos inexequíveis, projetos impraticáveis: todos, porém, produtos de situações concretas de carência e privação, e que encontram aí o seu âmbito social de correspondência, propenso a transformar-se em público leitor.

A literatura, portanto, fala ao historiador sobre a história que não ocorreu, sobre as possibilidades que não vingaram, sobre os planos que não se concretizaram. Ela é o testemunho triste, porém sublime, dos homens que foram vencidos pelos fatos. Mas será que toda a realidade da história se resume aos fatos e ao seu sucesso? Felizmente, um filósofo bastante audacioso nos redimiu dessa compreensão tão estreita, condenando "o 'poder da história', que, praticamente, se transforma, a todo instante, numa admiração nua do êxito que leva à idolatria dos fatos".[10]

Segundo um outro pensador, esse nosso contemporâneo, "o real não se subordina ao possível; o contingente não se opõe ao necessário".[11] Pode-se, portanto, pensar numa história dos desejos não consumados, dos possíveis não realizados, das ideias não consumidas. A produção dessa Historiografia teria, por consequência, de se vincular aos agrupamentos humanos que ficaram marginais ao sucesso dos fatos. Estranhos ao êxito mas nem por isso ausentes, eles formaram o fundo humano de cujo abandono e prostração se alimentou a literatura. Foi sempre clara aos poetas a relação intrínseca existente entre a dor e a arte.[12] Esse é o caminho pelo qual a literatura se presta como um índice admirável, e em certos momentos mesmo privilegiado, para o estudo da história social.

O caso em estudo é típico. As duas primeiras décadas desse século experimentaram a vigência e o predomínio de correntes realistas de nítidas intenções sociais. Inspiradas nas linhagens intelectuais características da belle époque — utilitarismo, liberalismo, positivismo, humanitarismo —, faziam assentar toda a sua energia sobre conceitos éticos bem definidos e de larga difusão em todo esse período. Assim, abstratos universais como os de humanidade, nação, bem, verdade e justiça operavam como os padrões de referência básicos, as unidades semânticas constitutivas dessa produção artística. O dilema entre o impulso de colaborar para a composição de um acervo literário universal e o anseio de interferir na ordenação da sua comunidade de origem assinalou a crise de consciência maior desses intelectuais.

A leitura dos seus textos literários nos levou a perscrutar o seu cotidiano, familiarizando-nos com o meio social em que conviviam: a cidade do Rio de Janeiro no limiar do século xx. As posturas, as ênfases, as críticas presentes nas obras nos serviram como guias de referência para compreendermos e analisarmos as suas tendências mais marcantes, seus níveis de enquadramentos sociais e sua escala de valores. O material compulsado: a imprensa periódica (jornais, magazines), crônicas, biografias e opúsculos. Ato contínuo, esse material vultoso nos forneceu indicações preciosas, que urgiram a releitura e a reinterpretação das obras literárias. Dessa forma, os textos narrativos nos ajudaram a iluminar a realidade que lhes era imediatamente subjacente, e o conhecimento desta contribuiu para deslindar os interstícios da produção artística.

Uma pesquisa abrangente dos meios intelectuais, com uma amostragem geral da sua produção no tocante aos temas, critérios, objetivos e disposições, permitiu-nos avaliar as peculiaridades dessa pequena comunidade e a sua ânsia de enraizar-se num substrato social mais amplo. Demonstrou-nos igualmente o quanto a sua produção se vincava conforme o ritmo e o sentido das transformações históricas que agitaram a sociedade carioca nesse período. Orientaram-nos, nesse momento da pesquisa, não só a leitura de obras expressivas, mas também uma sondagem mais completa das práticas de edição, das expectativas do público, da atmosfera cultural criada na cidade, dos pontos de encontro, associações de interesse e rivalidades que distinguiam a comunidade dos homens de letras.

Do interior desse panorama mais complexo que entrecruza os níveis social e cultural, sobressaem-se com grande destaque as obras de Euclides da Cunha e Lima Barreto. Nenhuma outra apresentava tantos e tão significativos elementos para a elucidação, quer das tensões históricas cruciais do período, quer dos seus dilemas culturais. Mas mais notável ainda que o seu relevo individual era a contradição irremissível que opunha a obra de um à de outro. Contraste centrado nos processos de elocução radicalmente opostos de cada escritor, ele se estendia para todo o conjunto da sua produção literária, atestando um estranho e completo divórcio intelectual entre dois autores, cujas condições gerais de vida e cuja militância pública denotavam uma enorme semelhança.

O estudo mais detido de cada um desses conjuntos de textos deixaria entrever com clareza que o seu antagonismo essencial repousava sobre insólitas clivagens existentes no interior do universo social da Primeira República, com que as suas obras se solidarizavam. Seus livros distinguem-se ainda por isso, pela transparência com que resumem nas propostas e respostas estéticas os conflitos mais agônicos que marcaram a sociedade brasileira nessa fase. Cada um deles é como que uma síntese das alternativas históricas possíveis, que se colocavam diante dos olhos dos autores, pelas quais lutaram energicamente, derrubando moinhos de vento para o sorriso desconfortável dos poderosos. Esta é a história daquela batalha contra os moinhos e da sua triste derrota.

# 1. A inserção compulsória do Brasil na belle époque

*Avenida Central, 19/7/1907*

*De uma hora para outra, a antiga cidade* [do Rio de Janeiro] *desapareceu e outra surgiu como se fosse obtida por uma mutação de teatro. Havia mesmo na cousa muito de cenografia.*

Lima Barreto, *Bz*, p. 106

1. RIO DE JANEIRO, CAPITAL DO ARRIVISMO

Assinalando nitidamente um amplo processo de desestabilização e reajustamento social, o advento da ordem republicana foi marcado também por uma série contínua de crises políticas — 1889, 1891, 1893, 1897, 1904. Todas elas foram marcadas por grandes ondas de "deposições", "degolas", "exílios", "deportações", que atingiram principalmente e em primeiro lugar as elites tradicionais do Império e o seu vasto círculo de clientes; mas tendendo em seguida — sobretudo nos seus dois últimos movimentos — a eliminar também da cena política os grupos comprometidos com os anseios populares mais latentes e envolvidos nas correntes mais férvidas do republicanismo. Opera-se através delas como que uma filtragem dos elementos nefastos ao novo regime, aqueles que pecavam quer por demasiada carência, quer por excesso de ideal republicano.

Reforçando esse processo convulsivo de seleção política, o estabelecimento da nova ordem desencadeou simultaneamente uma permutação em larga amplitude dos grupos econômicos, ao promover com o Encilhamento a "queima de fortunas seculares", transferidas para as mãos de "um mundo de desconhecidos" por meio de negociatas excusas.[1] Com o término da experiência tumultuosa do Encilhamento, a prática especulativa não se encerrou, transferindo-se antes, e com avultados recursos, do jogo dos títulos e ações para as operações ignominiosas em torno das graves oscilações cambiais que distinguiram a primeira década republicana.[2] Some-se a esse quadro, ainda, a alocação dos vultosos recursos estatais para as mãos de intermediários adventícios, sempre em proveito de aventureiros e especuladores de última hora.

Se os conflitos políticos tendiam a decantar os agentes cuja qualidade maior fosse a moderação no anseio das reformas, as agitações econômicas, por seu lado, apuravam os elementos predispostos à "fome do ouro, à sede da riqueza, à sofreguidão do luxo, da posse, do desperdício, da ostentação, do triunfo".[3] Conciliando essas duas características, o conservadorismo arejado e a cupidez material, pode-se conceber a imagem acabada do tipo social representativo por excelência do novo regime.

Apesar do adesismo imediato e maciço que maculou a pureza da República já nos dias imediatos à Proclamação, serão esses "Homens Novos", vindos à tona com a nova situação, que darão o tom geral à ordem que se criava, marcando o novo sistema de governo com o timbre definitivo do arrivismo sôfrego e incontido: "A Bolsa nesses últimos tempos é a fotografia da sociedade", diria um crítico da época, "cada qual procura enganar a cada um com mais vantagem [...], os ricos de hoje são os troca-tintas de ontem". Nas palavras de um cronista coevo, a sociedade se tornava um "desabalado torvelinho de interesses ferozes, onde a caça ao ouro constitui a preocupação de toda a gente".[4]

No decorrer do processo de mudança política, os cargos rendosos e decisórios — antigos e novos — passaram rapidamente para as mãos desses grupos de recém-chegados à distinção social, premiados com as ondas sucessivas e fartas de "nomeações", "indenizações", "concessões", "garantias", "subvenções", "favores", "privilégios" e "proteções" do novo governo. O revezamento das elites foi acompanhado pela elevação do novo modelo do burguês argentário como o padrão vigente do prestígio social. Mesmo os gentis-homens remanescentes do Império, aderindo à nova regra, "curvam-se e fazem corte ao burguês plutocrata".[5] Era a consagração olímpica do arrivismo agressivo sob o pretexto da democracia e o triunfo da corrupção destemperada em nome da igualdade de oportunidades.[6]

O próprio compasso frenético com que se definiram as mudanças sociais, políticas e econômicas nesse período concorreu para a aceleração em escala sem precedentes do ritmo de vida da sociedade carioca. A penetração intensiva de capital estrangeiro, ativando energicamente a cadência dos negócios e a oscilação das fortunas, vem corroborar e precipitar esse ritmo, alastrando-o numa amplitude que arrebata a todos os setores da sociedade. Testemunhas conspícuas atestam o fato com veemência:

> A atividade humana aumenta numa progressão pasmosa. Já os homens de hoje são forçados a pensar e a executar, em um minuto, o que seus avós pensavam e executavam em uma hora. A vida moderna é feita de relâmpagos no cérebro e de rufos de febre no sangue.

> Ao amanhã de todo o sempre, substituíra-se o já e já.[7]

A situação era realmente excepcional. A cidade do Rio de Janeiro abre o século XX defrontando-se com perspectivas extremamente promissoras. Aproveitando-se de seu papel privilegiado na intermediação dos recursos da economia cafeeira e de sua condição de centro político do país, a sociedade carioca viu acumular-se no seu interior vastos recursos enraizados principalmente no comércio e nas finanças, mas derivando já também para as aplicações industriais. Núcleo da maior rede ferroviária nacional, que o colocava diretamente em contato com o Vale do Paraíba, em São Paulo, os estados do Sul, o Espírito Santo e o *Hinterland* de Minas Gerais e Mato Grosso, o Rio de Janeiro completava sua cadeia de comunicações nacionais com o comércio de cabotagem para o Nordeste e o Norte até Manaus. Essas condições prodigiosas fizeram da cidade o maior centro comercial do país. Sede do Banco do Brasil, da maior Bolsa de Valores e da maior parte das grandes casas bancárias nacionais e estrangeiras, o Rio polarizava também as finanças nacionais. Acrescente-se ainda a esse quadro o fato de essa cidade constituir o maior centro populacional do país, oferecendo às indústrias que ali se instalaram em maior número nesse momento o mais amplo mercado nacional de consumo e de mão de obra.[8]

Na passagem do século, o Rio de Janeiro aparecia com destaque como o 15º porto do mundo em volume de comércio, superado no continente americano apenas por Nova York e Buenos Aires. A decadência da economia cafeeira do Vale do Paraíba e o envio da produção do oeste paulista para o porto de Santos, se tendiam a diminuir a atividade exportadora do Rio de Janeiro, foram entretanto compensados por um vultoso aumento das importações e do comércio de cabotagem, que fizeram crescer na proporção de mais de um terço o movimento portuário carioca no período de 1888 a 1906.[9] A mudança da natureza das atividades econômicas do Rio foi de monta, portanto, a transformá-lo no maior centro cosmopolita da nação, em íntimo contato com a produção e o comércio europeus e americanos, absorvendo-os e irradiando-os para todo o país. A experiência de "democratização" do crédito, levada a efeito pela política do Encilhamento, levou essa aproximação latente ao auge do paroxismo. A nova filosofia financeira nascida com a República reclamava a remodelação dos hábitos sociais e dos cuidados pessoais. Era preciso ajustar a ampliação local dos recursos pecuniários com a expansão geral do comércio europeu, sintonizando o tradicional descompasso entre essas sociedades em conformidade com a rapidez dos mais modernos transatlânticos.

Uma verdadeira febre de consumo tomou conta da cidade, toda ela voltada para a "novidade", a "última moda" e os artigos *dernier bateau*. Na rua do Ouvidor, centro do comércio internacional sofisticado do Rio,

> a afluência era enorme. Dobrara, senão triplicara, desde os primeiros meses da República, e nas esquinas das ruas da Quitanda e dos Ourives havia muita gente parada, sem poder circular. Bem raras cartolas, e também pouco frequentes chapéus moles e desabados [modelos típicos do Segundo Reinado], quase todos com chapéus baixos, de muitas cores, no geral pretos. Lojas atapetadas, atulhadas de fregueses, sobretudo casas de joias: a clientela diária de senhoras luxuosamente vestidas, com mais aparato do que gosto, trazia a caixeirada numa roda-viva.[10]

Muito cedo, ficou evidente para esses novos personagens o anacronismo da velha estrutura urbana do Rio de Janeiro diante das demandas dos novos tempos. O antigo cais não permitia que atracassem os navios de maior calado que predominavam então, obrigando a um sistema lento e dispendioso de transbordo. As ruelas estreitas, recurvas e em declive, típicas de uma cidade colonial, dificultavam a conexão entre o terminal portuário, os troncos ferroviários e a rede de armazéns e estabelecimentos do comércio de atacado e varejo da cidade. As áreas pantanosas faziam da febre tifoide, do impaludismo, da varíola e da febre amarela endemias inextirpáveis. E o que era mais terrível: o medo das doenças, somado às suspeitas para com uma comunidade de mestiços em constante turbulência política, intimidava os europeus, que se mostravam então parcimoniosos e precavidos com seus capitais, braços e técnicas no momento em que era mais ávida a expectativa por eles. As sucessivas crises políticas desde a Proclamação da República haviam não só exaurido o Tesouro Nacional, como sustado a entrada de capitais e dificultado a imigração. Era preciso, pois, findar com a imagem da cidade insalubre e insegura, com uma enorme população de gente rude plantada bem no seu âmago, vivendo no maior desconforto, imundície e promiscuidade, pronta para armar em barricadas as vielas estreitas do Centro ao som do primeiro grito de motim.

Somente oferecendo ao mundo uma imagem de plena credibilidade era possível drenar para o Brasil uma parcela proporcional da fartura, conforto e prosperidade em que já chafurdava o mundo civilizado.

> Cumpria acompanhar o progresso que segue rápido e não espera por ninguém; deixar-se de estatelado como um frade de pedra, a ver passar a mais brilhante das procissões — ouro a rolar.[11]

E acompanhar o progresso significava somente uma coisa: alinhar-se com os padrões e o ritmo de desdobramento da economia europeia, onde "nas indústrias e no comércio o progresso do século foi assombroso, e a rapidez desse progresso miraculosa".[12] A imagem do progresso — versão prática do conceito homólogo de civilização — se transforma na obsessão coletiva da nova burguesia. A alavanca capaz de desencadeá-lo, entretanto, a moeda rutilante e consolidada, mostrava-se evasiva às condições da sociedade carioca.

> A todo transe, urgia apelar, reunir, mobilizar capitais, acordá-los, sacudi-los, tangê-los e, sem detença nem vacilação, obrigá-los a frutificar antes do mais em proveito de quantos se propunham, ousados e patriotas, a agitar e vencer o torpor das economias amontoadas, apáticas, imprimindo-lhes elasticidade e vibração.[13]

Muito breve, essa camada veria concretizados seus anseios e recompensados todos os seus esforços. Assim como as agitações de 1897 extinguiram os últimos focos monarquistas organizados, a repressão de 1904 permitiu a dispersão da oposição jacobina de par com o fechamento da temível Escola Militar da Praia Vermelha. O regime estava consolidado e a estabilidade garantida, mormente com a adoção desse sistema neutralizador da política nacional que foi a "política dos governadores", encetada no quadriênio de Campos Sales (1898-1902). O primeiro funding loan (1898) possibilitou a restauração financeira interna e a recuperação da credibilidade junto aos centros internacionais. Estava aberto o caminho para o desfecho inadiável desse processo de substituição das elites sociais: a remodelação da cidade e a consagração do progresso como o objetivo coletivo fundamental. Conforme o comentário de um cronista entusiasmado:

> O Brasil entrou — e já era tempo — em fase de restauração do trabalho. A higiene, a beleza, a arte, o "conforto" já encontraram quem lhes abrisse as portas desta terra, de onde andavam banidos por um decreto da Indiferença e da Ignomínia coligadas. O Rio de Janeiro, principalmente, vai passar e já está passando por uma transformação radical. A velha cidade, feia e suja, tem os seus dias contados.[14]

Sem mais delongas, o novo grupo social hegemônico poderá exibir os primeiros monumentos votados à sagração de seu triunfo e de seus ideais. O primeiro deles se revela em 1904, com a inauguração da Avenida Central e a promulgação da lei da vacina obrigatória. Tais atos são o marco inicial da transfiguração urbana da cidade do Rio de Janeiro. Era a "regeneração" da cidade e, por extensão, do país, na linguagem dos cronistas da época. Nela são demolidos os imensos casarões coloniais e imperiais do centro da cidade, transformados que estavam em pardieiros em que se abarrotava grande parte da população pobre, a fim de que as ruelas acanhadas se transformassem em amplas avenidas, praças e jardins, decorados com palácios de mármore e cristal e pontilhados de estátuas importadas da Europa. A nova classe conservadora ergue um décor urbano à altura da sua empáfia.[15] O segundo grande marco da sua vitória é a Exposição Nacional do Rio de Janeiro, que trouxe a glorificação definitiva dos novos ideais da indústria, do progresso e da riqueza ilimitados.[16]

Assistia-se à transformação do espaço público, do modo de vida e da mentalidade carioca, segundo padrões totalmente originais; e não havia quem pudesse se opor a ela. Quatro princípios fundamentais regeram o transcurso dessa metamorfose, conforme veremos adiante: a condenação dos hábitos e costumes ligados pela memória à sociedade tradicional; a negação de todo e qualquer elemento de cultura popular que pudesse macular a imagem civilizada da sociedade dominante; uma política rigorosa de expulsão dos grupos populares da área central da cidade, que será praticamente isolada para o desfrute exclusivo das camadas aburguesadas; e um cosmopolitismo agressivo, profundamente identificado com a vida parisiense.

A expressão "regeneração" é por si só esclarecedora do espírito que presidiu esse movimento de destruição da velha cidade, para complementar a dissolução da velha sociedade imperial, e de montagem da nova estrutura urbana. O mármore dos novos palacetes representava simultaneamente uma lápide dos velhos tempos e uma placa votiva ao futuro da nova civilização. Olavo Bilac descreve com um sadismo sensual e efusivo a demolição da antiga cidade e a abertura de novas perspectivas:

> No aluir das paredes, no ruir das pedras, no esfarelar do barro, havia um longo gemido. Era o gemido soturno e lamentoso do Passado, do Atraso, do Opróbrio. A cidade colonial, imunda, retrógrada, emperrada nas suas velhas tradições, estava soluçando no soluçar daqueles apodrecidos materiais que desabavam. Mas o hino claro das picaretas abafava esse protesto impotente. Com que alegria cantavam elas — as picaretas regeneradoras! E como as almas dos que ali estavam compreendiam bem o que elas diziam, no seu clamor incessante e rítmico, celebrando a vitória da higiene, do bom gosto e da arte![17]

Para o cronista Gil, era essa remodelação urbana, e não o Grito do Ipiranga, que marcava a nossa definitiva redenção da situação colonial.[18]

O novo cenário suntuoso e grandiloquente exigia novos figurinos. Daí a campanha da imprensa, vitoriosa em pouco tempo, para a condenação do mestre de obras, elemento popular e responsável por praticamente toda edificação urbana até aquele momento, que foi defrontado e vencido por novos arquitetos de formação acadêmica. Ao estilo do mestre de obras, elaborado e transmitido de geração a geração desde os tempos coloniais, constituindo-se ao fim em uma arte autenticamente nacional, sobrepôs-se o art nouveau rebuscado dos fins da belle époque. Também com relação à vestimenta verifica-se a passagem da tradicional sobrecasaca e cartola, ambos pretos, símbolos da austeridade da sociedade patriarcal e aristocrática do Império, para a moda mais leve e democrática do paletó de casimira clara e chapéu de palha.

O importante agora é ser *chic* ou *smart*, conforme a procedência do tecido ou do modelo.

Data dessas transformações a descoberta, pelos escritores brasileiros, de uma pecha que até então só nos fora impingida pelos estrangeiros: a "nossa tradicional preguiça". Observando a sociedade rural e os grupos tradicionais a partir do ângulo urbano e cosmopolita, em que o tempo é encarado sobretudo como um fator de produção e de acumulação de riquezas, seu juízo sobre aquela sociedade não poderia ser outro. Por isso, um dos temas da Regeneração foi exatamente este: o orgulho de, com as obras de reconstrução do Rio, nos havermos redimido do estigma de preguiçosos com que os estrangeiros nos açulavam.

> Onde vai perdida nossa fama de povo preguiçoso, amolentado pelo clima e pela educação, incapaz de longo esforço e tenaz trabalho? [...] já é tempo de se recolher ao gavetão onde se guardam os chavões inúteis, essa lenda tola da nossa incurável preguiça.[19]

Mas essa redenção era válida somente para as grandes cidades. Antes de ir para a gaveta, o chavão ainda seria esgrimido pelos autores que escreveram sobre as sociedades rurais e os grupos tradicionais. Aliás, mais que nunca, agora se abusaria da oposição *cidade industriosa / campo indolente*, como se pode verificar facilmente nas obras de Euclides da Cunha, Graça Aranha e na figura-símbolo do Jeca Tatu de Monteiro Lobato. É nesse momento que se registra na consciência intelectual a ideia do desmembramento da comunidade brasileira em duas sociedades antagônicas e dessintonizadas, devendo uma inevitavelmente prevalecer sobre a outra, ou encontrarem um ponto de ajustamento.

Modelando-se essa sociedade, como seria de esperar, por um critério utilitário de relacionamento social, não é de admirar a condenação veemente a que ela submete também certos comportamentos tradicionais, que aparecem como desviados diante do novo parâmetro, como a serenata e a boêmia. A reação contra a serenata é centrada no instrumento que a simboliza: o violão. Sendo por excelência o instrumento popular, o acompanhante indispensável das "modinhas" e presença constante nas rodas de estudantes boêmios, o violão passou a significar, por si só, um sinônimo de vadiagem. Daí a imprensa incitar a perseguição policial contra o seresteiro em particular e o violão em geral.[20] Quanto à boêmia, a própria transformação urbana — acabando com as pensões, restaurantes e confeitarias baratas do Centro — pôs fim à infraestrutura que a sustinha. Só restaram as alternativas de um emprego no Centro ou a mudança para o subúrbio, "e essa coisa nojenta que os imbecis divinizaram, chamada boemia" acabou-se.[21]

Nessa luta contra os "velhos hábitos coloniais", os jornalistas expendiam suas energias contra os últimos focos que resistiram ao furacão do prefeito Passos, o "ditador" da Regeneração. Com a expulsão da população humilde da área central da cidade e a intensificação da taxa de crescimento urbano, desenvolveram-se as favelas, que em breve seriam o alvo predileto dos "regeneradores".[22] Às quais outras vítimas se juntarão: as barracas e quiosques varejistas; as carroças, carroções e carrinhos de mão; os freges (restaurantes populares) e os cães vadios.[23] Campanha mais reveladora dos excessos inimagináveis a que levava esse estado de espírito foi a criação de uma lei de obrigatoriedade do uso de paletó e sapatos para todas as pessoas, sem distinção, no Município Neutro. O objetivo do regulamento era pôr "termo à vergonha e à imundície injustificáveis dos em mangas-de-camisa e descalços nas ruas da cidade".[24] O projeto de lei chegou a passar em segunda discussão no Conselho Municipal, e um cidadão, para o assombro dos mais céticos, chegou a ser preso "pelo crime de andar sem colarinho".[25]

Não era de esperar, igualmente, que essa sociedade tivesse

tolerância para com as formas de cultura e religiosidade populares. Afinal, a luta contra a "caturrice", a "doença", o "atraso" e a "preguiça" era também uma luta contra as trevas e a "ignorância"; tratava-se da definitiva implantação do progresso e da civilização. Aparece, pois, como natural, a proibição das festas de malhação do judas e do bumba meu boi, os cerceamentos à festa da Glória e o combate policial a todas as formas de religiosidade popular: líderes messiânicos, curandeiros, feiticeiros etc.[26] As exprobrações às barraquinhas de São João no Rio vão de par, nas crônicas diárias, com os elogios aos cerceamentos à festa da Penha em São Paulo.[27] As autoridades zelam na perseguição aos candomblés, enquanto João Luso, nas crônicas dominicais do *Jornal do Comércio*, manifesta o seu desassossego com a popularização crescente desse culto, inclusive dentre as camadas urbanizadas.[28]

O carnaval que se deseja é o da versão europeia, com arlequins, pierrôs e colombinas de emoções comedidas, daí o vitupério contra os cordões, os batuques, as pastorinhas e as fantasias populares preferidas: de índio e de cobra viva.[29] As autoridades não demoraram a impor severas restrições às fantasias — principalmente de índio — e ao comportamento dos foliões — principalmente dos cordões.[30] Mesmo a forma de jogo popular mais difundida, o jogo do bicho, é proibida e perseguida, muito embora a sociabilidade das elites elegantes se fizesse em torno dos cassinos e do Jockey Club.[31]

O resultado mais concreto desse processo de aburguesamento intensivo da paisagem carioca foi a criação de um espaço público central na cidade, completamente remodelado, embelezado, ajardinado e europeizado, que se desejou garantir com exclusividade para o convívio dos "argentários". A demolição dos velhos casarões, a essa altura já quase todos transformados em pensões baratas, provocou uma verdadeira "crise de habitação", conforme a expressão de Bilac, que elevou brutalmente os aluguéis, pressionando as classes populares todas para os subúrbios e para cima dos morros que circundam a cidade.[32] Desencadeia-se simultaneamente pela imprensa uma campanha, que se prolonga por todo esse período, de "caça aos mendigos", visando a eliminação de esmoleres, pedintes, indigentes, ébrios, prostitutas e quaisquer outros grupos marginais das áreas centrais da cidade.[33] Há mesmo uma pressão para o confinamento de cerimônias populares tradicionais em áreas isoladas do centro, para evitar o contato entre duas sociedades que ninguém admitia mais ver juntas, embora fossem uma e a mesma.[34]

Por trás dessas recriminações, estava o anseio de reservar a porção mais central da cidade, ao redor da nova avenida, para a "concorrência elegante e chic", ou pelo menos modelar por esse padrão todos ou tudo que por ali passasse ou se instalasse.[35] As barracas e quiosques que exasperam público e cronistas são os que se localizam "no perímetro central da cidade".[36] As favelas que aterrorizam são as visíveis da Avenida Central.[37] Os freges não inspiram náusea por si, mas sim por sua localização "em plena fisionomia da cidade".[38] Atentemos para o fato que desencadeia a facúndia colérica do cronista da *Fon-Fon*:

> A população do Rio que, na sua quase unanimidade, felizmente ama o asseio e a compostura, espera ansiosa pela terminação desse hábito selvagem e abjeto que nos impunham as sovaqueiras suadas e apenas defendidas por uma simples camisa-de-meia rota e enojante de suja, pelo nariz do próximo e do vexame de uma súcia de cafajestes em pés no chão (sob o pretexto hipócrita de pobreza quando o calçado está hoje a 5$ [cinco mil-réis] o par e há tamancos por todos os preços[39]) *pelas ruas mais centrais e limpas de uma grande cidade...* Na Europa ninguém, absolutamente ninguém, tem a insolência e o despudor de vir para as ruas de Paris, Berlim,

de Roma, de Lisboa etc., em pés no chão e desavergonhadamente em mangas de camisa.[40]

A própria concepção de segurança pública se subordina a esse critério geográfico, atuando com prioridade "em pleno coração da cidade, dentro, portanto, dos limites em que a segurança é imprescindível".[41]

Há, aliás, um texto que esclarece com uma evidência didática a forma pela qual as transformações sociais e urbanas do Rio geravam uma consciência de divórcio profundo no seio da sociedade brasileira entre os grupos tradicionais e a burguesia citadina, cosmopolita e progressista. Trata-se das reflexões que o cronista do *Jornal do Comércio* efetua em torno de dois índios aculturados do interior de São Paulo, que vêm pedir proteção e auxílio ao governo federal.

> Já se foi o tempo em que acolhíamos com uma certa simpatia esses parentes que vinham descalços e malvestidos, falar-nos de seus infortúnios e de suas brenhas. Então a cidade era deselegante, mal calçada e escura, e porque não possuíamos monumentos, o balouçar das palmeiras afagava a nossa vaidade. Recebíamos então sem grande constrangimento, no casarão, à sombra de nossas árvores, o gentio e os seus pesares, e lhes manifestávamos a nossa cordialidade fraternal [...] por clavinotes, facas de ponta, enxadas e colarinhos velhos. Agora porém a cidade mudou e nós mudamos com ela e por ela. Já não é a singela morada de pedras sob coqueiros; é o salão com tapetes ricos e grandes globos de luz elétrica. E por isso, quando o selvagem aparece, é como um parente que nos envergonha. Em vez de reparar nas mágoas do seu coração, olhamos com terror para a lama bravia dos seus pés. O nosso *smartismo* estragou a nossa fraternidade.[42]

O texto narra a passagem de relações sociais do tipo senhorial para relações sociais do tipo burguês. É esse conflito essencial que aflora na sociedade e nas consciências nesse momento, e que os principais autores do período buscarão resolver, para bem ou para mal, nas suas obras.

O mesmo autor prossegue narrando, com extrema fineza de análise, um outro fato do mesmo gênero, de tal maneira revelador sobre essa nova forma de intolerância social, que quase se chega a sentir a sensação de dor física que ele utiliza metaforicamente para traduzir o seu desconforto. O texto é longo, mas o seu conteúdo é por demais cristalino.

> Lembro-me sempre, por mais que queira esquecer, a amargura, o desespero com que pusemos os olhos rebrilhantes de orgulho naquele carro fatal, atulhado de caboclos, que a mão da providência meteu em préstito por ocasião das festas do Congresso Pan-Americano. A cabeleira da mata virgem daquela gente funesta ensombrou toda a nossa alegria. E não era para menos. Abríamos a nossa casa para convidados da mais rara distinção e de todas as nações da América. Recebíamos até norte-americanos! [...] Íamos mostrar-lhes a grandeza do nosso Progresso, na nossa grande Avenida recém-aberta, na Avenida à beira-mar, não acabada, no Palácio Monroe, uma teteia de açúcar branco. No melhor da festa, como se tivessem caído do céu ou subido do inferno eis os selvagens medonhos, de incultas cabeleiras metidas até os ombros, metidos com gente bem-penteada, estragando a fidalguia das homenagens, desmoralizando-nos perante o estrangeiro, destruindo com o seu exotismo o nosso chiquismo.
> 
> Infelizmente não era mais tempo de providenciar, de tirar aquela nódoa tupinambá da nossa correção parisiense, de esconder aqueles caboclos importunos, de, ao menos, cortar-lhes o cabelo (embora parecesse melhor a muita gente cortar-lhes a cabeça), de

atenuar com escova e perfumaria aquele escândalo de bugres metediços [...]. Não houve remédio senão aturar as feras, mas só Deus sabe que força de vontade tivemos de empregar para sorrir ao Sr. Root, responder em bom inglês ao seu inglês, vendo o nervoso que nos sacudia a mão quando empunhávamos a taça dos brindes solenes e engolir, de modo que não revelasse aos nossos hóspedes que tínhamos índios atravessados na nossa garganta. Foram dias de dor aqueles dias de glória. A figura do índio nos perseguia com a tenacidade do remorso. A sua cara imóvel interpunha-se à dos embaixadores e à nossa. As suas plumas verdes e amarelas quebraram a uniformidade negra das casacas. Broncas sílabas tupis pingaram, enodoando o primor das línguas educadas.[43]

Como vemos, ao contrário do período da Independência, em que as elites buscavam uma identificação com os grupos nativos, particularmente índios e mamelucos — era esse o tema do indianismo —, e manifestavam "um desejo de ser brasileiros", no período estudado, essa relação se torna de oposição, e o que é manifestado podemos dizer que é "um desejo de ser estrangeiros".[44] O advento da República proclama sonoramente a vitória do cosmopolitismo no Rio de Janeiro. O importante, na área central da cidade, era estar em dia com os menores detalhes do cotidiano do Velho Mundo. E os navios europeus, principalmente franceses, não traziam apenas os figurinos, o mobiliário e as roupas, mas também as notícias sobre as peças e livros mais em voga, as escolas filosóficas predominantes, o comportamento, o lazer, as estéticas e até as doenças, tudo enfim que fosse consumível por uma sociedade altamente urbanizada e sedenta de modelos de prestígio.[45]

Essa atitude cosmopolita desvairada adentra por quase todo esse período, exercendo placidamente a sua soberania sobre as imaginações. Pelo menos até o fim da Primeira Guerra Mundial, não há quem conteste a lei natural que fez de Paris "o coração do coração do mundo".⁴⁶ Nada a estranhar, portanto, se para harmonizar com os pardais — símbolos de Paris — que o prefeito Passos importara para a cidade, se enchessem as novas praças e jardins com estátuas igualmente encomendadas na França ou eventualmente em outras capitais europeias.⁴⁷ O auge desse comportamento mental cosmopolita coincidiria com o início da Grande Guerra — quando as pessoas na Avenida, ao se cruzarem, em lugar do convencional "boa-tarde" ou "boa-noite", trocavam um "Viva a França".⁴⁸

Por todo esse tempo e principalmente desde o início da Regeneração, a cidade do Rio de Janeiro recende a um forte aroma panglossiano, as crônicas da grande imprensa transbordam a embriaguez da felicidade, com loas "à satisfação geral, ao abarrotamento de satisfação que enche a cidade".⁴⁹ Ninguém oculta o seu otimismo, ninguém teme parecer frívolo: "Francamente, eu acho que a gente deve levar a vida a rir e a divertir-se".⁵⁰ Um cronista da *Fon-Fon* resumia com aguda perspicácia todo esse espírito num rápido comentário à nomenclatura dos estabelecimentos comerciais da recém-inaugurada Avenida Central:

> Café Chic é genial! Junto ao Chic temos Rose — Maison Rose. Rose é o otimismo, é a satisfação de viver [...]. Chic e Rose — é a expressão do anseio da nova modernidade carioca [...]. Num desvão d'*O País* deparamos — *Trust* — tabuleta soberbamente expressiva. Recorda os milhões de Carnegie, de Vanderbilt: é uma tabuleta super-homem, fascina, atrai, empolga...⁵¹

Em pouco tempo e com a ajuda dos jornalistas e dos correspondentes em Paris, a burguesia carioca se adapta ao seu novo equipamento urbano, abandonando as varandas e os salões coloniais para expandir a sua sociabilidade pelas novas avenidas, praças, palácios e jardins. Com muita brevidade se instala uma rotina de hábitos elegantes ao longo de toda a cidade, que ocupava todos os dias e cada minuto desses personagens, provocando uma frenética agitação de carros, charretes e pedestres, como se todos quisessem estar em todos os lugares e desfrutar de todas as atrações urbanas ao mesmo tempo. Já o dia não bastava para tanta excitação; era necessário invadir a noite, a cuja fruição os novos lampiões a gás e as luminárias elétricas do comércio convidavam.[52]

A identificação com o novo modo de vida é tal que os seus beneficiários, encabeçados pelos jornalistas, procuram organizar-se para garantir a sua manutenção, exigir a sua extensão a todos os pontos mais distantes e mais recônditos da cidade e impedir retrocessos. Nesse sentido destaca-se o pioneirismo de Luís Edmundo, à frente da sua Liga contra o Feio, já em 1908, e Coelho Neto, liderando a Liga da Defesa Estética, em 1915. Sob esse e outros estímulos, a administração do dr. Paulo de Frontin fecha com chave de ouro o nosso período, intensificando a completa remodelação da cidade.[53]

O que a continuidade permanente da Regeneração denuncia é a continuidade do próprio processo de aburguesamento da sociedade carioca, ressaltando o seu ritmo e a sua força. A felicidade que ela transpira é consciência satisfeita da "justa conquista".[54] É aos valores dessa camada que ela dá substância, disseminando-os compulsoriamente a toda a sociedade, numa busca das consciências como complemento do novo espaço físico.[55] Mas um desapontamento acompanha essa evolução: embora vitoriosa a nova moral, ela soterra em sua vertigem o paladar artístico apurado, os ideais éticos e mesmo a compostura discreta e cortês da elite que a precedera. Tudo é substituído pelo "gozo grosso" e desajeitadamente exibicionista dos novos figurantes — é o preço da vitória rápida.[56]

A única tentativa de aprimoramento do gosto que parece

ter resultado é a que se refere à moda. O que é mais facilmente compreensível se tivermos em conta a formação de um mercado internacional de tecidos, roupas, modelos e de todo o arsenal de apetrechos femininos e masculinos da belle époque, que se baseava justamente na reciclagem, no hemisfério sul, dos excedentes dos estoques europeus ao fim das estações.[57]

É nesse sentido que paralelamente às crônicas e figurinos franceses se destaca a atuação do figurinista Figueiredo Pimentel, na sua seção "O binóculo" da *Gazeta de Notícias*. Tido como o criador da crônica social no Rio, esse jornalista, que logo fez escola, tornou-se o eixo de toda a vida burguesa logo após a inauguração da Avenida. Propôs e incentivou a Batalha das Flores no Campo de Santana, o *five-o'clock tea*, os corsos do Botafogo e da Avenida Central, o footing do Flamengo, a Exposição Canina, a Mi-Carême e o Ladies' Club. Tornou as senhoras e senhoritas da alta sociedade carioca pelo menos tão conhecidas como os ministros de Estado, ajustadas todas ao padrão internacional de sensibilidade afetada das "melindrosas". Ditou tiranicamente a moda feminina e masculina do Rio no lustro que se seguiu à inauguração da Avenida, promovendo a disseminação do tipo acabado do janota cosmopolita: o *smart*. As expressões "o Rio civiliza-se" e a "ditadura do *smartismo*" são as marcas indeléveis da forte impressão que esse jornalista causou na organização da nova vida urbana e social da cidade.[58] A crônica social teria uma importância básica nesse período de riquezas movediças. Era a tentativa de dar uma ordem, pelo menos aparente, ao caos de arrivismos e aventureirismos, fixando posições, impondo barreiras, definindo limites e distribuindo tão parcimoniosamente quanto possível as glórias. Ela concorre para frear ou legitimar, pela hierarquia do pecúlio, o frenesi de "aristocratizações" ex abrupto que brotam como cogumelos pela sociedade republicana adentro.[59]

Mas, como era de prever, a eficiência dessas crônicas como

um instrumento para a fixação de uma ordem social estável era bastante restrita. Nem poderia ser de outra forma em uma sociedade em que a estabilidade das posições dependia da mais volátil das formas de riqueza.[60] Daí a curiosa definição que essa sociedade recebeu da sabedoria popular:

> A vida é um pau-de-sebo que escorrega
> Tendo na ponta presa uma bolada.[61]

Muito poucos, contudo, se abstêm da escalada escorregadia. Uma vez que o objetivo e suas regalias são visíveis por todos e estão ao alcance de quaisquer mãos, a pressão pela conquista torna-se sufocante. As crônicas fervilham de censuras ao "rude materialismo", à "época de arrivismo", à "febre de vencer", à "brutalidade do nosso viver atual".[62] As regras morais tradicionais perdem completamente o seu efeito inibidor sobre a cobiça e o egoísmo.[63] Surge a figura distinta, mas não muito edificante, do "ladrão em casaca".[64]

Verifica-se a tendência à dissolução das formas tradicionais de solidariedade social, representadas pelas relações de grupos familiares, grupos clânicos, comunidades vicinais, relações de compadrio ou relações senhoriais de tutela.[65] As relações sociais passam a ser mediadas em condições de quase exclusividade pelos padrões econômicos e mercantis, compatíveis com a nova ordem da sociedade.[66] Por todo lado ecoam testemunhos amargos sobre a extinção dos sentimentos de solidariedade social e de conduta moral, ainda vivos nos últimos anos da sociedade senhorial do Império. A nova sociedade orienta-se por padrões muito diversos daqueles e mais chocantes.

> O individualismo, levado aos exageros destruidores do egoísmo, enfraqueceu os laços de solidariedade... Infelizmente [...] a no-

ção de sacrifício se extingue com os progressos do individualismo revolucionário, cujo preceito supremo é o *cada um por si*.[67]

O Rio de Janeiro é o cosmopolitismo, é a ambição de fortuna de todas as criaturas, talvez, de todas as nações da terra, cada qual querendo vencer e dominar pelo dinheiro e pelo luxo, de qualquer maneira e a qualquer preço.[68]

Se a dissolução dos costumes que todos anunciam como existente, há, antes dela houve a dissolução do sentimento, do imarcescível sentimento de solidariedade entre os homens.[69]

A democracia de arrivistas que ocupa o espaço vazio deixado pela velha aristocracia e seu éthos não consegue, porém, instalar-se comodamente. O processo rápido e tumultuário por meio do qual se opera a sua ascensão provoca igualmente um anuviamento dos padrões de distinção social, que torna diluídas ou turvas as diferentes posições que cada qual ocupa na nova hierarquia da sociedade. É a época dos "enriquecimentos milagrosos", das "falsas fortunas", dos "caça-dotes", dos "especuladores" e dos "golpistas" de todo molde, que põem em alerta e angustiam os possuidores de capitais estáveis.[70]

É também a época da democratização compulsória dos bondes, onde todos sentam-se nos mesmos bancos, e das modas leves de materiais comuns, ao alcance de qualquer bolso.[71] Além do mais, é impossível impedir que o sentimento democrático extravase para as classes populares e até para os ex-escravos — os "libertos" —, que passam a exigir um tratamento em termos de igualdade, tornando ainda mais confuso o estabelecimento de distinções e a afirmação de uma autoridade por esse caminho.[72]

A reação das classes conservadoras diante desse panorama inseguro e ameaçador se fará em dois sentidos. A tentativa — vitoriosa ao fim — de restabelecer uma titulagem honorífica, dado que a República extinguira a antiga nobreza, e o estabelecimento de um verdadeiro culto da aparência exterior, com vistas a qualificar de antemão cada indivíduo.

> Precisamos de comendadores. Restituí-nos os nossos comendadores, ó pais da pátria! Demais, que tratamento dar a um homem respeitável que não é doutor e nem honorário? Chamá-lo de cidadão é compará-lo a qualquer badameco. Chefe é gíria capoeiral. Amigo se diz até ao vendedor de bala. Precisamos de comendadores! Eles nos fazem falta...

No mesmo texto, mais adiante, conclui o cronista: "Pelo aspecto se conhece o estado de alma de muita gente, ou a sua profissão, ou as disposições atuais do seu espírito".[73]

Aliás, a aparência elegante, *smart*, torna-se um requisito imprescindível — se acompanhada do título de doutor ou honoríficos correlatos, tanto melhor — para uma forma de parasitismo espúrio grandemente disseminado, verdadeiro peculato, às expensas do orçamento público: a *cavação*. Deixemos falar o cronista Jack (Jackson de Figueiredo):

> Ninguém que se preza cava a miséria de 1000 réis; a *cavação* visa sempre *boladas* de contos, coisa que dê, pelo menos, para uma viagem à Europa ou a compra de uma casa. O mordedor antigo tinha qualquer coisa de humilde e comovedor. Os *cavadores* de hoje têm um curso completo de elegâncias e refinamentos maneirosos que os fazem parecer donos do mundo e de toda a gente que os cerca. Não precisa ter mérito, basta ter coragem... A *cavação* chegou com as avenidas e ruas largas e como as ruas largas e avenidas são eternas, a *cavação* parece que também se eternizará.[74]

Os "cavadores", os "elegantes", os *smarts*, os "sofisticados", os "europeus" — os "encasacados e encartolados" de Lima Barreto, enfim — tornam-se o símbolo imediato do arrivismo e da ambição irrefreada e bem-sucedida.⁷⁵ Vigora pleno o "Império do *smart*", o homem símbolo dos três primeiros lustros do século, ideal vivo da consagração social e que provocaria o suspiro impressionado de Gonzaga de Sá: "Que influência maravilhosa, meu Deus! exerce a cassa sobre os nossos sentimentos!".⁷⁶

## 2. A REPÚBLICA DOS CONSELHEIROS

O novo regime do país, a capital reformada, o janota engalanado são todos símbolos correspondentes de um mesmo conteúdo e decorrências similares de um processo único. O apelo premente para a reforma conforme o figurino europeu permeara todos os aspectos da vida urbana e era absoluto, pelo menos dentre as classes letradas. A Regeneração, portanto, tal como já vimos, não poderia ser considerada apenas a transformação da figura urbana da cidade do Rio de Janeiro. Analisamos como ela nasce em função do porto e da circulação das mercadorias, como subentende o saneamento e a higienização do meio ambiente, como se estende pelos hábitos, costumes, abrangendo o próprio modo de vida e as ideias, e como organiza de modo particular todo o sistema de compreensão e comportamento dos agentes que a vivenciam.

Mas o seu aspecto material é mais vasto ainda, tanto no tempo quanto no espaço. Iniciada já, num certo sentido, com o Encilhamento, em 1891, mas a rigor com a inauguração da Avenida Central em 1904, ela se estende com o mesmo fôlego de remodelação urbanística, arquitetônica e social até o ano de 1920, quando sofre uma exacerbação frenética por ocasião da visita do rei Alberto, da Bélgica, ao Brasil.⁷⁷ Na sua dimensão espacial, ela envolve toda a transformação da cidade do Rio até a criação de novos troncos ferroviários, ligando a capital ao Norte, Sul e Oeste da nação, e a reorganização da Marinha mercante. E ainda mais crucial, envolve a constituição da expedição encarregada de mapear e ligar telegraficamente todo o sertão interior com o centro administrativo do país e a modernização e reequipagem do Exército e da Marinha de Guerra, além de uma crescente complexidade de todo o organismo burocrático do Estado, ampliando-lhe o campo de ação e tornando mais efetiva a polarização de todo o território e população em função do Centro-Sul.[78]

Uma fúria transformadora de tal intensidade e proporções supunha, é claro, uma sobrecarga de energia que extrapolava as raízes nacionais. Nem as mudanças sociais derivadas do novo regime traziam como lastro tais reservas de ânimo. Se quisermos portanto compreender a contento o grau, a natureza e o sentido dessas transformações, é preciso que nos voltemos para o espaço das relações intersociais. O fato que primeiro nos despertou a atenção aí foi sem dúvida a frequência com que elas ocorreram nesse mesmo período, por toda a parte ao longo do globo terrestre. Um foco de vigorosas mudanças e uma atividade econômica febril, centrados numa cidade e irradiados para todo o seu *Hinterland*, num único movimento convulsivo e irresistível, podia ser entrevisto com pequenas diferenças temporais e variações regionais, por exemplo, em Paris ou em Buenos Aires, Nápoles, Belo Horizonte, São Paulo, Manaus ou Belém.[79] A fonte desse processo de germinação simultânea de energias deve encontrar-se alhures, num núcleo de força que transmita equitativa e crescentemente os seus impulsos por toda a parte.

A mais recente historiografia da era contemporânea tem sido concorde em localizar esse núcleo na nova estrutura produtiva desenvolvida no Norte da Europa na segunda metade do século XIX. Aparecendo já como resultado do processo de ampliação da taxa de investimento de capital, a Revolução Tecnológica ou Segunda Revolução Industrial, que se desenvolve em torno de 1870, impôs uma dinâmica de crescimento sem precedentes ao conjunto do processo produtivo da economia capitalista europeia, americana e japonesa.[80] Os historiadores voltados para o seu estudo são praticamente unânimes em apontar os traços fundamentais que a estruturam. Estes seriam: um processo crucial de transformações tecnológicas que deu origem aos grandes complexos industriais típicos da economia de escala; o crescimento vertical (concentração e centralização) e horizontal (abrangência de todas as partes do mundo) do sistema capitalista; e a intervenção do Estado na determinação do ritmo, do alcance e do sentido do desenvolvimento econômico, bem como no controle dos seus efeitos sociais.

A decorrência dessa escala prodigiosa de crescimento seria a grande demanda de matérias-primas de origem animal, vegetal e mineral, destinadas quer ao processamento industrial, quer ao consumo dos grandes exércitos operários e burocráticos mantidos nas cidades, em torno das grandes unidades produtivas. Mas como o elevado montante da produção excedia a capacidade local de consumo, gerando uma situação crônica de superprodução que colocava em risco a estabilidade do sistema, criou-se igualmente no seu interior uma pressão contínua para a ampliação do mercado consumidor de produtos industrializados. Em ambos os casos, o crescimento da produção e o da demanda abriram caminho para o desdobramento espacial do sistema capitalista, que, baseado no implemento das técnicas de comunicação e transporte, estendeu sua ação por todo o mundo, minando e destruindo os impérios fechados e as economias pré ou não capitalistas à sua passagem.[81]

A imagem desse processo de mudança não seria completa, contudo, se não analisássemos o seu aspecto complementar que também se projeta para o além-mar. A Grande Depressão, iniciada em 1873 e prosseguindo até a última década do século XIX, caracterizou uma crise de superprodução de duração prolongada, instigada pelo rápido aumento do aparato produtivo em defasagem com um mercado de elasticidade gradual. Seu efeito mais imediato foi reforçar ao extremo o regime de concorrência, ao mesmo tempo que acentuou as tendências à concentração e à centralização do capital e a adoção de práticas neomercantilistas por algumas potências, restringindo ainda mais o mercado e corroborando a crise. O grande número de falências tornou instável e incerto o mercado interno de investimento nas metrópoles capitalistas, provocando uma evasão das aplicações de capital, que se voltam para o mercado exterior, onde contavam com a garantia do governo nacional ou dos governos das nações credoras.[82]

Verificou-se pois, a partir de 1873, um verdadeiro boom de exportação de capitais europeus, voltados preferencialmente para as suas próprias regiões coloniais dotadas de administração local (como o Canadá, Índia e Austrália, no caso do Império Inglês) e para as regiões de passado colonial submetidas ainda à *indirect rule* das potências europeias (como é o caso predominantemente da América Latina). Os capitais destinavam-se sobretudo a empréstimos governamentais e à instalação de uma infraestrutura de meios de comunicação e de transporte e de bens de capital destinados ao incremento das indústrias extrativas e ao beneficiamento de matérias-primas. Esse "novo imperialismo" dotava, assim, as regiões de baixa ou nenhuma capitalização do equipamento produtivo necessário para adaptar-se ao ritmo e ao volume da demanda europeia, bem como as predispunha a uma assimilação mais vultosa da produção industrial.[83]

O efeito dessa expansão do mundo capitalista sobre as sociedades tradicionais foi dos mais pungentes. Seguiram-se a ela abalos sociais de proporções catastróficas, como o Levante Indiano de 1857-8; o Levante Argelino de 1871; a Reforma Religiosa de Al Afghani (1871-9) e o Movimento Nacional Egípcio de 1879-82; a Rebelião de Tai-Ping na China (1850-66); a Guerra Civil Americana (1861-5); a Restauração Meiji no Japão (1868) e a própria Guerra do Paraguai (1864-70).[84] Esse processo de desestabilização das regiões periféricas ao desenvolvimento industrial consagrou a hegemonia europeia sobre todo o globo terrestre, que viu seus modos de vida, usos, costumes, formas de pensar, ver e agir sufocados pelos padrões burgueses europeus. Tende a realizar-se assim um processo de homogeneização das sociedades humanas plasmado pelas potências do Velho Mundo.[85]

Hobsbawm, no seu estudo sobre esse processo, confere um destaque bastante especial para a América do Sul:

> A América Latina, neste período sob estudo, tomou o caminho da "ocidentalização" na sua forma burguesa liberal com grande zelo e ocasionalmente grande brutalidade, de uma forma mais virtual que qualquer outra região do mundo, com exceção do Japão.[86]

Se esse influxo iniciou-se em grande escala com a Guerra do Paraguai, já mencionada, assistimos ao desenlace de uma sequência de movimentos concatenados com ela e interligados entre si, que promoveram, num lance único, rápido e inexorável, a derrocada da estrutura senhorial do Império e a irrupção da jovem república de feições burguesas: a queda do Gabinete Zacarias (1868), o manifesto *Reforma ou revolução* (1868), o advento e a difusão do novo ideário democrático-científico europeu (Modernismo de 1870), a fundação do Partido Republicano (1870), a agitação abolicionista (1879-88), a Abolição (1888), a República (1889) e o Encilhamento (1891).[87]

A penetração do capital inglês no Brasil dá bem uma mostra do ímpeto com que as economias europeias se lançaram ao país, intensificando a taxa interna de capitalização numa escala impressionante. Se nos 31 anos entre 1829 a 1860 a Grã-Bretanha havia concedido ao governo brasileiro empréstimos no valor de £ 6 289 700, esse montante eleva-se para £ 37 407 300 nos 25 anos seguintes, de 1863 a 1888, para atingir a espantosa cifra de £ 112 774 433 nos 25 anos decorridos de 1889 a 1914.[88] A dotação do país de uma infraestrutura técnica mais aperfeiçoada, representada pela instalação de grandes troncos ferroviários, a melhoria dos portos do Rio de Janeiro e de Santos, juntamente com o crescimento da demanda europeia de matérias-primas, deu um impulso vertiginoso no comércio externo brasileiro, aumentando grandemente as suas importações, pagas com os recursos das culturas agrícolas em pleno fastígio do café, cacau e borracha.[89] Os transportes fáceis e o crescimento econômico propiciaram uma verdadeira avalanche de colonos europeus ao país.[90] A sociedade senhorial do Império, letárgica e entravada, mal pôde resistir à avidez de riquezas e progresso infinitos prometida pela nova ordem internacional; cedeu o lugar à jovem República, que, ato contínuo, se lançou à vertigem do Encilhamento e dos empréstimos externos.[91]

Desde então, a progressão da taxa de capitalização e a expansão dos recursos, principalmente através dos empréstimos sucessivos e generosos dos anos que antecederam a Guerra, fez-se numa cadência que chegava mesmo a surpreender e preocupar os próprios agentes insufladores desse processo.[92] Mas o jogo internacional ostentava regras bem claras, e a primeira delas foi condensada didática e lapidarmente por Euclides da Cunha: "A desordem no seio da pátria é correlativa com a desconfiança do estrangeiro".[93] Ora, a tônica do cotidiano do novo regime, de forma intensa até 1898 e mais brandamente até 1905, foi a do conluio e da subversão. Os cronistas não se cansavam de exprobrar o quanto essa situação era nefasta para a vida social e cultural da cidade, e o seu papel negativo para o equilíbrio da taxa de câmbio e para a credibilidade do país no exterior.[94] O próprio Euclides envergonhava-se de que por causa dela os estrangeiros nos comparassem às "Repúblicas de Caudilhos" da América Hispânica.[95]

Sob essas condições, é possível vislumbrar o feixe de injunções que concorre para a ascensão e predomínio de uma corrente conservadora na gestão política e econômica da nova República. A permanência do vínculo com os liames do crédito internacional e do vigor do seu fluxo de recursos diversificados de produção e consumo assentava-se na garantia da permanência inabalada dos requisitos da economia liberal, tais como definidos pela ortodoxia manchesteriana: instituições estáveis, segurança de expectativas, consistência de conduta, capital consolidado e fazenda solvível.[96] Aquietado pois o ímpeto demolitório que volatizou os últimos resquícios da velha ordem, sob o frêmito fiduciário do Encilhamento e as vicissitudes militares da consolidação do novo regime, somente a restauração da imagem austera e confortantemente conservadora herdada do Império poderia restabelecer as forças exauridas do Tesouro Nacional. É sobretudo sob esse signo que se instaura a República dos Conselheiros, esboçada já desde a gestão de Rodrigues Alves como ministro da Fazenda de Floriano e colimada integralmente pelos governos civis até a irrupção da Grande Guerra.

Lima Barreto a denominava "República Aristocrática" e, segundo José Veríssimo, ela derivara de dois atos correspondentes e espontâneos de conversão. Primeiro, a adesão dos monarquistas de todos os quadrantes ao novo regime vitorioso e, em seguida, a reversão dos republicanos militantes ao conservadorismo mais tacanho diante das agruras da fase de consolidação.[97] Esse o motivo também por que o autor do *Isaías Caminha* costumava evocá-la como "A República dos Camaleões". O fato é, pois, que todo o processo de recuperação das finanças e da imagem de estabilidade fez-se sob a égide de uma elite vinda dos mais altos escalões da política e administração do Império. Homens como Rui Barbosa, Rio Branco, Rodrigues Alves, Afonso Pena, Joaquim Nabuco e Oliveira Lima praticamente polarizaram as duas primeiras décadas do século xx, imprimindo de forma indelével as características de seu pensamento político às estruturas do regime recém-instaurado. Os papéis nucleares dentre essa plêiade, não resta dúvida, couberam a Rodrigues Alves e Rio Branco. Se foi o primeiro quem desencadeou em ampla envergadura o que vimos caracterizando como o processo de "regeneração", coube ao segundo zelar pela sua unidade e inteireza ao longo dos três governos a que serviu e da legião de acólitos que legou às administrações posteriores.[98]

Rodrigues Alves representou a mais harmoniosa e consequente articulação entre a tradição do Império, os interesses da cafeicultura paulista e a finança internacional.[99] Rio Branco, por seu turno, fechou esse círculo atraindo o grupo de intelectuais, que, agregados ao Ministério das Relações Exteriores, representaram a intelligentsia do novo regime, ao mesmo tempo que consolidou toda a substância da política interna de Rodrigues Alves, mediante sua integração funcional no sistema internacional de forças políticas.[100] Por meio de sua atuação no Congresso Internacional de Haia e do endosso à Doutrina Drago, o objetivo do Itamaraty era garantir a identidade jurídica e salvaguardar os direitos das nações, independentemente de suas disparidades econômicas. Política que asseguraria a credibilidade, a estabilidade e a solvência pacífica dos compromissos nacionais numa época de colonialismos e imperialismos implacáveis. Como caução desses arranjos formais, o complemento suasório de uma aliança militar tácita no subcontinente — o pacto ABC, entre Argentina, Brasil e Chile — e a parceria de uma potência temível — os EUA — tudo complacentemente diluído na prática pertinaz do Pan-Americanismo.

O que se notava na atuação dos primeiros presidentes civis e paulistas, bem como de todo o seu círculo político-administrativo, era o evidente esforço para forjar um Estado-nação moderno no Brasil, eficaz em todas as suas múltiplas atribuições diante das novas vicissitudes históricas, como seus modelos europeus.[101] Conforme temos visto, as formas das relações que se estabeleceram entre as nações periféricas ao desenvolvimento industrial e os centros econômicos europeus, modeladas pela *indirect rule* do novo imperialismo, foram de natureza a dissolver-lhes as peculiaridades arcaicas e harmonizá-las com um padrão de homogeneidade internacional sintonizado com os modelos das matrizes do Velho Mundo. Nada mais compreensível, portanto, que essa corrente de influxos transformadores convergisse também para o campo das instituições políticas.

É nesse sentido que apreciamos o vigor, a veemência e a constância com que estadistas, intelectuais, homens públicos e homens de imprensa clamavam por uma ampliação da atuação inclusiva do Estado sobre a sociedade e o território, e, paralelamente, por uma articulação mais eficiente e integrada das forças sociais em função da gestão pública.[102] Não é difícil perceber a norma que os publicistas perseguem no "exemplo dado ao mundo inteiro pela grande nação da Mancha, apresentando-lhe o espetáculo grandiosamente único da máxima prosperidade à sombra da máxima liberdade".[103] Não se tratava, evidentemente, de imitação, assim como não o foram as transformações econômicas e sociais; mas de encontrar uma fórmula de adaptação e estabilidade a uma crise de crescimento única, cujo foco de origem se encontrava justamente nas nações que já haviam fundado as instituições, se não adequadas a ela, pelo menos capazes de enfrentá-la.

Assim, com os estadistas e homens públicos instando pela instituição de um Estado-nação brasileiro, apreciamos de fato um desenvolvimento inédito na presença e na atividade do poder público central do país. Igualmente aqui esse desdobramento pode ser detectado pela ampliação da burocracia estatal e pela multiplicação dos campos de ingerência do governo. Da mesma forma, nota-se que a atuação do poder central volta-se com primazia para a manipulação estabilizadora da opinião pública; o alargamento progressivo do controle centralizador sobre a massa territorial; o desenvolvimento de uma atuação beneficente e tutelar sobre os grupos urbanos, capaz de amenizar os conflitos sociais e a ampliação e o reforço das forças marítimas e terrestres.[104] Como se vê, procurava-se aplicar a mesma receita para males assemelhados e derivados.

O curioso a se reparar nessa evolução, entretanto, era o prestígio quase fetichista de que gozavam as instituições liberais, distinguidas como o próprio corpo e espírito do cenário cosmopolita mundial montado nesse período. Resultado sem dúvida de uma nova síntese restauradora da corrente de pensamento que nutrira todo o processo de remodelação das sociedades europeias no século xix, e que agora, chegado ao seu fim, via-se revigorada pela aura da ciência e do progresso material, assomando como o próprio amálgama promissor da máxima racionalidade, fartura, paz e felicidade possíveis.[105] A concorrência entre a elite política paulista e a vanguarda republicana positivista e militar representava bem o confronto entre uma tendência acentuadamente liberal, apontada para a esfera internacional do cosmopolitismo progressista, e outra, marcada pelos estigmas da intolerância, da frugalidade e do isolamento, quer sob a forma da "ditadura positivista" ou do "caudilhismo latino".

Cabe lembrar que mesmo a militância republicana paulista fez-se sempre pela linha do mais amplo, declarado e rigoroso apego aos postulados do liberalismo clássico.[106] Eis por que um dos monarquistas mais eminentes não hesitaria em enaltecer diante dos seus confrades o primeiro presidente civil, o paulista Prudente de Morais, republicano militante mas revestido daquela "educação liberal que se dava nas nossas Faculdades de Direito no tempo do Império".[107] Esses fatos esclarecem por que o predomínio paulista trouxe consigo a gestação da República dos Conselheiros.

Houve contudo sutilezas na instalação dessa república tão peculiar. Se para um republicano doutrinário como Alberto Sales, que desenvolveu praticamente toda sua atividade na oposição política ao tempo do Império, a simples derrubada do arcabouço monárquico representaria a imediata consagração ideal e prática do liberalismo no seu meio natural — a República —, tal não se deu com seus seguidores, que acompanharam a proclamação do novo regime. O desfile equestre de Deodoro pelo centro da cidade do Rio de Janeiro não dissolveu por si só a estrutura "fossilizada" da sociedade imperial. Homens de ação por excelência, a elite republicana paulista — históricos e adesistas — não se deixaria prostrar pela modorra ambiente. Dispondo de um indiscutível domínio sobre o aparato governamental desde 1894, esses estadistas desenvolveriam um singular processo de transformação do Estado num instrumento efetivo para a constituição de uma ordem liberal no país. Forma ousada de inspirar um arejamento do ambiente nacional de cima para baixo, já que o inverso não se revelara possível. Forma ousada e conspurcada pela própria natureza da sua origem.

Foi essa prática excêntrica que circunscreveu os atos mais decisivos dos primeiros governos civis, e através do seu conjunto pode-se recuperar toda a envergadura do projeto que os orientou. O processo de pacificação das lutas intestinas e o saneamento da crise financeira — internamente quanto às distorções do Encilhamento e externamente pela renegociação da dívida — recuperou o verniz da credibilidade e não só restaurou, como ainda ampliou os nexos com a rede cosmopolita. A "política dos governadores", ao diluir as tensões permanentes das "vinte tiranias", impôs também um controle central efetivo e estabilizador sobre o conjunto do território, garantindo os fluxos de recursos para o exterior e interior do país. Seguiu-se-lhe um esforço de neutralização política a partir do núcleo governamental do país, que, ao consumir as oposições organizadas — jacobinos, monarquistas, o Partido Republicano Federal (PRF) —, elevou o republicanismo conservador e difuso, sem tonalidade partidária, a ideal máximo da elite do Estado. Resultou daí a formação de um núcleo monolítico e pretendidamente despolitizado, comprometido somente com uma gestão eficiente, pacífica e estabilizadora, capaz de garantir o chão firme em que as forças livres e as energias individuais se aplicassem ao máximo proveito próprio e comum.

Na voz de um dos mentores desse estilo de governo: "Não venho servir a um partido político: venho servir ao Brasil, que todos desejamos ver unido, íntegro, forte e respeitado".[108]

Seria esse núcleo assim composto que articularia por fim o processo amplo, inclusivo, permanente e centralizado que seria denominado de Regeneração Nacional, sincronizado com o saneamento médico e a higienização das cidades. Mesmo quando a partir de 1906 se inicia uma prática especulativa manifestamente antiliberal, graças ao Convênio de Taubaté e ao intervencionismo no comércio cafeeiro — prática instigada, aliás, pela dissidência paulista em cooptação com a política mineira e as oligarquias tolhidas —, ninguém se esqueceria de justificá-la a partir de premissas as mais legítimas da doutrina liberal: a teoria das vantagens naturais, haurida da *Riqueza das nações*.[109] Liberalismo, a rigor, não havia; ao contrário, a garantia de um tal arranjo era o predomínio solidário e a ação coordenada das oligarquias.[110] Mas estavam salvas as aparências e o crédito europeu já nos adulava. Superados os óbices mais salientes, estava definitivamente fundado o Estado-nação moderno no Brasil, ao menos tal como era entendido e aceito na linguagem diplomática internacional.

Vai entretanto uma distância muito grande entre as potencialidades da realidade europeia e as da brasileira. O próprio modo de vinculação das elites brasileiras ao sistema econômico internacional esclarece sobre os limites impostos ao desenvolvimento de uma economia e uma sociedade assemelhadas às europeias no Brasil e, por corolário, de um Estado-nação moderno. O volumoso afluxo de capital estrangeiro capaz de proporcionar um maior impulso à economia tendia em grande parte a ser dissipado em gastos não produtivos. De qualquer forma, sua própria presença maciça concorria para asfixiar a poupança interna, ao mesmo tempo que era sintomática da precariedade e da pequena significação da estrutura financeira nacional. Por sua vez, o desenvolvimento de práticas de cartelização e trustização na Europa, com a formação de grandes complexos monopolistas, a par com a adoção de medidas neocolonialistas, não só extinguiram na fonte qualquer pretensão de um parceiro econômico menor ou retardatário, como arremetiam em seu interior, concorrendo ferozmente na captação de seus limitados recursos. No fundo, os termos últimos da situação repousavam na forma da divisão internacional artificial do trabalho, mantida pela permanência de uma estrutura histórica herdada do período mercantilista. Situação que aproveitava aos interesses europeus e que Disraeli resumiu brilhantemente na fórmula lapidar *Imperium et Libertas*, em que reconhecia que a manutenção da *direct* e *indirect rule* ao Novo Mundo era a condição precípua da existência das democracias europeias.[111]

De fato, apesar do crescimento econômico global no Brasil, a participação social no sistema produtivo e na absorção dos recursos gerados era muito limitada. Assim como muito limitada e até decrescente era a participação política. As elites agrárias, beneficiárias e procedentes da tradicional divisão internacional artificial do trabalho, constituíam um sistema oligárquico semifechado, que, de conformidade com círculos plutocráticos urbanos, monopolizavam os postos diretivos e as atividades mais rendosas. As oportunidades restritas que o crescimento do sistema oferecia eram alvo de uma rude concorrência pelas amplas camadas urbanizadas, reforçando comportamentos agressivos e desesperados de preconceitos e discriminação. O controle pelo Estado da maioria quase absoluta dos cargos técnicos e de múltiplos postos proveitosos estimulava o patrimonialismo, o nepotismo, o clientelismo e toda forma de submissão e dependência pessoal, desde seu foco central no Distrito Federal até aos mais recônditos esconsos da nação. Nesse sentido, e ao contrário da lógica liberal progressista europeia, a real habilitação técnica e o verdadeiro talento eram antes empecilhos do que premissas para o sucesso pessoal.[112]

Esses mesmos limites determinaram as fronteiras estreitas em que sobrenadava o que se pretendia o Estado-nação brasileiro. A dissipação improdutiva de grande proporção do capital importado tornava virtualmente inefetivo o alcance social da atuação do Estado. As prioridades equívocas da suntuosidade urbana entravavam a extensão territorial da gestão governamental. A dimensão ciclópica das forças armadas europeias tornava irrisórias as despesas militares nacionais (com o sentido de concorrência entre potências). O analfabetismo quase absoluto da população reduziria a fumaça as pretensões de manipulação da opinião pública. Ao fim, resultava que a pretendida composição de um Estado-nação moderno no Rio de Janeiro só se tornava viável por meio da sustentação, por cooptação, proporcionada pelas estruturas e forças sociais e políticas tradicionais do interior do país (coronelismo, capanguismo, voto de cabresto, voto de bico de pena etc.), mais do que nunca interessadas em tirar partido do volume de riquezas e oportunidades condensadas pelo governo central. O aspirado estabelecimento do regime do progresso e da racionalidade seguia, assim, numa marcha arrastada e entorpecida pela ação corruptora da estagnação e da irracionalidade.[113]

## 3. O INFERNO SOCIAL

À sombra desse jogo imponente de aparências e sortilégios, uma nova realidade surda e contundente ganhava corpo de forma tumultuária. A Abolição e a crise da economia cafeeira que se lhe seguiu — que significou o golpe de misericórdia aplicado na grande lavoura do Vale do Paraíba carioca — desencadeou uma enorme mobilização (85 547 pessoas) da massa humana outrora presa àquela atividade e que em boa parte iria afluir para a cidade do Rio, fundindo-se ali com o já volumoso contingente de escravos recém-libertados, que em 1872 chegara a constituir 18% (48 939 pessoas) da população total da capital do Império. Vêm somar-se a essa multidão os sucessivos magotes de estrangeiros, que a previdência dos proprietários pressagiosos da Abolição e as vicissitudes europeias arrastaram vacilantes para o porto do Rio, os quais somaram 70 298 pessoas de 1890 a 1900 e 88 590 de 1900 a 1920, perfazendo um total de 158 888 imigrantes de 1890 a 1920. A própria especulação fiduciária que se seguiu à instauração da República atuou como um catalisador populacional, atraindo aventureiros e mão de obra desocupada de toda parte, conforme o testemunho do visconde de Taunay, referindo-se à "febre de pretendido industrialismo que avassalou o Rio de Janeiro; fazendo acudir a essa cidade gente de toda parte, quer das antigas províncias, quer de fora do país".[114]

Assim, a maior cidade brasileira veria a sua população no período de 1890 a 1900 passar de 522 651 habitantes para 691 565, numa escala impressionante de 32,3% de crescimento (2,84% ao ano!). Mas o mais notável é que esse próprio ritmo extraordinário de crescimento se manteria firme nos anos que se sucedem, de 1900 a 1920, com a população do Distrito Federal passando de 691 565 para 1 157 873 habitantes, realizando um crescimento de 67,4% em vinte anos, numa média anual de 2,61%. Fato que levaria nossos propagandistas em Paris a comentar orgulhosos:

> A l'exception de New York et Chicago, dont l'évolution assume des proportions étonnantes, peu de centres urbains de l'ancien et du nouveau continent présentent un phénomène identique a celui de la capitale du Brésil.[115]

Números fenomenais, é certo, mas que ocultavam uma situação trágica no seu interior.

O plano geral da cidade, de relevo acidentado e repontado de áreas pantanosas, constituía obstáculo permanente à edificação de prédios e residências, que desde pelo menos 1882 não acompanhavam a demanda sempre crescente dos habitantes. A insalubridade da capital, foco endêmico da varíola, tuberculose, malária, febre tifoide, lepra, escarlatina e sobretudo da terrível febre amarela, já era tristemente lendária nos tempos áureos do Segundo Reinado, sendo o Rio de Janeiro cantado por Ferdinand Schmidt, um poeta suíço, como "a terra da morte diária,/ Túmulo insaciável do estrangeiro".[116] O abastecimento de carnes e gêneros, que era bastante precário desde antes desse quadro de imigração tumultuária, seria terrivelmente agravado por ele, em vista da ausência de uma adequada estrutura agrária de produção, estoques e distribuição em torno da cidade e no próprio estado do Rio de Janeiro. Por fim, como é fácil perceber, a oferta abundante de mão de obra excedia largamente a demanda do mercado, aviltando os salários e operando com uma elevada taxa de desemprego crônico. Carência de moradias e alojamentos, falta de condições sanitárias, moléstias (alto índice de mortalidade), carestia, fome, baixos salários, desemprego, miséria: eis os frutos mais acres desse crescimento fabuloso e que cabia à parte maior e mais humilde da população provar.[117]

Para tornar mais nebuloso esse cenário, concorreu a série de crises econômicas conjunturais que se sucedem a partir de 1888, com a depressão da economia cafeeira, aliada aos gastos vultosos das campanhas militares empreendidas no processo de consolidação do regime, até 1897. Seguem-se-lhes a crise bancária de 1900 e a grande crise industrial-comercial de 1905 a 1906. Esta última, aliada às transformações urbanas desse período, assestou um golpe aflitivo na população assalariada de mais baixa renda, determinando simultaneamente uma grave elevação dos custos de alimentação e consumo diário e provocando uma elevação geral dos aluguéis. Ao mesmo tempo, forçava as camadas humildes a deslocar-se para os bairros mais distantes dos subúrbios, agravando-as também com os custos adicionais de transporte.[118] Por trás de todo esse panorama sombrio, pairavam ainda as medidas de saneamento financeiro, desencadeadas pela administração Campos Sales, e que implicavam principalmente a retração do meio circulante, a contenção de gastos públicos, a dispensa de funcionários federais e a criação de impostos de consumo: tudo convergindo para a inflação de preços e para as práticas especulativas no mercado de gêneros e bens de consumo.[119]

Situação que significaria um acréscimo intolerável ao regime já por demais opressivo que pesava sobre os grupos operários: "Não há cidade no mundo em que o trabalho dos operários seja mais prolongado e árduo que no Rio de Janeiro", afirmaria um jornalista condoído. Isso levaria a crônica a prognosticar a partir desse sintoma um cataclisma iminente no interior da sociedade carioca, "uma pavorosa tempestade que ruge surdamente nas mais profundas camadas sociais".[120] Surgiram daí os primeiros estímulos para as organizações populares e operárias, que se dedicavam a pressionar o governo central, através de *meetings* (sempre no Largo de São Francisco) e comissões, e os industriais, através de greves. Surgiram os primeiros Centros e Associações de Resistência, preconizando a ação sindical, formando-se paralelamente os primeiros partidos operários. Dezessete movimentos de natureza grevista irromperam entre 1889 e 1906, demonstrando a já elevada capacidade de articulação e mobilização desses núcleos, sobretudo durante a grande greve de 1903, envolvendo cerca de uma dezena de categorias profissionais.[121] Mas nos momentos de maior contundência da crise social e econômica, a tendência da população humilde em geral era a de explodir em motins urbanos comumente espontâneos e desordenados, como a Revolta do Selo (1898) e a assuada popular que se seguiu à transmissão do cargo por Campos Sales (1902): ambas já anunciavam o futuro estilo dos "quebra-lampiões" de 1904 em diante.[122]

O clamor era uníssono: "tudo aumenta de preço"; tratava-se da "crueldade da vida cara", em que "um trabalho insano é insuficiente por mais bem remunerado que seja, para prover as mais palpitantes necessidades do estômago e do conforto". A tensão social aguda provoca mesmo a emergência de atos mais arrojados e concretos de beneficência, como o do Centro União Espírita do Brasil, que constituiu uma "comissão protetora dos pobres", que se dispôs a distribuir gratuitamente o "Pão de Jesus".[123] Mesmo um conservador como Taunay se alarmava com a situação crítica e potencialmente explosiva da sociedade carioca, a que se demonstravam aparentemente insensíveis as autoridades.

> Oh! o salário mínimo!... Que importa a miséria daqueles que não o podem aceitar? Que importa a desgraça das famílias operárias, dos concidadãos, o pai sem trabalho, a mãe avassalada por tremendos transes, os filhinhos sem pão, sem roupa?... Que importa o ódio dos chefes pobres, o desejo de revindita, o influxo das más paixões, superexcitadas pelo desespero?[124]

Situação que se estendia, aliás, também ao pequeno funcionalismo, que constituía então o maior mercado de emprego do Rio. São constantes as invectivas contra o "estado de verdadeira miséria em que vivem os funcionários públicos de categoria subalterna", que "ganham somente o suficiente para não morrer de fome. É hoje a classe mais pobre e mais necessitada do Brasil". Era enfim a imagem da "miséria de sobrecasaca e gravata" que vinha se somar à dos "bandos de pés descalços" que povoavam os bairros pobres.[125]

E como eram esses bairros pobres do subúrbio? Lima Barreto os descreve com excepcional concretude:

> Há casas, casinhas, casebres, barracões, choças por toda a parte onde se possa fincar quatro estacas de pau e uni-las por paredes duvidosas. Todo o material para essas construções serve: são latas de fósforos distendidas, telhas velhas, folhas de zinco, e, para as nervuras das paredes de taipa, o bambu, que não é barato. Há verdadeiros aldeamentos dessas barracas, nas covas dos morros, que as árvores e os bambuais escondem aos olhos dos transeuntes. Nelas há quase sempre uma bica para todos os habitantes e nenhuma espécie de esgoto. Toda essa população pobríssima vive sob a ameaça constante da varíola e, quando ela dá para aquelas bandas, é um verdadeiro flagelo.[126]

E quando não era sequer possível a providência dos barracões, restava o recurso às "casas de cômodos" — antigos casarões afastados do centro e agora transformados em pardieiros diante da imensa demanda por alojamentos e dos altos aluguéis cobrados. Lima Barreto também nos descreve um desses estabelecimentos localizado no Rio Comprido:

> atualmente, os dois andares do antigo palacete que ela fora, estavam divididos em duas ou três dezenas de quartos, onde moravam

mais de cinquenta pessoas. [...] Num cômodo (em alguns) moravam às vezes famílias inteiras.[127]

Mas era na "cidade", no "centro" que toda essa multidão ia disputar a sobrevivência já nos primeiros albores da manhã.

Nessas horas as estações se enchem, e os trens descem cheios. Mais cheios, porém, descem os que vêm do limite do Distrito [Federal] com o estado do Rio. Esses são os expressos. Há gente por toda parte. O interior dos carros está apinhado e os vãos entre eles como que trazem a metade da lotação de um deles. Muitos viajam com um pé num carro e o outro no imediato, agarrando-se com as mãos às grades das plataformas. Outros descem para a cidade sentados na escada de acesso para o interior do vagão; e alguns, mais ousados, dependurados no corrimão de ferro, com um único pé no estribo do veículo.[128]

Era aí nesse "centro" que as agruras da população humilde chegavam ao extremo. Se, em 1906, a densidade demográfica do subúrbio chegava a 191 habitantes por quilômetro quadrado, na zona urbana ela atingia 3928 pessoas por quilômetro quadrado, dando plena substância à expressão "infernos sociais" com que Alcindo Guanabara, parafraseando Tolstói, procurava caracterizar as zonas de maior concentração popular. Nesses núcleos é que se localizavam as habitações coletivas, precárias, insalubres e superpovoadas, já estigmatizadas por Aluísio Azevedo no seu livro *O cortiço* em 1890.[129]

Efeito drástico da imigração contingente e alvorotada, essa situação foi agravada particularmente pelas demolições conduzidas pelo governo do Distrito Federal para as obras da reforma do porto e construção do cais, iniciadas a partir de 1892. Data daí o início da febre demolitória na área central, que culminaria com a Regeneração de 1904 e seria sempre acompanhada da especulação imobiliária particular, ambas visando invariavelmente os grandes casarões da zona central da cidade, que abrigavam a maior parte da população modesta do Rio.[130] É a partir de então que começam a pulular os "infernais pandemônios que são as hospedarias e as casas de cômodos", em que predominava "uma revoltante promiscuidade, dormindo frequentemente em um só leito ou em uma só esteira toda uma família".[131] Toda a multidão assim deslocada é empurrada para as fímbrias da cidade, as zonas mais estreitas, de aspecto ruinoso e estagnado, o resíduo sombrio do período colonial:

> aqueles velhos becos imundos que se originam na Rua da Misericórdia e vão morrer na Rua Dom Manuel e Largo do Moura [...] aquela vetusta parte da cidade, hoje povoada de lôbregas hospedarias [...]. Os botequins e tascas estavam povoados do que há de mais sórdido na nossa população [...]. Escondiam, na sombra daqueles sobrados, nos fundos caliginosos das sórdidas tavernas daquele tristonho quarteirão, a sua miséria, o seu Opróbrio, a sua infinita infelicidade de deserdados de tudo nesse mundo.[132]

A mesma cena é descrita na linguagem crua de João do Rio:

> Estávamos no Beco dos Ferreiros, uma ruela de cinco palmos de largura, com casas de dois andares, velhas e a cair. A população desse beco mora em magotes em cada quarto [...]. Há portas de hospedarias sempre fechadas, linhas de fachadas tombando, e a miséria besunta de sujo e de gordura as antigas pinturas. Um cheiro nauseabundo paira nessa ruela desconhecida.[133]

Um pouco por toda parte espalhavam-se as "casas particulares, em que moram vinte e mais pessoas". Mas o aspecto extremo dessa agonia social estava reservado para os "zungas", as hospedarias baratas. João do Rio descreve uma visita em plena noite em companhia de autoridades; acompanhemos a descrição dos três andares.

E começamos a ver o rés do chão, salas com camas enfileiradas como nos quartéis, tarimbas com lençóis encardidos, em que dormiam de beiço aberto, babando, marinheiros, soldados, trabalhadores de face barbada. Uns cobriam-se até o pescoço. Outros espapaçavam-se completamente nus.

O segundo e o terceiro andares:

Trepamos todos por uma escada íngreme. O mau cheiro aumentava. Parecia que o ar rareava, e, parando um instante, ouvimos a respiração de todo aquele mundo como o afastado resfolegar de uma grande máquina. Era a seção dos quartos reservados e a sala das esteiras. Os quartos estreitos, asfixiantes, com camas largas antigas e lençóis por onde corriam percevejos. A respiração tornava-se difícil.

Quando as camas rangiam muito e custavam a abrir, o agente mais forte empurrava a porta, e, à luz da vela, encontrávamos quatro e cinco criaturas, emborcadas, suando, de língua de fora; homens furiosos, cobrindo com o lençol a nudez, mulheres tapando o rosto, marinheiros "que haviam perdido o bote", um mundo vário e sombrio, gargolejando desculpas, com a garganta seca. Alguns desses quartos, as dormidas de luxo, tinham entrada pela sala das esteiras, em que se dorme por 800 réis, e essas quatro paredes impressionavam como um pesadelo.

Completamente nua, a sala podia conter trinta pessoas, à vontade, e tinha pelo menos oitenta nas velhas esteiras, atiradas ao assoalho [...].

Havia com efeito mais um andar, mas quase não se podia lá chegar, estando a escada cheia de corpos, gente enfiada em trapos, que se estirava nos degraus, gente que se agarrava aos balaústres do corrimão — mulheres receosas da promiscuidade, de saias enrodilhadas. Os agentes abriam caminho, acordando a canalha com a ponta dos cacetes. Eu tapava o nariz. A atmosfera sufocava. Mais um pavimento e arrebentaríamos. Parecia que todas as respirações subiam, envenenando as escadas, e o cheiro, o fedor, um fedor fulminante, impregnava-se nas nossas próprias mãos, desprendia-se das paredes, do assoalho carcomido, do teto, dos corpos sem limpeza. Em cima, então, era a vertigem. A sala estava cheia. Já não havia divisões, tabiques, não se podia andar sem esmagar um corpo vivo. A metade daquele gado humano trabalhava; rebentava nas descargas dos vapores, enchendo paióis de carvão, carregando fardos. Mais uma hora e acordaria para esperar no cais os batelões que a levasse ao cepo do labor, em que empedra o cérebro e rebenta os músculos.

Grande parte desses pobres entes fora atirada ali, no esconderijo daquele covil, pela falta de fortuna. Para se livrar da polícia, dormiam sem ar, sufocados, na mais repugnante promiscuidade. [...] Desci. Doíam-me as têmporas. Era impossível o cheiro de todo aquele entulho humano.[134]

Mas, talvez, nem sequer fosse essa a pior fortuna. Aqueles que não dispunham nem mesmo do necessário para pagar as minguadas estadias dos "zungas" refugiavam-se nos morros que cercam a cidade, terras públicas inabitadas, por inseguros para qualquer arquitetura, e para onde acorriam os mais infelizes. Já em 1900 Alcindo Guanabara vituperava essas aglomerações lembrando a seus colegas o destino que se reservou a essa parcela da população:

quando os despojamos dos seus mesmos tugúrios, que substituímos pelos palácios que nos envaidecem, esquecidos de que os miseráveis, expulsos à força, abrigavam-se nos casebres de caixas de querosene e folhas de flandres nos cumes dos morros, ou de sapé e barro cru ao longo das linhas férreas.

E prossegue em tom exaltado, enfatizando que:

não se trata aqui só de operários: trata-se da grande, da enorme maioria da população, acumulada, acamada em casas que não merecem esse nome, habitando vinte pessoas onde não cabem quatro, definhando-se, estiolando-se, gerando uma raça de raquíticos, inutilizando-se para o trabalho, morrendo na idade útil.[135]

Bilac quis atestar de perto esse cenário confrangedor:

ainda há poucos dias, fui ao Morro de Santo Antônio [...] e vi lá em cima tantos e tão ignóbeis pardieiros, e as ruas tão cheias de cisco e de gatos mortos e de porcos vivos.[136]

O dr. Carlos Seidl, diretor da Saúde Pública do Distrito Federal, era porém menos sutil na descrição do panorama desolado dos morros:

hediondamente enxertados de barracões toscos e casebres de horrível aspecto, fétidos, repelentes, abrigando moradores de ambos os sexos, numa inteira promiscuidade, sem água, sem esgotos.

E apresenta números chocantes:

Só o Morro da Favela tem 219 habitações desse gênero; o de Santo Antônio, 450, vivendo em ambos uma população de perto de

5 000 almas. Em sete distritos sanitários urbanos contaram os meus auxiliares 2 564 barracões com 13 601 habitantes.

Conclui a exposição com uma nota impressionante: "Em outro distrito desta cidade, no 8º, existem antigas cocheiras de prado de corridas transformadas em habitações humanas".
Prevenindo-se contra o ceticismo que um relato tão alarmante poderia despertar no público, o dr. Seidl se apressa em acrescentar: "Possuímos fotografias que atestam não haver exagero na surpresa que este caso inspira".[137]
Sugerindo com sua ironia áspera uma pretensa solução para essa situação, Bilac ressaltava bem a magnitude do problema:

> Se ao menos toda essa gente pudesse morar ao ar livre, sob o teto piedoso do céu, sob o pálio misericordioso das estrelas [...]. Transformar-se-iam a Av. Central, a Av. Beira-Mar, o Campo de São Cristóvão, o Parque da República, os terrenos acrescidos do Mangue, o Largo do Paço, a Copacabana, a Tijuca, em imensos caravançarás descobertos, em vastos acampamentos, onde os que não podem pagar 1 conto de réis mensalmente por uma casa ficassem dormindo ao sereno.

Era bem a imagem da cidade tomada integralmente pela miséria, que exibiria publicamente a sua execração, recobrindo cada milímetro de toda a fachada marmórea que a Regeneração erguera. Já haviam sido tomadas providências, porém, para esconjurar esse perigo.

> Mas a polícia é feroz: a lei manda considerar vagabundo todo o indivíduo que não tem domicílio certo — e não quer saber se esse indivíduo tem ou não tem a probabilidade de arranjar qualquer domicílio.[138]

E os vagabundos, já o vimos, eram retirados de circulação se fossem capturados no centro da cidade.

Contudo, não só a carência de domicílio, mas também a situação de desemprego caracterizava a vagabundagem delituosa.[139] Ora, na condição de elevado índice de desemprego estrutural e permanente sob que vivia a sociedade carioca, grande parte da população estava reduzida à situação de vadios compulsórios, revezando-se entre as únicas práticas alternativas que lhes restavam: o subemprego, a mendicância, a criminalidade, os expedientes eventuais e incertos. Isso quando a penúria e o desespero não os arrastavam ao delírio alcoólico, à loucura ou ao suicídio. Mesmo dentre a mão de obra ocupada, é de se crer que uma porção bastante apreciável estivesse na situação desse Felismino Xubregas, conhecido de Lima Barreto, músico formado no Conservatório e "sabendo música a fundo", "casado e pai de muitos filhos".

Felismino costumava se apresentar em festas particulares nos subúrbios, e também compunha polcas e valsas cujas partituras vendia. Mas como não obtinha assim o suficiente para sustentar-se e à família:

> Procurou toda a espécie de empregos mais acessíveis. Foi lenhador em Costa Barros, caixeiro de botequim em Maxambomba, servente de pedreiro em Sapopemba; hoje o seu ofício habitual é o de construtor de fossas, nas redondezas de Anchieta, onde reside.[140]

Um exemplo característico portanto de uma mão de obra instável, rotativa, flutuante, tendente à desclassificação profissional e em estado de trânsito permanente.

João do Rio chegou a esquadrinhar alguns desvãos do vasto labirinto do subemprego carioca. Caracterizou com bonomia essa porção degradada da humanidade:

Todos esses pobres seres tristes vivem do cisco, do que cai nas sarjetas, dos ratos, dos magros gatos dos telhados, são os heróis da utilidade, os que apanham o inútil para viver, os inconscientes aplicadores à vida das cidades daquele axioma de Lavoisier — nada se perde na natureza.

Descreve em sua reportagem algumas das mais frequentes dessas "profissões de miséria": os "trapeiros", divididos em duas linhagens nitidamente distintas — a dos que coletavam trapos limpos e a dos trapos sujos; os "papeleiros"; os "cavaqueiros", que revolviam os montes de lixo em busca de objetos e materiais vendáveis; os "chumbeiros", apanhadores de restos de chumbo; os "caçadores de gatos", comprados pelos restaurantes onde eram revendidos como coelhos; os "coletores de botas e sapatos"; os "apanha-rótulos e selistas", que buscavam rótulos de artigos importados e selos de charutos finos para vendê-los aos falsificadores; os "ratoeiros", que compravam os ratos vivos ou mortos de particulares para revendê-los à Diretoria de Saúde; as "ledoras de mão", os "tatuadores", os "vendedores ambulantes" de orações e de literatura de cordel e os compositores de "modinhas".

Havia mesmo uma certa aceitação oficial dessas "profissões ignoradas", às quais era concedido trânsito livre em toda a extensão da cidade. Parecia haver uma admissão tácita da sua utilidade e mesmo necessidade com relação a setores diversos do comércio e da indústria locais. Inclusive as autoridades públicas, sempre atentas e rigorosas, principalmente no núcleo central das grandes avenidas, mostravam-se tolerantes com essas atividades e com os que as exercem: "A polícia não os prende, e, na boêmia das ruas, os desgraçados são ainda explorados pelos adelos, pelos ferros--velhos, pelos proprietários das fábricas".[141]

O mesmo não ocorre com a mendicidade, que se desenvolve abundantemente com o crescimento da cidade e cujos integrantes eram literalmente "caçados" por toda a zona central. A campanha na imprensa era intensa e sem tréguas:

> A civilização abomina justamente o mendigo. Ele macula com seus farrapos e suas chagas o asseio impecável das ruas, a imponência das praças, a majestade dos monumentos.

Mas já em 1897 a capacidade institucional de recolhimento e isolamento dos mendigos estava completamente esgotada: "O Asilo da Mendicidade não basta para conter os que padecem de fome". A imprensa alarmada intima as autoridades a providenciarem urgentemente quanto ao problema e monta um quadro pavoroso da situação:

> Quanto mais baixa o câmbio, mais sobe a mendicidade, e se isso continua, a polícia, obedecendo à sua intenção benemérita, ver-se-á obrigada a meter o continente no conteúdo: a cidade dentro do asilo.[142]

De permeio: as mesmas crônicas alarmistas vituperam o desenvolvimento prodigioso da criminalidade: "Dia a dia cresce nesta capital o número de agressões, [...] assaltos, [...] arrombamentos". E, no mesmo tom: "reparem vosmecês no recrudescimento dos atentados contra a vida do próximo", "a frequência inquietante de roubos audaciosos", "a gatunagem anda às soltas", "os assaltos noturnos [...] que vão num crescendo assustador". Com a mesma insistência vêm ainda as admoestações contra a prostituição.[143]

Mas o que mais chamava a atenção dos políticos, jornalistas e intelectuais era o crescimento vertiginoso da delinquência infantil e juvenil na cidade do Rio.

A infância abandonada, aumentada em número pelo aumento da população, continua a viver na miséria afrontosa, viveiro de delinquentes, sementeira da prostituição e do crime, que se avoluma e cresce progressivamente.

De 1907 a 1912, segundo os dados do Gabinete de Identificação e Estatística do Distrito Federal, mais de um quarto (26%) dos criminosos presos pela polícia tinha menos de vinte anos, sendo que destes, 10% tinham menos de quinze anos de idade.[144] Espalhavam-se por toda parte, "nas ruas da cidade, nas mais centrais até" e constituíam "todo um exército de desbriados e bandidos, de prostitutas futuras, galopando pela cidade à cata de pão para os exploradores".[145]

Os que fossem aprisionados pela polícia eram, via de regra, "postos em deletéria promiscuidade com os profissionais do delito nas salas da Casa de Detenção".

O comissário Alfredo Pinto tentou melhorar a situação criando um Depósito Provisório de Menores com oficinas e capacidade para cinquenta crianças, que em pouco tempo transformou-se num asilo com uma lotação repleta de mais de 380 menores.[146]

Da mesma forma são frequentes na imprensa os aplausos à perseguição policial aos bêbados e ao alcoolismo em geral, tido como fator notável de insegurança social: "assassinatos, suicídios, ferimentos, desordens, tudo produzido pelo álcool". Repetem-se as sugestões repressivas, ora enaltecendo a fundação de "sociedades de temperança", ora propondo o "fechamento dos botequins nos fins de semana", visto que o "consumo de bebidas fortes cresce [...] em progressão geométrica".[147]

Mais inquietante ainda era o crescimento súbito e desorientador do número de internamentos no Hospício Nacional. O dr. Domiciano Augusto dos Passos Maia, em tese apresentada à Faculdade de Medicina em 1900, arrola impressionantes dados quantitativos. No ano de 1889, registraram-se 77 entradas no hospício; esse número subiu para 498 em 1890, caracterizando um crescimento de 547%, e elevou-se para 5546 em 1898, ou seja, num aumento de 1014% em relação a 1890! Nos anos de 1889 a 1898, houve 6121 internamentos, assinalando um crescimento de 7103% do primeiro para o último ano, com uma média de 608 novos casos por ano, o que significa cerca de doze entradas por semana. O que é apenas uma pálida estimativa, pois na realidade o número de casos era muito maior, mas a administração do Hospício "por falta de acomodações deixou de atender a muitíssimas requisições das autoridades policiais".[148]

E esse circo de horrores se fecha com a crônica dos suicídios, prática tornada endêmica e caracterizada como "uma espécie de febre intermitente que ataca a população do Rio".[149]

Como é bem de se ver, somente com os olhos postos nessa "geena social" é que se pode avaliar com maior rigor as confrontações políticas decisivas, provenientes das tensões sociais em efervescência e que respaldariam os próprios conflitos comedidos e as táticas de ajustamentos circunstanciais no interior das elites. O primeiro desses focos de tensão, representado pelo trabalho organizado e os núcleos de resistência dos Centros e Associações Operárias, embora bastante ativo e contundente, encontrava no Rio dificuldades crassas para a sua articulação e constituição homogênea. Dividido entre correntes rivais — anarquismo, socialismo e trabalhismo —, o grupo operário carioca se compunha de uma população vária, de diferentes pontos e condições de origem e distribuída especialmente em bolsões urbanos isolados e de difícil comunicação. As próprias divisões étnicas entre os grupos majoritários, negros, mulatos e portugueses, eram fontes de atrito e entraves à unidade do movimento, sempre ameaçado com a intensificação da imigração e a diversificação geral das etnias. Sua força de impacto não chega destarte a pôr em xeque o poder institucional senão no último quadriênio do período estudado aqui.¹⁵⁰

Aproveitando-se justamente do que seria uma das fraquezas do movimento operário e exacerbando-a até o paroxismo, a corrente do jacobinismo seria um dos grandes catalisadores do mal-estar geral disseminado na população carioca. Sua plataforma de arregimentação e combate quase que se resumia toda no seu princípio basilar: o xenofobismo e muito particularmente a lusofobia. Nascido do estado de sítio, da censura e das perseguições indiscriminadas e obscurantistas desencadeadas por Floriano desde o início da Revolta de 1893, reuniu todo gênero de insatisfeitos, aventureiros e oportunistas, particularmente os funcionários públicos dos escalões inferiores, soldados, cadetes, jornalistas da imprensa marrom e grupos populares difusos que caíam sob sua clientela, sensíveis à sua pregação, como os operários do governo e da prefeitura, alguns núcleos de ferroviários, pequenos caixeiros e grande parte da massa dos desempregados e subempregados urbanos. As suas preocupações obsessivas eram desalojar os portugueses enquistados na administração pública com a "grande naturalização" do governo provisório, acabar com o virtual monopólio português sobre o comércio a varejo e sobre a locação de imóveis e, ato final, romper relações com Portugal e acabar com a torrente imigratória lusitana que se avolumava na sociedade do Rio, absorvendo grande parte dos empregos e boas oportunidades.¹⁵¹

Atuando como "governistas" na época de Floriano, passarão à oposição radical com a ascensão de Prudente de Morais, manifestando a partir de então uma hostilidade ilimitada contra a hegemonia paulista, identificada com a regressão monárquica e a traição aos ideais republicanos, democráticos e nacionais. Este é na realidade o nível mais significativo dessa confrontação política. Segundo os jacobinos, a República dos Conselheiros marcaria a ascensão de um nexo social que reuniria os adesistas de última hora (os "chapéus-moles"), os monarquistas, os revoltosos de 1893, os estrangeiros em geral e portugueses em particular, mais os argentários e escroques beneficiados com as fraudes do Encilhamento. Todo esse "sindicato" reunido contra os elementos verdadeira e etnicamente nacionais, republicanos e democratas autênticos, defensores da agricultura, indústria e comércio sob o controle da gente do país. Para os defensores da República civil e do eixo da hegemonia dos paulistas, o jacobinismo era a manifestação doentia do atraso, da barbárie, da tirania da tradição nos seus estertores finais contra a vitória da civilização, das luzes, da respeitabilidade internacional e do progresso do país.

Mesmo apesar da violentíssima repressão ao seu *Putsch* frustrado de 1897, o grupo que ficara então bastante desarticulado e desmoralizado refez-se em grande parte e manteve uma militância constante contra a República civil e só se apagaria paulatinamente em fins do nosso período de estudo. Ele reaparece com vigor na Revolta de 1904 e nos meetings a partir de 1914, fato que revela a sua permanência como força latente na sociedade do Rio. Sua orientação manteve-se sempre a mesma, porque evidentemente as condições sociais e ambientais que lhes deram vigência persistiam ainda. Tobias Monteiro, jornalista e conselheiro pessoal de Campos Sales, na sua viagem de negócios à Europa, em companhia do presidente, resumiu agastado o significado do grupo jacobino:

> Aqueles que formaram entre nós as lendas perversas dos sindicatos do descrédito, dos comitês inimigos das instituições; aqueles que desenterraram o espírito retrógrado do ódio ao estrangeiro; que para especular com a ignorância das massas tentaram apresentar-lhes os benefícios da concorrência no trabalho sob o aspecto mentiroso da invasão monopolizadora dos imigrantes; aqueles

que proclamaram a benemerência lúgubre da febre amarela; que quiseram traçar ao longo da nossa costa uma muralha chinesa, porque nos bastávamos a nós mesmos [...].[152]

Paralelamente ao jacobinismo, a ação positivista, centralizada no Apostolado Positivista do Rio de Janeiro, procurava ganhar um espaço próprio em meio às camadas operárias, com suas propostas de reformismo social e de "integração do proletariado à sociedade". Sua força maior residia na ampla ressonância que obtinha nas escolas militares, operando por intermédio dos jovens cadetes uma quase que fusão com o movimento jacobino, conforme ocorreu durante o florianismo, e durante as revoltas de 1897 e 1904. Opunha também sérias restrições ao cosmopolitismo desenfreado da República dos Conselheiros, mas era mais reticente quanto à ação combativa, destoando nesse sentido da orientação radical jacobinista.[153]

E sob esse aspecto parecia-se mais com uma terceira força de oposição, também procurando infiltrar-se nos meios operários e em setores muito específicos da polícia, do Exército e da Marinha: os monarquistas. Chega a surpreender a naturalidade com que Taunay, o seu grande polemista, resenha algumas das ideias e propostas mais cáusticas de Fourier e de Proudhon para criticar o governo e propor uma reformulação da política social. A ação do grupo, contudo, tem pouca repercussão e não vai além da frouxa revolta dos sargentos em 1900 e de participações episódicas nas revoltas de 1893 e 1904. Na realidade, sua tendência maior é para o adesismo à República dos Conselheiros, combatendo juntos a ameaça jacobina a fim de evitar o retorno "ao estado primitivo da barbaria, das tabas indígenas ou dos eitos dos escravos".[154]

Mas como explicar esse medo pânico do jacobinismo, uma corrente afinal difusa e dispersiva tanto nas suas formulações políticas quanto na sua composição social? Não era esse um grupo até certo ponto moderado, sendo uma de suas exigências básicas justamente "a conservação da lei fundamental de fevereiro de 1891"? Quem responde é a própria Comissão Central do Partido Republicano Paulista:

> A questão não é tanto de querer, é mais do modo de querer, não é tanto de ideias, é mais de sentimentos, de temperamentos e de processos de luta. Nós adotamos a tribuna e a imprensa, eles preferem a praça pública; na tribuna e na imprensa, nós empregamos os argumentos, eles agridem; na praça pública fazemos meetings, eles motins e revoluções. Nós, quando a sorte das urnas nos for adversa, trataremos pacientemente de reconquistar pelas urnas o governo perdido; eles, derrotados em um pleito eleitoral, apelarão provavelmente para o tumulto e a arruaça.[155]

Essa é a característica crucial e que explica toda a força do jacobinismo: era menor a sua própria força do que a habilidade em jogar com uma energia potencial, latente e prodigiosamente explosiva enraizada no seio da cidade, o instinto de revolta do grosso da população oprimida e marginalizada, "as vítimas da Regeneração".[156]

Cerceados nas suas festas, cerimônias e manifestações culturais tradicionais, expulsos de certas áreas da cidade, obstados na sua circulação, empurrados para as regiões desvalorizadas: pântanos, morros, bairros coloniais sem infraestrutura, subúrbios distantes, matas; discriminados pela etnia, pelos trajes e pela cultura; ameaçados com os isolamentos compulsórios das prisões, depósitos, colônias, hospícios, isolamentos sanitários; degradados social e moralmente, tanto quanto ao nível de vida; era virtualmente impossível contê-los quando explodiam em motins espontâneos. Os "quebra-lampiões" não paravam somente no sistema de iluminação pública, praticamente tudo era alvo do impulso destrutivo: bondes, carroças, carruagens, vitrines, estabelecimentos comerciais, casas particulares, o calçamento das ruas, os trilhos, os relógios e bancos. Quando o Regulamento da Vacina Obrigatória passou a ser discutido e divulgado, a simples menção da invasão e derrubada dos prédios anti-higiênicos e a manipulação dos corpos por médicos e enfermeiros acompanhados de soldados foram o golpe de misericórdia: "a irritação alastrava com a violência da epidemia". A cidade foi literalmente tomada pelos amotinados; durante três dias, a população resistiu à ação conjugada da polícia, do Exército e da Marinha por todas as formas.[157]

A repressão à revolta foi extremamente brutal:

> Sem direito a qualquer defesa, sem a mínima indagação regular de responsabilidades, os populares suspeitos de participação nos motins daqueles dias começaram a ser recolhidos em grandes batidas policiais. Não se fazia distinção de sexo nem de idade. Bastava ser desocupado ou maltrapilho e não provar residência habitual para ser culpado. Conduzidos para bordo de um paquete do Loide Brasileiro, em cujos porões já se encontravam a ferros e no regime da chibata os prisioneiros [do bairro] da Saúde, todos eles foram sumariamente expedidos para o Acre.

O transporte dos prisioneiros era feito em levas sucessivas, nas chamadas "presigangas" — espécie híbrida de embarcação, entre o navio-prisão e o "tumbeiro", e que Barbosa Lima descreveu, deplorando:

> a onda de desgraçados que entulham as cadeias desta capital, muitos culpados, outros tantos inocentes, atirados em multidão ao fundo dos vasos que os deviam transportar às terras do destino,

com tal selvageria e desumanidade que a imaginação recua espantada como se diante das cenas do navio negreiro que inspiraram a Castro Alves.[158]

Mas, antes do embarque nas "presigangas", um tratamento particularmente cruel estava reservado aos prisioneiros:

> A polícia arrepanhava a torto e a direito pessoas que encontrava na rua. Recolhia-as às delegacias, depois juntavam na Polícia Central. Aí, violentamente, humilhantemente, arrebatava-lhes os cós das calças e as empurrava num grande pátio. Juntadas que fossem algumas dezenas, remetia-as à Ilha das Cobras, onde eram surradas desapiedadamente.

E Lima Barreto, o autor dessa exposição, a encerra com um comentário generalizante: "Eis o que foi o Terror do Alves; o do Floriano foi vermelho; o do Prudente, branco, e o do Alves, incolor, ou antes, de tronco e bacalhau".

De fato, assim se definiu a forma de o poder institucional tentar controlar as turbulências recorrentes da população da cidade e impor um limite à extensão dos motins: o uso indiscriminado da violência e da brutalidade na repressão policial. O mesmo autor, escrevendo no início de 1921, frisaria:

> Seja qual for a emergência [...] a autoridade mais modesta e mais transitória que seja procura abandonar os meios estabelecidos em lei e recorre à violência, ao chanfalho, ao chicote, ao cano de borracha, à solitária a pão e água, e outros processos torquemadescos e otomanos.[159]

O ressentimento dessas situações e, sobretudo, o grande traumatismo deixado pela repressão de 1904 marcaram fundo na alma popular, difundindo um sentimento agudo de abandono, desprezo e perseguição das autoridades oficiais para com a população humilde e em particular para com os brasileiros natos — presença mais marcante e vítimas principais do combate ao motim. João do Rio recolheu algumas trovas com esse espírito dentre os presos comuns da Casa de Detenção, em 1908:

> *Sou um triste brasileiro*
> *Vítima de perseguição*
> *Sou preso sou condenado*
> *Por ser filho da Nação.*
>
> *
>
> *Dia 15 de novembro*
> *Antes de nascer o sol*
> *Vi toda a cavalaria*
> *De clavinote a tiracol.*
>
> *
>
> *As pobres mães choravam*
> *E gritavam por Jesus;*
> *O culpado disso tudo*
> *É o Dr. Osvaldo Cruz!*
>
> *
>
> *São horas, são horas*
> *São horas de teu embarque*
> *Sinto não ver a partida*
> *Dos desterrados do Acre.*[160]

# II. O exercício intelectual como atitude política: os escritores-cidadãos

*Capistrano de Abreu, Machado de Assis, Joaquim Nabuco, Pereira Passos e outros, 1906.*

*Rejubilai-vos no patamar cheio de honra, onde vos pastou uma ordem soberana! No sublime universo do espírito Vós formastes o primeiro escalão da humanidade.*

F. Schiller, "Os artistas"

*"A natureza não é nenhum templo, mas uma oficina", diz Basarow, "e o homem é apenas um operário nela."*
Pisarew, "Realistas"

1. OS "MOSQUETEIROS INTELECTUAIS"

Arrojados num processo de transformação social de grandes proporções, do qual eles próprios eram fruto na maior parte das vezes, os intelectuais brasileiros voltaram-se para o fluxo cultural europeu como a verdadeira, única e definitiva tábua de salvação, capaz de selar de uma vez a sorte de um passado obscuro e vazio de possibilidades, e de abrir um mundo novo, liberal, democrático, progressista, abundante e de perspectivas ilimitadas, como ele se prometia. A palavra de ordem da "geração modernista de 1870" era condenar a sociedade "fossilizada" do Império e pregar as grandes reformas redentoras: "a abolição", "a república", "a democracia". O engajamento se torna a condição ética do homem de letras. Não por acaso, o principal núcleo de escritores cariocas se vangloriava fazendo-se conhecer por "mosqueteiros intelectuais".[1]

Os tópicos que esses intelectuais enfatizavam como as principais exigências da realidade brasileira eram: a atualização da sociedade com o modo de vida promanado da Europa; a modernização das estruturas da nação, com a sua devida integração na grande unidade internacional; e a elevação do nível cultural e material da população. Os caminhos para se alcançar esses horizontes seriam a aceleração da atividade nacional, a liberalização das iniciativas — soltas ao sabor da ação corretiva da concorrência — e a democratização, entendida como a ampliação da participação política. Como se vê, uma lição bem acatada de liberalismo progressista.[2] Para completar, a assimilação das doutrinas típicas do materialismo cientificista então em voga, que os lançou praticamente a todos no campo do anticlericalismo militante.

Toda essa elite europeizada esteve envolvida e foi diretamente responsável pelos fatos que mudaram o cenário político, econômico e social brasileiro: eram todos abolicionistas, todos liberais democratas e praticamente todos republicanos.[3] Todos eles trazem como lastro de seus argumentos as novas ideias europeias e se pretendem os seus difusores no Brasil. Tomemos apenas alguns exemplos dentre alguns dos mais notáveis desses homens. Inicialmente, Tobias Barreto, o sergipano em torno do qual iria se aglutinar a chamada Escola do Recife e cuja influência marcaria a obra de intelectuais de relevo como Sílvio Romero, Clóvis Bevilacqua, Artur Orlando, Araripe Júnior, Capistrano de Abreu e Graça Aranha, dentre muitos outros.

Quando digo que no Brasil as coisas políticas têm uma preponderância absoluta, não quero com isso afirmar que as ideias respectivas estejam bem adiantadas. Assim deveria ser e tinha-se o direito de esperar. Mas, dá-se o contrário. Os nossos grandes homens vivem de todo alheios ao progresso das ciências. Em plena madureza de anos como eles se acham, ainda hoje repetem aquilo que aprenderam nos velhos e pobres tempos de Olinda ou São Paulo, se não guardam alguma relíquia da estupidez coimbrã. O mundo científico viaja de dia em dia com incrível rapidez, para alturas desconhecidas. Aqui não se sabe disso. O clarão do século ainda não penetrou na consciência brasileira.[4]

Nota-se a mesma tônica em Aluísio Azevedo, tido como o introdutor do naturalismo no Brasil:

Por que dizes elegantemente que nós desejávamos condenar o Brasil a uma eterna imitação [diz ele sobre a sua geração], jungindo-o ao carro triunfal da França, quando o que nós dissemos foi que éramos, à força das circunstâncias, arrebatados, malgrado nosso patriotismo e nossa dignidade nacional, pela corrente elétrica de idéias que jorra na França.[5]

Entre os homens de uma geração mais velha, destacavam-se Rui Barbosa e Joaquim Nabuco; "O Brasil não é esse ajuntamento de criaturas toradas, sobre que possa correr, sem a menor impressão, o sopro das aspirações, que nesta hora agitam a humanidade toda";[6] "no século em que vivemos, o *espírito humano*, que é um só e terrivelmente centralista, está do outro lado do Atlântico".[7]

Euclides da Cunha descreve o processo que vimos acompanhando com uma clareza cristalina:

O quinquênio de 1875-80 é o da nossa investidura temporã na filosofia contemporânea, com seus vários matizes, do positivismo ortodoxo ao evolucionismo no sentido mais amplo e com as várias modalidades artísticas, decorrentes, nascidas de ideias e sentimentos elaborados fora e muito longe de nós. A nossa gente, que mal ou bem ia seguindo com os caracteres mais ou menos fixos, entrou, de golpe, num suntuoso parasitismo. Começávamos a aprender de cor a civilização, coisas novas, bizarras, originais, chegando, cativando-nos, desnorteando-nos e enriquecendo-nos de graça... Diante de novos descortinos mais amplos, partiu-se a cadeia tradicionalista que se dilatara até aquele tempo...[8]

É dessa mesma natureza o empenho de Lima Barreto em "fazer de seu instrumento artístico um instrumento de difusão das grandes ideias do tempo".[9]

As citações poderiam estender-se indiferentemente por quaisquer dos intelectuais mais expressivos do período, e a tônica persistiria a mesma. Essa predisposição temática e política era já um testemunho eficiente por si só da postura social assumida em conjunto pelo grupo. Revelava a sua afinidade profunda com a irradiação insólita das energias econômicas e culturais que procediam da Europa em escala crescente ao longo dos três últimos decênios do século XIX, bem como sua adesão à luta política pela redefinição, em função de uma perspectiva urbana, das estruturas fundamentais do país, com a decorrente abertura à plena integração e participação de grupos sociais adventícios.[10] E mais, eles tendiam a considerar-se não só como agentes dessa corrente transformadora, mas como a própria condição precípua do seu desencadeamento e realização.

Bem por isso, o caráter mais marcante dessas gerações de pensadores e artistas suscitou o florescimento de um ilimitado utilitarismo intelectual tendente ao paroxismo de só atribuir validade às formas de criação e reprodução cultural que se instrumentalizassem como fatores de mudança social. O fenômeno, aliás, não é único, e parece ser uma constante em sociedades arcaicas, assinaladas por elevadas taxas de analfabetismo e que passam por um processo vertiginoso de transformações estruturais, alhures, nesse mesmo período. É o que parece demonstrar a emergência, sob situações assemelhadas, da intelligentsia russa abalando o monolitismo tsarista, da "Geração de Coimbra", revelando ao mundo o Portugal obscuro de d. Luís I, ou da "Generación de 1898", que procurou reerguer a Espanha convulsa, estagnada e humilhada dos fins do século XIX.[11]

Ficava desse modo por demais transparente a relação entre desenvolvimento cultural e crescimento material, no transcurso das transformações operadas no cenário europeu em torno da década de 1870. O estabelecimento de uma vanguarda científica na área do conhecimento, centrada ao redor das ciências naturais, esteve por trás de toda uma série de fenômenos que revolucionaram a sociedade do Velho Mundo. Mais ainda, foi essa vanguarda que definiu os três saltos imensos que mudariam o destino de praticamente toda a humanidade nos anos que se seguiram.

Em primeiro lugar, ela proporcionou uma nova explicação de conjunto para o surgimento, a existência e a condição da espécie humana segundo a teoria darwinista. Não só essa interpretação alternativa dispensava a tutela tradicional do clero e dos filósofos, sendo facilmente haurida em opúsculos de ampla divulgação, como logo, em virtude mesmo da sua acessibilidade elementar, foi vulgarizada como uma teoria geral do comportamento e da ação humana (darwinismo social, *struggle for life*), tornando-se o credo por excelência da belle époque. Em segundo lugar, os seus avanços na área da microbiologia permitiram a Revolução Sanitária, promovendo a explosão demográfica e a escalada maciça da urbanização. E em terceiro, suas pesquisas no campo da física e da química aplicadas forneceram as bases da Segunda Revolução Industrial, também chamada, por isso mesmo, de Revolução Tecnológica. É fácil verificar que o sucesso e as decorrências das duas últimas cadeias de fenômenos reforçaram a primeira.[12]

Já vimos que um dos efeitos mais notáveis desse processo de mudança foi o aparecimento dos Estados-nação modernos. Ora, o surgimento desses novos personagens suscitou contingências originais no espaço da cultura. O fato de os Estados-nação se desenvolverem e se definirem por oposição uns aos outros e, por isso, como em função da estabilidade interna, necessitarem gerar formas eficientes de arregimentação social empenhadas na sua sustentação, promoveu um enorme estímulo à germinação das ciências humanas. Daí o desenvolvimento de formas de conhecimento como a história, a filologia, a antropologia, a geografia, a arqueologia, dentre outras, financiadas pelo Estado, para justificar a organização uniforme de uma ampla área geográfica com seu respectivo agrupamento humano, legitimado por suas características específicas (raça, história, tradição, meio físico, língua, religião, cultura, caráter psicológico geral); afirmadas, aliás, como superiores às de outros grupos concorrentes. Essa agitação nacionalista constituiria a base ideológica da formação dos Estados-nação. Ela buscaria nas teorias raciais, que passaram então a dominar a área cultural, a sua justificação, e encontraria no militarismo o seu meio de autoafirmação.[13]

Acompanhando o movimento geral de mudança já assinalado, esta ampliação inaudita das atividades intelectuais — e, por consequência, do comércio de edições e do público literário — tendeu também a fazer sentir seus efeitos em escala mundial.[14] O resultado desse processo, que contava a seu favor com a crescente modernização, urbanização e internacionalização das sociedades tradicionais, era a transformação das capitais dessas sociedades em centros cosmopolitas, alimentados pela produção cultural e editorial das metrópoles europeias. É assim que assistimos a uma virtual universalização de certas correntes europeias, como o simbolismo francês ou a arquitetura monumental art nouveau, nesse período.[15]

Vemos, portanto, que esse desdobramento em nível mundial da cultura europeia forçava no sentido de uma europeização das consciências e gozava da vantagem de ser o único padrão de pensamento compatível com a nova ordem econômica unificada, fornecendo, pois, o subsídio para as iniciativas de modernização das sociedades tradicionais. O caso brasileiro é típico.

No Brasil, esses intelectuais postavam-se como os lumes, "os representantes dos novos ideais de acordo com o espírito da época", a indicar o único caminho seguro para a sobrevivência e o futuro do país. Seu orgulho, o do papel que se arrogavam, beirava a soberba quando advertiam a nação vacilante em seguir-lhes os passos, de que "ela corre hoje em dia riscos os mais sérios, se não souber ver a hora e não tiver a energia necessária para colocar-se como exigem os seus problemas vitais".[16]

O que ressoava era a certeza da sua utilidade insubstituível, a força da sua capacidade motivadora e transformadora e sobretudo a competência ímpar do seu programa. O âmbito da criação passava a exigir, para dar livre curso aos seus arroubos de participação, a invasão do próprio espaço da história.[17]

Mas qual a direção que o grupo intelectual daria à sua intercessão no campo da reforma política? A resposta da questão exige que recuperemos novamente a perspectiva unitária do processo de mudança em estudo. Se atentarmos para o que ocorre na Europa durante o processo de formação dos Estados-nação, nos deparamos com dois fenômenos diversos. Um é o dos Estados já instalados, que pretendem engendrar uma nação uniforme e receptiva à sua ação — como a França com a sua heterogeneidade interna e a Inglaterra com os membros do Reino Unido e com o seu vasto Império. O outro é o das nações que, apesar de possuírem uma identidade de sentimento nacional, não constituem um Estado, como a Alemanha e a Itália.[18] No Brasil, os homens que assistiram ao processo de *nation-making* (na expressão de Bagehot que se tornou clássica) das nações europeias e que se deslumbravam com as grandes nações imperiais, buscando nelas o modelo para a instauração do Estado brasileiro moderno, não poderiam deixar de se deparar com o mesmo problema.

É Tobias Barreto novamente quem inicia o debate, afirmando que temos Estado mas não temos nação.[19]

Nabuco, que tanto concorreu para confirmar a assertiva de Tobias Barreto,[20] vai ainda além e denuncia a fragilidade do Estado no Brasil.[21]

Sem possuir propriamente uma nação e com um Estado reduzido ao servilismo político, o Brasil carecia, portanto, de uma ação reformadora nesses dois sentidos: construir a nação e remodelar o Estado, ou seja, modernizar a estrutura social e política do país. Foram esses os dois parâmetros básicos de toda a produção intelectual preocupada com a atualização do Brasil diante do exemplo europeu e americano. E foram ambos cingidos pelas duas correntes antípodas que assinalaram os modos de pensar da belle époque: o cientificismo e o liberalismo.[22] Correntes essas que com maior frequência tendiam a aparecer em estado de extravagante combinação, compondo um dos traços mais peculiares do pensamento do período, do que na condição depurada contida nos seus extremos. Prova bastante desse fato é o predomínio ubíquo das linhagens filosóficas inglesas encabeçadas pela síntese de Spencer ou pelo utilitarismo heterodoxo de Stuart-Mill.

A maioria dos intelectuais do período, contudo, já o adiantamos, permaneceu equidistante das posições extremas, compondo-as ao sabor das circunstâncias e de suas inclinações pessoais.

Assim, vemo-los enfatizarem alternativamente tanto as virtudes sociais da plena liberdade de iniciativas, quanto a conveniência de uma ação centralista coercitiva, desde que rigorosamente inspirada numa concepção analítica positiva das regularidades e necessidades do meio social. Essa ambiguidade era a característica mais típica do período, e dela compartilharam plenamente, entre outros exemplos possíveis, Euclides da Cunha e Lima Barreto.[23] E nem era de todo estranha no contexto de um regime que era republicano e oligárquico, de uma sociedade que era liberal e discricionária.

Mas o esforço prometeico dessa geração tinha também razões bem mais palpáveis e urgentes para se desencadear do que o mero anseio reformista. Tratava-se do temor obsessivo extremamente difundido e sensível em todo tipo de escritor, de que o Brasil viesse a sofrer uma invasão das potências expansionistas, perdendo a sua autonomia ou parte do seu território. Espantados com o ritmo delirante com que as grandes potências procediam à retalhação do globo terrestre, com os cistos de imigrantes inassimiláveis que se formavam e cresciam em seu território, e com o próprio vazio demográfico de amplos espaços do país que assumiam a feição de uma terra de ninguém, disponível a qualquer conquista, políticos, jornalistas, cronistas e escritores assumiam uma postura de alarme e defesa, dando o melhor de si para aliviar a nação dessa aflição que em parte eles mesmos geraram.[24]

O próprio barão do Rio Branco iria imprimir à diplomacia brasileira uma orientação claramente defensiva no tocante a esse receio onipresente. Foi por referência a ele também que a maioria dos intelectuais brasileiros preocupados com o destino do país modulou as suas obras. À parte de guiar-se pela cartilha europeia, era preciso igualmente não perder de vista a outra face da moeda, submergindo num jugo incondicional de drásticas consequências.

No fundo [concluía Araripe Jr., argutamente] essa injunção não queria dizer outra coisa senão que os brasileiros pouco acima estavam dos cipaios da Índia e dos felás do Egito, povos incapazes de compreender a civilização e, portanto, carecedores não só da tutela econômica, mas também da escola.[25]

Esse temor generalizado iria gerar um tipo peculiar de nacionalismo bem caracterizado na preocupação militarista defensiva de Olavo Bilac (Liga de Defesa Nacional) — amplamente exacerbada com a irrupção da Primeira Guerra Mundial — ou na obstinação com que Euclides da Cunha apregoava a necessidade de conhecimento do país, a colonização do interior e a construção de uma rede interna de comunicação viária.[26]

Decorrência direta dessa dupla atitude reformista e salvacionista seria ainda a avidez arrebatada com que os escritores iriam se entregar ao estudo dos mais variados aspectos da realidade brasileira.[27] Esse nacionalismo intelectual não se resumia em um desejo de aplicar ao país as técnicas de conhecimento desenvolvidas na Europa. Mais do que isso, significava um empenho sério e consequente de criar um saber próprio sobre o Brasil, na linha das propostas do cientificismo, embora não necessariamente comprometido com ele.[28] Tratando-se de intelectuais voltados para a transformação de sua realidade e de filhos das últimas décadas do século XIX, o caminho não poderia ser outro. A crença no mito novecentista da ciência — intensificado na belle époque — consagrava-a como o único meio prático e seguro de reduzir a realidade a leis, conceitos e informações objetivas, as quais, instrumentalizadas pelo cientista, permitiriam o seu perfeito domínio.[29] Uma ciência sobre o Brasil seria a única maneira de garantir uma gestão lúcida e eficiente de seu destino. Desacreditadas as elites tradicionais, só a ciência — e seus Prometeus portadores — poderia dar legitimidade ao poder.

Indispensável ainda para compreender as condicionantes dessa geração, e da germinação de seu esforço fremente para o conhecimento do Brasil, foi, naturalmente, a atmosfera de instabilidade e indefinição que envolveu todo o período de decadência do Império e consolidação da República. Uma sensação de fluidez e de falta de pontos fixos de referência se difunde e palpita incessantemente na profundidade dos textos.[30]

Comparado com as potências europeias de história homogênea, política viril e objetivos definidos, o Brasil fazia contraste. Nasceram daí duas formas típicas de reação. A mais simplista consistia em sublimar as dificuldades do presente e transformar a sensação de inferioridade em um mito de superioridade: é a "ideologia do país novo", o "gigante adormecido", cujo destino de grandiosidade se cumprirá no futuro.[31] A outra implicaria um mergulho profundo na realidade do país a fim de conhecer-lhe as características, os processos, as tendências e poder encontrar um veredicto seguro, capaz de descobrir uma ordem no caos do presente, ou pelo menos diretrizes mais ou menos evidentes, que permitiriam um juízo concreto sobre o futuro.[32] Nesse contexto é que se inserem os esforços renitentes despendidos na tentativa de determinar um tipo étnico específico representativo da nacionalidade ou pelo menos simbólico dela, que se prestasse a operar como um eixo sólido que centrasse, dirigisse e organizasse as reflexões desnorteadas sobre a realidade nacional.[33]

Perdidos no seu próprio presente, esses homens vasculham-no em busca de indícios de futuro. O que, evidentemente, tem efeito reversivo, já que, decretado o desejo de sublimação, o futuro tem o significado de uma metáfora que denuncia os seus anseios, os seus projetos, o seu sentimento e sobretudo a sua impotência diante do presente. Essas suas formas de querer, ser e sentir têm uma raiz social e é dela que elas falam. O estudo da realidade brasileira tem, pois, também, esse curioso efeito de aliviar a angústia de homens naufragados entre o passado e o presente, à procura de um ponto fixo em que se apoiar.[34]

Mas, dotados de um equipamento intelectual que era ele próprio fruto da situação de crise que viviam, dificilmente esses intelectuais poderiam aquietar as perplexidades que os enleavam. Muito menos ainda puderam ser aceitos como os líderes e condutores da nação no sentido das reformas que propalavam. Daí o destino particularmente trágico de paladinos malogrados que a história lhes reservou. Sua cruzada modernizadora, se bem que vitoriosa, largou-os à margem ao final. Situação bastante insólita: campeões do utilitarismo social, no momento mesmo do triunfo do seu ideal, veem-se transformados em personagens socialmente inúteis. Sem dúvida, o advento concatenado da Abolição em 1888 e da República em 1889, com a sua promessa de democratização, significou ironicamente a experiência mais traumática e desagregadora dessa geração.

## 2. PALADINOS MALOGRADOS

A concretização das suas aspirações mais caras já deveria por si só provocar a passagem, de uma ênfase combativa do velho regime, para outra construtiva da nova realidade e das instituições recém-instauradas. A transformação em fato das "aspirações morais do liberalismo, que as propagara romanticamente", nas palavras de Alberto Torres, deveria gerar, pois, uma atitude de maior maturidade e mais realismo. Ocorreu, porém, que a consolidação das novas instituições deu-se por meio de um processo extremamente caótico e dramático, que não poderia deixar de imprimir marcas nas consciências dos que as aspiravam como um ideal imaculado. José Veríssimo descreveu com clareza essa decepção, essa nuvem de desencontros que desceu sobre a elite intelectual modernizadora:

Todos se presumiam e diziam republicanos, na crença ingênua de que a República, para eles palavra mágica que bastava à solução de problemas de cuja dificuldade e complexidade não desconfiavam sequer, não fosse na prática perfeitamente compatível com todos os males da organização social, cuja injustiça os revoltava.[35]

Já precocemente, na época do Governo Provisório, Lopes Trovão, um dos próceres da campanha republicana, proclamava a sua desilusão: "Essa não é a República dos meus sonhos". Conspurcado pelas adesões maciças e disputas canhestras pelo poder e cargos rendosos, o novo regime esvaziara rapidamente os sonhos que os seus arautos acumularam ao longo de três décadas. Esterilizados pela sua acomodação, os políticos e os partidos que se assenhoraram da situação tornaram-se alvos de violentas críticas por parte dos grupos intelectuais. Censurava-se-lhes a inocuidade política, o vazio ideológico, a corrupção e sobretudo a incapacidade técnica e administrativa que os caracterizava.[36] Não há, praticamente, partidos políticos no sentido clássico do conceito, e esse foi um dos traços mais notáveis da Primeira República, porque não se mantinham interesses rigorosamente conflitantes nos meios políticos e entre os grupos que sobrenadavam à sociedade.[37] Não que não houvesse oposição; os próprios intelectuais a representavam com a máxima substância, mas ela foi simplesmente varrida da vida pública e dos meios oficiais para a margem e a miséria, sob o estigma de antissocial e perniciosa.[38]

A República, contraditoriamente, viera consagrar a vitória da irracionalidade e da incompetência, criando uma situação

> onde tudo se deseja inócuo, tudo incaracterístico, tudo traçado, tudo prostituído, para fáceis mistificações, para predomínios idiotas e momentâneos, mas ferrenhos e desesperadores das verdadeiras almas.[39]

Um dos temas, pois, mais característicos e disseminados da crítica intelectual do período passou a ser a recriminação da "inversão das posições nesse país". Por toda a parte ele ressalta, explícito ou apenas velado, nos textos ou nos versos. Mas poucas vezes alcançou uma intensidade tão dramática como nos versos finais de "As cismas do destino", de Augusto dos Anjos:

> *O mundo resignava-se invertido*
> *Nas forças principais do seu trabalho...*
> *A gravidade era um princípio falho,*
> *A análise espectral tinha mentido!*
> *[...] Eu queria correr, ir para o inferno,*
> *Para que, da psique no oculto jogo,*
> *Morressem sufocadas pelo fogo*
> *Todas as impressões do mundo externo!*
> *Mas a Terra negava-me o equilíbrio...*
> *Na Natureza, uma mulher de luto*
> *Cantava, espiando as árvores sem fruto,*
> *A canção prostituta do ludíbrio!*[40]

Os homens de talento sentiam-se unanimemente repelidos e postos de lado em favor de aventureiros, oportunistas e arrivistas sem escrúpulos. É extremamente revelador a esse respeito o comentário acre de Farias Brito:

> Aqui o homem de espírito, o pensador, o artista é objeto quase de escárnio, por parte dos senhores da situação e dos homens de Estado. Um pensador, um artista vale para eles menos que uma forte e valente cavalgadura; um poeta menos que uma bonita parelha de carro.

O momento era o da "imbecilidade triunfante", diria Euclides da Cunha.[41] Teve ampla circulação o neologismo "mediocracia", com carga semântica que significava o "regime das mediocridades". Pessimismo e inconformismo se reuniam numa atitude crítica visceral: "Entre nós a incompetência é credo, doutrina, religião, poder".[42] Foi esse mesmo impulso que arrastou os grupos intelectuais a prestarem apoio irrestrito a Rui Barbosa em suas campanhas políticas, no qual viam representado um membro da seleta inteligência nacional lutando contra o mesmo desprestígio e o mesmo chão estéril: "Um indesejável viciado pelo crime de valer mais que os outros".[43]

Em artigo publicado em 1900, José Veríssimo exporia abertamente a chaga da cultura erudita brasileira, respaldando-a num panorama bem mais amplo e concreto. À parte os problemas políticos, seus óbices fundamentais repousariam sobre a própria estrutura social da nação, repercutindo diretamente na área da cultura.

> O número de analfabetos no Brasil, em 1890, segundo a estatística oficial, era, em uma população de 14 333 915 habitantes, de 12 213 356, isto é, sabiam ler apenas 14 ou 15 em 100 brasileiros ou habitantes do Brasil. Difícil será, entre os países presumidos de civilizados, encontrar tão alta proporção de iletrados. Assentado esse fato, verifica-se logo que à literatura aqui falta a condição da cultura geral, ainda rudimentar, e igualmente o leitor e consumidor dos seus produtos.

Daí a conclusão cruciante de ser esta "uma literatura de poucos, interessando a poucos".[44] De fato, é perturbadora a informação de que a edição considerada satisfatória para um livro de poesia era de mil exemplares ou de 1100 a de um livro de prosa, mesmo de extraordinário sucesso como *As religiões do Rio*. Casos de recorde de vendas eram os 4 mil volumes de poesia de Bilac vendidos em um ano, ou os 8 mil volumes em seis anos do livro citado de João do Rio. Não deixa de pasmar o contraste com os 19 600 volumes do *Débacle* de Zola, autor cuja edição média ficava por volta dos 13,9 mil exemplares do seu *L'Assommoir*. Situação que levou Rui Barbosa a concluir que o público brasileiro sofria de "dispepsia literária". Outros chegavam a conclusões mais drásticas. "As classes médias nas capitais pouco ou nada lêem; limitam-se aos jornais." Condição, aliás, não muito menos confrangedora a do jornalismo, pelo que se pode deduzir do comentário de Samuel de Oliveira:

> Os próprios jornais não têm circulação, os que se publicam nessa capital de um *milhão de almas*, reunidos, não dão uma tiragem de *50 000* exemplares.

Posição igualmente medíocre se confrontada com as edições das gazetas anglo-saxônicas, que se situavam na casa das centenas de milhares cada uma e somadas ultrapassavam de longe o marco do milhão.[45]

Assim, obliterados no prestígio público duplamente pela pressão das oligarquias e pelo analfabetismo crônico do grosso da população, os escritores se entregavam a reações insólitas. Primeiramente, diante do público arredio ou indiferente, alimentavam o consolo íntimo de que ele era desprezível, ou a ilusão de que era prescindível. Como no Aluísio Azevedo descrito por Coelho Neto em discussão com um empresário teatral: "Diz ele que o público não aceita uma peça serena, sem chirinola e saracoteios... Mas que tenho eu com o público?".

Ou em Bilac, parafraseando Theóphile Gautier: "É porque eu sou assim que o mundo me repele,/ E é por isso também que eu nada quero dele".

Cruz e Sousa vai mais longe e deduz daí a própria condição existencial do homem de letras: "O artista é um isolado... não adaptado ao meio, mas em completa, lógica, inevitável revolta contra ele".

Já que a falta de instrução alijou o povo miúdo de suas obras, era de esperar que procurassem vencer a barreira de frieza e desdém das elites sociais, cativando-as para quebrar seu isolamento. Mas não, o orgulho ferido irrompe em sarcasmo cruel:

> *Eu preferia ter nascido*
> *Um pesado burguês, redondo e manso,*
> *Alimentado e rude;*
> *Desses que vivem a vender saúde,*
> *cuja vida, incolor e sem sentido,*
> *É um cômodo vale de descanso.*[46]

José Veríssimo, que da sua coluna no *Jornal do Comércio* praticamente dirigiu todo o movimento literário na primeira década do século, foi um pregador incansável desse afastamento entre a camada intelectual e os grupos adventícios da República:

> Os intelectuais têm, entretanto, perfeita razão, penso eu, de se apartarem do campo onde a pretexto de patriotismo e outras coisas práticas em ismo, se manipulam todas as transações, se preparam todas as capitulações de consciência, se aparelham e acomodam todos os interesses, que constituem o fundo da vida política moderna. Os que lho censuram confundem grosseiramente política, eleições, jornalismo, briga por empregos e posições, o parlamentarismo com todas as suas mentiras, as ficções desmoralizadas do constitucionalismo, com os altos interesses humanos e sociais, quando nada há de comum entre uns e outros.

E não se cansava de elogiar a ação dos intelectuais franceses no caso Dreyfus, que se puseram acima e contra toda a nação sugerindo uma atuação similar no Brasil.[47] Eis a proposta de uma independência que era ao mesmo tempo buscada e compulsória, sendo na realidade sequela do desprezo social e do analfabetismo. Independência essa essencialmente contraditória, pois se era libertadora de um lado, mantendo-lhes impoluto o campo ético, de outro era esterilizante porque lhes negava o campo da ação.

Independência sobretudo que tinha um preço bastante elevado. Implicaria uma posição socialmente marginalizada e que em termos materiais seria frugal, não raro miserável, principalmente se considerarmos a sucessão cumulativa de crises econômicas conjunturais e estruturais que assinalaram a evolução de toda a Primeira República. É bastante instrutivo a esse respeito o texto de Coelho Neto narrando uma visita a um poeta em estertores de morte. O cômodo único do moribundo se localizava na zona periférica dos bairros populares:

> Que trabalho para conseguir achar a pocilga em que se extinguiu o espírito irradiante!
> 
> Um casarão secular em um beco da Cidade Nova, perto do Gasômetro. Nem lhe sei o nome. Escuro e sórdido como uma caverna. A escada, em dois lances retorcidos, rangia ameaçando desabar. Uma lanterna de cárcere vasquejava em cima fazendo rebrilhar a umidade que ressumava das paredes sujas e esburacadas. Tresandava.
> 
> O quarto... Ah! meu amigo... uma estufilha com um postigo sobre o telhado. Cama de ferro sem lençóis, uma mesa de pinho atulhada de jornais e brochuras, uma cadeira espipada, andrajos escorrendo de pregos à parede, e, num caixote, um coto de vela vasquejando numa garrafa.[48]

É o mesmo Coelho Neto quem relata a reação zombeteira com que Paula Ney recebeu sua comunicação de que pretendia iniciar-se nas letras. Depois de apresentar seus pêsames ao propedeuta, o jornalista saiu-se com essa catilinária cômica:

> Neste país viçoso a mania das letras é perigosa e fatal. Quem sabe sintaxe aqui é como quem tem lepra. Cure-se! Isto é um país de cretinos, de cretinos! convença-se... letras, só as de câmbio...

E mais adiante:

> Moço, empregue-se, vá para o comércio. A carne-seca é a base da riqueza das nações. Não se fie em períodos, mande à fava o estilo e atire-se, de faca em punho, às malas de carne-seca se quer engordar, se quer ter consideração nesse país. Um pai de juízo não deve mandar o filho ao colégio: a carta do ABC é subversiva. Para o armazém, para os tamancos!

Em outra passagem é o próprio Aluísio Azevedo quem o confirma: "Decididamente é melhor ser calceteiro ou condutor de bonde do que homem de letras em um país como este".[49]

De fato, a indigência era um espectro constante a assombrar a imaginação dos escritores. Era a porção mais penosa da "negra algema", matriz da "extrema Desventura" dos versos de Cruz e Sousa.[50] O cronista do *Jornal do Comércio* via a situação com boa dose de realismo: "Tenho pena de quem vive da pena... Em Portugal e no Brasil um escritor ou um artista podem viver perfeitamente, mas fazendo-se amanuense ou escrevente de tabelião". Segundo esse jornalista, "visto não termos ainda a profissão literária, [...] todos os nossos escritores, mesmo os mais respeitados, não vivem das letras e ganham o pão no exercício de outros ofícios". E concluía: "Sem dúvida que ainda não possuímos a *indústria literária*, nem tampouco o mercado de livros nacionais".[51] Afastados do mundo político e das esferas de prestígio social, esses autores não possuíam igualmente uma base material segura em que pudessem sustentar a sua pretendida independência. A tibieza da estrutura de produção, circulação e consumo literário sabotava na raiz seus projetos de resistência, enfraquecendo ainda mais a sua posição, agora que já não contavam com o apoio irrestrito das forças de oposição como na época das grandes campanhas públicas do ocaso do Império. Quase dez anos após a Proclamação da República, a situação mudara radicalmente: "Pelo mundo artístico acentua-se cada vez mais o desânimo, o abandono e a absoluta miséria".[52]

O circunspecto Farias Brito depõe no mesmo sentido, falando de "nossos homens de letras... dos mais nobres, dos mais independentes e dignos". "Muitos, esquecidos, abandonados, quase anônimos, arrastando a vida, penosamente, trabalhosamente, amarguradamente. Outros, já mortos, deixaram a família quase a pedir esmola..." Em casos mais trágicos, como os de Lima Barreto e Bernardino Lopes, o alcoolismo viria somar-se à cadeia temática exposta acima.[53]

A imensa transformação social, econômica e cultural que eles ajudaram a realizar, atuando como catalisadores de processos históricos, tomou um rumo inesperado e contrário às suas expectativas. Em vez de entrarem para um universo fundado nos valores da razão e do conhecimento, que premiasse a inteligência e a competência com o prestígio e as posições de comando, viram tudo reduzido ao mais volúvel dos valores: o valor do mercado.[54] Horrorizados diante da perspectiva de traduzir sua produção nos termos desse novo valor preponderante, estranho mesmo à sua esfera natural de ascendência, os escritores procuraram forçar uma carreira paralela aguerrida a valores éticos alternativos e próprios ao seu tirocínio. Competição, de resto, baldada desde o início, dada a desproporção de recursos das forças concorrentes.

O triplo sentimento da derrota, humilhação e, mais doloroso, da inutilidade a que ficaram reduzidos sob a atmosfera da indiferença e da desconsideração geral, produziu um impulso autodestrutivo que é uma das características mais marcantes e mais atrozes dessa literatura.

Sinal evidente de personalidades cruelmente dilaceradas e que por momentos desesperam e renunciam a viver sob o jugo de tensões tão implacáveis. Sua transparência semântica ressuma sob o tema do "nirvanismo", o anseio da morte, seguida da consumação material e da dissolução do ser nos elementos cósmicos, numa integração final íntima, infinita e inconsciente com o universo. Impossível imaginar uma compensação mais ampla e sublime para a solidão e a insegurança de sua condição terrena do que essa espécie de misticismo materialista.[55]

"A ver navios! Nem outra coisa faço nesta adorável República, loureira de espírito curto que me deixa sistematicamente de lado..." Tem razão o triste desabafo de Euclides da Cunha. O pior destino que se pode legar a um mosqueteiro é não incumbi-lo de nenhuma missão. Sua vida toda perde sentido; sua condição existencial se dilui. A transformação dessa geração de intelectuais utilitários, primeiramente numa pequena comunidade de eremitas e então de indigentes, ou quase isso, assinalaria um momento traumático na evolução da história cultural do país. Deixados por si mesmos, desperdiçados como potencialidades sociais, acabariam com a consciência dividida entre o pensamento e a ação, condenados a um distanciamento permanente da realidade.[56] Por outro lado, essa trama iníqua os levaria a buscar raízes sociais alternativas e a comportar-se criticamente quanto aos poderosos do momento. Nos casos mais radicais, essa posição crítica os levaria mesmo a tentar uma revisão cabal da própria história do país e das suas virtualidades futuras, à luz da sua experiência traumática. Sempre se oferecendo como uma reserva, uma angustiada reserva de energias espirituais, sem porém nenhuma ressonância pública efetiva, inertes por injunção e malsinados por essa mesma inércia.[57]

## 3. TRANSFORMAÇÃO SOCIAL, CRISE DA LITERATURA E FRAGMENTAÇÃO DA INTELECTUALIDADE

Traço frisante desse movimento cultural estudado é que desde praticamente o início da campanha abolicionista até o início da década de 1920, quase toda produção literária nacional se faria no Rio de Janeiro, voltada para aquela cidade ou tomando-a em conta. Palco principal de todo esse processo radical de mudança, a capital centralizou ainda os principais acontecimentos desde a desestabilização paulatina do Império até a consolidação definitiva da ordem republicana. Ela concentrava também o maior mercado de emprego para os homens de letras. Sua posição de proeminência se consagrou definitivamente em 1897, com a inauguração ali da Academia Brasileira de Letras.

Como temos procurado demonstrar até aqui, pelo menos ao longo de toda sua fase inaugural, a história da Primeira República foi indissociável da história da cidade do Rio de Janeiro. Derivaram daí igualmente efeitos notáveis sobre o mundo da cultura. Foi aí que os intelectuais abolicionistas e republicanos se sediaram na sua maior parte, insinuando na própria Corte o foco da resistência "antissebastianista". Ali mesmo, decepcionados com o novo regime, seriam duramente perseguidos por Floriano, no mesmo passo em que recebiam o olvido e o desprezo dos novos políticos oportunistas, de conjunto com os arrivistas da Bolsa e da especulação mercantil. A República desabou sobre esses autores como uma tormenta. Contudo, era inevitável que o crescimento prodigioso da cidade nesse curto período trouxesse novas oportunidades, até então imprevistas para esse grupo.

O contexto favorável começou a se manifestar quando a equação entre a penetração de vultosos recursos econômicos e humanos encontrou um equilíbrio harmonioso com a expansão da produção e da exportação agrícola. Foi o período da República dos Conselheiros e a sua sequela: a Regeneração. Urdidura propícia, da qual os autores emergiram como um atavio necessário, à medida que contribuiriam para consolidar a imagem austera de uma sociedade ilustre e elevada, merecedora da atenção e do crédito europeu incondicional. Imagem que não escapou à visão arguta de Rio Branco, que procurou lotar as dependências do Itamaraty, e mesmo de setores paralelos da administração, de intelectuais respeitáveis, ou de quem afetasse uma tal moldura. Aliás, não é por acaso que somente em 1905, sob o governo do conselheiro Rodrigues Alves e sob os auspícios do Ministério da Justiça, a Academia Brasileira de Letras, "erigida às alturas de grande instituição das letras [...] passa a ter sede própria ocupando uma parte do edifício do Silogeu Brasileiro".[58]

Não bastasse isso, a proximidade da sede do governo federal, reformado e ampliado em suas múltiplas repartições, oferecia inúmeras oportunidades adicionais aos letrados, desde os simples empregos burocráticos até os cargos de representação, as comissões e as delegações diplomáticas. Igualmente importantes eram a tutela oferecida pelo Estado a organizações culturais e institutos superiores e o mecenato declarado do Ministério das Relações Exteriores aos grandes expoentes das letras. O Rio de Janeiro oferecia, pois, um campo ímpar de atuação para os intelectuais em um país pobre e quase totalmente analfabeto. Os cafés, confeitarias e livrarias da cidade pululavam de múltiplos conventículos literários privados, compostos de confrarias vaidosas que se digladiavam continuamente pelos pasquins esporádicos da rua do Ouvidor.[59]

O desenvolvimento do "novo jornalismo" representa, contudo, o fenômeno mais marcante na área da cultura, com profundas repercussões sobre o comportamento do grupo intelectual. Novas técnicas de impressão e edição permitem o barateamento extremo da imprensa. O acabamento mais apurado e o tratamento literário e simples da matéria tendem a tornar obrigatório o seu consumo cotidiano pelas camadas alfabetizadas da cidade. Esse "novo jornalismo", de par com as revistas mundanas, intensamente ilustradas e que são o seu produto mais refinado, torna-se mesmo a coqueluche da nova burguesia urbana, significando o seu consumo, sob todas as formas, um sinal de bom-tom sob a atmosfera da Regeneração. Cria-se assim uma "opinião pública" urbana, sequiosa do juízo e da orientação dos homens de letras que preenchiam as redações. Os intelectuais, por sua vez, vendo aumentado o seu poder de ação social, anseiam levá-lo às últimas consequências. Pregam reiteradamente a difusão da alfabetização para a "redenção das massas miseráveis". Desligados da elite social e econômica, descrentes da casta política, mal encobrem o seu desejo de exercer tutela sobre uma larga base social que se lhes traduzisse em poder de fato.[60] Era evidente, contudo, que essa generosidade ambígua não convinha aos projetos das oligarquias e morreu na reverberação ineficaz da retórica.

As transformações porém não param por aí. Sob o clima frenético da Regeneração se pôde assistir a um processo completo de metamorfose da sensibilidade coletiva, no tocante ao público literário carioca. Mudança essa que obrigaria os autores a redefinir suas posições intelectuais e que, paralelamente, determinaria uma clivagem no universo social dos homens de letras, de amplas proporções e graves consequências. A volatização dos valores tradicionais e a rápida vigência de novos padrões de pensamento, gosto e ação se disseminam velozmente, atingindo a todos os setores da sociedade e da cultura. O efeito é o de um vórtice avassalador a que nada escapa. Esse era pelo menos o sentimento de Araripe Jr.:

a mudança das instituições, a adoção de novos costumes políticos, o abalo das ideias, as agitações dos espíritos criaram uma atmosfera intensa, onde se rebolcam não só ambições de poder e de fortuna, mas também de glórias olímpicas e literárias.[61]

A impressão que os críticos da cultura transmitem pela imprensa, a respeito do período, era de se estar atravessando uma profunda crise intelectual e moral, marcada pela mais atroz decadência cultural. Em tom acrimonioso e pessimista, falava-se de "vazio de ideias" e "fim de uma tradição".[62] Eram referências à vitória do novo espírito, "agitado e trêfego", que tomou conta da cidade, arrebatada pelo novo cenário que a Regeneração lhe descortinara.[63] Os espíritos mais sensíveis recolhem-se em estéticas e poéticas evasivas, que escapassem do ritmo frenético da vida carioca para o remanso de idealizações atemporais.[64]

Todos os alicerces da sensibilidade romântica tradicional são rapidamente corroídos até a completa dissolução. Os cronistas acompanham desolados os seus estertores, pranteando-os um a um. Abundam as exprobrações contra a "tecnologia e a ciência", a "mecanização e a metodização" da vida moderna, que mataram os ideais do Amor, da Arte e do Sentimento.[65] As súbitas transformações sociais dos tempos recentes, franqueando as portas da ambição e do oportunismo, materializaram as paixões, transformando-as em interesses.[66] A aceleração do ritmo de vida pôs fim aos longos noivados. A substituição da sociabilidade dos salões pela das ruas, praças e jardins acabou com os namoros e instituiu o império do flirt. Um cronista nota mesmo, com desgosto, que "já hoje o puzzle toma mais tempo que o amor".[67]

Os suicídios por amor, tão caros ainda às últimas gerações do século XIX, são já cobertos do maior ridículo. As musas inspiradoras abandonavam o fundo ensombrecido das janelas, tão propício às idealizações românticas, para reaparecer, vestidas no rigor da moda, pechinchando no comércio de varejos.[68] O jornalismo, com sua curiosidade pelo lado vulgar dos homens, acabou com os heróis. A guerra, vista em pormenor e analisada tecnicamente, banalizou-se. Até o mito de Paris desvaneceu-se diante da facilidade das viagens e do detalhamento microscópico dos jornais.[69] O próprio cavalheirismo se dissolveu diante da maré do "feminismo", dos transportes coletivos e da entrada da mulher no mercado de trabalho da cidade.[70]

"As ilusões foram-se com o tempo... Ninguém se bate mais por ideais."[71] Há um exagero derrotista nessas afirmações. Os ideais não morreram, simplesmente mudaram. O automóvel, a elegância, o retrato no jornal, a carreira diplomática resumem em si quase que todos os anseios das novas gerações. Verifica-se em todo esse período um curioso processo de passagem da vigência social dos valores interiores, valores morais, essenciais, ideais, para os exteriores, materiais, superficiais, mercantis. As evidências são inúmeras e suficientemente eloquentes. O ideal romântico feminino anterior do poeta inquieto e talentoso, como parceiro amoroso, é substituído pelo do moço elegante e ricamente trajado.[72] A vestimenta torna-se o primeiro requisito para a definição do *status*, e não se trata somente do luxo, mas sobretudo da atualização impecável com a moda.[73]

As fachadas tornam-se a preocupação permanente e ubíqua, não só na arquitetura: "Nestes tempos, a fachada é tudo".[74] Singularmente, no Rio de Janeiro do começo do século XX, é o processo de transformação urbana que dá o tom para a definição da atmosfera cultural da cidade; as relações sociais se estabelecem como um sucedâneo do projeto urbanístico que as circunscreve. "O progresso está na altura de novas ruas e avenidas, onde a construção peca pela ausência de arquitetura e prima pelos maciços de alvenaria. É manifestamente um progresso de argamassa", denunciaria um crítico desgostoso com o rumo tomado pelas mudanças.[75]

Como já ocorrera com o ideal feminino, toda mulher que invade os sonhos masculinos é a mulher na moda, e não a mulher simplesmente bela. Lima Barreto escreve em 1913 um dos primeiros contos sobre um tema que depois se banalizaria pela recorrência. É a história de uma mulher que se apaixona por um carro, entregando-se em adultério a um homem inexpressivo para poder usufruir dele. Igualmente reveladora do mesmo tema é a narrativa do cronista, cujo amigo se apaixonara perdidamente por um manequim de cera... que vivia sempre na moda. Em ambos os casos, o objeto da paixão passa do humano para a coisa, do pessoal para a mercadoria.[76]

No que se refere à literatura propriamente dita, as transformações históricas características de todo esse período fizeram também sentir o seu peso sobre ela. O grande passado da unidade romântica, da plena vigência das ilusões e dos sentimentos, é percebido como uma angustiosa ausência. O fracionamento do romantismo em várias escolas que acabaram se equiparando e mantendo-se equidistantes, impedindo a definição de uma nova grande corrente, arruinou irremediavelmente o grande império literário do século xix, expondo os escritores à concorrência da ciência, do jornalismo e até do cinematógrafo.[77]

As transformações nas técnicas de comunicação, acompanhando e aprofundando as mudanças do modo de vida em todo o mundo, nesse curto espaço de tempo, abalaram definitivamente a posição até então ocupada pela literatura. A foto e o cinema tornaram dispensáveis e enfadonhos os longos comentários dos cronistas tradicionais. A transformação súbita dos cenários urbanos e rurais, os novos objetos, instrumentos, hábitos e rotinas gerados e estabelecidos num prazo surpreendentemente curto tornaram inadequadas e mesmo ultrapassadas as imagens literárias tradicionais. Ao mesmo tempo que entravavam a linguagem escrita com neologismos e adaptações apressadas, que, carentes da familiaridade e do polimento que só o longo trato artístico dá às palavras, impediam a pronta adaptação da literatura ao novo mundo, a não ser ao custo de assumir uma secura que a descaracterizava fortemente se contrastada com o seu passado. A adaptação custaria o preço da sua sacralidade. Seria ela que se adaptaria ao mundo, e não mais o mundo a ela, como no século XIX romântico.[78] O novo ritmo da vida cotidiana eliminou ou reduziu drasticamente o tempo livre necessário para a contemplação literária. A diminuição do tempo, a concorrência do jornal diário, do livro didático, da revista mundana e dos manuais científicos, de par com as novas formas tecnológicas de lazer, o cinematógrafo, o gramofone e a fotografia, estreitaram ao extremo o papel da literatura. As novas condições obrigavam a um rigoroso processo de seleção e exclusão, previamente à leitura. A ampla difusão da imprensa e as oscilações sociais que tumultuaram o período concorreram, por sua vez, para a perda progressiva do gosto literário.[79]

A homogeneização das consciências pelo padrão burguês universal da belle époque deu o remate final no processo de estiolamento da literatura a que se assistia então. "Daí parecerem-se todos os romances uns com os outros e tomar a época neste ponto uma cansativa e pesada feição uniforme."[80] A literatura se tornou um espaço cultural facilmente identificável por um repertório limitado de clichês que só mudam na ordem e no arranjo com que aparecem. O próprio público e a crítica acabam criando uma expectativa do lugar-comum e da mesmice para identificar a natureza literária de um texto. Fenômeno idêntico ocorre na poesia.[81]

Evidentemente, inúmeras resistências se manifestaram contra esse processo de banalização e neutralização da força cultural da literatura. Euclides da Cunha, com o estilo enérgico da sua prosa contundente, é saudado como o inaugurador de uma literatura nova, que Coelho Neto caracterizou como "evangelização literária". Entretanto, a estética mais prestigiada do período, amplamente difundida por José Veríssimo, é a fundamentada nos processos da ironia. Mas, à ironia amarga e cética de Machado de Assis, Veríssimo prefere aquela de cunho social e reforçadora da solidariedade humana, como em Anatole France, e que encontraria o seu melhor realizador no Brasil em Lima Barreto. Os estudos sobre a sátira e a ironia dominam as páginas de crítica, pelo menos até antes da Primeira Guerra Mundial.[82]

Em 1916, contudo, Olavo Bilac, discursando na Academia de Ciências de Lisboa, ao mesmo tempo que declarava passada a "fase ignóbil" da ironia, proclamava que "a nossa literatura, aqui e no Brasil, é hoje nacionalista, e será nacionalista". São os efeitos da guerra sobre a cultura. Uma onda copiosa de literatura nacionalista toma conta do país, com destaque para São Paulo, onde são instituídos concursos públicos de literatura sobre temas populares e folclóricos.[83]

Processo muito original de mudança, também, foi o que envolveu e afetou os intelectuais, compreendidos como um grupo social. O exercício de atividades ligadas à criação de produtos culturais, particularmente de literatura, desde a afirmação da República dos Conselheiros e da Regeneração, viu-se cercado de uma aura de prestígio como nunca. Todavia, a aceitação e a assimilação do artista no mundo burguês e oficial, com escandir-lhe as pechas de gênio maldito e misantropo, herdadas do romantismo — ou de oposicionista contumaz, do início do regime — neutralizaram ou pelo menos amesquinharam o seu potencial crítico e criativo. Seria mais uma das forças a concorrer para o processo de banalização e achatamento da literatura nesse período. Um dos temas mais explorados pelo vitupério dos cronistas era justamente

> a excessiva abundância de Homens de Letras que possuímos. O Homem de Letras aqui é uma coisa que começou a grassar, gras-

sar, grassar; e como não trazia grandes perigos à saúde pública, ninguém se lembrou de opor-lhe medidas de higiene e meios profiláticos, se não para prevenir o mal, ao menos para conseguir restringi-lo.

A principal consequência desse processo foi a descaracterização do intelectual e do literato tradicionais, que se dissolveram em meio à sociedade. O saque de algumas citações providenciais resolvia a questão da identificação do intelectual. Como já ocorrera com a literatura, o chavão e o lugar-comum passam também a ser o timbre identificador do literato.

> Sim, porque aqui o Homem de Letras não é apenas o produtor intelectual, ele vem de todos os ofícios, de todas as profissões e figura em todas as circunstâncias da vida nacional.[84]

Essa imagem difusa do intelectual, portanto, se tornou mais uma fachada. E das mais proveitosas. Ela era o requisito indispensável para se conseguir as cavações e os empregos públicos, e principalmente a chave mestra das portas cobiçadas da política e da diplomacia.[85] Mas de forma geral ela antecedia a todas as profissões liberais e tendia a encerrar a sua fase ativa com o casamento e/ou com a primeira "colocação" séria. As facilidades da nova vida social tendiam a matar o engajamento dos intelectuais que fizeram a República. Esse tipo social se torna de tal forma disseminado que, quando o fabricante do Vinho Reconstituinte de Granado inicia uma campanha para o aumento das suas vendas, lembra-se de recomendá-lo como apropriado para "todo o mundo intelectual, toda a humanidade pensante".[86]

A nova grande força que absorveu quase toda a atividade intelectual nesse período foi sem dúvida o jornalismo. Crescendo emparelhado com o processo de mercantilização na cidade, o jornalismo invadiu impassível territórios até então intocados e zelosamente defendidos. Os jornalistas, ditadores das novas modas e dos novos hábitos, chegavam a desafiar e a vencer a própria Igreja na disputa pelo controle das consciências. As cartas e consultas às redações acabaram monopolizando todas as preocupações que anteriormente se restringiam à intimidade dos confessionários, para o escândalo do padre José Maria.[87]

Por outro lado, a concorrência do jornalismo desassossegou os literatos mais ciosos da sua seara. O jornalismo, impondo uma vigorosa padronização à linguagem e empregando com baixas remunerações praticamente todos os homens de letras nas suas redações, acabou necessariamente exercendo um efeito geral negativo sobre a criação artística. Tendendo ao sufocamento da originalidade dos autores e contribuindo em definitivo para o processo de banalização da linguagem literária, exigia-se ainda uma facúndia e prolixidade tal dos escritores, que impediam qualquer preocupação com o apuro da expressão ou do estilo. Significativo disso é o espanto que causou a João Luso, jornalista experimentado, acompanhar Euclides da Cunha na redação de um pequeno texto nos escritórios do *Jornal do Comércio*: "Levou aquilo mais de três horas, para ocupar no dia seguinte um reduzido espaço no jornal".[88]

Mas nada embaraçava a expansão vitoriosa do jornalismo, de fato; muito menos os pudores das consciências mais escrupulosas. Sua força e sua ação, quer sobre as classes conservadoras, quer sobre a massa de caixeiros, aventureiros e funcionários de toda espécie, é uma evidência indiscutível. Suas campanhas contra os velhos hábitos e pela implantação dos novos costumes, a criação do clima geral de euforia e otimismo da Regeneração e do *smartismo* são talvez a primeira manifestação de um fenômeno de manipulação de consciências em massa no Brasil.[89]

Com a eclosão da guerra, o tom mundano, cosmopolita e

despreocupado dessa imprensa seria, porém, estigmatizado por toda a parte. Sobrevieram as maiores invectivas contra toda forma de idealismo ou *smartismo* literário residual. E a campanha contra o "bovarismo" dos intelectuais que se alienavam da sua própria terra e realidade, trocando-a pela fantasia ou pela Europa. A intelectualidade passa por uma tentativa de depurar o grupo intelectual nas suas crenças, gostos e características, selecionando os elementos e destilando as ideias a fim de que ele pudesse assumir o destino a que os novos tempos o arrastavam. A nova febre nacionalista os conduzira à condição de "escol da pátria". Era preciso, pois, separar o joio do trigo.[90]

Com a guerra, vêm também as primeiras dificuldades. A elevação dos preços e as restrições à importação do papel de imprensa coincidem com a crise econômica e a redução do consumo. A necessidade de sobrevivência obriga muitos órgãos à concessão para com a cavação, o elogio pago e o mercenarismo político. Outros chegam à aliança com os escroques do jogo do bicho. Os jornalistas, por sua vez, assalariados que são, se ressentem das dificuldades da crise, sendo possível encontrar uma preocupação pessoal nas suas campanhas contra os monopólios, as especulações e as falsificações de gêneros. Feridos pela febre nacionalista, substituem o mundanismo pelo novo credo. A campanha nacionalista praticamente se concentra toda na imprensa. Em setembro de 1917, instalou-se oficialmente o Tiro Brasileiro de Imprensa, que, no comentário orgulhoso de um cronista, "dia a dia recebe novas adesões".[91]

O ingresso maciço dos literatos no jornalismo é por si só uma testemunha muito eloquente da mudança da condição social do artista. Já iam longe e esquecidos os tempos em que sua sobrevivência era assegurada pela generosidade de uma aristocracia de gostos refinados ou de um sistema de oposição política tão contundente quanto socialmente bem consolidado, pela condescendência de pais de posição ou fartos ou generosos, ou ainda pela possibilidade de uma existência segura com parcos recursos. A ativação mercantil que sobreveio com a República, com suas baixas cambiais quase que diárias e a insegurança de suas oscilações sociais e econômicas, empurrava todos para a disputa aflitiva pelo emprego sólido, "a luta desesperada pela vida".[92]

O analfabetismo quase total da população brasileira, nesse instante dramaticamente lembrado, impedia o desenvolvimento de um amplo mercado editorial. Os intelectuais viram-se assim compulsoriamente arrastados para o jornalismo, o funcionalismo ou a política. A Academia Brasileira, com o seu condão de consagrar os escritores, garantindo-lhes crédito total em qualquer casa editora do Rio, mas sobretudo colocando-os sob a tutela protetora do Estado, tornou-se um reduto de estabilidade no qual todos lutam para entrar. "É uma espécie de aposentadoria literária", no conceito da época.[93]

Por sua vez, a situação dos intelectuais, já por si difícil, se agravou com a crise da guerra. Vemos aparecer então as primeiras sociedades profissionais para a defesa dos interesses da classe: a Sociedade Brasileira dos Homens de Letras, a Sociedade dos Autores e a Sociedade Brasileira dos Autores Teatrais. Os escritores definem claramente o seu novo papel de agentes no complexo mercado econômico, vendedores de um valor específico, contra cuja aviltação eles devem lutar unidos. "Todos os homens de letras são vítimas indefesas nas mãos hábeis das casas editoras".[94] E é assim unidos que eles também pretendiam tirar partido das novas competências do Estado; é preciso lutar pelos direitos de autoria: "A produção intelectual é tão digna quanto as outras e tanto quanto as outras merece a proteção das leis".[95]

Mais sintomático ainda dessa mudança é o espaço que se abre na nova sociedade para a mercantilização da própria literatura como matéria bruta em si, desprendida da originalidade de qualquer autor. É o caso, por exemplo, de A Agência Literária, que se dispunha a fornecer, mediante a devida encomenda, "discursos parlamentares, conferências literárias e artigos de crítica literária sobre qualquer obra". Ou mais curiosamente ainda, o concurso do Chocolate Lacta, que oferecia 500 mil-réis pelo soneto decassílabo ou alexandrino "que, pela perfeição, apuro de forma, sugestão e pela maneira com que puser em evidência o sabor, o encanto e as qualidades nutritivas do Lacta, for considerado o melhor".[96]

Dessa forma, uma vez assentado o regime republicano e mortas as esperanças da "Grande Mudança" em que todos depositavam sua fé, a condição do grupo intelectual diante das novas pressões pareceu oscilar entre a tradição engajada da "Geração de 70" e a tendência à assimilação desvirilizadora da nova sociedade. De qualquer forma, o grupo perde a feição monolítica com que se batera pelas reformas e deixa entrever fissuras profundas em seu interior, denotando diferenças manifestas no seu modo de se inserir na nova situação histórica. Três comportamentos-limite parecem resumir o campo de variação que se oferecia ao grupo.

Coelho Neto, na passagem do século, pondo-se a avaliar a sua trajetória como escritor, intuiu com muita clareza as novas perspectivas que se abriam à sua atuação e que se confirmariam plenamente alguns anos após, com o florescimento da Regeneração. "Já lá vão quinze anos de sonhos e sofrimentos!", conjeturava o autor.

> Eis-nos acampados diante da cidadela e que temos nós? Que tesouro possuímos depois de tão árduo combate? Temos ainda, e só, a moeda com que nos lançamos à aventura: Esperança, e alguns louros na fronte: os primeiros cabelos brancos.

Mas o autor já pressentia os primeiros sinais de mudança:

> Se ainda não tomamos de assalto a praça em que vive encastelada a indiferença pública, já cantamos em torno e, ao som dos nossos hinos, ruem os muros abalados e avistamos, não longe, pelas brechas, a cidade ideal dos nossos sonhos.[97]

De fato, passados pouco mais de dez anos, em pleno fastígio da República dos Conselheiros, Coelho Neto ressurgiria como uma das personalidades mais eminentes. Deixara o lugar de professor público de história da arte para ser nomeado professor de literatura do Ginásio de Campinas em 1900. De lá sairia em 1909 para ser efetivado como lente de literatura do Colégio Pedro II, o mais importante instituto de ensino secundário do país. Nesse mesmo ano é eleito deputado pelo Maranhão, posição que manteria por três legislaturas consecutivas. Nesse ano ainda foi nomeado secretário do governo do estado do Rio, professor de história das artes e literatura dramática da Escola Dramática Municipal, além de diretor dessa mesma instituição. Isso tudo sem deixar de ser um dos mais assíduos colaboradores da imprensa diária e das revistas mundanas, mestre de cerimônias de festas oficiais e semioficiais, paraninfo preferencial dos formandos da cidade e conferencista de sucesso garantido. Ao mesmo tempo realizou uma carreira literária sem paralelos na história das letras nacionais, ao menos quanto ao volume. Ainda no limiar da carreira, em 1898, produziu a marca imbatível de onze livros editados num só ano. Sua facúndia arrebatada não esmoreceu com o sucesso mundano, e ainda em 1924, aos sessenta anos de idade, publicaria nove livros.[98]

Seu caso não é único, é apenas modelar. Um outro exemplo congruente com o seu seria o de Olegário Mariano,

> cronista, poeta, declamador, letrista, escritor de revistas de *music-hall*, eminência parda na concessão dos prêmios de viagens do

Salão de Artes Plásticas, astro dos salões mundanos, conferencista, acadêmico, dramaturgo, afora o rendoso emprego na administração da Ilha das Cobras [...], a sinecura de inspetor escolar, assíduo colaborador das revistas ilustradas e colunista social do *Correio da Manhã*.[99]

Ambos constituem elementos representativos de uma longa série, a dos autores que introduziram a fissura mais profunda e irremediável dentre o grupo intelectual. Com eles surge a camada dos "vencedores", o filão letrado que se solda aos grupos arrivistas da sociedade e da política, desfrutando a partir de então de enorme sucesso e prestígio pessoal, elevados a posições de proeminência no regime e de guias incondicionais do público urbano. Essa nova camada seria a dos plenamente assimilados à nova sociedade, os favorecidos com as pequenas e grandes sinecuras, os habitués das conferências elegantes e dos salões burgueses, de produção copiosa e bem remunerada. Autores da moda porque assumem o estilo impessoal e anódino da belle époque. São os triunfadores do momento, e a sua concepção de cultura pode ser figurada na fórmula com que Afrânio Peixoto, outro representante ilustre dessa casta especial, definiu a literatura: "sorriso da sociedade".[100]

Filhos diletos da Regeneração, suas características são bastante evidentes. Ressalta sobretudo a sua atuação de polígrafos da imprensa. O jornal e o magazine luxuoso eram a sua sala de audiências, dali se pronunciavam para o seu público consumidor por meio de crônicas, reportagens, folhetins, poesias, sueltos, comentários, críticas, "conferências", orientações didáticas múltiplas, desde as vernaculares até as relativas à culinária, moda ou política. Sufocavam assim o leitor com sua produção volumosa e indiscriminada, acostumando-o ao seu consumo e à sua interferência disciplinadora nos menores particulares de suas vidas. Logravam com isso consumidores cativos para os seus livros, editados com uma regularidade metódica, de acordo com a disposição e a receptividade da clientela. O segredo do seu sucesso, sabiam-no bem, repousava sobre um perfeito ajustamento aos gostos e anseios do público, daí suas temáticas sediças e sua linguagem aparatosa, repontada de retórica. O que explica também a sua preocupação de representarem tanto nos atos como nas palavras as aspirações do up-to-date da burguesia carioca, trajando-se no rigor do figurino europeu e talhando seus personagens pelo modelo *dandy* do "*bel-Ami*", do "*Belo Brumel*" ou do "*Des Esseintes*".[101]

A hostilidade não demorou a romper, e com vigor, entre os "vitoriosos" e os que permaneceram à margem, ou por falta de condições de adaptação ou por um apego obstinado às suas raízes de grupo. A consciência fatídica da ruptura emerge clara e versada com maldade nos juízos sobre a moda:

> A literatura brasileira atualmente está dividida em dois campos opostos: o dos escritores que têm casaca e o dos que não a têm. [...] Ao modesto artista do paletó curto e chapéu mole, vedam a entrada no Palácio Monroe; em compensação esse mesmo artista de paletó-saco e chapéu mole nega aos outros, os de casaca, o direito de fazerem arte cá fora.[102]

Os vitoriosos faziam sua defesa alicerçados em argumentos muito pragmáticos:

> Hoje, sejamos francos [diz o Medeiros e Albuquerque retratado por João do Rio], a literatura é uma profissão que carece do reclamo e que tem como único critério o afrancesado sucesso.

Enquanto o coro dos proscritos urdia um ressentimento profundo contra os que se somaram aos seus detratores:

Essa é a gente que em todos os períodos de crise sempre aparece para melhor caracterizá-los pelo espírito de exploração ou pela futilidade, que inspira tais homens e os move. Pouco se lhes dá que os outros estejam mergulhados no sofrimento ou ansiosos diante da negra perspectiva das coisas. Então como nunca é que a vida lhes é mais fácil, graças à sua falta de senso moral.[103]

O segundo grupo, o dos "derrotados" ou ratés, por oposição aos primeiros, apresenta por sua vez também uma modesta clivagem interior. Trata-se menos de uma nova divisão que de uma definição de áreas e modos preferenciais de atuação. Marginalizados, esses escritores optariam por duas formas incompatíveis de reação. De um lado se postaram os que acatavam o seu opróbrio com resignação diante do mal consumado, inexorável, experimentando-o com estoicismo, muito embora inquietando os inimigos pela exibição dura e continuada de sua própria dor. De outro, estavam os inconformados com a nova ordem das coisas e que reagiam pela combatividade permanente, buscando na pregação reformista obstinada um desagravo contra seu abandono. São os mantenedores da tradição mais pura da "Geração de 70", os sucessores legítimos dos "mosqueteiros intelectuais".

O primeiro desses subgrupos era genericamente referido como meio dos "boêmios", embora essa caracterização fosse inadequada. Envolvia principalmente os simbolistas, nefelibatas, decadentistas e remanescentes do último romantismo. Assistindo com um misto de horror e náusea à "vitória do materialismo e do individualismo", vendo reduzirem-se os valores a padrões de mercado e consumo, mal podem conter seus lamentos de reprovação e repúdio à nova realidade. Fechados no seu aristocratismo hedonista, cultivando até o último extremo suas noções puras e altruístas de solidariedade, serão candidatos certos à tísica e à miséria, não tergiversando jamais com seus princípios. Entregavam-se, na sua dignidade de derrotados, a uma resistência surda contra o mundo que os degradava, manifesta por uma sensibilidade etérea e sutil. O ponto máximo do grupo incide, sem dúvida, na plangência lírica absolutamente sublime de Cruz e Sousa.[104]

O outro subgrupo era composto dos autores empenhados em fazer de suas obras um instrumento de ação pública e de mudança histórica. Essa atitude era, com efeito, curiosamente reforçada pela nova sociedade. Foi com o advento da República que se consagrou a legitimidade do consórcio entre a perspectiva funcional ou profissional e a gestão pública. Foi ela, por exemplo, que ratificou o prestígio do "soldado-cidadão" e foi nela que os políticos eram definidos não pela sua simples condição, mas pela característica do seu desempenho, como representantes dos "interesses paulistas", "das classes caixeirais", "do comércio do Rio de Janeiro", "da agricultura" etc. Ora, tais parcialidades explícitas eram inimagináveis e inadmissíveis até então e são evidência patente da ruptura e fragmentação da sociedade tradicional, liberando e recobrindo de dignidade indivíduos e grupos cuja atuação pública passa a ser declaradamente uma emanação da sua posição particular na sociedade. Basta lembrar como no Império "Mauá fora posto no índex da nação somente porque, como deputado, ousara defender no Parlamento interesses privados".[105]

De resto, cabe lembrar que o grupo dos intelectuais "de casaca" iria se filiar a uma tradição assentada desde José de Alencar, que sempre distinguiu a distância entre o escritor e o homem público,[106] enquanto o grupo "boêmio" consistia numa reminiscência tardia do romantismo, que insistia em conferir um estatuto especial aos homens de letras. De forma que, paradoxalmente, apenas o último conjunto, o dos escritores inconformados e reformistas, iria se ajustar adequadamente às potencialidades da nova realidade, dedicados que estavam a dispor do manancial científico e cultural europeu a fim de conhecer a fundo a realidade nacional e poder dirigir conscientemente o curso da sua transformação a partir do interior mesmo do seu mister. Espécie de "escritores-cidadãos", exerciam suas funções com os olhos postos nos centros de decisão e nos rumos da sociedade numa atitude pervicaz de "nacionalismo intelectual".

Obviamente, porém, sem condições materiais estáveis de sustentação, esses escritores profundamente envolvidos no processo de modelação política e social iriam se bater continuamente numa luta ignominiosa pela sobrevivência. Na busca permanente de um alívio para sua situação, oscilariam entre o anseio de fruir mecenato e o desejo de exercer tutela, por mais contraditórios que possam parecer à primeira vista. Não era sem intenções que Farias Brito lembrava que "ainda não tivemos um estadista que se lembrasse de adquirir ou que pensasse sequer em merecer o título de protetor das letras e das artes".

E concluía, enfático: "Essa, entretanto, tem sido em toda parte a mais alta e a mais nobre aspiração dos homens de Estado".[107]

Não sem pensar eventualmente também no Estado, José Veríssimo e Lima Barreto recordavam que era uma função da elite social, da "aristocracia" de espírito cultivado, manter "salões literários", que fizeram "a florescência, o brilho, a riqueza da literatura francesa".[108] Por outro lado, e na ausência dessa iniciativa, restava acreditar no poder de fazer prosélitos no povo ou na melhor sociedade graças aos recursos do "novo jornalismo" ou em decorrência de influir diretamente sobre as decisões do Estado por meio de associações cívicas de pressão, como a Liga Nacionalista de Bilac. Na realidade, nenhuma dessas grandes esperanças, o mecenato ou a tutela, jamais se consumou.

A situação da guerra viria, contudo, ampliar inesperadamente o seu espaço de ação. Apesar de todas as dificuldades e talvez mesmo por causa delas, os intelectuais mais consequentes e independentes procuraram revalidar a literatura, livrando-a do seu rumo de degradação, inflamando-a com seu credo nacionalista exacerbado pela conjuntura. Tratava-se antes de mais nada de retomar a principal corrente dos albores da República, encabeçada por Sílvio Romero, Nabuco, Jaceguai, Afonso Arinos, Mello Morais e principalmente Euclides da Cunha, que fora praticamente abandonada com a vitória do cosmopolitismo da Regeneração. A cena estava mais clara e definida agora com a nova situação internacional. Obrigados a voltar-se para si mesmos, para o seu território e sua própria gente, na necessidade crua de garantir a sua sobrevivência, todos os grupos intelectuais patenteavam a urgência e a conveniência de prover um saber eficaz sobre a realidade da nação. E mesmo a desconfiança e o desprezo para com a elite política, que renascem intensificados após um período de latência, convergiam nesse sentido. É de tal entrecruzamento de fatores que nasceu a proposta estética mais candente desse fim de período, da pena de Monteiro Lobato. Graça Aranha, em *A estética da vida*, de 1921, pouco mais faria que dar maior consistência filosófica e teórica, à parte de um maior refinamento literário, a uma matéria que Lobato já entalhara. O mérito maior talvez seja mais das condições do período do que de qualquer dos dois.[109]

Compelidos a uma situação privilegiada ante a opinião pública, pela força das circunstâncias, pela expectativa geral de uma orientação, de uma diretriz qualquer que fosse, esses intelectuais não resignariam ao posto a que eram invocados. Já de longe traziam a predisposição para uma prática mal velada de tutela. A situação atual lhes convinha e mais do que nunca o grupo afirmaria o seu orgulho:

> O poeta [...] é o refletor de todas as pulsações da vida universal, a condensação simbólica de todas as grandezas reais ou imaginárias, a harmonia arrancada da orquestração esparsa de todas as vozes do

mundo, a intuição de todas as forças secretas que nos dirigem. É ele quem nos aponta, sobre a evocação de tudo que há de grande e belo no passado, os esplendores e as tempestades do futuro.[110]

Alguma dúvida sobre quem eram os elementos mais recomendados para dirigir os homens num momento de dúvidas e conturbação?

# III. Euclides da Cunha e Lima Barreto: sintonias e antinomias

*Arco do Triunfo comemorativo da proclamação da República, c. 1894.*

*O coração flameja a cada instante*
*Com brilho estranho, com fervores vários,*
*Sente a febre dos bons missionários*
*Da ardente catequese fecundante.*

*Os visionários vão buscar frescura*
*De água celeste na cisterna pura*
*Da esperança por horas nebulosas...*
                    Cruz e Sousa, "Visionários"

Engajamento sociopolítico apaixonado e alienação compulsória da vida pública, que autores teriam vivido essa discrepância de forma mais dramática do que Euclides da Cunha e Lima Barreto? Ambos são coprotagonistas das obras patéticas que escreveram e que em grande parte se nutrem mesmo desse seu desengano. Há entretanto um enigma maior que recobre a trajetória de suas vidas e galvaniza a reflexão sobre os seus escritos. Apesar de viverem na mesma cidade e circularem nos seus poucos núcleos literários, esses intelectuais eram estranhos entre si: provavelmente nunca se defrontaram, certamente jamais trocaram uma palavra. Pertenciam a gerações diferentes, é fato. Euclides era quinze anos mais velho que Lima. Militavam em coteries de certa forma oponentes: Euclides na da Livraria Garnier, Lima na da Confeitaria Colombo. A Garnier era o reduto dos consagrados; a Colombo, o trampolim dos novos.

Patentearam-se, contudo, paralelismos e similitudes entre suas vidas e obras, que chegaram ao rigor do pormenor. Euclides, filho de um guarda-livros, nascido no ambiente rural de Cantagalo, estado do Rio, órfão de mãe desde cedo, de forte mestiçagem indígena, fez o colégio na cidade do Rio e foi aluno do curso de engenharia da Escola Politécnica, da qual saiu em menos de um ano por falta de recursos, ingressando na Escola Militar, no mesmo curso, porém gratuito... Lima Barreto, filho de um almoxarife, nascido em Laranjeiras, mas criado no cenário roceiro da Ilha do Governador, precocemente órfão de mãe, apresentando acentuada mestiçagem de negro, fez os estudos colegiais na cidade do Rio, ingressando no curso de engenharia da Escola Politécnica, do qual não passou das matérias do segundo ano, abandonando-a em seguida, por falta de recursos, para assumir um cargo de amanuense.[1]

Realmente, poucos índices podem proporcionar uma visão tão transparente dos principais campos de tensões históricas que marcaram o período sob estudo, quanto um cotejamento crítico entre as obras de Euclides da Cunha e Lima Barreto. Definindo as perspectivas fundamentais que se colocaram aos agentes e pacientes dos processos de mudança então em curso, esses escritores opõem-se num choque radical, envolvendo a totalidade das suas obras. Desde os tratamentos temáticos, os procedimentos literários, gêneros e técnicas narrativas, suas obras se contrapõem em sentido simetricamente inverso, como uma imagem e seu espectro especular, evidenciando um divórcio irremediável entre as visões de mundo dos dois autores. Centrada nas práticas de linguagem, essa oposição antitética que separa ambos enraíza-se porém nas suas diferentes formas de inserção no universo tempestuoso da nova ordem republicana. Uma análise mais metódica nos permitirá entrever, pois, sucessivamente, o quanto esses autores devem ao patrimônio cultural de seu tempo; o grau profundo de contraste que os separa; as particularidades de suas formas de compreensão; e o significado do confronto implícito nas suas obras, para a elucidação de linhas cruciais de tensão presentes no interior do mundo social da Primeira República.

Um dado essencial a ser ressaltado quando se busca um fundo de convergências entre as duas produções literárias citadas é a formação positivista comum aos dois autores. Ambos acompanharam a expansão do comtismo no Brasil, durante o seu período de formação acadêmica, da forma mais próxima e comprometida possível. Euclides o sorveu diretamente de seu divulgador mais apaixonado e convicto — Benjamin Constant, por duas vezes seu professor, no Colégio Aquino e na Escola Militar da Praia Vermelha.[2] Quanto a Lima Barreto, foi recebê-lo pessoalmente nas prédicas dominicais de Teixeira Mendes, na Igreja Positivista do Brasil.[3]

A forma de assimilação dessa doutrina por um e outro foi muito diversa, como veremos, o que entretanto não impediu que alguns pressupostos mais gerais e a essência ética da doutrina viessem a formar um estrato básico na consciência de ambos, aflorando por toda parte em sua obra e animando o seu projeto político e cultural. Um único mas bom exemplo dessa influência pode ser constatado na sua concepção estritamente utilitária da palavra e das formas culturais.[4] À medida que avançarmos, os exemplos se multiplicarão à saciedade.

Diretamente ligado a essa formação positivista original, embora mais amplo e atual do que ela, marcava também os autores o credo inabalável num humanitarismo cosmopolita. Herança distante do Iluminismo, reavivado pelo positivismo e pelo evolucionismo progressista liberal, discerníveis como vimos na belle époque, esse conceito complexo se traduzia na prática pela elevação da humanidade em conjunto, sem distinções nacionais, à condição de referência última como padrão de solidariedade ideal a ser alcançado pelos homens na Terra. Seu objetivo, nas próprias palavras de Euclides da Cunha, seria a construção da "Pátria Humana", vista como resultado possível e desejável do progresso material encetado no século XIX e que atingiria a sua culminância no seguinte.[5] Somente na Terra, tornada espaço comum, é que nossa espécie poderia cumprir "o fim da civilização", que é a "harmonia entre os homens".[6]

Mas essa sintonia armada entre as correntes culturais e o modo de expansão do sistema capitalista traz uma contradição visível já na semente. Esse sistema econômico tem como suas linhas de força principais o impulso à concorrência e ao conflito, enquanto as doutrinas universalistas tendem todas para a máxima harmonia e solidariedade entre os homens. Como resultado desse desencontro, veremos nossos autores entregarem-se a uma crítica desabrida e contumaz, contra os efeitos, a seu ver nocivos, da intensificação sem precedentes da atividade mercantil no país, em seguida à República e ao Encilhamento. E não era só a solidariedade humana que esse processo ameaçava na sua escalada sem limites visíveis, mas todo o modo de vida tradicional, com sua ética cavalheiresca, seu código de gestos e conveniências, seu culto ao amor romântico. "Não finar-se-á o mundo ao rolar a última lágrima, e sim ao queimar-se o último pedaço de carvão de pedra", afirmaria Euclides da Cunha, avaliando o sentido dessa transformação.[7]

As novas condições históricas levaram as tensões sociais ao

seu índice máximo de agudização, e ambos os autores eram concordes em afirmar a necessidade de refrear e eliminar os novos fatores econômicos, sociais e políticos, responsáveis pelo mal-estar generalizado da sociedade e sua progressiva desumanização. Antes de mais nada, seria preciso dar solução à questão social, que saltava para o primeiro plano, o dos problemas mais vitais e prementes da sua reflexão.[8] Nesse sentido, e acompanhando as próprias tendências históricas desse período, os autores deslocaram o impulso lírico de suas obras do tema até então onipresente na literatura ocidental — o amor como culminância trágica da história de uma individualidade exemplar — para interpretá-lo num contexto social infinitamente mais amplo, como um momento da manifestação da "simpatia universal". Daí caracterizar os seus textos "essa concepção de um mundo brumoso, quase mergulhado nas trevas, sendo unicamente perceptível o sofrimento, a dor, a miséria e a tristeza a envolver tudo, tristeza que nada pode espantar ou reduzir".[9] Há nos seus livros um roteiro de busca, não só da solidariedade perdida, mas de uma nova que o futuro prometia.[10]

A busca de inserção da sociedade brasileira numa ordem humanitária sem fronteiras trazia porém um outro problema de importância crucial para os autores: a questão nacional. Ambos abominavam o cosmopolitismo, tal como era interpretado pela elite social do Rio — a "burguesia panurgiana", segundo Lima Barreto —, como a pura e incondicional assimilação de todos os usos, costumes e ideias vigentes na Europa. Para eles, somente a descoberta e o desenvolvimento de uma originalidade nacional daria condições ao país de compartilhar, em igualdade de condições, de um regime de equiparação universal das sociedades, envolvendo influências e assimilações recíprocas.[11] Havia nisso, evidentemente, não só uma questão de orgulho e dignidade nacional, mas sobretudo de sobrevivência. Sua convicção era de que só se o

Brasil conseguisse demonstrar um alto grau de organização e desenvolvimento cultural é que poderia evitar um destino semelhante ao da China, do México ou dos bôeres, diante do crescimento ameaçador dos imperialismos europeus e norte-americano.[12] Era preciso lutar ao mesmo tempo pela desmoralização das potências belicosas e reforçar o apelo à comunhão internacional.[13] Como veremos, esse fluxo e refluxo de crenças locais e universais iria forjar um tipo muito peculiar de nacionalismo intelectual.

Assim vemo-los revezarem-se em suas críticas abertas ao cosmopolitismo e ao esnobismo arrivista da rua do Ouvidor, ou à agitação destrutiva e inconsequente do jacobinismo e do florianismo no Rio de Janeiro.[14] Ouvimo-lhes a declaração ardorosa de entusiasmo pelos mesmos autores russos, vanguarda internacional do humanitarismo na passagem do século.[15] Mas, sobretudo, revelava-se nas suas obras o mesmo empenho em forçar as elites a executar um meio giro sobre os próprios pés e voltar o seu olhar do Atlântico para o interior da nação, quer seja para o sertão, para o subúrbio ou para o seu semelhante nativo, mas de qualquer forma para o Brasil, e não para a Europa.[16]

Ao lado, porém, desse conjunto de convicções que Euclides da Cunha e Lima Barreto compartilhavam entre si, havia uma série de outros temas, conceitos e crenças igualmente fundamentais, em que as suas posições eram visceralmente opostas. Pago o tributo comum ao clima cultural do seu tempo, as definições pessoais seguiam caminhos diametralmente inversos.

\* \* \*

Do interior dessa íntima afinidade, que os colocava ambos na dianteira intelectual de seu tempo, aflorava, porém, um antagonismo indissolúvel em torno de quatro temas fundamentais, não somente em suas obras, mas ao longo de todo esse período: ciência, raça, civilização e a atuação do barão do Rio Branco.

Esse conflito entre irmãos de postura, exibindo uma fissura no interior do grupo intelectual, deixava entrever mais ainda uma clivagem essencial à própria sociedade manifestada por duas formas de consciência incompatíveis. Não se tratava de um conflito simples e óbvio em torno da aceitação complacente ou da atitude crítica para com a nova sociedade burguesa da República, como seria o que opunha, por exemplo, Afrânio Peixoto e Coelho Neto a esses dois autores. Mas lhes suscitou dois projetos altamente articulados de concepção de comunidade nacional, a partir de um padrão mais humano, que, no entanto, tomaram rumos contrários.

Assim, por exemplo, veríamos Euclides da Cunha deslumbrar-se com "as magias da ciência, tão poderosas que espiritualizam a matéria", enquanto Lima Barreto nela via somente uma fonte de preconceitos e superstições.[17] Euclides da Cunha exultava com "o resplendor da civilização vitoriosa", ao passo que Lima Barreto concluía amargurado: "Engraçado! É como se a civilização tivesse sido boa e nos tivesse dado a felicidade!". A elucidação desse embate de posturas polarizou-se em torno do conceito de raça. Este foi uma criação da ciência oficial das metrópoles europeias e atuou como o suporte principal para a legitimação de suas políticas de nacionalismo interior e expansionismo externo. A corrida imperialista para a conquista de amplos mercados capazes de alimentar a Europa da Segunda Revolução Industrial encontrou na teoria das raças uma justificação digna e suficiente para o seu vandalismo nas regiões "bárbaras" do globo. Trata-se de levar os benefícios da civilização para os povos "atrasados". Ora, civilização, nesse sentido, era sinônimo de modo de vida dos europeus da belle époque.

A verdade é que, admiradas com o grande desenvolvimento econômico e militar das potências europeias, as elites coloniais, ou de passado colonial (exceto os EUA), começaram realmente a admitir o modelo europeu como padrão absoluto. Daí também, como corolário, admitiam a sua teoria das raças. E esse era um dado que Lima Barreto, mulato, vivendo em um meio de mulatos e negros e identificado com esse lado da sua herança, não poderia admitir.[18] Embora para Euclides da Cunha ele fosse um pressuposto pacífico.[19]

Ciência, raça e civilização constituíam, pois, um sistema indefectível de crenças e valores que sustentavam o domínio europeu sobre o mundo até a Primeira Guerra Mundial. Traduziam-se por uma forma típica de economia, sociedade e organização política, tidos como indiscutivelmente superiores. Cabia somente adequar-se a eles o mais perfeitamente possível em favor mesmo das vantagens à cafeicultura, o que foi realizado com primor pela República dos Conselheiros. O núcleo dessa atitude europeizante reverente era justamente representado pelo Ministério das Relações Exteriores, no qual pontificava o barão do Rio Branco. Pelo menos era assim que Lima Barreto o via, e daí despejar toda a sua virulência contra o chanceler brasileiro, a quem responsabilizava pelo espírito da Regeneração e pelo acirramento do preconceito contra os mulatos, que, segundo Lima Barreto, se tinha pudor de mostrar aos estrangeiros.[20]

Já as relações de Euclides da Cunha com o barão do Rio Branco eram as melhores possíveis. Ele, juntamente com Nabuco, Graça Aranha e Machado de Assis, frequentava o círculo literário encabeçado pelo chanceler na Livraria Garnier e no próprio ministério. Fora o barão quem lhe conseguira o comissionamento para a missão na Amazônia. Era com enlevo que Euclides da Cunha se referia à "quadra mais pujante do nosso desenvolvimento econômico, que o gênio do visconde de Rio Branco domina", dando assim um colorido dinástico aos fastos da modernização do país.[21]

Essa oposição temática básica seguia ainda adiante e iria

transparecer com toda a força da evidência por uma série de outros temas igualmente candentes do período. Assim, por exemplo, enquanto Euclides da Cunha tomava como fatores estabelecidos, válidos e estimulantes a hegemonia inglesa e norte-americana sobre o mundo, e a paulista sobre o Brasil, insuflando o espírito de emulação, para Lima Barreto elas estavam na própria raiz do processo de desumanização de que padecia a sociedade.[22] Da mesma forma, enquanto para o primeiro o imigrante seria o "guia europeu para o futuro", para o segundo ele significaria sobretudo o desprezo e o desemprego para os nacionais.[23] É por demais evidente a relação intrínseca e imediata entre esses temas e os anteriores.

Pode-se também perceber uma antinomia bastante sensível na concepção de cada um a respeito da cultura popular. Euclides adota um modelo inspirado nas teorias de Henry Maudsley para a análise e a compreensão dos versos populares encontrados nas cabanas de Canudos, enquadrando-os na linguagem do psiquiatra social inglês, como "desvarios rimados em quadras incolores".[24] Já Lima Barreto, embora sempre se referisse a Canudos com a linguagem deixada por Euclides, demonstrava uma flexibilidade maior no trato dos registros que fez da cultura oral popular, procurando analisá-los como funções típicas e eficazes no interior dos grupos sociais dos quais procediam, numa perspectiva que seria já muito próxima da moderna antropologia cultural.[25]

Não por acaso, essa mesma flexibilidade e sensibilidade maior de Lima Barreto com a cultura popular denotava já por si uma outra diferença marcante entre os dois autores. Enquanto Euclides se manteve mais preso ao cientificismo intransigente trazido com o positivismo, Lima Barreto o abandonou desde muito cedo, aceitando somente as diretrizes mais gerais e mais amplas da doutrina.[26] Daí por que, enquanto Euclides louvava a reforma do ensino superior segundo o modelo comtiano e, por esse caminho, a futura constituição de uma elite dirigente altamente capacitada — "os homens do futuro" —, Lima Barreto deplorava a própria instituição do ensino acadêmico. Para ele, a elite aí formada passava, por definição, a constituir uma casta privilegiada, que usufruía espuriamente dos cargos dirigentes do país; eram os seus "mandarins".[27]

O próprio advento da República fora uma experiência que marcara de forma antagônica os dois autores. Euclides lutara por ela e mantivera-se na sua vanguarda ativa, sempre fazendo alarde da sua fé no novo regime. "A ideia republicana segue a sua trajetória — fatal e indestrutível como a das estrelas."[28] Já para Lima Barreto, desde a exoneração do pai do seu emprego público, logo nos dias que se seguiram ao desfile de Deodoro, ela só lhe trouxera uma série inapelável de desgraças familiares e pessoais. E o autor nunca ocultou o seu profundo desgosto com a nova ordem, que considerava como a fonte de todos os infortúnios que acometiam a nação.[29]

Os dois autores eram discordes, também, no seu modo de relação com a forma de vivência e sociabilidade tipicamente intelectual, herdada do romantismo: a boêmia. Já vimos com que furor esse comportamento era exprobrado pelos críticos da Regeneração, constituindo-se num dos tópicos centrais a inquietar as consciências da elite carioca. Para o autor de *Os sertões*, os convivas desse meio não passavam de uma "garotagem literária, ignorante e inconsciente". Mais do que tudo, irritava-o a arma de ação típica desse núcleo: a sátira e o epigrama; a "troça pesada de palhaços pagos, que revolta e entristece".[30] Quanto a Lima Barreto, é sobejamente sabido que, conquanto não tivesse "hábitos de boêmia" sistemáticos, era louvado e aguardado com ansiedade nas rodas das confeitarias da rua do Ouvidor e da Avenida, graças sobretudo à sua fertilidade satírica e epigramática.[31]

\* \* \*

Afora toda essa série de sintonias e antinomias entre as obras dos dois autores, ressalta do cotejamento dos seus escritos um perfeito paralelismo assinalado por um mesmo empenho de debate, análise e combate de questões que, para ambos, resumiam os significados mais essenciais do período histórico em que viviam. Há entre os seus trabalhos uma analogia de fundo que revela estarem os autores sob o efeito das mesmas impressões, submetidos a circunstâncias gerais semelhantes e dispondo de uma motivação muito identificada. Ambos, por exemplo, eram eloquentes em estigmatizar a frivolidade que acompanhava a euforia da Regeneração.[32] Ambos denunciavam também a degeneração cultural que invadiu a República, sobretudo os efeitos do jornalismo sobre as consciências e a literatura.[33] O processo de decadência intelectual e de "glorificação das mediocridades" foi acompanhado com dissabor pelos dois escritores.[34]

O definhamento da literatura, da sua capacidade expressiva e significação cultural foi sentido por eles principalmente em decorrência da atividade da crítica, obcecada pelos rigores gramaticais, e que açulava os dois inovadores.[35] Curiosamente, ambos pareciam pressentir com segurança o processo de transposição para o exterior e para as coisas materiais dos valores outrora essenciais e interiores. E procuravam lucidamente vincular esse fenômeno à nova modelação urbana e aos novos hábitos. Era assim que Lima Barreto investia contra a "nossa mania de fachadas" e Euclides da Cunha associava a febre gramatical dos críticos ao *smartismo*: "um correto *frac* ao dorso de um corcunda".[36] Não por acaso, aliás, ambos os escritores sempre fizeram questão de vestir-se acintosamente fora da moda e com evidente desleixo.[37]

Críticos acerbos de Floriano e do florianismo renovariam sua carga de rancor contra Hermes e o hermismo, estigmatizando cabalmente o jacobinismo, a intervenção dos militares na política e de forma geral todo e qualquer tipo de violência que se manifestasse no interior da sociedade ou entre as nações.[38] Nesse ponto, fica suficientemente claro o quanto hauriam do cosmopolitismo humanitário e pacifista, procedente de Londres ou Paris — em formas mais veladas, mesmo de São Petersburgo. Era dessa ênfase que se muniam para animar o debate central em seus textos — sobre a questão social.[39] Oscilaram permanentemente entre os pequenos e os grandes temas, variando da condenação às bizarrices da irracionalidade burocrática e do baixo funcionalismo ao exame das relações sociais, à denúncia dos costumes e dos homens públicos nacionais.[40]

Essa compatibilidade básica, embora alimentando o âmago de incompatibilidade que contrapunha os dois autores, denotava contudo uma ética ativista e utilitária de que ambos se valiam.[41] Os dois autores procuravam carregar ao máximo as suas obras de conteúdo histórico, num esforço de vê-las compartilhar assim, influindo e deixando-se influir, do destino da comunidade a que se ligavam conscientemente. Nelas, a postura intelectual crítica e combatente é simultaneamente epidérmica e estrutural, constituindo um produto estético tanto ao nível do assunto, dos personagens, dos cenários e dos procedimentos de linguagem, quanto das camadas mais profundas de significação. Só a essa atitude crítica e combatente os autores conferiam validade intelectual.[42] E só por meio dela canalizavam a sua ética monolítica e incorruptível, fixada pelo positivismo, mas herdada de um mundo mais antigo, em que o padrão de sociabilidade implicava valores mais sólidos.

Representantes típicos do estilo de pensamento e ação intelectuais nascidos com a "Geração de 70", Euclides e Lima traziam, porém, o timbre dos novos tempos inaugurados com a República. Reproduziam intensamente aquela herança recebida, estendendo ao máximo as energias que ela concentrara em vinte anos de lutas, mas, talvez por isso mesmo, atingindo já os limites do seu esgotamento. Afinal, as reformas mais clamadas bem ou mal se haviam efetuado, custando até um abatimento na crença das grandes fórmulas abstratas.[43] O novo momento exigia medidas concretas, propostas práticas: amanhar o terreno úbere que a Abolição e a República expuseram. Na reversão do ânimo transformador, em função de um zelo maior para com a ordenação interior da nova realidade, novas opções deveriam ser adotadas e de implicações mais graves. Que rumo dar à sociedade republicana, orientá-la em função de quê, ordená-la ao redor de quem? Eram questões vivas e da maior pertinência diante de um fato ainda novo e de um processo de modelação que se prolongou por todo esse período.

Os autores sob estudo iriam responder a essas questões não tanto por intermédio da literatura, mas na literatura. O que é compreensível, diante das suas vicissitudes. Integralmente dedicados à ação pública utilitária, mas interditos de qualquer efeito decisivo nesse campo, suas melhores energias se voltariam todas para a única matéria moldável que lhes restara à mão e sobre a qual ostentavam completo domínio. Espoliados que foram, como réprobos, pelas elites vitoriosas, aferram-se ao seu último recurso, fazendo da literatura instrumento e fim da sua ação, tolhidos mesmo pelos seus reduzidos limites. É nela, por isso, na literatura, que deixarão o registro da sua missão, cumprida a despeito de todas as contrariedades. E se a sua desincumbência implicava opções novas e originais, esses autores a levaram ao extremo de definir caminhos absolutamente opósitos na linguagem dos seus textos, muito embora voltados à solução de problemas que equacionavam em perfeita sintonia. É o que revela um exame mais acurado de suas obras.

# IV. Euclides da Cunha
e o círculo dos sábios

*Prisioneiras conselheiristas (detalhe), 3/10/1897.*

> *Vemos quanto é forte esta*
> *alavanca — a palavra — que*
> *alevanta sociedades inteiras,*
> *derriba tiranias seculares...*
>
> Euclides da Cunha, "Notas de leitura"

## 1. A LINGUAGEM

Tratando em específico inicialmente da obra de Euclides da Cunha, iremos dispô-la em três etapas consecutivas para maior facilidade de exposição: linguagem, visão de mundo e perspectiva social. Visamos assim destacar as peculiaridades da sua produção intelectual, ao mesmo tempo que revelar a armação pessoal e a orientação geral que o autor imprime primordialmente aos seus trabalhos, para então recobri-los de uma temática e uma historicidade mais ampla, que alcançassem o consenso do público a que se dirigiam, obtendo a sua adesão. Por análise da linguagem estamos entendendo um estudo no sentido mais amplo do conjunto da obra, com ênfase nos seus processos de elocução. A visão de mundo e a ótica social derivam de uma penetração mais profunda nas suas camadas interiores de significação. Essa mesma modalidade de análise será aplicada mais adiante à obra de Lima Barreto.

Nesse período de transformação e vitalização do papel da imprensa, de todas as matérias que preenchiam as páginas dos jornais e das revistas, muito poucas deixaram de aparecer na obra de Euclides da Cunha. A transparência de seus textos com relação à realidade dos fatos que animavam a ação social do período é quase total. Esse realismo premeditadamente intoxicado de historicidade e presente é uma das características mais típicas de sua literatura e o afasta em proporção visível de seus confrades de pena, europeus ou nacionais.[1] Pudemos acompanhar, anotados ao longo dos seus livros: movimentos históricos, transformações sociais, relações sociais, relações raciais, transformações econômicas e políticas, ideais sociais, políticos e econômicos, discussões filosóficas e científicas, crítica social, moral e cultural, análises geológicas, descrições geográficas e comentários historiográficos, tudo condensado no nível mais amplo e predominante da sua obra. No plano da sua vivência mais contígua, encontramos anotações sobre o presente imediato e recente, o futuro próximo, o cotidiano urbano (traços fragmentários), a realidade de vida dos sertões, a política nacional e internacional, a burocracia e a boêmia, além de registros biográficos.[2]

Os grupos sociais que se destacam desse amplo universo temático, recebendo um tratamento de personagens principais ou secundários, são no entanto mais reduzidos. Burgueses (anotações fragmentárias), aristocratas (idem), burocratas, políticos, militares, populares, sertanejos, padrinhos ("influências"), apaniguados, intelectuais, jornalistas, bacharéis e boêmios. A ênfase, contudo, recai inquestionavelmente sobre os intelectuais, os políticos, os militares e os sertanejos, revelando por si só algumas das diretrizes mais marcantes da sua produção. Já no plano do tratamento dos personagens, manifestam-se algumas originalidades típicas, que nos auxiliam a identificar as técnicas de estilo e linguagem de Euclides da Cunha. Assim como ele jamais lança mão do romance como processo literário, seus personagens jamais recebem um tratamento característico desse gênero narrativo.[3]

Euclides extremou-se desde cedo em abdicar de toda ficção que envolvesse a imaginação de enredos literários tradicionais.[4] Sua crença verdadeiramente animista nas leis imponderáveis da natureza e no seu efeito positivo sobre os homens, somada à sólida erudição científica, o conduzem à realização de um drama em que os personagens são os próprios agentes naturais. É assim que se desenvolve *Os sertões*, retratando sobretudo um drama mesológico, ou *Amazônia, terra sem história*, em que os envolvimentos e conflitos entre as águas e as terras, a selva e o homem, compõem uma trama heroica complexa. Se o âmago da literatura reside nas vicissitudes da vontade dos personagens, Euclides dota a natureza e os seus elementos de infinitas disposições e objetivos definidos.[5]

Nesse sentido cosmológico, que ele assim instila em suas narrativas — resumindo-se a ação normalmente ao choque e transformação de forças naturais —, as potências físicas são personagens mais bem-acabados que os indivíduos. Segundo seu processo mais usual, inicia o esboço de um personagem e o vai detalhando numa linha ascendente, até que sua personalidade se dilua numa força natural ou social. Dessa forma, Moreira César é a epilepsia, Antônio Conselheiro é o atavismo e o kaiser, a encarnação da barbárie germânica.[6] Desse modo, o seu realismo também é típico no usar o cotidiano e o concreto como pretextos para evadir-se em especulações filosóficas e científicas.

Os cenários em que Euclides da Cunha sintoniza a ação de

suas narrativas são também mais limitados, muito embora, em virtude da técnica literária que acabamos de descrever, tendam a estender-se numa amplitude que abrange todo o globo terrestre. Nos seus textos aparecem: centros urbanos (fragmentos), meios populares rurais, paisagem sertaneja, áreas de ação de engenharia de campo, malocas rurais, repartições públicas (fragmentos), acampamentos militares, frentes de combate, trincheiras, expedições geográficas e militares, áreas antigas e novas abrangidas pelos deslocamentos de povos, típicos dos séculos XIX e XX, nos cinco continentes e nos polos. Se excetuarmos as cidades e os escritórios burocráticos, cujas alusões são mínimas e jamais inteiriças, de resto, apenas nas suas descrições dos meios rurais se pode encontrar uma preocupação sistemática com os fatos do cotidiano. E essas mesmas descrições ambientadas no sertão, se bem que com frequência sejam extremamente cruas, revestidas de uma imagética muito concreta,[7] tendem não raro para a generalização e a abstração. É o que ocorre com a sua descrição do "sertanejo" como tipo social historicamente produzido, ou na sua concepção altamente estilizada da "vaquejada" e do "estouro da boiada".[8] Ainda aqui é visível o seu esforço para evoluir da notação real para a abstrata: filosófica ou científica.

Não há, a bem dizer, variações sociolinguísticas na prosa do autor de *Os sertões*.[9] Seus textos seguem o mesmo estilo altamente elaborado do começo ao fim, compondo um bloco monolítico, sem flutuações que denotem a mudança do fluxo narrativo pela intervenção de um agente linguístico de nível social diverso daquele do narrador. Um parêntese notável aponta quando Euclides interrompe a narração da sua obra máxima para apresentar a fala típica ou os versos compostos pela população de Canudos. Parecia agradá-lo deveras aquele "falar energético dos sertões"; o autor chegou mesmo a recolher um bom acervo de vocábulos e expressões peculiares dos jagunços na sua *Caderneta de campo*.

Eventualmente empregou-as na reprodução de diálogos com os prisioneiros da expedição militar, tendo porém o cuidado de grifá-los, aspeá-los ou alterar-lhes a prosódia.[10] Quanto aos versos, o autor arma-se igualmente de prevenções ao incluí-los em seu texto. Primeiramente tornando claro que se trata de "bem vivos documentos", acentuando a estranheza desse "gaguejar do povo", para só então expor os "versos disparatados".[11] Altera contudo a sua ortografia, a fim de torná-los menos chocantes e mais compreensíveis ao público. Não seria portanto exagerado afirmar que há um único nível de fala na sua obra, referida homogeneamente a um público uniforme.

Os registros históricos que perpassam a obra têm um alcance muito amplo. Comportam desde referências expressas a eventos e processos locais, nacionais e internacionais, analisados nos seus níveis social, econômico, político e cultural, até reflexões sobre ciclos temporais e filosofia da história. Nesse plano, suas alusões e análises seguem uma perspectiva materialista, historicista e amoral. Amoralidade essa, ressalve-se, que implica uma moralidade implícita na própria natureza, uma linha de raciocínio que concebe a evolução histórica como caminho célere para uma realidade mais elevada, tanto material quanto eticamente.[12] Esse animismo das forças materiais e sociais que comandam a história, dirigindo os atos humanos no sentido da sua evolução inexorável é, ao fim, a mola mestra que faz movimentar-se todo o universo de Euclides da Cunha.

Em meio a essa postura de sólida coesão, não deixa de ser fascinante o fenômeno de consciência dividida — tão típico da passagem do século — que vibra no cerne da sua obra. Romântico, do romantismo carregado e desabrido de Victor Hugo e Alfred de Musset, ele estende o seu culto ao determinismo mais obstinado, de Comte, Spencer e Gumplowicz.[13] Seu espírito se identifica com os dois pontos extremos mais distantes do espectro cultural de sua época. Euclides da Cunha possui igualmente vivos em si, com o mesmo calor, exatamente os dois mundos que se negavam um ao outro, de forma tão inexorável que um só poderia subsistir à custa da morte do outro. Eram dois tempos, duas idades que se opunham pela própria raiz da sua identidade: o século XIX literário, romântico e idealista; e o século XX, científico, naturalista e materialista.

Euclides porém não era sensível somente ao evangelho dos mestres do romantismo no campo das correntes literárias. Averso como sempre foi à "ficção das escolas literárias", sua produção assinalava uma verdadeira composição de estéticas concorrentes, adstritas a uma mesma pena. Ao lado de Hugo e Musset, o autor prestava mesuras ao realismo crítico e combatente de Eça de Queirós, ao mesmo tempo que cultivava uma deferência especial pela literatura russa contemporânea, "onde vibra uma nota tão impressionadoramente dramática e humana". Não lhe é igualmente estranho o gosto pela frase trabalhada, a forma lustrada e cintilante, constituída da ressonância de vocábulos fortes, que caracterizava o gosto parnasiano.[14] Sem ligar-se em particular a nenhuma dessas correntes, Euclides entreteceu-as todas, imprimindo-lhes a unidade de uma trama tensa a serviço das suas convicções filosóficas e científicas.

Fenômeno semelhante ocorre com os gêneros literários. A sua obra distribui-se em cinco gêneros: historiografia, geografia, crônica, epistolografia e poesia, versadas todas em estreito consórcio com o comentário científico. Raramente Euclides praticou alguns deles em estado puro, optando também aqui preferivelmente por uma combinação das formas. Sub-rogando uma postura de Bertholet, espécie compósita de químico e literato, membro da Academia Francesa, o autor compartilhava da certeza de que "o escritor do futuro será forçosamente um polígrafo", exibindo desde já uma invejável versatilidade no campo das letras.[15]

Na naturalidade com que se movia no interior desses gêneros, dispunha como processos literários da narrativa e do verso, marcados pela utilização de recursos elocutórios, de uma linguagem cuidadosamente selecionada e trabalhada, de uma ironia sutil e superior. Há, contudo, ainda algo de absolutamente original na sua linguagem e no seu realismo, procedente em particular do seu estilo narrativo. Adepto modelar da filosofia estética de Spencer — vértice da sua obra —, que impõe "ao poeta [...] a subordinação às leis naturais",[16] Euclides da Cunha procedia a uma rigorosa seleção dentre os fatos reais, só elegendo para compor os seus textos aqueles que condensassem em si uma grande potencialidade como fenômenos sociais ou naturais.[17]

Nasce desse seu procedimento uma curiosa e insólita reformulação da teoria da separação dos estilos que caracterizara a estética antiga e o classicismo moderno, e que fora precisamente abandonada com o advento do realismo.[18] Preso ainda ao romantismo, que adotava a separação de estilos, e convertido também à estética animista de Spencer, ele revalidou a regra clássica, mantendo em todos os seus escritos o tom geral do estilo elevado. Daí a justificativa para a sua aversão extrema à sátira e ao espírito de humor — "eu não gracejo nunca!", "não façam rir ninguém" —, próprios somente dos estilos médio e baixo, segundo a norma clássica. Daí porque, também, não aparece em sua vasta obra nenhuma impressão de cenas de família, ou da rotina urbana, ou de hábitos e cerimônias burgueses, sendo que as cenas populares sertanejas, por exemplo, são rigorosamente referidas a conclusões históricas e científicas ou filosóficas. Euclides da Cunha forjou um estilo elevado híbrido, subordinado sobretudo a um novo critério científico, mas conservando algo de seu conteúdo social anterior.[19]

Dessa composição resulta na sua obra, em conclusão, uma linguagem elevada, selecionada, elaborada, altamente metafórica e imagística, de comunicabilidade mediatizada, dotada de efeitos elocutivos, escoimada de clichês, rebarbativa, áspera, carregada, homogênea, praticamente sem variação sociolinguística, isenta de paródia ou prosopopeia, reveladora e enérgica. Uma linguagem altamente coerente com o conteúdo transmitido, à medida que procurava evidenciar uma dignidade superior da cultura científica e filosófica e revelar a sua capacidade de perceber erros e injustiças, ao mesmo tempo que expunha a verdade última presente no movimento profundo das forças naturais. Um discurso de revelação e verdade, que perderia o seu poder de demonstração se oscilasse de acordo com os vários níveis da realidade que aborda; fato que sintomaticamente também ocorre com a linguagem científica. Numa síntese lúcida do próprio autor:

> Excluímos o estilo campanudo e arrebicado. A ideia que nos orienta tem o atributo característico das grandes verdades, é simples. Estudá-la é uma operação que requer mais do que as fantasias da imaginação — a frieza do raciocínio. Analisá-la dia a dia é uma coisa idêntica à análise da luz: é preciso que se tenha no estilo a contextura unida, nítida, impoluta dos cristais.[20]

A preocupação de realizar uma síntese entre a linguagem literária herdada e a elocução científica do presente é, pois, consciente e constitui uma verdadeira obsessão para Euclides. É essa a razão do seu apelo veemente junto a José Veríssimo pela adoção de uma "tecnografia literária".[21] O efeito necessário desse procedimento de linguagem era evidentemente a elevação à máxima dignidade significativa dos temas escolhidos e tomados pelo autor. Um assunto singular passaria num instante a assumir grandeza e significação universal pelo simples ato de ser alinhavado na trama de um tal discurso. Daí a força ímpar com que as populações sertanejas aparecem em sua obra, mais do que em qualquer outra anterior, ou à quase totalidade das posteriores.

Síntese entre literatura e ciência, combinação de estéticas, cruzamento de gêneros, oposições de estilos; sua obra parece ressudar tensões por inteiro. Ela é composta estruturalmente de camadas heterogêneas díspares e mesmo incompatíveis, armadas numa clivagem cujo tênue equilíbrio repousa sobre a solidez das certezas transcendentes do autor. Pode-se mesmo entrever nessa característica um indício oportuno para explicar a fixação do escritor em enfocar a realidade a partir dos seus aspectos desencontrados e conflitantes. É uma constante em sua obra a ênfase sempre reincidente sobre os contrastes, as antíteses, os choques, os confrontos, os desafios, os cotejos, as oposições, os antagonismos. Tomemos como exemplo um breve trecho, em que o jogo de antíteses atinge um singular paroxismo, que chega a perturbar o fluxo da leitura, embaraçando o sentido de realidade do leitor:

> Naqueles lugares o brasileiro salta: é estrangeiro e está pisando terras brasileiras. Antolha-se-lhe um contrassenso pasmoso: à ficção de direito estabelecendo a extraterritorialidade, que é a pátria sem a terra, contrapõe-se uma outra, rudemente física: a terra sem a pátria. É o efeito maravilhoso de uma espécie de imigração telúrica. A terra abandona o homem.[22]

A mecânica de extremos conflitantes não cessa ao longo de suas páginas e, mais que um caráter de sua linguagem, expõe um eixo de sua produção cultural. Essa mesma sensibilidade aguçada para os embates de toda espécie ressurgiria no âmago do seu ideário mais complexo, iluminando a sua visão de mundo e revelando uma perfeita homologia entre a linguagem e a substância intelectual dos seus textos, conforme veremos adiante.

## 2. A OBRA

Um dos critérios que se prestam para uma ordenação geral da obra de Euclides da Cunha, tendo em vista um estudo mais aprofundado e sistemático, é o da distribuição regional proposto e seguido em seus textos, guardando por si só uma significação altamente expressiva para a compreensão do seu pensamento e de sua arte. Há três núcleos espaciais nítidos que galvanizam a sua atenção, partilhando os seus escritos: o *Norte*, que é como Euclides, seguindo uso de sua época, invoca sempre a região que, na divisão hodierna mais corrente, reúne os estados do Nordeste, inclusive a Bahia; o *Sul*, englobando desde o Espírito Santo, Rio de Janeiro, Minas Gerais, São Paulo e todos os demais estados ao sul, além das porções meridionais de Goiás e Mato Grosso; ficando o imenso espaço territorial restante dessa divisão, mais histórica que geográfica, como ocupado pela *Amazônia*.

Ao Norte, ponto nevrálgico dessa organização, corresponde sua obra capital: *Os sertões*. O Sul centraliza os textos dos *Outros contrastes e confrontos*, da *Crônica* e dos relatórios sobre *A ilha de Búzios* e *Os fortes de Bertioga*. A primeira parte de *À margem da história* ("Terra sem história") e *O rio Purus* representam o cerne de um trabalho sobre a Amazônia, que o autor pretendia mais extenso e decisivo, mas que a fatalidade interrompeu. As demais obras, *À margem da geografia, Fragmentos e relíquias, Contrastes e confrontos* e as segunda e terceira partes do *À margem da história* ("Vários estudos" e "Da Independência à República"), revezam sua consideração alternadamente sobre essas três referências espaciais básicas, dirigindo-as contudo, com especial ênfase, para o sentido da projeção internacional da sua evolução interna e, inversamente, dos efeitos locais desencadeados por processos biossociais externos. Apenas o *Peru* versus *Bolívia* fixa com minudência um estudo sobre uma situação quase predominantemente alheia aos assuntos brasileiros. Em contraponto com essa porção da sua obra, toda ela envolvida com os interesses públicos, ressalta a pequena produção de foro íntimo, altamente elucidativa para a compreensão do conjunto de seus escritos: a *Poesia*, o *Epistolário* e a quarta parte de *À margem da história* ("Estrelas indecifráveis").[23]

Euclides parece mesmo sugerir e autorizar essa divisão espacial da sua obra. Afinal, ele sempre se esforçou por deixar manifesta a sua paixão telúrica de "filho da terra e perdidamente apaixonado dela". Permaneceu eternamente fiel às suas origens interioranas, não perdendo oportunidades para apresentar-se aos amigos como "filho da roça", "caboclo", "jagunço manso".[24] Era a amplitude das paisagens sertanejas que lhe impressionava mais fundamente a sensibilidade, reforçada por um certo mal-estar que o tomava nos ambientes urbanos:

*Que outros adorem vastas capitais*
*Aonde, deslumbrantes,*
*Da Indústria e da Ciência as triunfais*
*Vozes se erguem em mágico concerto;*
*Eu não, eu prefiro antes*
*As catas desoladoras do deserto*
*Cheias de sombra, de silêncio e paz...*
*[...] Fazem-me mal as multidões ruidosas*
*E eu procuro nesta hora, cidades que se ocultam majestosas*
*Na tristeza solene do sertão...*[25]

Foi essa obsessão dos espaços interiores, essa cupidez da terra que o impeliu a esquadrinhar "as grandes linhas da nossa arquitetura continental",[26] fosse nos livros; no contato com estudiosos como Teodoro Sampaio, Alfredo Rangel e Francisco Escobar; como engenheiro-ajudante da Superintendência das Obras do

Estado de São Paulo, percorrendo todo o interior paulista; como correspondente de guerra de *O Estado de S. Paulo* no sertão da Bahia; como o comissário brasileiro da Comissão Mista Brasileiro-Peruana de Reconhecimento do Alto Purus, perlustrando todo o vale amazônico até o Acre; ou ainda como cartógrafo do Itamaraty, diretamente sob as ordens do barão do Rio Branco, às voltas com mapas e documentos várias vezes seculares. Toda a sua existência se resumiu numa contínua peregrinação telúrica, a que o autor caracterizou confiante como "o meu duelo trágico com o deserto, a quem (oh! vaidade!) tenho batido tanto. Não sei se ainda triunfarei, mas não importa. Obedeço ao meu belo destino…".[27]

Daí a fixação com as imagens poéticas, tão familiares a ele, do "Judas Asverus", do "Sonâmbulo" e das "botas de sete léguas". E o motivo talvez por que sua obra é toda povoada de figuras errantes: Antônio Conselheiro e a sua multidão de prosélitos a atravessar a caatinga "vagarosamente, na marcha cadenciada pelo toar das ladainhas e pelo passo tardo do profeta…"; os retirantes cearenses; o seringueiro, "preso à estrada que o enlaça e que ele vai pisar a vida inteira, indo e vindo, a girar estonteadamente…"; os bandeirantes; as monções, "os homens do Sul que irradiam pelo país inteiro"; o caucheiro, que "é forçadamente um nômade votado ao combate, à destruição e a uma vida errante"; o gentio nômade; o sertanejo, inseparável do seu cavalo, "acompanhando morosamente, a passo, pelas chapadas, o passo tardo das boiadas…".[28] Sua obra, enfim, configura todo um universo em movimento permanente. Essa ideia da ação contínua, aliás, converge e reforça a do conflito, da luta, do confronto, já analisada, fornecendo-lhe o caráter de perenidade, de permanência.

Mas essa própria energia móvel, aparentemente difusa, se prende ao rigor das divisões regionais. Os fanáticos, os retirantes e os vaqueiros ao Norte; o impulso bandeirístico e as monções ao Sul; o seringueiro e o caucheiro à Amazônia; com o gentio nômade pervagando e homogeneizando todas as partes. Mais do que isso, esses vários personagens errantes representam o próprio elo de comunicação entre as diferentes áreas que, de outro modo, tenderiam ao isolamento, autonomia e desagregação.[29] Assim, foi a penetração dos paulistas aventureiros pelo vale do São Francisco que, juntamente com o avanço dos "baianos" para o mesmo local — sítio também das fundações jesuíticas da Bahia —, convergindo ambos para as minas, deram origem à sociedade dos vaqueiros do médio e baixo São Francisco, unindo pelo elemento de ligação nativo as duas comunidades antes divorciadas do Norte e do Sul e possibilitando o nascimento da sociedade e do tipo étnico que futuramente configuraria "o cerne vigoroso da nossa nacionalidade".[30] Da mesma forma, a ocupação e o povoamento da Amazônia se fariam tanto pelo afluxo ali dos retirantes nordestinos, particularmente cearenses, quanto pelas "tribos do sul do país espavoridas pelos paulistas, unindo-se em grande parte nas próprias trilhas deixadas pelas 'bandeiras de resgate'".[31]

É, aliás, uma preocupação constante do autor caracterizar cada uma das três regiões, assinalando-lhes os traços peculiares e distintivos, para depois então fundi-las umas com as outras, representando o conjunto do território como armado numa sólida arquitetura física e social. Nesse caso, além das populações errantes, o autor se firma na feição privilegiada de alguns cursos d'água. É como se quisesse atribuir a cada região uma vértebra própria, assegurando-lhe a unidade da constituição. Dessa forma, o Norte é o São Francisco, o Sul é o Tietê, e a Amazônia se assenta por inteiro sobre o fluxo que lhe deu o nome.[32]

Mas, mais do que definir a diretriz e a organização de cada região, essas correntes operam como passagens naturais, como que convidando as populações a cruzar de uma para as outras. O São Francisco, como vimos, forjou o nexo entre o Norte e o Sul, historicamente condenados ao estranhamento, tornando-se "um unificador étnico, longo traço de união entre as duas sociedades que se não conheciam".³³ O Tietê arrastou populações paulistas, no seu rumo invertido, para os sertões do interior, colocando-as em contato com as redes hidrográficas do Paraná e do Paraguai, de onde chegaram até a chapada dos Parecis, divisor natural de águas, apontando para o interior da Amazônia.³⁴ O próprio Amazonas, com o início da navegação a vapor em 1869, tornou-se o braço de fuga dos nordestinos expulsos pelas secas, arrastando-os pelos seus afluentes até ao interior do Acre.³⁵

Nessa trama de relações e transposições de áreas, contudo, cada região define um papel específico, decorrendo do seu desempenho conjunto uma solidariedade tácita obtida pela complementaridade das funções parciais. O Norte ocupa uma posição de relevo, pois foi nas planuras do São Francisco, como já foi visto, que se operou a fusão entre os paulistas, os tapuias e os "baianos", mestiços do litoral de acentuada ascendência negra. Desse cruzamento derivou o curiboca típico do sertão nordestino e das caatingas, o tabaréu.³⁶ E Euclides via no sertanejo o próprio epítome da população brasileira: "o cerne de uma nacionalidade", "a rocha viva da nossa raça". Acreditava jazer latente nele a única esperança de atribuir ao país o aspecto geral de uma população homogênea e de livrá-lo do estigma cosmopolitista tão acentuado pela imigração:

> Por isto mesmo que as vicissitudes históricas o libertaram, na fase delicadíssima da sua formação, das exigências desproporcionais de uma cultura de empréstimo, prepararam-no para a conquistar um dia.³⁷

Se o Norte opera como um prodigalizador climático, pluvial e demográfico, ao Sul coube desde cedo "o destino histórico" de "assaltar o deserto". Abandonando o litoral e as atividades puramente comerciais, levados por seus rios de cursos reversos para o interior do sertão, esses "cruzados destemerosos" desencadearam a atividade arroteadora e valorizadora dos espaços interiores do território, integrando-o ao mesmo tempo "nas infinitas malhas de centenas de trilhas estreitíssimas".

> ... os andejos sertanistas, bandeirantes ou conquistadores se nos afiguram simples joguetes postos pela fatalidade histórica em porfia com o desconhecido, uns quase homúnculos agindo automaticamente sob o império de um determinismo inflexível.[38]

A perpetuação e intensificação dessa atividade empreendedora original até ao presente garantiu a "preponderância geográfica, histórica e econômica de São Paulo".[39] Tornando-se o polo animador da expansão territorial e econômica do Brasil por meio da mineração, das fazendas de abastecimento e da cafeicultura, o estado se consubstanciou no próprio fermento integrador do país. "Desse modo, hoje, como há 200 anos, o progresso de São Paulo pode ainda ser o progresso do Brasil."[40]

A Amazônia, por sua vez, representava a exuberância de espaços e riquezas virgens a desafiarem o engenho e a ousadia dos nacionais. Era o destino inevitável dos paulistas e sertanejos, conforme a própria história o prefixara. A Amazônia circunscrevia "a mais dilatada diretriz da expansão do nosso território".[41] Euclides constatou pessoalmente as "maravilhas naturais" da região: "o látex das seringueiras, o cacau, a salsa, a copaíba e toda a espécie de óleos vegetais, substituindo o ouro e os diamantes...".[42] Seu pasmo foi tal, diante das prodigalidades da *Hilæa prodigiosa*, que se converteu ao prognóstico de Humboldt, acreditando ser aquele "deslumbrante palco, onde mais cedo ou mais tarde se há de concentrar a civilização do globo".[43] Por isso mesmo, sensível aos expansionismos e às ambições territoriais das potências, propugnava por uma ação pronta e desimpedida das autoridades públicas, franqueando todos os melhores recursos para a rápida integração e defesa da Amazônia, missão em que Euclides insistia em ver o maior e mais urgente compromisso do futuro.[44]

Esse, aliás, o dado novo e fundamental. Se até aqui a própria natureza e as condições da evolução histórica do país se encarregaram de conduzi-lo a um processo de estruturação e integração crescentes, os novos termos da situação internacional obrigavam a uma intensificação artificial, a partir de agora, desse processo, sob a ameaça aflitiva da perda da soberania.

> A expansão imperialista das grandes potências é um fato de crescimento, o transbordar naturalíssimo de um excesso de vidas e de uma sobra de riquezas e a conquista dos povos é uma simples variante da conquista de mercados.[45]

Diante de tais contingências, a única solução era ativar o impulso integrativo que se vinha adensando na nação, ao mesmo tempo que desentravar e estimular as forças produtivas de toda sorte, para fazer frente a adversários temíveis, providos de recursos pelo menos razoáveis.

Nos quadros desse nacionalismo defensivo, Euclides fixava os objetivos com clareza: "a definição exata e o domínio franco da grande base física da nossa nacionalidade. Aí está a nossa verdadeira missão".[46] Antes de mais nada, pois, era necessário elaborar um saber consistente e eficaz sobre o Brasil, "porque assim como não temos uma ciência completa da própria base física da nossa nacionalidade, não temos ainda uma história".[47] A conjunção de esforços para o conhecimento sistemático do país seria o pressuposto imprescindível de qualquer ação consequente e a opção capaz de redimir o país dos seus sobressaltos e dificuldades presentes. "Esta exploração científica da terra — coisa vulgaríssima hoje em todos os países — é uma preliminar obrigatória do nosso progresso, da qual nos temos esquecido indesculpavelmente..."[48] E mais adiante, em tom de censura grave: "Alhea-mo-nos desta terra. Criamos a extravagância de um exílio subjetivo que dela nos afasta, enquanto vagueamos como sonâmbulos pelo seu seio desconhecido".[49]

Ao lado desse esforço científico, Euclides preconizava a ação técnica da engenharia de campo, a quem caberia comandar as obras destinadas ao arroteamento de novas terras, o saneamento de grandes áreas, a extinção dos desertos, a definição dos relevos e das conformações geográficas, o levantamento geral das riquezas e o estabelecimento de linhas de comunicação diversas e eficientes.[50] "A nossa engenharia não tem destino mais nobre e mais útil que esta conquista racional da nossa terra."[51] Daí a sua admiração manifesta pela atuação do engenheiro-militar Cândido Rondon, seu colega de turma na Escola Militar da Praia Vermelha, nos recônditos em que seria criado posteriormente o território e hoje estado de Rondônia.[52]

Mas a realização máxima que esperava da engenharia seria a constituição de um plano de ligação viária rápida e segura, que interligasse as três regiões básicas, até então só adstritas por vias naturais ou por picadas e caminhos grosseiros, de tropas de burros, no velho estilo colonial.[53] Por essa razão é que Euclides louvava um antigo projeto de André Rebouças, considerando uma "das mais belas criações que ainda produziu a engenharia brasileira, o Brasil inteiro num triângulo de viação geral".[54] Paralelamente, insistia na necessidade da criação da Transacreana, com o objetivo de promover e garantir o povoamento e incorporação definitiva do Acre, e insistia na necessidade de se criar condições técnicas que tornassem viável a navegação dos afluentes do Amazonas, diretamente ligados à região de exploração da seringueira e do caucho, como o Purus e o Madeira.[55]

Aspecto peculiar do pensamento de Euclides da Cunha era a sua convicção, haurida de J. Keill, de que "a civilização depois de contornar a Terra volvia ao berço fulgurante do Oriente".[56] Dessa forma, seria no cenário do Pacífico que se iria definir o futuro da humanidade, no embate entre os EUA, o Japão, a Rússia e a Inglaterra. Mas, à parte o aspecto militar, seria essa também a área privilegiada dos grandes mercados e das mais intensas relações mercantis, principalmente após a abertura do canal do Panamá. Ora, isso implicava que o Brasil, para não se alhear dessa marcha da civilização para o Oeste, criasse vias de comunicação e acesso na direção da costa do Pacífico. Assim, o escritor depositava enormes esperanças na extensão da Estrada de Ferro Noroeste até Corumbá, de onde se ligaria com os trilhos bolivianos de Santa Cruz de La Sierra e daí por diante, atravessando os Andes, até o Pacífico, tornando-se assim uma via intercontinental, "destino [...] inevitável e extraordinário".[57]

Havia por trás desta prevenção a certeza da inevitabilidade dos choques entre as raças e o cuidado de garantir uma situação privilegiada para o Brasil, e, por extensão, a toda a raça latina. Essa convicção, Euclides a devia às teorias de Gumplowicz.[58] É evidente que Euclides acatava as ilações do teórico menos com alarme do que com senso de realismo, deduzindo delas "uma medida prática":

> subordinados à fatalidade dos acontecimentos [o autor respondia a um artigo de Araripe Jr. sobre a hegemonia norte-americana], agravados pela nossa fraqueza atual, devemos antes, agindo inteligentemente, acompanhar a nacionalidade triunfante, preferindo o papel voluntário de aliados à situação inevitável de vencidos.
>
> É o pensar dos que não desejam ser amigos-ursos da Pátria, embora atraindo a pedrada patriótica dos que por aí, liricamente, a requestam, numa adorável inconsciência dos perigos que a rodeiam.[59]

É extraordinária a similitude da sua posição com a política do Pan-Americanismo e do ABC, imprimidas pelo barão do Rio Branco à atuação do Itamaraty. E com certeza não é meramente casual.

Tão ou mais importante, entretanto, do que todo esse aspecto organizatório da obra de Euclides da Cunha, era a sua face crítica. Por um hábil recurso elocutivo, é para ela que refluem todos os momentos de síntese de seus textos, carregando assim de densidade dramática as questões que polemiza e ampliando a eficácia da sua crítica. Exemplo suficiente são as duas breves linhas com que desfecha a sua volumosa narração da tragédia de Canudos.[60] A concisão, no caso, distende enormemente o efeito penetrante e agudo da síntese, fazendo-a percorrer de volta todo o texto do livro, insinuando-se em cada trecho, em cada argumento, até retornar ao ponto final e permanecer percutindo indefinidamente, já que provoca imediata memorização. É uma demonstração patente da obstinação de sua atitude inconformista.

Se sua crítica é sempre uma síntese, uma avaliação dos seus temas equivale quase a um inventário dos fundamentos do seu trabalho intelectual. De fato, é aí que lhe transparece o âmago: a intolerância para com o trato irracional, e portanto espúrio, da terra e do homem. A transformação da terra e do homem em coisas, em objetos, em fatores de outras atividades, essas, sim, tidas como finais e fundamentais. "Temos sido um agente geológico nefasto, e um elemento de antagonismo terrivelmente bárbaro da própria natureza que nos rodeia." Primeiro as grandes queimadas, "um mau ensinamento aborígene", eliminando as grandes extensões de matas e florestas e aviltando os climas. Depois as *catas* "atacaram a terra nas explorações mineiras a céu aberto, esterilizaram-na com o lastro das grupiaras, retalharam-na a pontaços de aluvião, degradaram-na com as correntes revoltas". No Norte, os amplos campos de pastagem foram "desbravados a fogo", desencadeando os fenômenos geológicos e climáticos mais decisivos para a fixação do deserto e do regime das secas. No Sul, o atual "sistema de culturas largamente extensivas" tem contribuído para consumir todos os princípios vitais das terras, roubando-lhes a fertilidade. Além de que a exploração inconsequente das matas pelas companhias ferroviárias acaba por completar o trabalho esterilizante da cafeicultura. É a vigência do pleno império dos "fazedores de desertos".[61]

Euclides conclui toda essa argumentação com uma de suas sínteses fulminantes:

> Malignamo-la [a terra], desnudamo-la rudemente, sem a mínima lei repressiva refreando essas brutalidades — e a pouco e pouco, nesta abertura contínua de sucessivas áreas de insolação, vamos ampliando em São Paulo, em Minas, em todos os trechos, mais apropriados à vida, a faixa tropical que nos malsina.
>
> Não há exemplo mais típico de um progresso às recuadas. Vamos para o futuro sacrificando o futuro. Como se andássemos nas vésperas do dilúvio.[62]

Tomando o exemplo da decadência do Vale do Paraíba carioca, região de sua origem, Euclides já abordava criticamente o tema das "cidades mortas" muito antes que Monteiro Lobato o transpusesse em livro. "Justifica-se, ao menos, como se, de fato, por ali vagassem, na calada dos ermos, todas as sombras de um povo que morreu, errantes, sobre uma natureza em ruínas."[63] A crítica era clara para a cafeicultura paulista, "uma lavoura extensiva que se avantaja no interior à custa do esgotamento, da pobreza e da esterilização das terras que vai abandonando. Povoam despovoando".[64]

E os abusos cometidos contra as terras se estendem contra os homens que as povoam. Basta que se pense no "crime inútil e bárbaro" da Guerra de Canudos, cometido contra um povo "abandonado há três séculos".[65] Ou na condição do seringueiro na Amazônia: "um felá desprotegido dobrando toda a cerviz à servidão completa".[66] Ali mesmo não difere o regime de vida dos caucheiros: "vários nas usanças e na índole, uns e outros já 'conquistados' a tiros de rifle, já iludidos por extravagantes contratos, jungidos à mais completa escravidão".[67] E mesmo no Sul, nos:

> grandes centros populosos, observando todas as dificuldades que assoberbam a vida ali, sentimos quão criminosa tem sido a exploração do trabalho. Ali, onde o operário mal adquire para a base material da vida, a falsíssima lei de Malthus parece se exemplificar ampla e desoladora. Preso a longas horas de uma agitação automática, além disso cerceado da existência civil, o rude trabalhador é muito menos que um homem e pouco mais que uma máquina...[68]

O que o exasperava, assim como no que tange à terra, mas com relação ao homem com muito mais intensidade, era o desprezo, a indiferença, o pouco-caso com que se consumiam as populações do país, como se fossem consideradas recursos superabundantes, e portanto supérfluos e prescindíveis, como ocorria com as matas e os solos. É o que se depreende, com transparência, dos relatos dramáticos de sua pena. Exemplifiquemos esse aspecto com seu texto sobre o destino que as autoridades do Rio de Janeiro reservaram para os flagelados da seca do Norte:

> Quando as grandes secas de 1879-1880, 1889-1890, 1900-1901 flamejaram sobre os sertões adustos, e as cidades do litoral se enchiam em poucas semanas de uma população adventícia de famintos assombrosos, devorados das febres e das bexigas — a preocupação exclusiva dos poderes públicos consistia no libertá-las quanto antes daquelas invasões de bárbaros moribundos que

infestavam o Brasil. Abarrotavam-se, às carreiras, os vapores, com aqueles fardos agitantes consignados à morte. Mandavam-nos para a Amazônia — vastíssima, despovoada, quase ignota — o que equivalia a expatriá-los dentro da própria Pátria. A multidão martirizada, perdidos todos os direitos, rotos os laços da família, que se fracionava no tumulto dos embarques acelerados, partia para aquelas bandas levando uma carta de prego para o desconhecido; e ia, com os seus famintos, os seus febrentos e os seus variolosos, em condições de malignar e corromper as localidades mais salubres do mundo. Mas feita a tarefa expurgatória, não se curava mais dela. Cessava a intervenção governamental. Nunca, até aos nossos dias, a acompanhou um só agente oficial, ou um médico. Os banidos levavam a missão dolorosíssima e única de desaparecerem...[69]

Sobre Canudos é suficiente lembrar os últimos instantes da tragédia:

Canudos não se rendeu. Exemplo único em toda a história, resistiu até ao esgotamento completo. Expugnado palmo a palmo, na precisão integral do termo, caiu no dia 5, ao entardecer, quando caíram os seus últimos defensores, que todos morreram. Eram quatro apenas: um velho, dois homens feitos e uma criança, na frente dos quais rugiam furiosamente cinco mil soldados.
Forremo-nos à tarefa de descrever os seus últimos momentos. Nem poderíamos fazê-lo.
[...] Ademais, não desafiaria a incredulidade do futuro a narrativa de pormenores em que se amostrassem mulheres precipitando-se nas fogueiras dos próprios lares, abraçadas aos filhos pequeninos?[70]

Era de esperar a sua indignação e revolta diante desses fatos. Afinal, contrariando a visão dos homens públicos, Euclides concebia todas essas populações do interior como os sedimentos básicos da nação. E mais, eram elas que, afeiçoadas a um trato cotidiano e secular com a terra, conheciam-lhe os segredos, as virtudes e as carências. Descontadas as superstições, o autor via nelas um modelo para um perfeito consórcio entre o homem e a terra no Brasil, que o livrasse das falácias do cosmopolitismo, "essa espécie de regímen colonial do espírito que transforma o filho de um país num emigrado virtual, vivendo, estéril, no ambiente fictício de uma civilização de empréstimo".[71] Essa foi uma das maiores lições que o autor retirou do episódio de Canudos, onde, por três vezes sucessivas, o Exército brasileiro foi derrotado pelo total desconhecimento da terra e do meio da caatinga.[72] Eram enormes a sua admiração e interesse pelos grupos e personagens que alcançassem um elevado grau de adaptação com o seu meio, como o comprovam os textos sobre os garimpeiros, os caucheiros, os jagunços e a pronta adaptação dos sertanejos do Norte na Amazônia.[73] Foi em grande parte com eles que Euclides aprendeu a verdade da terra, e também a verdade do homem.

## 3. OS FUNDAMENTOS SOCIAIS

A partir da maneira como Euclides da Cunha dispõe, dá coerência, organiza e estrutura as concepções e ideias que lhe suscita a realidade circunjacente, no interior do espaço peculiar aberto por sua linguagem, é que podemos descortinar a sua visão de mundo.[74] Assumem preponderância aqui as suas anotações de caráter mais pessoal, que serão cotejadas com as grandes diretrizes imprimidas pelo autor à sua obra e que vêm de ser apresentadas. O objetivo dessa operação é produzir o entrecruzamento do cidadão reservado com o escritor voltado para os grandes temas públicos. Só assim é que se poderia atingir por inteiro a percepção organizada que o autor tem de seu meio, ao mesmo tempo que captar a perspectiva social particular em que se coloca e que lhe propicia esse vislumbre singular da sociedade e não outro qualquer. Lima Barreto, mais adiante, será alvo também desse tipo de análise.

O dado mais característico e saliente da maneira pela qual Euclides encarava a cena social de seus dias era a sua convicção — compartilhada com os mais lúcidos dentre os seus confrades de letras — de que assistia a um completo espetáculo de inversão de valores e de papéis no interior da sociedade.[75] A República, tão promissora, nas suas origens, de uma civilização técnica e moralmente elevada, havia se transformado no "paraíso dos medíocres". Servindo-se da linguagem do transformismo, a doutrina de Gumplowicz, ele detectava já no novo regime os

> sintomas mórbidos de uma política agitada, expressa no triunfo das mediocridades e na preferência dos atributos inferiores, já de exagerado mando, já de subserviência revoltante [...], é uma seleção natural invertida: a sobrevivência dos menos aptos, a evolução retrógrada dos aleijões, a extinção em toda a linha das belas qualidades de caráter, transmudadas numa incompatibilidade à vida, e a vitória estrepitosa dos fracos sobre os fortes incompreendidos... Imaginai o darwinismo pelo avesso aplicado à história...[76]

A sociedade nascida com o novo regime passava por um processo turvo de "desencanto" — a "selva escura" —, dando, origem a uma "época de cerrado utilitarismo", em que "a situação é dos espertos".[77] O auge da febre fiduciária do Encilhamento o autor considerava como "tempos maus de agitações infrenes", estigmatizando a "burguesia triunfante", os "liliputianos reis".[78] As transformações sociais, políticas e econômicas, ao contrário do que se esperava, só trouxeram a exacerbação do egoísmo e do interesse na luta pelos cargos e comissões altamente remunerados, acompanhada pelo maior desprezo e indiferença pelos assuntos públicos. "Existe apenas a determinação de atirar por terra tudo o que está feito; o desalojar as posições, para realizarem um único ideal — ocupá-las."[79] Fenômeno de dissolução social que infunde a impotência e que o autor comenta com um desgosto resignado. "E de fato; como fixar a orientação de um princípio nesse espantoso caos que por aí tumultua assustador, de ideias que não têm vigor e de homens que não têm ideias?"[80] Era bem o avesso da República com que Euclides sonhara; é com amargura ainda que ele confessa a Francisco Escobar "o grande desprezo, crescente, assoberbador, que ando sentindo pelas coisas desse país...".[81]

O que mais o chocava, entretanto, nessa turbulenta confusão de papéis, eram os "grandes nivelamentos", sem quaisquer critérios, que a nova sociedade suscitava "nesta terra onde não há mais altas e baixas posições". Diante da concorrência maciça pelos cargos, todos eram colocados na mesma categoria de aventureiros, engrossando por baixo essa "idade de ouro dos medíocres".[82] O vitupério à mediania se torna mesmo um tropo familiar nos textos do autor.

> Aqui o grande é o chato!
> Tudo num plano horizontal é enorme
> Tudo num plano vertical é mínimo
> A pedra, o vegetal, e o... e o homem...[83]

Euclides, porém, possuía um conceito muito peculiar do regime republicano. Para ele essa forma de organização social apresentava a dupla vantagem de eliminar os privilégios de origem e de deixar aflorar os talentos dispersos pelas várias camadas sociais, através de um minucioso processo de filtragem democrática, conduzindo-os ao topo do mecanismo de decisões: seria, pois, o regime por excelência das grandes capacidades e da mais elevada racionalidade.[84] O que se verificou no Brasil, contudo, foi uma enchente de adventícios sequiosos das rendas dos novos cargos, baralhando os papéis e invertendo radicalmente essas expectativas.

Diante dessa situação, o autor não reluta em afirmar que a República desmoralizara a História do Brasil e que, mesmo, vinha promovendo a desmoralização do país aos olhos de todo o mundo.[85] Ele próprio se sentia marginalizado e perdido nesse ambiente social sem referências firmes. "Sinto-me cada vez mais solitário no meio de uns sujeitos, nos quais pouco mais distingo do que os acidentes geométricos e mecânicos de formas em movimento..."[86] Esse mesmo isolamento chega ao extremo de insuflar no autor uma sensação de completo estranhamento, pela qual ele se sente nas ruas do Rio de Janeiro "como um grego antigo transviado nas ruas de Bizâncio...".[87]

De parte com a sociedade, vai o desprezo aos "*maître-chanteurs* que nos governam".[88] De fato, Euclides nunca ocultou o desprezo sem limites que nutria pelo regime oligárquico que ascendeu com a República. E não ignorava quanto de suas dificuldades pessoais — à parte as de toda a sociedade — se deviam a essas "artificiosas combinações políticas, afeiçoadas ao egoísmo dos grupos".[89] Doía-lhe mais, porém, o ambiente de indiferença e passividade que sufocavam pelo silêncio e pelo desprestígio os seus melhores esforços. É impossível deixar de sentir a notação autobiográfica que pulsa no perfil que traçou de Alexandre de Gusmão:

> O que dele nos impressiona é o contraste de uma individualidade original e forte e a decrepitude do meio em que ela agiu. Aquele escrivão da puridade preso pelo contato diário à corte e pelo cargo obrigado a submeter-se a todas as exigências da época e a ta-

canhear o talento nos escaninhos e nas estreitezas dos relatórios enfadonhos..."[90]

A sua atitude entretanto não é de resignação passiva à força da desgraça. Bem ao contrário, são esses obstáculos à realização do seu ideal que mais excitam a sua atitude inconformista e combativa. Sobre os escolhos da turbulência republicana, ele delineia todo um programa de ação capaz de restaurar a moralidade, a dignidade e a racionalidade no país, entregando-o de volta ao seu destino natural. "E nós, afinal, precisamos de uma forte arregimentação de vontade e de uma sólida convergência de esforços, para grandes transformações indispensáveis."[91] Esse é o momento em que a perspectiva crítica se associa ao impulso organizatório em sua obra, ensejando um conjunto de reformas que se alinhavam num projeto alternativo para o encaminhamento da sociedade brasileira.

\* \* \*

O pressuposto dessa sequela de reformas deveria ser necessariamente a aceitação inelutável da superioridade do saber científico e da sua competência ímpar para a condução firme e correta da sociedade.[92] Em segundo lugar, seria necessário que o Estado assumisse o papel de núcleo catalisador desse impulso reformista, animando-o e garantindo-lhe a continuidade.[93] E como complemento indispensável, o governo, para consagrar a sua autoridade e capacidade executiva, deveria atuar subsidiado por uma elite técnica e científica altamente qualificada.[94] Dessa forma se reuniriam as condições e os recursos capazes de restaurar a vitalidade do país e a credibilidade exterior.

Em função desses passos primordiais, Euclides passa a identificar os personagens e as tarefas necessárias para a realização dessa campanha. Logicamente, a primeira manobra deveria consistir na eliminação das "estéreis e artificiosas combinações políticas", as oligarquias e o seu regime de mazelas. Efeito esse que obrigaria a uma reforma constitucional que selasse de vez o destino de "um federalismo incompreendido, que é o rompimento da solidariedade nacional".[95] Isso posto, o objetivo mais premente seria a incorporação do sertão e da sua gente aos núcleos ativos da vida civil e econômica estabelecidos no litoral e nos grandes centros urbanos.[96] O que implicaria a difusão em toda a amplitude daquelas paragens, da educação escolar e do amparo legal do Estado, estabelecendo uma justiça maior nas relações contratuais de trabalho e garantindo o pleno direito de cidadania às populações sertanejas.[97] As comissões técnicas e científicas se encarregariam de assegurar a exploração racional e metódica das terras, expandindo as áreas cultiváveis, incrementando a fertilidade e a produtividade,[98] resultados esses que ficariam na estrita dependência da concretização do plano viário arrojado de Euclides, a que já aludimos. Uma rede densa de formas múltiplas de comunicação, convergindo para os centros de decisão, integrando todo o país e consolidando o mercado interno.

Não é difícil avaliar o quanto seus projetos devem às linhas gerais da sua formação positivista. O papel central do Estado, concentrando e desprendendo ordenadamente as energias sociais. A convergência das decisões para uma elite técnica e científica. A função atribuída à política de estabelecer a solidariedade social, fornecendo "um ideal, uma aspiração comum que ligue e oriente todos os esforços".[99] O papel integrador da educação e do direito e o esforço obstinado pela incorporação das classes populares à vida civil. A crença definitiva no futuro estabelecimento de uma perfeita solidariedade universal, envolvendo por inteiro a humanidade.[100] Mas mais notáveis ainda são os efeitos de sua disposição heterodoxa para com o "maior dos mestres".

Euclides se movimenta com grande flexibilidade no interior dessas bases genéricas do comtismo, para fundi-las com a sociologia organicista e as filosofias biossociais de cunhagem inglesa e alemã.[101] De que resulta, como seria natural, o seu forte apego às teorias de Spencer, que foi quem melhor operou a síntese entre aquelas correntes. É assim que ele passa a compartilhar da crença de que o conceito da evolução encerra a "lei fundamental da história".[102] Em lugar da progressão por patamares de Comte, a marcha ascendente linear e contínua de Spencer. Avanço cujo ciclo de harmonia deve abranger simétrica e simultaneamente as esferas do inorgânico, da sociedade e da ética.

Com efeito, Euclides preconiza a vitória inexorável do industrialismo, apresentando-o como a própria consagração das virtudes superiores do liberalismo econômico e político, numa tradução exemplar da doutrina da Escola de Londres. Liberalismo esse que seria uma das certezas incontroversas do escritor.[103] Bem por isso é que o Estado, tendo atuado como foco incentivador das forças de desenvolvimento, uma vez que elas ganhem ânimo próprio, deveria recuar paulatinamente, restando-lhe ao fim apenas a garantia da ordem. Como efeito da ação conjugada da ciência, da indústria, do direito e da evolução, que os articula e os constringe, é que floresce, soberana, a civilização, só compreensível circunscrita no espaço delimitado por aqueles conceitos.

> A civilização é o corolário mais próximo da atividade humana sobre o mundo; emanada diretamente de um fato, que assume hoje, na ciência social, o caráter positivo de uma lei — a evolução —, o seu curso, como está, é fatal, inexorável, não há tradição que lhe demore a marcha, nem revoluções que a perturbem...[104]

Não deixa de ser curiosa essa pregação do advento do regime por excelência da liberdade humana sob a custódia de processos histórico-naturais imponderáveis. Mas é assim mesmo que Euclides o compreende: "A liberdade consiste em saber subordinar-se às leis".[105] O fenômeno é característico da *Belle*

*Époque*, é o produto típico do século que assistiu à consagração triunfal da ciência e do liberalismo. De resto, ele está presente no próprio Spencer e em toda a sua legião cosmopolita de leitores. Ele explica ainda por que a crença inabalável de Euclides nas virtudes da República, da democracia e das instituições liberais implicava a seleção natural dos mais aptos para o conhecimento científico, para os exercícios técnicos e para a correta condução dos povos.

O autor vai ainda mais longe na sua fidelidade às fontes do liberalismo humanitário inglês, acompanhando-os nas suas incursões aos ambientes agitados do movimento fabiano, na passagem do século.[106] Decorre daí uma outra convicção: "... o socialismo, temo-lo como uma ideia vencedora". E percorrendo toda a história das lutas sociais na Europa desde a Idade Média, denuncia as correntes superficiais até fixar-se em Marx, com quem "o socialismo começou a usar uma linguagem firme, compreensível e positiva". É a mesma trajetória do fabianismo e do liberalismo humanitário nesse período. A apropriação de algumas das fórmulas do pensamento marxista em todos esses casos é sempre escoimada do seu conteúdo dialético e revolucionário.[107] A predominância na nova doutrina recai sobre preceitos de raiz liberal, humanitária e trabalhista de Spencer, Gladstone e mesmo da tradição utilitarista inglesa ou positivista francesa, definindo uma linha reformista.

O caso de Euclides é bastante sintomático. O autor interpreta a ideia socialista nos estritos parâmetros do evolucionismo, sob a égide do princípio lapidar do positivismo — "conservar melhorando". A instância privilegiada da ação política seria a das reformas da legislação, conduzidas a um aperfeiçoamento progressivo.[108] Prova-o o programa de *O Proletário*, jornal socialista de São José do Rio Pardo, redigido pelo autor juntamente com Francisco Escobar, todo ele composto de propostas de leis de defesa do trabalhador, de assistência social e de limitação da propriedade e da renda.[109] Assim, só após um longo processo de evolução e melhoramentos metódicos — que o autor chega a comparar às transformações geológicas —, como uma etapa final da evolução das sociedades, é que seriam atingidos os seus objetivos básicos. Também aqui, como quanto ao liberalismo, pelo efeito de forças inflexíveis:

> Porque o seu triunfo é inevitável.
>   Garantem-no as leis positivas da sociedade que criarão o reinado tranquilo das ciências e das artes, fontes de um capital maior, indestrutível e crescente, formado pelas melhores conquistas do espírito e do coração...[110]

Ciência, indústria, direito, república, civilização e socialismo: todo esse conjunto de conceitos encadeados necessitaria para atingir a realização prática e a consolidação, em plena sintonia com as pulsações próprias da lei da evolução, de uma propaganda ampla e eficaz. Desde a adolescência, militando como abolicionista e republicano, essa foi a fé de Euclides. Nada marca mais a atitude intelectual desse escritor do que a tenacidade do seu apego ao verbo. "Vemos quanto é forte esta alavanca — a palavra — que alevanta sociedades inteiras, derriba tiranias seculares..."[111] Quando recebe de Machado de Assis a comunicação do seu ingresso para a Academia Brasileira de Letras, no rol dos grandes literatos da nação, declara enfático: "Não sei de nenhum posto mais elevado neste país".[112] A maneira como a literatura se transformou no instrumento privilegiado de difusão de suas convicções é transparente; elas estão incrustadas na própria textura da sua linguagem.

Uma vez disposto todo o seu programa amplo e enleado de mudanças e reformas, fica bastante claro nos textos do autor que somente as ações que se ligam à sua realização desfrutam de uma dignidade superior e merecem a dedicação cega da vida.[113] Fica também patente que são a ciência e a literatura, a primeira pelo método particularmente eficaz e a segunda pelo alcance dilatado, os meios mais indicados e oportunos para se atingir esses objetivos. O que o leva à fusão desses dois polos na trama ao mesmo tempo unívoca e multiforme da sua linguagem. Por sua vez, somente uma moral reta, honrada e desprendida de ambições inferiores pode consagrar uma missão dessa envergadura.[114] E temos aí resumida a doutrina da vida e da obra de Euclides da Cunha: o voluntarismo combatente, o realismo animista e a ética missionária.

\* \* \*

O complexo *linguagem / ideias / quadro de valores* é tão específico e transparente em Euclides que não fica difícil deduzir a ótica social que o orienta. Auxiliam nesse sentido as próprias anotações deixadas pelo autor, além de outras referências de grande valor, como as deixadas por Lima Barreto. A missão intrínseca à obra do autor de *Os sertões* supunha sobretudo um desdobramento pessoal de uma postura política e filosófica característica de um núcleo social bem mais amplo, embora estritamente delimitado e localizado no interior da sociedade republicana. O próprio escritor nunca deixou de ressaltar a ênfase coletiva com que se referia ao plano e às tarefas que presumia imprescindíveis para a efetivação do destino legítimo do país. Há, contudo, duas fases, claramente perceptíveis, em que se nota uma oscilação quanto ao grupo que distinguia como o mais capacitado para executar o plano reformista em condições de rigor e urgência.

A primeira fase é a da mocidade militar e vai até aos fatos que se seguiram imediatamente à Proclamação da República. Nesse período, só a "elite revolucionária", a "legião sagrada", poderia executar satisfatoriamente as reformas indispensáveis.[115] Essa "elite justa e esclarecida", "miniatura da nacionalidade do futuro", nada mais era que a mocidade acadêmica da Escola Militar da Praia Vermelha, que sob a tutela de Benjamin Constant se arrogava a consideração de "primeiro estabelecimento científico do mundo".[116] Só essa pequena célula social condensaria em si todas as qualidades culturais, científicas, políticas e morais em que Euclides havia depositado toda sua fé, estimando-as como o próprio roteiro para a remissão da espécie humana. A "elite revolucionária", incorporada nesses cadetes, representava o "consórcio do pensamento com a espada", aliança do poder de imaginação, análise e previsão com a capacidade executiva. O sonho ideal de Comte encarnado num grupo coeso, convertido e determinado. Nada a estranhar, portanto, no entusiasmo arrebatado com que o autor descreve o advento da República como a "entrada triunfal de uma falange regeneradora, envolta numa grande onda de luz...".[117] E a partir de então fica muito compreensível a concepção que floresce no espírito de Euclides, procedente desse meio, de um destino manifesto de liderança do Brasil na América do Sul e sua definitiva incorporação na "Pátria Universal", entregue que estava às mãos dos únicos acólitos fiéis e legítimos "do grandioso sistema do maior filósofo deste século".[118]

Entretanto, as decepções seguiram de perto o próprio advento do novo regime em que depositara todas as suas melhores esperanças. Já em 1890 escrevia em carta ao sogro, o coronel Solon Ribeiro:

> Imagine o senhor que o Benjamin [Constant], o meu antigo ídolo, homem pelo qual era capaz de sacrificar-me, sem titubear, e sem raciocinar, perdeu a auréola, desceu à vulgaridade de um político qualquer, acessível ao filhotismo, sem orientação, sem atitude, sem valor e desmoralizado — justamente desmoralizado.[119]

No mesmo ano confessava publicamente pela imprensa que o dominava "o travor das primeiras desilusões".[120] Em 1892, já se acha recolhido "à meia-luz da obscuridade".[121] O rompimento definitivo vem em 1893, com a Revolta da Armada. Euclides denunciou então publicamente a violência gratuita da repressão florianista, censurando as arbitrariedades e o desmando do governo, que contava com o apoio da maioria do Exército e praticamente a unanimidade dos cadetes da Escola Militar da Praia Vermelha.[122]

Desde então as suas simpatias mudaram de rumo. Os envolvimentos posteriores dos cadetes com o jacobinismo e com os motins urbanos, ambos abominados por Euclides, acabaram por convencê-lo quanto à condição de predestinados em que os tivera.[123] Desde as vésperas da Revolta de 1893, suas simpatias se iam orientando no sentido dos "grandes homens".[124] É ele quem explica o conceito: "O que apelidamos grande homem é sempre alguém que tem a ventura de transfigurar a fraqueza individual, compondo-a com as forças infinitas da humanidade…".[125] E o escritor não demora a encontrar em Rio Branco um personagem à altura de desempenhar esse papel: "O único grande homem vivo desta terra".[126]

O novo chanceler empossara juntamente com o presidente Rodrigues Alves, e desde cedo os colegas da Academia aproximaram-no do escritor. Breve, Euclides seria enviado em comissão para o Acre e, retornando, passaria a assistir Rio Branco no Itamaraty como cartógrafo. Mas muito mais que esses episódios particulares, era toda uma nova articulação de elementos que se oferecia para o autor. Afinal, Paranhos capitalizava todas as melhores realizações da República dos Conselheiros, representando a sua própria continuidade na longa permanência que teve graças ao apoio sistemático dos paulistas. Justamente esses paulistas com quem Euclides tivera uma convivência estreita, militando no seu órgão básico, *O Estado de S. Paulo*, e operando nos organismos técnicos do governo estadual. Esses mesmos paulistas provenientes da Academia do Largo de São Francisco, liberais e spencerianos como o barão do Rio Branco e como o autor de *Contrastes e confrontos*.

Ora, nesse quadrante singular é que o novo chanceler, reunindo à sua volta uma plêiade de intelectuais especialistas na história, geografia e cultura brasileiras, iria dar início ao projeto de penetração no interior dos sertões, demarcação de limites, estabelecimento de sistemas viários e telegráficos de comunicação, levantamentos topográficos, mapeamentos, estatísticas, povoamento, defesa e avaliação de recursos. Todas essas operações articuladas com uma política internacional liberal e pacifista, preocupada em conquistar a aliança dos EUA e os créditos da Europa. Se não era a plena consagração dos planos de Euclides, era pelo menos o que mais próximo já houvera deles. A essência, contudo, lá estava. Um governante ilustrado, de sólida formação filosófica e científica — um "grande homem" — cercado por uma entourage de cientistas e especialistas. Não mais a "falange sagrada", mas "a elite dos nossos homens de talento"; "a sociedade inteligente de nossa terra",[127] o círculo dos sábios.

# v. Lima Barreto e a "República dos Bruzundangas"

*Praia de Botafogo, Rio de Janeiro, c. 1880.*

> *A minha atividade excede em cada minuto o instante presente, estende-se ao futuro. Eu consumo a minha energia sem recear que esse consumo seja uma perda estéril, imponho-me privações, contando que o futuro as resgatará — e sigo o meu caminho.*
> Lima Barreto, "O destino da literatura"

## 1. A LINGUAGEM

A amplitude de temas que Lima Barreto abrange em sua produção literária só é comparável, no seu tempo e anteriormente a ele, ao extenso itinerário percorrido pela obra euclidiana. Verifica-se nele o mesmo anseio de revelar em seus textos um retrato maciço e condensado do presente, carregado do máximo de registros e notações dos vários níveis em que o saber do seu tempo permitia captar e compreender o real. O próprio autor esclarece o efeito estético e comunicativo que buscava ao promover esse adensamento extremo dos dados e circunstâncias mais marcantes do seu tempo. "A realidade [diria o escritor, parafraseando o seu idolatrado Dostoiévski] é mais fantástica do que tudo o que a nossa inteligência possa fantasiar."[1]

Essa exposição do presente como um vórtice de situações históricas exemplares trazia consigo a dupla consequência de sugerir mimeticamente a intensificação insólita dos processos de transformações contemporâneos à sua obra e de introduzir uma feição expressionista em suas imagens, pela exacerbação das suas próprias características. O real assim construído perderia o aspecto frio e insensível que a rotina do cotidiano lhe assinala, provocando a anuência indiferente dos indivíduos, para mostrar-se em toda a crueza da sua nudez repentina. Com esse método contundente, o autor podia transmitir direta e rapidamente aos seus leitores a sua concepção e o seu sentimento relativo aos eventos que o circundavam. Forçava-os assim a uma tomada de posição e uma reação voluntária, na proporção do estímulo emitido. A função crítica, combatente e ativista ressalta por demais evidente dos textos de Lima Barreto.

O temário de sua obra inclui: movimentos históricos, relações sociais e raciais, transformações sociais, políticas, econômicas e culturais; ideais sociais, políticos e econômicos; crítica social, moral e cultural; discussões filosóficas e científicas, referências ao presente imediato, recente e ao futuro próximo; ao cotidiano urbano e suburbano, à política nacional e internacional, à burocracia, dados biográficos, realidade do sertão, descrições geológicas e geográficas (fragmentos) e análises históricas. Praticamente tudo o que de mais relevante oferecia a realidade de sua época, como se pode perceber. E todos esses temas são refletidos de tal forma enovelados em seus textos, que não se pode dissociá-los ou isolar algum deles sob pena de se comprometer o efeito grandioso propiciado pelo seu concerto. Tudo concorre para compor um imenso mosaico, rude e turbulento, que despoja a belle époque de seus atavios de opulência e frivolidade.

A galeria de seus personagens é uma das mais vastas e variadas da literatura brasileira. Destacam-se nela, em particular, os tipos excusos e execrados — mas mesmo esses se perdem dentre uma legião de figuras representativas dos mais diversos meios. São burocratas, apaniguados, padrinhos, "influências", grandes, médios e pequenos burgueses, arrivistas, charlatães, "almofadinhas", "melindrosas", aristocratas, militares, populares, gente dos subúrbios, operários, artesãos, caixeiros, subempregados, desempregados, violeiros, vadios, mendigos, mandriões, ébrios, capangas, cabos eleitorais, capoeiras, prostitutas, policiais, intelectuais, jornalistas, bacharéis, ex-escravos agregados, criados, políticos, sertanejos, moças casadeiras, noivas, solteironas, recém-casadas, mulheres arrimos de família, crianças, casais, loucos, tuberculosos, leprosos, criminosos, adúlteros, uxoricidas, agitadores, estrangeiros, usurários, mascates, grandes e pequenos comerciantes, atravessadores, banqueiros, desportistas, artistas de teatro, cançonetistas, coristas e alcoviteiras. É praticamente todo o Rio de Janeiro do seu tempo que nos aparece agitado e tenso, condensado mais nos seus vícios do que nas suas virtudes. Todas as personagens trazem a marca do seu meio e constituem o objeto privilegiado da crítica social do autor. Nenhum aparece de forma inócua ou decorativa, todos concorrem para consagrar o destino "militante" da sua literatura.[2]

Os ambientes em que Lima Barreto vai buscar e apresenta os seus heróis e vilões são também os mais diversos e desnivelados. Suas descrições envolvem: interiores domésticos burgueses e populares, estabelecimentos de grande e pequeno comércio, cassinos e bancas de jogo do bicho, festas e cerimônias burguesas, cosmopolitas, cívicas e populares, bares, malocas, bordéis, alcovas, pensões baratas, hotéis, freges, pardieiros, repartições públicas, ministérios, o gabinete presidencial, cortiços, favelas, prisões, hospícios, redações, livrarias, confeitarias, interior de navios, trens, automóveis e bondes, zonas rurais, ruas, praias, jardins, teatros, cinemas, estações ferroviárias, pontos de bonde, cais, portos, escolas, academias, clubes, ligas cívicas, casernas, cabarés, cemitérios, circos, teatros de marionete, tribunais e oficinas. Ainda aqui se verifica como a preocupação do autor é abranger o maior volume possível da realidade social, traduzindo, inclusive e sobretudo, as suas várias fissuras e tensões. Sua atenção escapa do cenário de mármore e cristal montado no centro da cidade e reservado para a convivência e sociabilidade dos beneficiados com as recentes transformações históricas, para deter-se — demoradamente — na realidade enfermiça que se oculta por detrás daquela fachada imponente.[3] É novamente o efeito chocante e a instigação ao leitor que o escritor enceta.

São de larga amplitude, igualmente, os registros históricos que ele entremeia em seus escritos. Compreendem: anotações locais, nacionais e internacionais, todas envolvendo uma rigorosa análise dos níveis social, político, econômico e cultural (não necessariamente simultâneos e sistemáticos, é evidente), marcados por uma aguda precisão cronológica e por uma perspectiva relativista, ética e voluntarista. Essa perspectiva peculiar releva também a partir de suas discussões sobre filosofia da história. Lima Barreto possuía uma visão extremamente clara dos limites e das propriedades do saber humano, e em particular do grande mito do seu tempo — a ciência. Sua compreensão do processo do conhecimento revela um fundo de kantismo, talvez traduzido de Schopenhauer, de quem era leitor assíduo, que compreende todo o saber como mera representação subjetiva da consciência. Resulta daí um relativismo definitivo, que rejeita a priori qualquer interpretação determinista ou naturalista, de base animista, que pretenda descortinar no comportamento humano ou nos processos históricos a ação de leis naturais imponderáveis. E se não são as potestades naturais que dirigem os homens, devem ser necessariamente os seus desígnios e a sua vontade, orientados por valores conscientemente estipulados, dentre os quais os mais elevados dizem respeito à verdade e à justiça entre os homens.[4]

A literatura de Lima Barreto se distribui por seis gêneros: romance, sátira, conto, crônica, epistolografia e memórias. Os processos literários com que os desenvolve correspondem à narrativa caracterizada pela combinação simultânea de gêneros, estéticas e estilos, à rejeição de artifícios retóricos, à linguagem comum e descuidada, à ironia tendente à sátira e à paródia. Desde muito cedo, no início mesmo de sua carreira de escritor, fixou como objetivo "escapar às injunções dos mandarinatos literários, aos esconjuros dos preconceitos, ao formulário das regras de toda a sorte".[5] E conduziu à prática admiravelmente essa proposta, buscando nas mais variadas experiências literárias os padrões de que comporia sua arte, dosando-os com criatividade. Esses modelos estão no romance francês, na ficção russa, na novela humorística inglesa, nas parábolas do classicismo, no teatro escandinavo; de todos sorveria algo, sem prender-se a nenhum.

> Nós não temos mais tempo nem o péssimo critério de fixar rígidos gêneros literários, à moda dos retóricos clássicos com as produções do seu tempo e anteriores. Os gêneros que herdamos e que criamos estão a toda a hora a se entrelaçar, a se enxertar, para variar e atrair.[6]

Variar e atrair: esse o mandamento a que Lima Barreto submetia toda a sua criação, com o fito evidente de maximizar a sua expressividade, reforçando sua capacidade comunicativa. É esse mesmo impulso, pois, que lhe suscita uma manifesta flexibilidade no trato e combinação de diferentes vertentes estéticas. Sua confessada admiração pelo naturalismo, particularmente de Aluísio Azevedo, não se incompatibilizava com o apreço ao neo-romantismo, nas chaves de Daudet e Rostand; o qual por sua vez convivia em harmonia com o racionalismo de Sterne, Swift e Voltaire. Seus produtos estéticos ressumam de diferentes ramais, entretecendo numa única trama matrizes artísticas excêntricas. Fato que o autor anuncia com orgulho e uma ponta de ironia.

> É que hoje não há entre nós aquela intolerância de escolas que caracterizou o áureo período do nefelibatismo. Reina hoje na República das Letras uma grande liberdade de opinião que era bom reinasse ela também em outras repúblicas, uma das quais é muito nossa conhecida.[7]

A originalidade que particulariza a sua obra em especial, contudo, é a coerência com que destrói e abandona as teorias clássicas da separação dos estilos e a regra das três unidades. Vemos assim o autor tratar de temas, ambientes e personagens referidos ao cotidiano, ao doméstico, às baixas classes sociais e, portanto, segundo a tradição, somente merecedores de um entrecho de comédia burlesca ou de farsa popular. Lima Barreto, entretanto, reserva para os figurantes de sua obra um tratamento trágico superior, que aufere a máxima dignidade humana a qualquer deles, amplificado que fica na condição de síntese exemplar dos dramas e dilemas mais pungentes da espécie. Em suas mãos, um conteúdo de pantomima é metamorfoseado, recebendo um tratamento épico ou sofrendo as ressonâncias de um fundo trágico. Os estilos são confundidos, havendo predominantemente a interpenetração entre o baixo e o elevado. Eventualmente o estilo médio aflora e repercute em estado puro em seus textos, mas somente para logo ser submetido e descaracterizado em contato com os outros. A constante é a fusão; é ela que dá à obra um tom geral homogêneo. E o autor tem plena consciência das consequências sociais dessa orientação imprimida à sua produção intelectual.[8]

Lima insistia em que as preocupações gramaticais e estilísticas não deturpassem a naturalidade dos personagens, nem fantasiassem os cenários.[9] A instância procedia, pois o período era dominado por duas vogas literárias que, ambas, convergiam para o estiolamento das produções artísticas, minando-lhes a vitalidade e calcificando o seu conteúdo e força de impacto. De um lado, o parnasianismo, oco e ressonante, representado sobretudo pelo formalismo exacerbado de Coelho Neto, para quem "as palavras eram a própria substância da sua arte". De outro, a linguagem castiça e empolada, representando o "clássico", forma de composição calcada em expressões cediças e repontada de figuras de efeito, resultando numa algaravia anacrônica e de mau gosto, de amplo consumo entre políticos, bacharéis e pretensos intelectuais.[10] A ambas Lima Barreto hostilizava abertamente, formalizando no seu próprio modo descuidado de compor, indiferente às consequências dos cacófatos e solecismos, uma crítica firmada como desafio às correntes oficiais. Parecia tirar grande prazer, repetindo a qualquer pretexto que "toda a duvidosa e brigona gramática nacional me tem por incorreto".

Todo esse impulso inovador tendia a levar Lima Barreto à procura de soluções originais e a tornar mais versáteis os recursos literários, aptos para assimilar à experiência artística os múltiplos planos da realidade, densos e complexos, com que se dispunha a trabalhar. É o que ocorre com a sua utilização da paródia e da prosopopeia, por exemplo. Mas são experimentos muito limitados no conjunto da sua obra. Processo mais sistemático, nesse sentido, era a constância com que recorria à variação sociolinguística, procurando acentuar a caracterização dos personagens. Procedimento que tanto acompanha a fala de estrangeiros de sotaque forte como nacionais de condição humilde ou ainda estrangeiros de condição social inferior.[11] Ainda aqui, contudo, as alterações gráficas e prosódicas são, via de regra, cautelosamente aspeadas, impedindo a assimilação com naturalidade do recurso insólito. Há, pois, uma evidente hesitação no autor, que abre caminhos mas somente os palmilha até a metade. A razão disso está na sua preocupação de garantir uma ampliação da comunicabilidade da obra, mas sem arroubos que provoquem a estranheza e a retração dos leitores.

> Não sou contra a inovação, mas quero que não rompa de todo com os processos do passado, senão o inovador arrisca-se a não ser compreendido.[12]

Assim, pois, os recursos básicos da sua ficção consistem inelutavelmente na ironia e na caricatura. A ironia, a "suculenta ironia", Lima Barreto a concebia numa envergadura bastante ampla, "que vai da simples malícia ao mais profundo humour", abrangendo praticamente a inteireza da sua obra.[13] Era o artifício através do qual se sobrepunha aos infinitos percalços que lhe entravavam o desenvolvimento da personalidade e da carreira. Em certa ocasião, procurando analisar e explicitar as raízes do humorismo de Machado de Assis, traçou um perfil que era sem dúvida muito inspirado no seu.

> Ele e a sua vida, o seu nascimento humilde, a sua falta de títulos, a sua situação de homem de cor, o seu acanhamento, a sua timidez, o conflito e a justaposição de todas essas determinantes de condições, de meio e de indivíduo, na sua grande inteligência, geraram os disfarces, estranhezas e singularidades de Brás Cubas...

Para confirmar a justeza do retrato, Lima Barreto afirmaria lapidarmente em outra oportunidade: "A ironia vem da dor".[14]

Quanto à caricatura, ela deriva da sua convicção de que a realidade não fala por si; é preciso que ela seja exagerada criticamente para revelar os seus defeitos e expor as deformações que despertem o desprezo geral.¹⁵ Um recurso particularmente eficaz no contexto da arte de Lima Barreto, pois ao mesmo tempo comove e revolta, suscitando assim uma reação seguida de um desejo de ação. Os modelos, tanto para a ironia quanto para o humor e a caricatura, ele vai buscá-los nos grandes mestres do gênero, folheando avidamente Swift, Dickens, Voltaire, Balzac, Daudet e Maupassant, com destaque. São inúmeras as referências a esses autores em sua obra.¹⁶ Cuida contudo de preservar a sua originalidade, de modo que dificilmente se poderia filiar seus escritos a um ou alguns desses autores em especial, antes ocorrendo o autor acrescentar muito de si próprio e dos outros ao que retira de cada um.

Ao problema do amesquinhamento da linguagem e da literatura, ele tentaria responder ainda com uma reinfusão de atualidade que as tonificasse, recuperando-lhes a antiga força e eficácia. Iria buscar esse tom de atualidade no fenômeno cultural que dividia com a ciência a hegemonia das convicções neste período — o jornalismo. O autor, eternamente às turras com o jornalismo suspeito do país, apenas o admitia tacitamente.¹⁷ No entanto, o efeito dessa opção sobre a sua arte era decisivo e mais do que evidente. Sua estética, por meio do viés do jornalismo, se distinguiria principalmente pela simplicidade, pelo despojamento, contenção e espírito de síntese, aplicados à linguagem narrativa; enquanto o tratamento temático se voltaria para o cotidiano, os tipos comuns, as cenas de rua, os fatos banais e a linguagem usual.¹⁸

Era ainda a premência da comunicabilidade que indicava e praticamente impunha esse caminho ao autor. Diagnosticando lucidamente as transformações do público literário urbano — "tão habituado anda ele aos processos jornalísticos" — definia também a solução técnico-estética que o meio lhe suscitava. Tratava-se de concertar meios e fins, visando um processo de interação predeterminado. "Se me esforço por fazê-lo literário é para que ele possa ser lido, pois quero falar das minhas dores e dos meus sofrimentos ao espírito geral e no seu interesse, com a linguagem acessível a ele. É este o meu propósito, o meu único propósito."[19] Escoimado de seus vícios, que Lima censurava com tenacidade, o jornalismo, ou seus aspectos positivos, fixaria algumas das qualidades mais marcantes de seus textos, praticamente indissociáveis de sua longa carreira de assíduo colaborador da imprensa carioca. Seria ele que soldaria as matrizes ficcional e confessional de sua obra sob o tom geral de crônica cotidiana.

A linguagem final decorrente da adoção de todo esse conjunto de procedimentos literários resultou numa solução bastante criativa. Ela se apresenta comum, transparente, descuidada, de comunicação imediata, de feição jornalística, antirretórica, despida de efeitos, expurgada de clichês e chavões, antirrebarbativa, fluente, homogênea, com pequena variação sociolinguística, utilizando a paródia e a prosopopeia, reveladora, direta, pouco metafórica, pouco imagística e altamente concreta. Dessa forma, ela chega a constituir uma unidade de grande coerência e uniformidade, em que a fusão de estilos tende para a própria eliminação da ideia de estilo. E Lima Barreto procurou premeditadamente essa descaracterização do estilo, na busca de uma comunicabilidade mais imediata e expressiva com um público muito mais vasto.[20]

Mas por que a preocupação pertinaz de atingir tão intimamente a um público tão vasto? Por que essa ambição, essa cobiça tão furiosa de comunicação que marcou toda a sua vida literária? Sua concepção cruamente utilitária da arte o fazia concebê-la como uma força de libertação e de ligação entre os homens. Permitia-lhe escapar das injunções particulares e cotidianas para o próprio centro das decisões sobre o destino da humanidade. Ensejava a cada indivíduo isolado que se sentisse incorporado profundamente no seio da natureza e do universo. Por isso mesmo, ele chegava a supor a literatura como um complemento ou um sucedâneo para a religião.[21] Eis suas convicções sobre os poderes e os fins da literatura:

> [...] o homem, por intermédio da Arte, não fica adstrito aos preceitos e preconceitos de seu tempo, de seu nascimento, de sua pátria, de sua raça; ele vai além disso, mais longe que pode, para alcançar a vida total do Universo e incorporar a sua vida na do Mundo.[22]

A arte é, pois, um instrumento particularmente eficaz e predestinado. Sua correta utilização tem um efeito decisivo sobre a comunidade humana. Sendo um canal de comunicação entre os homens, é ao mesmo tempo um veículo de valores éticos superiores e uma condicionadora de comportamentos. Uma tal equação de energias positivas não poderia ser desperdiçada como o era pelo personagem que "confundia arte, literatura, pensamento com distrações de salão".[23] A única relação compatível com a sua grandeza e potencialidade é a "militância".[24]

Concluindo, verifica-se que há uma evidente e profunda conexão entre os conteúdos e a linguagem de sua obra. Adotando como recursos literários a mistura de estilos e a linguagem despojada, o autor garantia a seus textos a eficácia pretendida. Por um lado, revestia os personagens populares e as vítimas da abominação social de uma dignidade superior e universal, e de outro, assegurava a mais ampla difusão de sua obra e de seus ideais. Os conteúdos temáticos eram, portanto, nobilitados pelos recursos da linguagem, e esta, modelada pela realidade que veiculava, o conjunto constituindo uma totalidade harmoniosa e votada à máxima viabilidade comunicativa. Daí a força de penetração e impacto perfeitamente calculada de seus textos, ajustados de forma notável ao papel crítico atuante e inconformista a que o autor os destinava.

## 2. A OBRA

Os temas nucleares da obra de Lima Barreto encontram-se dispersos pelos seus vários livros, cada um cruzando e entremesclando vários deles. Na sua obra, cremos que o critério mais abrangente para encaminhar a análise do acervo temático seja o do poder, compreendido numa acepção bastante particular. Trata-se de uma sensibilidade muito aguda do escritor para perceber no interior da sociedade o variado conjunto de procedimentos encadeados — compondo grandes e pequenas cadeias, vistosas e invisíveis — que tendiam a constringir o pensamento dos homens, tolhendo-lhes os meios para um desenvolvimento equilibrado da personalidade e a justa inserção social. Seu vislumbre, nesta perspectiva, englobava uma penetração vertical incidindo desde as estruturas políticas propriamente, como o governo e as ideologias, às instituições culturais mais salientes, como a imprensa e a ciência, aos modelos formalizados de comportamento coletivo, como o cosmopolitismo e o bovarismo, até as minúcias do relacionamento cotidiano, em que os símbolos de distinção definem sentidos de mando e subserviência ao nível do trato banal. Examinemos cada um desses temas e as posturas correspondentes do autor.

As mazelas do governo republicano, Lima Barreto não se cansa de causticá-las por toda a sua obra. Suas sátiras aparecem mais concentradas e mordentes contudo no *Numa e a Ninfa*, no *Triste fim de Policarpo Quaresma* e no *Vida e morte de M. J. Gonzaga de Sá*. Quanto aos contos, destacam-se neste aspecto o "Hussein Ben-Áli Al-Bálec e Miquéias Habacuc" e "O falso d. Henrique v". De modo mais sutil são igualmente expressivos os contos "Como o homem chegou" e "O meu Carnaval". Mas, de toda forma, em qualquer de seus textos, Lima não perde a oportunidade de denunciar o grau desmoralizante de corrupção política e econômica que empesteava o regime. A crítica era tão mais contundente uma vez que o autor formava uma ideia bastante elevada das funções e fins da política:

> [...] analisar as condições de vida de gentes que viviam sob céus tão diferentes e de resumir depois o que era preciso para sua felicidade e para o seu bem-estar em leis bastante gerais, para satisfazer a um tempo ao jagunço e ao seringueiro, ao camarada e ao vaqueiro, ao elegante da Rua do Ouvidor e ao semibugre dos confins do Mato Grosso [...].[25]

Entretanto, no choque com a realidade, o que é que o governo republicano apresentava? Um quadro de traquibérnias de toda ordem, envolvendo a concussão, o peculato e toda forma de prevaricação possível no conluio entre políticos, "coronéis" e plutocratas. "Proclamara-se a República e a política ofereceu [...] campo mais fácil e menos trabalhoso para a vida abundante." Num país de frágil estrutura econômica, a condição de político era sinônimo de regalias e dinheiro fácil para personagens empoados que "das privações de todos tiram ócios de nababo e uma vida de sultão...".[26] O conjunto do sistema político, oligárquico e clientelístico se compunha de facções agremiadas, aglutinadas desde a aliança de coronéis do interior até a rede de cabos eleitorais e capangas urbanos, todos reunidos sob o fito de se empossar legalmente dos cargos e cofres públicos, fosse com quais recursos fosse, e então iniciar a partilha:

> Chegada que é uma facção ao poder, trata imediatamente de esbanjar a fortuna pública, a fim de manter e angariar prosélitos; e os cuidados materiais e intelectuais, os de assistência e saúde pública, ficam de lado, para quando? Para quando se consolidar no poder a retumbante agremiação política que está sempre balançando...[27]

O cenário era ideal para a ironia do autor: "Não há dúvida de que a república se aperfeiçoa e a nossa democracia é exemplar". Às falcatruas, empreguismo, filhotismo, nepotismo, acrescentavam-se, é claro, o arbítrio e os desmandos mais incontidos. Fato que levaria o autor, pensando no quediva, nos sultões e nos miseráveis felás do Império Otomano, a suspirar desconsolado: "Isto é bem um futuro Egito...".[28] Diante da tibieza ineluctável do Judiciário e do envolvimento da polícia nas patranhas partidárias, a ordem pública ficava nas mãos dos jagunços, capangas, capoeiras e mandriões. São personagens frequentes da galeria de Lima Barreto os Totonhos, Nove-Dedos, e esse curioso Lúcio Barba-de--Bode, "que não era propriamente um político, mas fazia parte da política e tinha o papel de ligá-la às classes populares". Firmando raízes, esse "mandonismo republicano" se tornaria institucional, representando ao mesmo tempo um sistema de segurança e um elemento da própria mecânica operacional da Primeira República. "Nascendo, como nasceu, com esse aspecto de terror, de violência, ela vai aos poucos acentuando as feições que já trazia no berço."[29]

Mas o fundamental para o autor, evidentemente, repousava no efeito de toda essa pantomima sobre o país e sua população. A politicagem desenfreada representava o pleno regime da irracionalidade administrativa percutindo por toda parte e sobre todos, gerando mal-estar, insegurança, privação, miséria e marginalização. Para o interior e as populações rurais, o abandono era absoluto; nas cidades, os beneficiados constituíam sempre o mesmo e diminuto grupo. As estruturas sociais e econômicas da nação como que se congelavam, na esteira da agremiação política, passando a definhar no marasmo. É a reflexão de Policarpo Quaresma:

> Aquela rede de leis, posturas, de códigos e de preceitos, nas mãos desses regulotes, de tais caciques, se transformava em potro, em polé,

em instrumento de suplícios para torturar os inimigos, oprimir as populações, crestar-lhes as iniciativas e a independência, abatendo-as e desmoralizando-as. Pelos seus olhos passaram num instante aquelas faces amareladas e chupadas que se encostavam nos portais das vendas preguiçosamente; viu também aquelas crianças maltrapilhas e sujas, d'olhos baixos, a esmolar disfarçadamente pelas estradas; viu aquelas terras abandonadas, improdutivas, entregues às ervas e insetos daninhos; viu ainda o desespero de Felizardo, homem bom, ativo e trabalhador, sem ânimo de plantar um grão de milho em casa e bebendo todo o dinheiro que lhe passava pelas mãos...[30]

Fator igualmente de irracionalidade, insegurança e opressão eram as ideologias intolerantes. Suas considerações sobre elas se concentram principalmente no *Policarpo Quaresma*, no *Clara dos Anjos* e no *Numa e a Ninfa*. Elas deram origem também a um conto muito impressionante: "A sombra do Romariz", e se acham difundidas pelos *Contos argelinos*. A crítica renitente de Lima Barreto se dirigia claramente contra cinco correntes políticas difusas e mais ou menos intercambiáveis: o jacobinismo, o positivismo (como corrente política e não como filosofia), o florianismo, o hermismo e o republicanismo exaltado. As diferenças entre essas linhas de pensamento e ação, como se vê, são mais de período de vigência que de conteúdo. Na verdade, o núcleo humano que as substanciava era praticamente o mesmo, por correspondências ou jogos de alianças. Todos concorriam para uma forma de governo ultracentralizada, militarizada, ditatorial, alimentada sobretudo por fermentos anticlericais e antilusitanos.

O que chocava particularmente o escritor era o caráter de discurso fechado dessas ideologias, fundadas num corpo básico de princípios que tinha como principal virtude dividir os homens em correligionários e inimigos. Sua força derivava de um fundo utópico revestido do compromisso de proporcionar a harmonia e a felicidade social, ao custo da prepotência e do despotismo. Inácio Costa, funcionário público, era um representante típico dessa mentalidade:

> Havia no seu feitio mental uma grande incapacidade para a crítica, para a comparação e fazia depender toda a felicidade da população em uma simples modificação na forma de transmissão da chefia do Estado. Passara pelos jacobinos florianistas e tinha a intolerância que os caracteriza, e a ferocidade política que os celebrizou [...]. Não se dirá que não foi sincero; ele o era, embora houvesse nos seus intuitos alguma mescla de interesse de melhoria na sua situação burocrática. Julgava-se com a certeza; e, firmado na ciência, pois tirara toda sua argumentação do positivismo, todo ele baseado na ciência e consequência dela, principalmente da Matemática, condenava os adversários à fogueira.[31]

Quando esses grupos alcançavam o poder político, "a cidade andava inçada de secretas, 'familiares' do Santo Ofício Republicano, e as delações eram moedas com que se obtinham postos e recompensas". "Não havia mais piedade, não havia mais simpatia, nem respeito pela vida humana..." Atingia-se o clímax da insegurança, da incerteza e da opressão. A rotatividade dos cargos públicos era febril; as gratificações, pródigas; e as emissões, torrenciais.[32] Se com os políticos de carreira a ordem era irracional, sob os exaltados se tornava absurda: o câmbio se tornava incontrolável, os preços do varejo entravam em franca ascensão e os homens aptos e sãos, a mão de obra das cidades e do campo, eram incorporados sem consulta, como o foi Ricardo Coração dos Outros, para formar os "batalhões patrióticos", terror do inimigo e da população civil.

A imprensa era outro dos alvos prediletos da mordacidade

de Lima Barreto. Seus ataques ao jornalismo, seus agentes e misteres aparecem mais densos e organizados no *Isaías Caminha* e no *Gonzaga de Sá*. O primeiro, sobretudo, é em grande parte dedicado a ele. O conto "O jornalista" retoma o assunto de forma bastante incisiva e acrimoniosa. Sua crítica à imprensa acompanhava as várias facetas que a instituição apresentava nesse período. Inicialmente, por exemplo, denunciava o seu envolvimento com os cambalachos políticos. Dispondo já de um equipamento técnico sofisticado, mantendo um razoável pessoal nas oficinas e redações, mas sem a segurança de um público amplo e constante, a imprensa em geral, salvo uma empresa da envergadura do *Jornal do Comércio*, se tornava muito sensível a rendimentos extraordinários. O principal dos quais era o suborno político, via de regra praticado pelo próprio governo.[33] O jornal passava assim a operar como um reforço do esquema de corrupção do regime.

Outra forma espúria de atuação eram as campanhas jornalísticas, regiamente financiadas, para que o governo se comprometesse com determinadas obras, beneficiando companhias fornecedoras, ou interviesse no mercado de abastecimento em proveito de atravessadores. E como a quase totalidade das gazetas do Rio era de proprietários de origem portuguesa, colônia que também praticamente dominava o comércio e a indústria da cidade, Lima nunca deixou de aludir a uma relação estreita entre a imprensa e os interesses da comunidade lusitana.[34] À parte o suborno e as negociatas, o jornal era ainda o ponto mais estratégico para o exercício soez, porém muito rendoso, do "engrossamento" e da "cavação". Uma coisa, aliás, conduzia à outra. O elogio mercenário a um "figurão" normalmente era retribuído com um emprego público para o panegirista ou algum parente seu.[35]

O fato mais grave, porém, o que mais aturdia a sensibilidade do escritor, era o virtual e nefasto monopólio da opinião pública urbana assegurado pela imprensa. Único meio de comunicação social de ampla penetração no período, quem quer que, pela posição, relações ou recursos, tivesse condições de influir sobre uma ou um conjunto de redações, teria plena projeção pública, recebendo dividendos na forma de mercados, solicitações, notoriedade, respeitabilidade, convites, promoções; o que aumentaria ainda mais sua publicidade numa roda-viva em crescimento permanente. E o que ocorria com homens aconteceria também com ideias, opiniões e obras. Muito pouco sobrava para quem não desfrutasse desse aparato promocional prodigioso: "Quem não aparece no jornal não aparecerá nem no livro, nem no palco, nem em parte alguma — morrerá. É uma ditadura".

Infeliz também de quem lhe caísse em desgraça: "Fazem de imbecis gênios, de gênios imbecis; trabalham para a seleção das mediocridades...".[36]

De resto, era preciso manter o interesse público e garantir a vendagem. E todos sabiam como alimentar essa "fábrica de novidades", daí a promoção dos escândalos para incentivar a venda avulsa. Se os não havia, era preciso criar. "Havia na redação forjadores de escândalos; um para os públicos, outro para os particulares." Daí por que Lima Barreto atribuía à imprensa também o epíteto nada lisonjeiro de "fábrica de carapetões". Dela, dessa "fábrica", derivava em grande parte a regularidade do funcionamento do regime:

> Naquela hora, presenciando tudo aquilo eu senti que tinha travado conhecimento com um engenhoso aparelho de aparições e eclipses, espécie complicada de tablado de mágica e espelho de prestidigitador, provocando ilusões, fantasmagorias, ressurgimentos, glorificações e apoteoses com pedacinhos de chumbo, uma máquina Marinoni e a estupidez das multidões. Era a imprensa, a Onipotente Imprensa, o quarto poder fora da constituição.[37]

A outra instituição contra a qual se batia era a ciência, elevada à condição de grande mito da belle époque. Suas especulações sobre esse tema são constantes e se acham entremeadas com as narrativas do *Isaías Caminha*, do *Gonzaga de Sá*, da *Clara dos Anjos* e de forma particularmente agônica em *O cemitério dos vivos*. O "Agaricus auditæ" e "Uma conversa" são contos em que o tema reaparece com consistência. Lima Barreto alimentava severas reservas contra "essa milagrosa concepção dos nossos dias, capaz de nos dar a felicidade que as religiões não nos deram...". Mantinha a seu respeito uma sólida postura relativista e idealista, recusando-se a aceitar suas conclusões como "a expressão exata de uma ordem externa imutável e constante". Acreditava somente que "as nossas sensações são interpretadas pelo nosso entendimento, de acordo com as imagens de certos padrões [com] que já estamos predispostos a recebê-las...".[38]

O que lhe causava consternação e incitava suas diatribes insistentes era o cunho marcadamente discriminatório da ciência da passagem do século, sugestionada pela expansão colonialista das metrópoles europeias e impulsionadora dela. Era confessadamente uma reação defensiva de colonizado diante da avalanche colonizadora. "É que senti [explicava o autor inconformado] que a ciência não é assim um cochicho de Deus aos homens da Europa sobre a misteriosa organização do mundo."[39] Inevitavelmente, as tais teorias de superioridade e inferioridade racial encontrariam pronta aceitação na sociedade local, de poucos recursos, onde a concorrência pelas oportunidades era tão dramática que qualquer forma de eliminação ou desmoralização de concorrentes era bem-vinda. Além do mais, havia a herança da escravidão recente para ser contraposta a qualquer dúvida escrupulosa. Tais teorias, sobre serem falsas, acabavam contudo dando substância e pretensa validade para atitudes segregacionistas que de outra forma se acanhariam diante do mero bom senso. Os efeitos de sua difusão numa sociedade pluriétnica como a brasileira eram facilmente previsíveis.

Havia ainda outro aspecto de extrema gravidade decorrente dos efeitos de uma ciência desencaminhada. O autor constrói e narra situações em que as conclusões científicas, tornadas em dogmas, "em artigos de fé, em Corão obsoleto", geravam situações atrozes e de intensa opressão. É o caso da incorporação da esdrúxula teoria dos caracteres adquiridos, na jurisprudência do seu tempo, estabelecendo o vínculo entre os crimes, as taras paternas e a predisposição dos filhos.[40] Ou as situações de manipulação indigna dos pacientes clínicos, como no caso de uma parturiente que "um lente de partos quis fazê-la sujeitar-se ao 'toque' por toda uma turma de estudantes". Foi, aliás, esse mesmo temor de uma manipulação arbitrária, que se impunha pela pretendida autoridade científica, sem qualquer consideração pela humanidade do paciente, que motivou a rebelião popular na violenta Revolta da Vacina, segundo nos testemunha o escritor.[41] E essa imagem de paciente transformado em vítima indefesa diante de uma ciência absoluta e desumana surge com toda a força na figura de Vicente Mascarenhas, protagonista de *O cemitério dos vivos*, internado no manicômio e entregue a um médico interessado em realizar novas experiências terapêuticas. "[Eu] tinha perdido toda a proteção social, todo o direito sobre o meu próprio corpo, era assim como um cadáver de anfiteatro de anatomia."[42]

Lima Barreto identificava também algumas atitudes de mistificação como responsáveis pelos males que assolavam o país. Uma das principais dentre elas seria o cosmopolitismo, agente de distorções de extrema gravidade como inspirador das ações da elite do país. Esse tema está no cerne do *Gonzaga de Sá* e do *Policarpo Quaresma*, mas obliquamente reaparece também no *Clara dos Anjos*, no *Isaías Caminha* e em *O cemitério dos vivos*. Exemplos de contos centrados nessa questão seriam o "Congresso pan-planetário" e "Miss Edith e seu tio". Sua posição nesse assunto sempre foi clara, e transparece no comentário que fez à obra do dramaturgo Oscar Lopes, seu contemporâneo. "Sua visão da sociedade nacional é de um palacete do Botafogo. Ora, aquilo não passa de uma macaqueação; não tem feitio seu, não se parece com o resto do Brasil."[43]

Lima concebia a sociedade brasileira como o fruto da combinação de diferentes etnias e que, em virtude mesmo dessa mestiçagem, havia atingido um grau elevado de intimidade e adaptação à natureza tropical e virente do país. Abominava por isso a preocupação obsessiva das elites locais em transmitir a imagem de uma nação branca e "civilizada" para os representantes, visitantes e mesmo para o público europeu, assim como a perspectiva pela qual este encarava o país, através da lente do exótico e do pitoresco, perspectiva essa que, como se não bastasse, era incorporada pela sociedade seleta da capital da República. Fato que os tornava, aos olhos do autor, tão estrangeiros quanto os europeus ou americanos, e contra os quais despejava todo o orgulho ferido de Gonzaga de Sá:

> Fugi dessa gente de Petrópolis, porque, para mim, eles são estrangeiros, invasores, as mais das vezes sem nenhuma cultura e sempre rapinantes, sejam nacionais ou estrangeiros. Eu sou Sá, sou o Rio de Janeiro, com seus tamoios, seus negros, seus mulatos, seus cafuzos e seus "galegos" também...[44]

Há nesse sentido uma nota curiosa na maneira como Lima entendia essa situação. Para ele, a antiga elite monárquica havia atingido um nível bastante satisfatório e promissor de relacionamento e envolvimento com as diferentes etnias e seus matizes e com a própria natureza brasileira. Esse processo de interpenetração que vinha em franco progresso foi contudo bruscamente interrompido e invertido pela emergência da burguesia republicana cosmopolitista. São muito esclarecedoras a esse respeito as palavras que Gonzaga de Sá pronuncia ao jovem mulato Augusto Machado, falando sobre os grupos sociais emersos com o novo regime.

> Qual! São estrangeiros, novos no país, ferragistas e agiotas enriquecidos, gente nova... Vocês estão separados deles por quase quatrocentos anos de história, que eles não conhecem nem a sentem nas suas células — o que é de lastimar, pois esses anos passados dão forças e direitos a vocês, que os devem reivindicar.

E sobre a elite imperial:

> Vocês, os moços, fizeram mal em destronar os antigos. Apesar de tudo nós nos entenderíamos afinal. Vínhamos sofrendo juntos, vínhamos combatendo juntos, às vezes até nos amamos — entenderíamo-nos por fim. Estes de agora...[45]

Estes de agora, alheados do país, reservam à população nativa um tratamento de descaso e abandono. Essa a consequência mais drástica da atitude cosmopolitista e que afligia profundamente o escritor. Eis como Olga, a sobrinha de Quaresma, viu a população sertaneja do país, "aqueles párias, maltrapilhos, mal alojados, talvez com fome, sorumbáticos!...": "Aquilo era uma situação de camponês da Idade Média e começo da nossa: era o famoso animal de La Bruyère que tinha a face humana e a voz articulada".

Perguntando a um desses matutos, Felizardo, por que não cultivava o seu próprio sítio, Olga recebe a resposta pungente, atestando o desamparo: "Terra não é nossa... E 'frumiga'?... Nós não 'tem' ferramenta... Isso é bom para italiano ou 'alamão', que governo dá tudo... Governo não gosta de nós...".[46]

E quando Quaresma vai pedir esse amparo e apoio básico aos nacionais diretamente a Floriano, a réplica do presidente em função trai o estigma da indolência indevidamente aplicado aos sertanejos e a forma predominante de relação com esses personagens centrada na repressão: "Mas pensa você, Quaresma, que eu hei de pôr a enxada na mão de cada um desses vadios?! Não havia exército que chegasse...".[47] No ambiente das cidades, a cena se repete, com o mulato Isaías Caminha encontrando obstáculos por toda parte. "Sendo obrigado a trabalhar, o trabalho era-me recusado em nome de sentimentos injustificáveis."[48] Por toda parte se acumulavam as vítimas de um processo inefável de estranhamento com relação às coisas e às gentes do país, gerando os magotes de vadios compulsórios.

O bovarismo, segundo a concepção do autor, era outra dessas atitudes mistificatórias característica da nova elite e prenhe de graves consequências para o conjunto do país. Esse tema constitui o âmago mesmo do *Policarpo Quaresma*, formando ainda a fonte de contos como "A biblioteca", "Lívia" e "Na janela". A compreensão teórica desse conceito procedia de Jules de Gaultier, filósofo que esteve na vanguarda da reação idealista e relativista ocorrida no cenário do pensamento europeu no início do século e sobre quem Lima Barreto fez anotações e comentários desde 1905. Dessas leituras, o escritor deriva a sua concepção numa síntese lapidar: "O bovarismo é o poder partilhado no homem de se conceber outro que não é". Ele pode ainda ser mensurado conceitualmente de acordo com o "índice bovárico", que "mede o afastamento entre o indivíduo real e o imaginário, entre o que é e o que ele acredita ser". Chega a ser um elemento positivo, pois define fins superiores, orientando a ação dos homens no sentido de uma evolução contínua. Porém, quando carente de uma sólida base crítica que o regule, evitando que o indivíduo submerja na fantasia completa, torna-se prodigiosamente nefasto.[49]

Conforme a própria natureza do seu modo de pensar e criar, Lima Barreto faz uma aplicação social desse conceito. A jovem república estava toda imersa em atitudes bovaristas. Aliás, a sua própria fundação fora decorrência de uma atitude bovarística: a fé incondicional na fórmula republicana, mais que isso, na palavra República, tomada como a panaceia que resolveria todos os males do país. "Mesmo entre os moços, que eram muitos, [...] existia uma adoração fetíchica pela forma republicana, um exagero das virtudes dela." Mas, considerando os próprios grupos intelectuais, tidos como dotados de maior capacidade crítica, a emergência do novo regime arrojou-os numa militância nacionalista destemperada, de teor louvaminheiro e ufanista, embebido do mesmo otimismo ingênuo dos escritores gongóricos e dos poetas românticos. É a figura que vem admiravelmente caricaturada na cândida personagem do major Policarpo Quaresma.[50]

Ora, esse ufanismo bovarista, assim como o cosmopolitismo, era outra forma de se alienar do país, só que parecendo que se estava fazendo exatamente o contrário. Era um efeito de fachada ou o cosmopolitismo às avessas. O único modo de vencer ambos era pelo desenvolvimento da consciência crítica e da inteligência capaz de imaginar alternativas. De fato, essa passagem do ufanismo à lucidez crítica resume a própria trajetória do major Quaresma, símbolo de uma intelectualidade que reformula suas posturas. Ela implicava sobretudo uma mudança na forma de olhar, exigindo que se saísse das páginas dos livros e da cultura letrada, das tribunas, das bibliotecas e dos gabinetes, para um contato direto com a realidade do país, sua natureza, sua gente, seus campos, suas cidades. A experiência existencial dessa intimidade com o homem e a terra se encarregaria de traduzir-se por si mesma em consciência crítica e avaliação das condições reais do país, como ocorreu com Quaresma no seu sítio do "Sossego".

E era grave a impressão causada pela realidade para quem

fosse buscá-la fora da cultura impressa. "Sem a grande indústria, sem a grande agricultura, com o grosso comércio nas mãos dos estrangeiros." No campo, a cena era desoladora:

A uma hora do Rio de Janeiro, estávamos no deserto.

Um sabiá pôs-se a cantar e toda a dor daquela terra calcinada, exausta e pobre vibrou nos ares.

O deserto cerca a cidade, não há lavoura, não há trabalho enfim...[51]

O escritor ia apontando as causas desse descalabro: a incapacidade de a população sertaneja vencer a natureza por sua própria iniciativa, pela falta de recursos próprios e de método, como efeito da longa tradição escravista, dos desmandos dos chefetes locais, da falta de qualquer apoio oficial e "da quantidade formidável de impostos cobrados pelos governos municipal, estadual e federal, tornando o trabalho infecundo e afastando o emprego de capitais".[52] Lima jamais admitiu, por isso, o mito da preguiça inata do matuto, justificada ou não por motivos raciais, como era do feitio de seu tempo. Por outro lado, difundiu e estimulou com verdadeiro entusiasmo o plano euclidiano para a extinção das secas no Nordeste, sempre que teve essa oportunidade.[53]

O bovarismo, era bem de se ver, turvava todos esses problemas, tirando-os de foco e impedindo que se tornassem o centro das atenções da população e do governo. Seu efeito era obscurecer, desviar e tornar estéreis as ações sociais, quer partissem dos limitados grupos de pressão, do governo ou dos próprios escalões intelectuais. De resto, a mesma atitude crítica de que a sociedade do país tanto carecia era prevista e descartada pelo bovarismo — organizado em discurso fechado —, que a tornava inócua pelo próprio ato em que a identificava. É o que se depreende da resposta clássica com que Augusto de Castro, burocrata e ufanista, desqualifica os refratários à sua pregação tão otimista quanto leviana: "É por isso que o Brasil não vai para adiante. O brasileiro é o maior inimigo da sua pátria".[54]

Espalhada por toda a sua obra, mas presente em especial no *Isaías Caminha*, no *Policarpo Quaresma*, no *Gonzaga de Sá* e em contos como "O homem que sabia javanês", "Um e o outro" e "O moleque", está a sua invectiva implacável contra todos os símbolos de distinção, que, aparecendo com a sociedade republicana ou sobrevivendo dentro dela indevidamente, minavam os pretensos propósitos democráticos do regime, estabelecendo níveis de discriminação que permeavam até mesmo as pequenas relações banais do cotidiano. Lima Barreto, em sua obra, chega a montar todo um acervo desses símbolos, delimitando a sua área de prestígio e poder no interior do mundo social da Primeira República. Eis alguns exemplos desses símbolos: "As botinas, os chapéus petulantes, o linho das roupas brancas, as gravatas ligeiras", o "grilhão de ouro", a "medalha carregada de brilhantes", o "solitário", "os colarinhos", "punhos" e "perfumes", os "anéis e alfinetes", as "honras" e "medalhas", as "patentes" e "galões" da Guarda Nacional, os anéis de carreiras universitárias, os "títulos" e "diplomas", as "bengalas" e "pulseiras de relógio" e o "avental" dos médicos e cientistas.

Todos, objetos e símbolos, destinados a definir distâncias e precedências sociais, impondo graduações aos homens e sujeitando-os a rituais de submissão e deferência. Todos sinais exteriores e por isso tornando externa e superficial a avaliação das qualidades pessoais de cada um e sobretudo ocultando a incompetência, o nepotismo, a ineficiência, oferecendo uma cobertura respeitável para a concussão. Àqueles que só pudessem se apresentar como portadores de virtudes íntimas, como a sinceridade, a honestidade, o talento e o esforço, tal qual Isaías Caminha, cabia suportar todo o peso dessas engrenagens e a pressão das suas sensações diante de uma tal situação:

> Fiquei amedrontado diante das cordas, das roldanas, dos contrapesos da sociedade; senti-os por toda a parte, graduando os meus atos, anulando os meus esforços; senti-os insuperáveis e destinados a esmagar-me, e reduzir-me ao mínimo, achatando-me completamente...[55]

Aos objetos-símbolos somavam-se ainda os papéis-símbolos, como os de jornalista, de doutor (qualquer possuidor de diploma do ensino superior), de diplomata, de funcionário público, de enfermeiro ou de escritor, de qualquer assunto, em qualquer tipo de publicação, desde que tivesse matéria editada em letra de imprensa. Os agraciados, investidos dos papéis, dotados dos objetos ou possuidores dos títulos, convenciam-se de compartilhar de uma existência superior, sendo pois também, ao menos parcialmente, bafejados "da graça especial de mandar".[56]

É por demais evidente que se todas as considerações recaíssem sobre as aparências e convenções exteriores, o fenótipo seria um elemento de alta relevância para distinguir os homens e definir o seu papel no interior da sociedade. E de fato, a pigmentação e o tipo físico eram dados primordiais e decisivos, se não fossem compensados por títulos, papéis, objetos e quaisquer outros símbolos. Eis o depoimento do mulato Augusto Machado: "Era doloroso peregrinar com o Opróbio à mostra, à vista de todos, sujeito à irrisão do condutor de bonde e do ministro plenipotenciário...". Isaías Caminha sabia que só lhe restava um recurso para escapar a um destino prefixado: "Ah! Seria Doutor! Resgataria o pecado original do meu nascimento humilde, amaciaria o suplício premente, cruciante e onímodo de minha cor...". E quando esse mesmo Caminha consegue com enorme custo enquadrar-se na sociedade, não o faz sem um fundo de remorso por ter se submetido a tantas injunções infamantes, que o fazem sentir-se "muito diminuído de mim próprio, de meu primitivo ideal, caído de meus sonhos, sujo, imperfeito, deformado, mutilado e lodoso".[57]

Todo esse universo temático, centrado nas práticas de coerção, discriminação e marginalização social, se compõe como uma trama densamente entretecida nas páginas do escritor. Tendo na imprensa o seu veículo e propulsor, encontrando na ciência a legitimação inquestionável, os desmandos, as coações e as classificações dos homens em hierarquias aviltantes, desarrazoadas, quer procedessem das oligarquias governantes, das ideologias radicais ou mesmo das atitudes cosmopolitas e bovarísticas, típicas do arrivismo republicano, produziam um quadro de horrores, opressão e miséria, profundamente vincado na nova sociedade e irredutível, na sua solidez, para com as individualidades desviantes. Os personagens de Lima Barreto, sem exceção, ou representam as vítimas dessa estrutura plástica e constringente, ou as formas de consciência e conduta de que ela se nutre. Alguns passam de uma condição à outra, como o Policarpo Quaresma, ou oscilam nas fímbrias de ambas, como Olga, sua sobrinha. São entretanto menos comuns. A estética barretiana revela uma assinalada preferência pelas cores firmes em comparação com os matizes.

\* \* \*

Paralelamente a essa grande cena, ominosa e sombria, menos evidente, porém variando em contraponto com ela, destaca-se uma espécie de segundo plano mais íntimo do autor, em que ele perlustra os modos de deformação, resistência e compensação desencadeados nos personagens afligidos e delineia as aspirações por meio das quais eles buscam rumos alternativos para a remodelação da prática social. Sem dúvida, jaz latente aqui, como de resto em toda a sua obra, a inspiração haurida na experiência pessoal do autor. Releva entretanto que, traduzidas numa criação artística, suas vicissitudes pessoais se despem do caráter confessional, adquirindo uma envergadura simbólica, transpondo o campo de significação do particular para o geral, do individual para o social, do incidental para o universal.[58] Esse segundo conjunto de temas, portanto, se completa inextricavelmente com o primeiro, constituindo uma dimensão sensível que vibra conforme o diapasão das injustiças expressas no anterior, acompanhando suas ressonâncias mais profundas.

É, por exemplo, notável a insistência com que Lima Barreto perfila personagens fragmentados. Seja o Isaías Caminha, sejam o Augusto Machado e o Aleixo Manuel no *Gonzaga de Sá*, sejam ainda os personagens centrais dos contos "O moleque", "O filho da Gabriela", "Cló", "Adélia" e "Uma conversa vulgar". Os fatores da repartição dessas personalidades variam. Na maioria dos casos são mestiços, e da ambiguidade étnica é que deriva a "rachadura" da consciência.[59] Às vezes, a desagregação interior decorre da elevação da sensibilidade e da espiritualidade, em contraste com a mesquinhez da vida material, como é o caso de "Adélia", marcada por um distanciamento entre o corpo aviltado e a pureza do olhar.[60] Também o desencontro entre a vida pretensamente civilizada e os impulsos primários do organismo acarreta a dessedimentação da personalidade, como ocorre com "Cló". O caso mais expressivo, contudo, é o do personagem do conto "Dentes negros e cabelos azuis", melancólico portador dessa aberração. Essa narrativa reúne e resume todas as características acima. Vítima de um assalto, esse mutante, solicitado pelo ladrão, confessa-lhe o traumatismo doloroso provocado na sua personalidade por um processo impiedoso de abominação e segregação social, envolvendo a sua natureza, sensibilidade, anseios, alterando o seu equilíbrio mental e inspirando-lhe obsessões, medos e fantasias paranoicas.[61]

Outro modelo de personagem habitual nas páginas do autor é o misantropo, indivíduo desiludido com o sistema opressivo da sociedade e que se retira para o isolamento de um sítio no meio rural. Não se trata, evidentemente, apenas de deixar a cidade pelo campo; a solução é mais radical e implica um abandono completo de qualquer convívio social em função de um eremitismo introvertido e afanoso. O seu modelo simbólico para a cunhagem desses personagens é o Capitão Nemo, visto como um desenganado que partiu "aos quarenta e cinco anos, para nunca mais ver o mundo [...], no seu 'Náutilus'".[62] Policarpo Quaresma é o personagem mais conhecido dentre os desse feitio, embora ainda mantivesse a companhia inseparável da irmã e a camaradagem dos seus dois empregados. Figuras características desse modelo animam ainda os contos "O único assassinato do Cazuza", "O feiticeiro e o deputado" e "Foi buscar lã...". O isolamento é sempre acompanhado de livros, trabalhos agrícolas incansáveis, metódicos e em bases técnico-científicas, tudo orientado por um padrão de diligência e racionalidade estranho ao meio circundante. Os misantropos recriam no ermo um tipo de existência ideal, que é o inverso e a única alternativa digna para a sociedade de que se exilaram. O seu banimento voluntário é uma curiosa forma de vingança infligida contra uma sociedade "que não aproveita as aptidões, abandona-as, deixa-as por aí vegetar... Dá-se o mesmo com as nossas riquezas naturais: jazem por aí à toa!".[63]

A consequência extrema desse estranhamento com respeito à sociedade, convertido num anseio profundo de solidão, seria representada pelo desígnio da aniquilação nirvânica. Vimos que esse era um tema típico dos escritores do período, mas nenhum o levou tão a fundo e com tanta obstinação quanto Lima Barreto. Ele reponta em sua obra por toda parte e revestido de características particularmente agônicas, como na confissão do *Diário do hospício*: "Queria matar em mim todo o desejo, aniquilar aos poucos a minha vida e sumir-me no todo universal".[64] Sua fixação nirvânica sempre exalou um forte aroma de pessimismo, tristeza e amargura, nos quais aliás o autor presumia encontrar as diretrizes mais gerais da existência humana. "A vida é cousa séria e o sério na vida está na dor, na desgraça, na miséria, na humildade."[65] Desse conjunto de elementos se destaca uma das peculiaridades mais marcantes do imaginário do escritor, sua manifesta fascinação relativa "ao mistério, ao espesso mistério impenetrável, em nós e fora de nós". Essa entidade fazia transcender da sua própria substância enigmática um halo místico que significava a identidade e solidariedade íntima de todos os seres, nas suas limitações e na sua pequenez, diante do imensurável e do incognoscível. Era esse impulso que inspirava no autor

> o encanto da hesitação, do vago, do impreciso, da névoa, do mistério de uma alma sem certezas, torturada e angustiada por não se entender a si mesma, que se vê mergulhada no Indecifrável e no Infinito.[66]

Era o seu golpe de misericórdia calcado sobre uma sociedade assentada toda ela no otimismo, nas certezas positivadas e nos prazeres comezinhos da mesa farta e do desfile de modas.

Já está presente nessa concepção de mistério aquele que é o ponto nodal de sua obra, representado pelo tema da solidariedade, ideia-base e foco de todos os caminhos percorridos pelo autor. Sua tomada de posição a esse respeito é clara: "A grande força da humanidade é a solidariedade [...] cheio dessa concepção venho para as letras disposto a reforçar esse sentimento com as minhas pobres e modestas obras".[67] O primeiro sintoma da autenticidade dessa convicção é o sentimento misto de desprezo e náusea que o autor votava a toda e qualquer atitude, emoção, símbolo, objeto ou pessoa que pudesse significar uma ameaça para a identificação profunda entre todos os seres humanos. Assim era com a concorrência, as rivalidades, as hostilidades, os animais ferozes, os galos de briga, os esportes violentos, a guerra, os motins e levantes, qualquer forma de conflito e violência enfim. Era obsedante a sua revolta contra a "filosofia da força", pretensamente inspirada em Nietzsche e divulgada por Gabriele d'Annunzio, que chegou a constituir uma legião de acólitos no Brasil desde o início da segunda década do século xx.[68] Contra todas essas atitudes que produziam a dissolução da coesão social, afrouxando qualquer impulso fraternitário, o autor exaltava as virtudes do amor, da bondade e da doçura.[69] Sua obsessão para com a comunhão dos homens tornava-lhe sobremodo repulsivos os critérios, quaisquer que fossem, que estabelecessem divisões no interior das sociedades ou entre elas.[70] Nasce daí justamente a sua pretensão de dispor da literatura como de uma substância adstringente, capaz de recuperar e estabelecer em definitivo a solidariedade entre os diversos grupos sociais e mesmo entre as várias sociedades.[71]

Simultânea à preocupação da solidariedade, havia no autor o anseio de uma estabilidade fundamental de todas as coisas, que neutralizasse toda forma de concorrência entre os homens e reorientasse as energias daí retiradas no sentido de um convívio mais íntimo, profundo e simpático com a natureza, seus frutos e seus filhos. Por toda a parte em sua obra, abominando as atribulações sociais, o autor se entrega a longas descrições da paisagem ou de prédios que evocassem simbolicamente esse efeito de fixidez, permanência, placidez e eternidade. Seu olhar deliciado se demorava nas encostas dos morros cariocas, cobertas de florestas milenares, na "solidez dos casarões" imperiais seculares, nas "serras graníticas" que cercam a cidade, nos "Órgãos", nas "rochas antiquíssimas" que constituem a base geológica do Rio de Janeiro, admirava os "velhos móveis de jacarandá" das antigas mansões. Sua impressão sobre o velho Palácio Imperial é muito significativa.

> Todo ele [...] tinha uma tal ou qual segurança de si, um ar de confiança pouco comum nas nossas habitações, uma certa dignidade, alguma coisa de quem se sente viver, não por um instante, mas por anos, por séculos... As palmeiras cercavam-no, erectas, firmes, com os seus grandes penachos verdes, muito altos, alongados para o céu...[72]

Tem esse mesmo sentido uma certa nostalgia que o escritor eventualmente manifesta por uma ordenação clânica da sociedade, evocativa de um passado patriarcal, em que a solidariedade se impunha pelo convívio das gerações, pela permanência do patrimônio e pelos sólidos vínculos com a terra.[73]

A última imagem dessa ordem de temáticas seria a do mar; que, no entanto, operando como uma metáfora sinérgica, abrange todas as demais, fundindo-as numa síntese de elevado poder expressivo. Seu fascínio pelo mar é confesso, e seria ele o palco dileto de seu exílio voluntário.

> O mar e Jules Verne me enchiam de melancolia e sonho. [...] Sonhei-me um Capitão Nemo, fora da humanidade, só ligado a ela pelos livros preciosos [...], sem ligação sentimental alguma no planeta, vivendo no meu sonho, no mundo estranho que não me compreendia a mágoa, nem ma debicava, sem luta, sem abdicação, sem atritos, no meio de maravilhas.[74]

É o mar ainda o campo semântico privilegiado do nirvanismo e da tristeza.[75] Ele é que guarda também a memória da escravidão moderna, com todas as suas mazelas de tirania e desumanidade, daí sua conotação de dor, sofrimento, humildade e tristeza.⁷⁶ O mar se associava ainda à permanência, solidez e eternidade das serras que o arrostam.⁷⁷ Há na caracterização do "mar insondável" um evidente nexo entre ele e o mistério incognoscível que tanto obsedava o escritor. Aliás, não por acaso, a morte do venerando Gonzaga de Sá ocorre justamente quando ele se abaixava para colher uma flor contemplando o mar.⁷⁸ Envolvendo todos os povos da Terra com a sua imensa massa líquida, indiferente a distinções nacionais, culturais, sociais ou étnicas, o mar é por isso também a metáfora mais adequada para representar o princípio e o anseio de solidariedade entre todos os homens do planeta.⁷⁹

Há, portanto, visíveis, duas dimensões na obra de Lima Barreto: uma primeira, organizada em torno da temática do poder e seu efeito de separação, discriminação e distanciamento entre os seres, e uma segunda, cujo arranjo provém da experiência dolorosa dos "humilhados e ofendidos" e que converge para o ideal da máxima confraternização entre os membros da humanidade. Ambos se revezam ao longo de sua obra, produzindo pelo próprio choque da sua discrepância um resultado afirmativo, à medida que a atmosfera angustiante do primeiro nível gera uma ansiedade de solução e alívio, que são fornecidos pela segunda. Dessa forma, esse segundo plano do texto, que é também o fundamental, resulta reforçado por si só, em virtude da expectativa tensa que o precede e que ele vem aquietar, além de aparecer elevado na sua imagem de humanidade e altruísmo, diante dos exemplos desprezíveis do arbítrio e da cobiça. Era muito através desse efeito sincopado que o escritor conseguia, ao esboçar o regime da irracionalidade e da injustiça de um lado, realçar, do outro, a dignidade ingênita dos humildes e desprezados, sua afinidade mais estreita com a terra e a natureza, seu impulso fraternitário mais premente, podendo ainda vislumbrar na sua dor e impotência um significado místico dos limites cósmicos da condição humana.

## 3. OS FUNDAMENTOS SOCIAIS

Se buscarmos compreender agora a visão de mundo transmitida pela produção intelectual do autor do *Policarpo Quaresma*, encontraremos como dado primordial a mesma concepção de inversão da realidade já apontada alhures. Também para ele o advento da República promoveu uma insólita elevação da incapacidade e da imoralidade, à custa da marginalização dos verdadeiros homens de valor. "Demais, tudo tem sido invertido, baralhado, passado do branco para o preto, só o savoir-vivre mantém-se no mesmo!...", alvitra o malicioso Gonzaga de Sá. O talento, a razão, a honestidade e o esforço estavam em maré vazante e a sua ocorrência depunha contra os seus depositários, que se viam desprezados e preteridos. "Por força, pensei, devia haver gente boa por aí... Talvez tivesse sido destronada, presa e perseguida; mas devia haver...", ponderava Isaías Caminha, muito assustado, crendo encontrar-se "entre *yahoos*" ferozes e sentindo "ímpetos de fugir antes de ser devorado...".[80] Essa era, pois, a concepção mais ampla que o escritor tinha do seu tempo: o país estava entregue "à desmoralização nas mãos dos medíocres", enquanto "os expoentes da intelectualidade eram considerados como mediocridades".[81] O Brasil constituía portanto a própria "República dos Bruzundangas", ou o "Reino de Jambon", espécies de sociedades bizarras, onde os valores e as referências operavam às avessas.

O mecanismo que desencadeara esse processo de inversão era prontamente identificado na "ganância de dinheiro, na anestesia moral... o cinismo de processos para obter riquezas", que tomara corpo desde a adoção do novo regime.[82] É na notação moral, como já foi visto, que o autor busca as causas mais decisivas para os processos de transformação histórica. "... todos os males vêm da cupidez. Quando foi que vimos patrões, negociantes, argentários mais cúpidos que atualmente?"[83] A redução

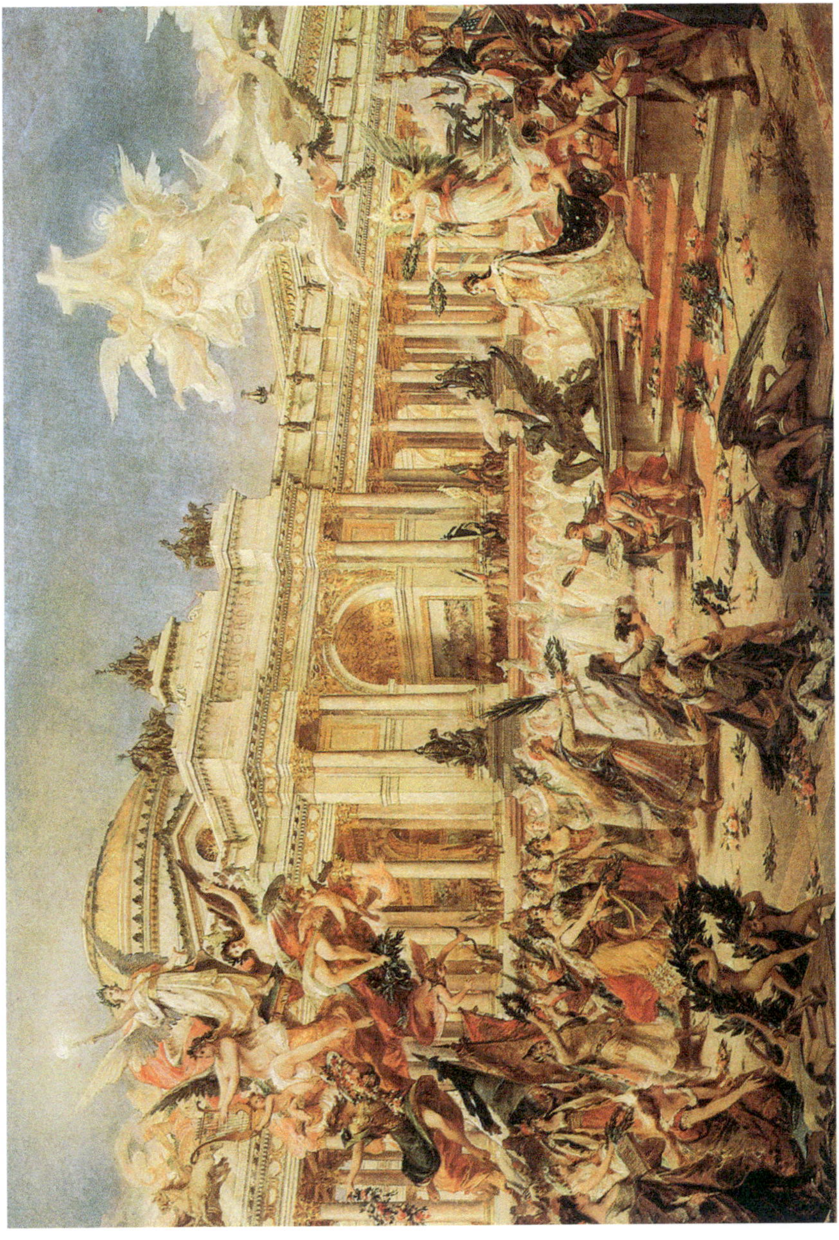

43. Revista *Paratodos*, outubro de 1922.

*Iniciada em certo sentido com o Encilhamento, em 1891, mas a rigor com a inauguração da Avenida Central, em 1904, a Regeneração se estende até 1920, quando sofre exacerbação frenética, com a visita ao Brasil do rei Alberto da Bélgica. A foto acima registra a inauguração do busto do "real banhista": "O soberano dos belgas, quando nos honrou com sua visita, ia, todas as manhãs, nadar em Copacabana. Os habitantes do lindo bairro, agradecidos, elevaram um pequeno monumento em lembrança da S.M. [...]", passando a adotar o "hábito saudável".*

42. Palácio Monroe, de dia (s/d) e de noite (1920).

*Pela concepção arquitetônica, o Palácio Monroe, "uma teteia de açúcar branco", foi premiado em 1904 na Exposição Universal de Saint Louis, EUA. Inaugurado em julho de 1906 no final da Avenida Central (atual Rio Branco) para receber a Terceira Conferência Panamericana, sediou depois o Senado Federal e outros órgãos públicos. Foi demolido na década de 1970, a pretexto da construção do metrô. Durante o dia, impressionava pela imponência e pelo "grande jardim de estilo inglês"; à noite, pela iluminação feérica.*

A ÁREA QUE CIRCUNDA O OUTEIRO DA GLÓRIA SOFREU GRANDES INTERVENÇÕES NAS REFORMAS URBANAS DA REGENERAÇÃO. EM 1906 INAUGURAVA-SE A AVENIDA BEIRA MAR, DE TRAÇADO PROJETADO CONJUNTAMENTE COM O DA AVENIDA CENTRAL. O MERCADO DA GLÓRIA, DE 1856, QUE SE TRANSFORMARA EM HABITAÇÃO COLETIVA NO FINAL DO SÉC. XIX, FOI DEMOLIDO PARA A CONSTRUÇÃO DO JARDIM DO NOVO LARGO DA GLÓRIA.

*40 e 41.* Avenida Beira Mar, *c.* 1906.
No detalhe: Morro da Glória e Praia do Russell, *c.* 1892.

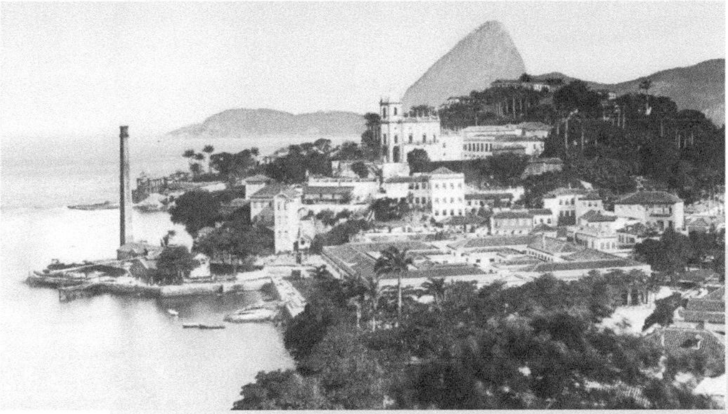

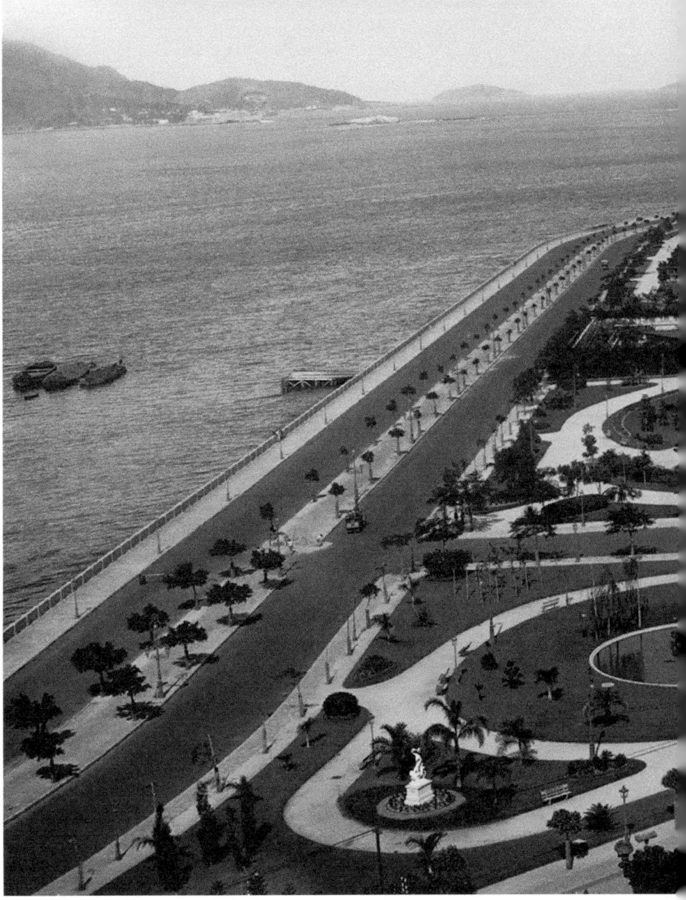

*38.* Morro do Castelo, festa de S. Sebastião, *c.* 1915.

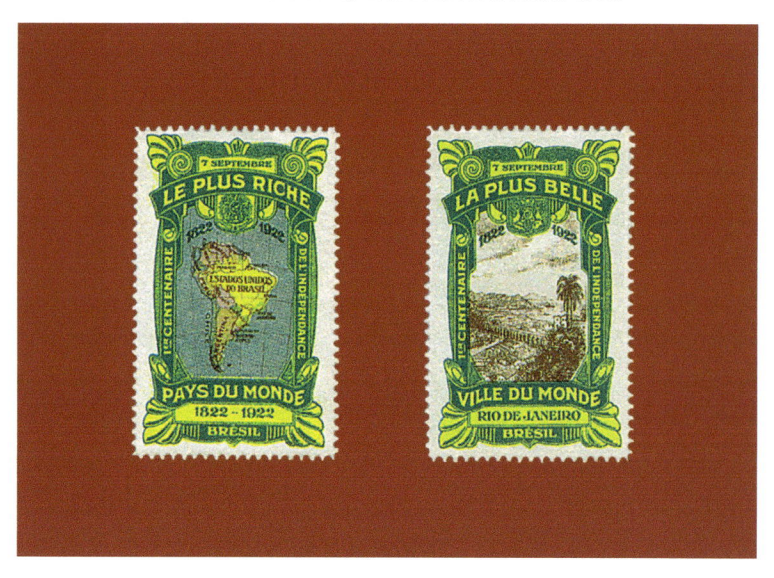

*39.* Selos franceses comemorativos do centenário da Independência brasileira, 1922.

O degradado casario colonial que ocupava o marco de fundação da cidade desafiava os novos cânones estéticos implantados por Pereira Passos. Suas encostas, debruçadas sobre a "novíssima e chiquérrima Avenida Central", expunham o "mesquinho núcleo de povoação cercado por paliçadas". A população que ali vivia, mais de 4 mil pessoas, foi sumariamente desalojada a partir de 1920, e o Morro do Castelo, arrasado. Nas imediações ergueram-se os pavilhões destinados à Exposição do Centenário da Independência.

*37. Portão do Forte do Castelo, 1922.*

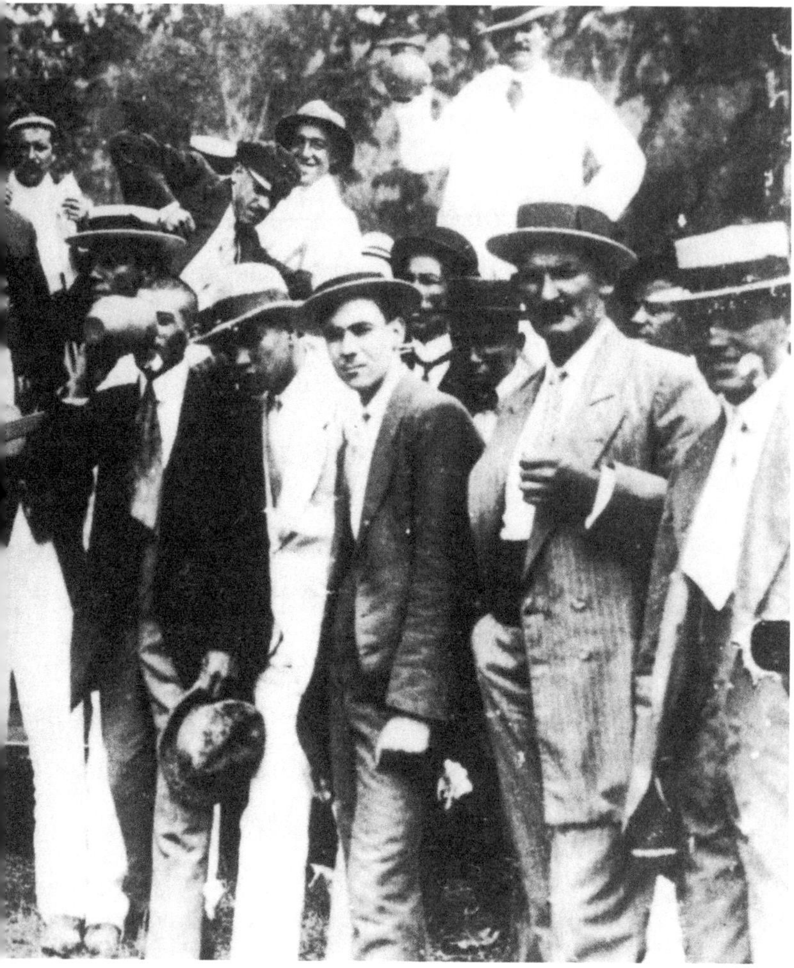

36. Festa da Penha, 1912. Juntos, de pé, João Pernambuco (de chapéu branco, com o violão), Patrício Teixeira (de terno branco), Pixinguinha (com a flauta) e Caninha (com o cavaquinho).

*A tradicional festa da Penha, que reunia grandes contingentes da população humilde, resistiu pouco à condenação ditada pelos novos parâmetros de relacionamento social. "Ainda se a orgia desbragada se confinasse ao arraial da Penha! Mas não! Acabada a festa, a multidão transborda como uma enxurrada vitoriosa para o centro da* urbs...*", reclamava Olavo Bilac, em outubro de 1906, na revista* Kosmos.

A DEMOLIÇÃO DOS VELHOS CASARÕES, JÁ QUASE TODOS TRANSFORMADOS EM PENSÕES BARATAS, PROVOCOU UMA CRISE DE HABITAÇÃO, ELEVANDO BRUTALMENTE OS ALUGUÉIS E PRESSIONANDO AS CLASSES POPULARES PARA OS SUBÚRBIOS E PARA CIMA DOS MORROS QUE CIRCUNDAM A CIDADE.

*34.* Morro da Favela, agosto de 1920.

*35.* Morro da Babilônia, s/d.

Com o início das obras da reforma do porto eclodiu a febre demolitória na área central da cidade, que culminaria com a Regeneração de 1904, sempre acompanhada da especulação imobiliária particular. Ambas visavam aos grandes casarões da zona central da cidade, que abrigavam a maior parte da população modesta do Rio.

32. Populares na porta de um cortiço, 1906.

33. Cortiço na rua dos Inválidos, 1906.

O ANACRONISMO DA PRINCIPAL CIDADE DO PAÍS, FOCO ENDÊMICO DE UMA INFINIDADE DE MOLÉSTIAS, COM DESENHO E PROPORÇÕES COLONIAIS, JÁ NÃO ERA COMPATÍVEL COM AS DEMANDAS DOS NOVOS TEMPOS. PARA CONSAGRAR A CAMPANHA DE ATRAÇÃO DE CAPITAIS, IMIGRANTES, TÉCNICOS E EQUIPAMENTOS ESTRANGEIROS, SERIA INDISPENSÁVEL PROCEDER À REFORMA DO PORTO, À REMODELAÇÃO URBANA E AO SANEAMENTO DO RIO DE JANEIRO.

31. Mercado da Praia do Peixe
(cercanias da atual praça XV de Novembro), *c.* 1905.

29. Notável fotografia do coração do Rio de Janeiro (vista do antigo porto), c. 1865.

30. Praça d. Pedro II (atual Praça xv), 1892.

28. Armações de madeira na calçada, os quiosques
vendiam café, álcool, tabaco e bilhetes de loteria.

*A eliminação desses pontos de venda rústicos foi uma das primeiras
preocupações dos reformadores urbanos. Machado de Assis registrou em crônica
de 1893: "Lá vão os quiosques embora. Assim foram as quitandeiras crioulas,
as turcas e árabes, os engraxadores de botas, uma porção de negócios da rua,
que nos davam certa feição de grande cidade levantina".*

27. Algumas figuras de ontem. Cenas da vida carioca, 1924.

O humorista Raul Pederneiras (1874-1953) registrou com argúcia os usos e costumes de seu tempo. Chegou a coligir num opúsculo expressões típicas da década de 1920.

26. *Casa Persa, na rua do Rosário* (esquina com a Avenida Central), 1914.

Em pouco tempo a burguesia carioca se adapta a seu novo equipamento urbano. Abandona as varandas e os salões coloniais para expandir sua sociabilidade pelas novas avenidas, praças, palácios e jardins, travestidos de um cosmopolitismo agressivo, profundamente identificado com a vida parisiense.

24. Carro participante da Batalha de flores, *c.* 1905.

25. Corso no Dia da Itália, na Exposição Internacional do Centenário da Independência, 1922.

23. Avenida Central, *c.* 1908.

21. *Avenida Central inserida no Pavilhão Nacional*, em cartão-postal de 1909.

22. Vista panorâmica da Exposição Nacional de 1908, tomada do Morro da Urca.

20. Casa Bazin.

*O projeto de reurbanização da Capital Federal previa concursos de fachadas para os prédios que seriam construídos ao longo das novas ruas e avenidas. O prédio da Casa Bazin, projeto do arquiteto Heitor de Melo, ganhou o prêmio em 1906.*

*18.* Avenida Central em obras, 1905.

*19.* Avenida Central, *c.* 1906.

17. Rua do Ouvidor, c. 1890.

A nova filosofia financeira reclamava a remodelação dos hábitos sociais e dos cuidados pessoais. A febre de consumo que tomou conta da cidade desde os primeiros meses da República era especialmente notada na rua do Ouvidor. "Uma cidade é um corpo de pedra com um rosto. O rosto da cidade fluminense é esta rua, rosto eloquente que exprime todos os sentimentos e todas as ideias." (*Machado de Assis*, "Tempo de crise", 1873.)

Durante o período da República dos Conselheiros, a consolidação de uma intelligentsia conservadora se tornou um atavio necessário para consolidar a imagem austera de uma sociedade ilustre e elevada, digna da atenção e dos créditos europeus. Imagem que não escapou à visão arguta de Rio Branco, que procurou lotar as dependências do Itamaraty, e de instituições paralelas, de intelectuais respeitáveis, ou que afetassem uma tal moldura.

16. Retrato do Barão do Rio Branco.

*14.* Oswaldo Cruz como "Nero da higiene", detalhe da capa da revista *Tagarela*, julho de 1905.

*15.* Presos sendo levados para a Ilha das Cobras, revista *O Malho*, novembro de 1904.

*A repressão brutal à Revolta da Vacina se arrastou tragicamente por meses contra as vastas camadas indigentes da população. Lima Barreto registrou em seu Diário íntimo: "A polícia arrepanhava a torto e a direito pessoas que encontrava na rua. […] Juntadas que fossem algumas dezenas, remetia-as à Ilha das Cobras, onde eram surradas desapiedadamente. […] Inocentes vagabundos são aí recolhidos, surrados e mandados para o Acre".*

*12. Ilustração da revista O Malho, outubro de 1904,
antevê a reação popular que tomaria a cidade no mês seguinte.*

"*Guerra Vacino-Obrigateza!... Espetáculo para breve nas ruas desta cidade.
Oswaldo Cruz, o Napoleão da seringa e lanceta, à frente das suas
forças obrigatórias, será recebido e manifestado com denodo pela população [...]*"

*13. Ilustração da revista O Malho, novembro de 1904.*

*Ação da polícia na praça Tiradentes, no dia 13 de novembro de 1904,
durante a primeira grande manifestação popular contra a vacina obrigatória.*

A insensibilidade política e tecnocrática com que se decretou a obrigatoriedade da vacina desencadeou uma resistência obstinada a sua implantação. A pequena oposição parlamentar, a imprensa não governista e a população da cidade se insurgiram contra a feição despótica da lei. A "Regeneração" da Capital Federal impôs a segregação espacial dos vários grupos sociais.

*10. "O espeto obrigatório", A Avenida, outubro de 1904.*

*11. Nota de 500 mil réis.*

*O primeiro funding loan, obtido por Campos Sales em 1898, possibilitou a restauração financeira e a recuperação da credibilidade internacional. A transfiguração urbana da cidade e a consagração do "progresso" são o desfecho do processo de "Regeneração" da cidade. Seus principais marcos foram a abertura da Avenida Central, a promulgação da Lei da Vacina Obrigatória, em 1904, e a Exposição Nacional do Rio de Janeiro, em 1908.*

9. *Revista da Semana*, outubro de 1904.

*A personificação do Congresso intima a figura indigente do Povo a escolher entre o grilhão e o espeto da vacina obrigatória.*

7. Revista *Careta*, 1909.

*Em janeiro de 1909 o chefe de polícia proíbe "terminantemente" o uso de fantasias de índio, sob a alegação de que os adereços esconderiam armas. A charge ilustra a expulsão do índio pelo Pierrô.*

8. *Revista da Semana*, janeiro de 1921.

*O Carnaval de "bom gosto", sem "a feição externa de folia do interior da África", como queriam os cronistas sociais.*

O APELO PREMENTE PARA A REFORMA CONFORME O FIGURINO EUROPEU PERMEARA TODOS OS ASPECTOS DA VIDA URBANA. ASSIM, O CARNAVAL QUE SE DESEJA É O DA VERSÃO EUROPEIA, COM ARLEQUINS, PIERRÔS E COLOMBINAS DE EMOÇÕES COMEDIDAS, DAÍ O VITUPÉRIO CONTRA OS CORDÕES, OS BATUQUES, AS PASTORINHAS E AS FANTASIAS POPULARES PREFERIDAS.

6. Revista *Tagarela*, 1904.

"*O Colombo, descobridor da América, ante Pierrô e Colombina, a descobridora da vacina obrigatória.*" *Em outubro de 1904, quando ocorriam acirrados debates parlamentares sobre a regulamentação da lei da vacinação obrigatória, Oswaldo Cruz e o presidente Rodrigues Alves eram satirizados em charge da revista* Tagarela, *como Colombina e Pierrô respectivamente.*

5. Reconstituição do Arraial dos Canudos elaborada à época do conflito.

*Canudos, a cidade que floresceu no sertão ao redor da esperança, para ser reduzida a cinzas pela nova autoridade republicana. Os prisioneiros do sexo masculino foram todos estripados ou degolados; as crianças, distribuídas entre os vitoriosos.*

4. Guarnição do Morro do Castelo durante a Revolta da Armada, em 1893.

*O rompimento definitivo de Euclides da Cunha com o regime republicano vem desse episódio, quando ele denunciou publicamente a violência brutal da repressão do Marechal Floriano Peixoto, censurando as arbitrariedades e o desmando do governo. Juan Gutierrez, autor da foto, foi o primeiro fotógrafo a chegar a Canudos, onde morreu atingido pelos homens do Conselheiro. Sobre ele, registraria Euclides: "Oficial honorário, um artista que fora até lá atraído pela estética sombria das batalhas".*

*1.* Lima Barreto.

*2.* Euclides da Cunha.

*3.* João do Rio.

de toda vida social ao processo vil e desenfreado de "caça ao dinheiro" acarretou a "desagregação da sociedade tradicional", a "desmoralização da autoridade tradicional", gerando uma "burguesia insegura", que, embora fruísse de todas as regalias da nova situação, não contava com um sistema rigoroso de posições e moralidade definidas, que a garantissem em seu posto atual por meio de um método eficiente de repressão ao aventureirismo, ao arrivismo, à simulação e à ganância incontidos que ela própria desencadeara.[84] O autor caracterizava essa nova sociedade de referências fluidas como a "*societas sceleris*", ou seja, o sistema que premiava a "brutalidade", o "egoísmo", o "banal", a "decadência dos costumes", o "gosto de massa" e o "preconceito".[85]

A força da nova sociedade estava concentrada justamente nos comportamentos mais antissociais, elevados à condição de valores máximos da elite: o gosto pela fruição do conforto material e pelas situações de privilégio e superioridade, despertando a discriminação e as mais variadas formas de desprezo mútuo entre os cidadãos. Era a condenação de qualquer princípio de solidariedade de antemão. Daí o desenvolvimento do "canibalismo dos argentários" e a transformação do "preconceito em conceito". A riqueza, as posições, os cargos, os símbolos de distinção, de carreira e o saber passaram a exercer a indigna função de separar e indispor os homens entre si, enquanto a República cumpriria o papel de "enriquecer os ricos e empobrecer os pobres".[86] O juízo final do autor é drástico:

> Nunca houve tempo, em que se inventassem com tanta perfeição tantas ladroeiras legais. A fortuna particular de alguns, em menos de dez anos, quase que quintuplicou; mas o Estado, os pequenos burgueses e o povo, pouco a pouco, foram caindo na miséria mais atroz.[87]

Esse abandono completo do povo seria o aspecto mais dramático da cena republicana, e o autor a descreve com uma verve composta por superlativos e metáforas depressivas:

> O povo do campo, dos latifúndios [fazendas] e empresas deixou a agricultura e correu para a cidade atraído pela alta dos salários; era porém uma ilusão, pois a vida tornou-se caríssima. Os que lá ficaram, roídos pela doença e pela bebida, deixaram-se ficar vivendo num desânimo de agruras. Os salários eram baixíssimos e não lhes davam com que se alimentassem razoavelmente; andavam quase nus; as suas casas eram sujíssimas e cheias de insetos parasitas, transmissores de moléstias terríveis. A raça da Bruzundanga tinha por isso uma caligem de tristeza que lhe emprestava tudo quanto ela continha: as armas, o escachoar das cachoeiras, o canto doloroso dos pássaros, o cicio da chuva nas cobertas de sapê da choça — tudo nela era dor, choro e tristeza. Dir-se-ia que aquela terra tão velha se sentia aos poucos sem viver...[88]

Nas cidades, o quadro se tornava ainda mais chocante, visto que a miséria geral da população contrastava vivamente com os palácios, avenidas, parques e jardins da Regeneração. Desse paralelo confrangedor o autor derivaria uma de suas imagens mais pungentes. "A Bruzundanga era um sarcófago de mármore, ouro e pedrarias, em cujo seio, porém, o cadáver mal embalsamado do povo apodrecia e fermentava." Eis com que dorida sutileza o autor transfundia as favelas que cingiam os cumes dos morros cariocas no verdadeiro diadema do regime:

> Apesar do luxo tosco, bárbaro e branco, dos palácios e "perspectivas" cenográficas, a vida das cidades era triste, de provocar lágrimas. A indolência dos ricos tinha abandonado as alturas dela, as suas colinas pitorescas, e os pobres, os mais pobres, de mistura em

toda espécie de desgraçados, criminosos e vagabundos, ocupavam as eminências urbanas com casebres miseráveis, sujos, feios, feitos de tábuas de caixões de sabão e cobertas com folhas desdobradas de latas em que veio acondicionado o querosene. Era a coroa, o laurel daquela glacial transformação política...[89]

Curiosamente, todo esse amargo pessimismo era voltado em última instância para São Paulo, considerado pelo escritor como a capital do "espírito burguês" e da "avidez de dinheiro", identificado como o foco original de toda a "nova cupidez" que dissolvia a sociedade nacional. Era ali que se sediava toda a "opressão econômica" e todo o "mal do Brasil" de então.[90] Por trás de São Paulo, ritmando-lhe os impulsos, estariam as metrópoles europeias, em particular a Inglaterra, e muito especialmente os Estados Unidos, país tido pelo autor como o símbolo universal do espírito burguês, da avidez material e da discriminação étnica.[91] Com sua ambição desmedida pelo lucro econômico, São Paulo se entregara à exploração de todo o país por meio da sua "calamitosa oligarquia", "a mais odiosa do Brasil, a mais feroz", comandada por Cincinato Braga, o "general da oligarquia", e de seu sistema peculiar de espoliação do país por meio do "Plano de Valorização do Café", do princípio da "Socialização das Perdas" e da "Caixa de Conversão".[92]

Afora esses agentes, e em franca colaboração com eles, encontram-se os demais responsáveis pelo infortúnio e mal-estar que se apossou da sociedade republicana. São as "falsas indústrias", criadas mediante negociatas e subornos para, em nome de um pretendido protecionismo alfandegário, explorar a população com preços exorbitantes de monopólio.[93] Mas sobretudo as "elites políticas", entregues a uma luta brutal pelos cargos, à farta distribuição de "comissões" aos seus apaniguados, ao cultivo desvelado do nepotismo e do "filhotismo", aos subornos industriais e aos "fornecimentos" sem concorrência para as grandes obras e campanhas militares. Para Lima Barreto, a política nacional tinha dois objetivos exclusivos: "1) fazer fortunas; 2) não ter nenhum propósito de favorecer a comunhão geral".[94] Constituiu-se assim uma atmosfera em que "o mal-estar da população cresce sempre, a especulação de alto a baixo prolifera, os agiotas e bancos de agiotagem [...] distribuem pasmosos dividendos em relação ao valor das ações. Maravilhoso sintoma".[95]

Resultava dessa situação turva o estímulo aos comportamentos de "concorrência, competição e conflito", na mais cristalina consagração do princípio do *struggle for life*.[96] E é esse justamente o efeito fundamental que mais diretamente choca e deprime o escritor, pois, conforme foi visto, sua crença era diametralmente oposta: "... com a marcha da evolução aquele aspecto, a luta, vai se apagando para deixar campo livre para a solidariedade".[97]

A reação de Lima Barreto diante de todo esse panorama era cabal, porém adstrita ao espaço da mais completa independência. Ele recusava qualquer espécie de alinhamento ou categorização que lhe restringisse a plena autonomia de pensamento ou que classificasse os seres humanos em grupos diferenciados por qualquer critério. "Para mim só há indivíduos", frisaria Gonzaga de Sá, "sabes bem que não tenho superstição de raça, de cor, de sangue, de casta, de coisa alguma." E mais adiante repisaria a mesma conclusão. "Os indivíduos me enternecem, isto é, o ente isolado a sofrer; e é só! Essas criações abstratas, classes, povos, raças não me tocam... Se efetivamente não existem!?..."[98]

Assim sendo, não surpreende a sua preocupação em salientar o seu desligamento de qualquer corrente política organizada. "O que tenho são implicâncias parvas [...] e não é em nome de teoria alguma, porque não sou republicano, não sou socialista, não sou anarquista, não sou nada: tenho implicâncias."[99] Mesmo a sua declarada simpatia para com o maximalismo nos anos críticos de 1917 a 1919 derivava de sua compreensão dessa doutrina como um reformismo amplo e difuso da sociedade liberal, "a aspiração de realizar o máximo de reformas possíveis dentro de cada sociedade, tendo em conta as suas condições particulares". O autor a absorvera em comum com Monteiro Lobato, do sociólogo positivista evolucionista argentino José Ingenieros. E nos artigos em que propõe a sua aplicação ao Brasil, destacando as suas quatro propostas principais — denegação de pagamento de juros de apólices, confisco dos bens das ordens religiosas, extinção do direito de testar e estabelecimento do divórcio — além do cientista social platino, busca referências em quatro autores clássicos do liberalismo: Fénelon, Condorcet, Spencer e nada mais nada menos que nas *Mélanges d'économie politique* de Frederic Bastiat, espécie de manual de cabeceira dos conselheiros da República.[100]

Essa seleção de autores inclusive faz lembrar que a única caracterização política que o autor chegou a admitir para si era a referente ao seu "temperamento liberal", ou ajuizando a partir da fórmula "um liberal como eu".[101] Contudo, o seu projeto de reformas, juntamente com o "governo enérgico" incumbido de conduzi-las a termo, demonstrava que aquela classificação não deveria ser entendida num sentido rigoroso. Na realidade, o autor se identificaria mais nitidamente com a linhagem do liberalismo reformista de cunho marcadamente social, que se constituíra na conjuntura do fim do século europeu, sob as pressões associadas das práticas neomercantilistas e da Grande Depressão. Sua versão mais bem-acabada seria o humanitarismo pacifista da Escola de Londres. Não é estranho, portanto, deparar-se nas páginas do autor com trechos que rivalizam com as mais cristalinas elaborações de Courtney, Hobson, Brailsford, Hobhouse e Spencer, identificando a concórdia internacional com os termos da divisão internacional do trabalho. É o que ocorre de forma exemplar neste trecho:

Porque o fim da Civilização não é a guerra, é a paz, é a concórdia entre os homens de diferentes raças e de diferentes partes do planeta; é o aproveitamento das aptidões de cada raça ou de cada povo para o fim último do bem-estar de todos os homens.[102]

A essa substância básica Lima Barreto acrescentaria ainda o fermento da teoria social reformista francesa, particularmente haurida de Lamnnais e Anatole France, representantes de correntes muito distintas entre si, o anarquismo pacifista do príncipe Kropotkin, além da inspiração ética e mística do humanismo russo de fins do século XIX. Nem mesmo faltava ao escritor o fundo cristão que animava esse último movimento e a primeira corrente francesa citada.[103] Esse conjunto doutrinário, bastante heterogêneo e difuso, concretizava-lhe o anseio de autonomia intelectual, evitando sobretudo uma visão fragmentada e dividida da sociedade que tanto ele temia. No interior desse quadro doutrinário compósito era possível estabelecer uma visão policlassista da ordem social e transformá-la numa força de coesão. Excluídos os grandes potentados e os plutocratas, era principalmente nas camadas médias e baixas da população que o escritor fixava o seu padrão de identificação e definia as suas simpatias. É o que sugere a narração de Augusto Machado:

> Aqueles homens, pacientes e tardos, que eu via naquele ambiente de vila eram o esteio, a base, a grossa pedra alicerçal da sociedade... Operários e pequeno-burgueses, eram eles que formavam a trama da nossa vida social, trama imortal, depósito sagrado, fonte de onde saem e sairão os grandes exemplares da Pátria [...].

Nesse meio social amplo, eram as virtudes sobretudo e as disposições morais que distinguiam os homens. Assim, a única divisão social que o autor admite repousa sobre um fundo ético, separando os responsáveis pelas falcatruas da República de "todos nós que não enriquecemos de uma hora para a outra".[104]

O seu modelo de governante deveria, pois, reunir essas características, lisura moral, desprezo pela impostura, indiferença pelas hierarquias sociais espúrias e máximo apreço pelo talento legítimo. O imperador don Sajon, do conto "O falso dom Henrique v", se adapta com perfeição a esse modelo.

> Tinha no seu coração que a sua gente pobre fosse o menos pobre possível; que no seu império não houvesse fome; que os nobres e príncipes não esmagassem nem espoliassem os camponeses. Espalhou escolas e academias, e, aos que se distinguiam nas letras ou nas ciências, dava as maiores funções do estado, sem curar-lhes da origem. Os nobres fidalgos e mesmo os burgueses enriquecidos do pé para a mão murmuravam muito sobre a rotina do imperante e o seu viver modesto.[105]

Destaca-se neste texto o papel excepcional reservado às autênticas capacidades intelectuais no seio da sociedade e no organismo do Estado. De fato, o autor demonstrava uma reverência singular pelas aptidões do espírito. "A humanidade vive da inteligência, pela inteligência e para a inteligência [...]."[106] Assim sendo, da consonância entre o talento genuíno, a probidade moral e o senso prático e utilitário é que deveriam despontar as lideranças capazes de recuperar a vitalidade do país e recolocá-lo na senda do seu destino.

> O dever, portanto, de todos nós é colaborar, na medida de nossas forças, para que fiquem explicados o mais claramente possível os mistérios da nossa vida social, a fim de tirar das mãos de feiticeiros e charlatães e do seu séquito de piratas especuladores de toda a sorte a direção das nossas sociedades, para entregá-la aos que

estudaram e meditaram sobre aquilo que, de positivo e verificado, os sábios desvendaram relativamente à sua existência e ao seu progresso, aconselhando tais e quais medidas práticas, destinadas a organizá-la da forma mais perfeita possível com a qual se obtenha a mais completa felicidade para as duas partes.[107]

E se as oligarquias bloqueavam essa evolução, era preciso forjar um caminho alternativo.

Compreende-se então a sua opção por uma literatura utilitária e de forte cunho crítico: "Quero modificar a opinião dos meus concidadãos", o seu objetivo fraternitário; "soldar, ligar a Humanidade, estabelecer a comunhão entre os homens de todas as raças e de todas as classes".[108] Não há mais validade na arte de Machado de Assis: "Brás Cubas não transmitiu a nenhuma criatura o legado da nossa miséria; eu, porém, a transmitiria de bom grado"; e nem na de Coelho Neto: "Esse Neto de pacotilha que tem medo de dizer as suas amarguras contra a sociedade que nos esmaga".[109] Só a restauração da solidariedade humana em proporções crescentes e universais confere dignidade à ação social nos dias que correm, e a literatura é o seu veículo por excelência. Eis aí a chave de toda a sua coerência de linguagem simples, literatura utilitária e conteúdo humanitário.

> Não devemos deixar de pregar, seja como for, o ideal da fraternidade e justiça entre os homens e um sincero entendimento entre eles. E o destino da literatura é tornar sensível, assimilável, vulgar, esse grande ideal de poucos a todos, para que ele cumpra ainda uma vez a sua missão quase divina.[110]

Dessa visão integrada da realidade transmitida pela sua obra, acrescentada das informações biográficas de que estão forradas as suas páginas, podemos inferir sem grandes dificuldades a perspectiva social assumida por Lima Barreto. Há em suas notações pessoais a revelação e um orgulho declarado pela forma como seu pai, e posteriormente ele próprio, conquistaram uma situação de algum relevo social em contraste com o passado servil de seus ancestrais.[111] A ele estava reservado o destino de alcançar a consagração definitiva nesse impulso pela distinção, graças à obtenção do grau acadêmico e do título superior, exigência de que o pai não abriria mão até o momento da sua morte.[112] As dificuldades começaram a se sobrepor a esse projeto familiar, porém, desde a Proclamação da República. Principia aí o desfile dos seus infortúnios. O pai perde o emprego na Imprensa Oficial e pouco depois enlouquece, causando o que o autor denominaria muitas vezes a sua "tragédia doméstica" ou "vergonha doméstica".

O processo geral de intensificação das atividades econômicas do Rio em escala inédita, desde o Encilhamento, acarretou uma enorme elevação do custo de vida e engendrou um fenômeno de verdadeira proletarização coletiva, que atingiu praticamente todos os grupos que não contavam com a proteção e o apoio dos clãs políticos.[113] O longo e injustificado retardamento na concessão da pensão de seu pai o colocou precocemente como o arrimo da família, forçando-o a abandonar o Instituto Politécnico e a pleitear um medíocre posto de amanuense na Secretaria da Guerra. Desde então a sua vida passa a representar um esforço desesperado para resistir a um processo de degradação progressiva da sua condição social, acompanhando suas dificuldades econômicas e uma inflação crescente, que forrava os morros do Rio de barracos e as ruas de indigentes.

Os seus livros trazem estampados os momentos dramáticos desse processo de degradação. A angústia de que uma "catástrofe" inesperada o lançasse, e à família, na rua e na mais profunda miséria e aviltamento, o levou à bebida. A pobreza de recursos o obrigou então a passar "da cerveja à parati". Somado a isso o pavor onipresente de que sua irmã se pervertesse ou que sua família se nivelasse às outras "de educação, instrução e inteligência inferior", contribuíram para levá-lo aos excessos da dipsomania, aos delírios e ao hospício.[114] Aí o aviltamento chegou ao mais "absoluto aniquilamento". Desde a detenção pela polícia ao transporte no carro de ferro às vistas dos curiosos, à triagem e o banho coletivo no Pavilhão, e ao internamento como indigente na ala Pinel. O auge dessa situação dramática ocorre quando o escritor é designado para varrer o jardim da enfermaria, em trajes de interno, sob o olhar dos transeuntes, e sente-se então "cair, cair tão baixo, que quase me pus a chorar que nem uma criança".[115]

Durante todo esse mergulho vertiginoso na sombra da miséria, da insegurança, da abominação social, Lima Barreto deixou seus colegas de boêmia e academia pelos companheiros de bar ou de desfortuna. Pôde encarar a ciência não como cientista, mas como paciente. Ver o centro da cidade embelezar-se durante suas idas e vindas para o subúrbio. Encarou o crescimento da concorrência da perspectiva do derrotado. Percebeu a vitória do arrivismo como quem perde uma situação duramente alcançada. Assistiu ao crescimento do preconceito social e racial como um discriminado. Sentiu a repressão e o isolamento dos insociáveis como vítima.[116] Nasce dessa situação geral a inspiração da sua doutrina humanitária de construção de uma solidariedade autêntica entre os homens, que pusesse fim a toda forma de discriminação, competição e conflito, e a todos reconhecesse a dignidade mínima "do sofrimento e da imensa dor de serem humanos".[117]

# VI. Confronto categórico: a literatura como missão

*Habitação coletiva no Morro do Castelo, 31/8/1920.*

*A atividade científica e artística no verdadeiro sentido da palavra só é fecunda quando não se reconhecem quaisquer direitos, mas apenas deveres. É porque ela é assim, porque é da sua natureza ser assim, que o gênero humano estima em um preço tão alto essa atividade. Se, com efeito, alguns homens são chamados para servir aos outros por meio do trabalho espiritual, eles irão contemplar esse trabalho como um dever, e o cumprirão apesar das dificuldades, das privações, dos sacrifícios.*

Tolstói, "O destino da ciência e da arte"

## 1. DISPARIDADE ELEMENTAR

Um cotejamento conclusivo das análises precedentes suscita uma série de conclusões capazes de ir além das fronteiras das próprias obras, fixando um novo espaço inscrito pelas sobredeterminações entre os dois conjuntos de textos. Destaca-se em primeiro lugar a notável oposição estrutural, concentrada em seus procedimentos de linguagem, que opõe as literaturas de Euclides da Cunha e Lima Barreto. Fica igualmente acentuado o empenho despendido pelos autores no sentido da assimilação e participação nos processos históricos em curso. Situação essa que reveste suas produções intelectuais de uma dupla perspectiva documental: como registro judicioso de uma época e como projetos sociais alternativos para a sua transformação. Ambas procurando condensar toda a substância social e cultural, captada pela experiência de vida dos autores, por meio de sua forma particular de inserção nas mudanças que acompanharam os primeiros anos do regime republicano.

Como compreender as raízes dessa inversão diametral de referências que orienta as obras sob estudo? Comecemos por expor sistematicamente elementos antitéticos fundamentais de ambas as posturas, permitindo dessa forma que a sua própria acumulação sugira o sentido de que se encontram intimamente carregadas. De início, conforme foi visto, temos uma posição adversa quanto aos conteúdos temáticos de profunda significação histórica e cultural para o período (ciência, raça, civilização, atuação do barão do Rio Branco, República, Inglaterra, Estados Unidos, São Paulo, imigrantes, cultura popular). Por trás desses temas particulares, há um fundo mais amplo e essencial sobre o qual repousa a antítese desses dois autores. Ambos mantêm posições díspares com relação ao problema da liberdade humana e ao determinismo das forças naturais. Para Euclides, crente incondicional das leis imponderáveis de que falava a ciência de sua época, há "uma grande lógica inconsciente das coisas" que acaba por determinar, a médio ou a longo prazo, o próprio curso da história humana.[1] É dessa forma, como um movimento inexorável da natureza, que ele explica, por exemplo, o imperialismo europeu.[2] Já para Lima Barreto, não só não há nenhum tipo de ordem intrínseca na natureza, como a própria ciência natural é uma criação arbitrária do homem, visando fins precisos.[3]

São posições filosóficas simetricamente inversas. Enquanto Euclides se revela materialista, determinista e animista convicto, Lima Barreto inclina-se para a vertente idealista, relativista e voluntarista. Essa divergência filosófica essencial, como não poderia deixar de ser, dá origem a linhagens estéticas diametralmente opostas por parte dos dois autores. Embora partam de um solo comum buscado na vanguarda literária de sua época, a estética de Eça de Queirós,[4] cada um faz dela um uso próprio e cabalmente inverso ao do outro. Ambos se atêm ao pressuposto de Eça, sorvido ao naturalismo francês, de captar um máximo de realidade e compô-lo com um mínimo de ficção. Euclides o confessa literalmente.[5] Em Lima Barreto esse empenho fica claro pela sua tônica obstinadamente confessional.[6] Euclides levaria esse princípio ao extremo de abdicar de toda ficção que envolvesse a imaginação de enredos literários tradicionais. Os embates entre as potências naturais e sociais monopolizavam as suas páginas. Já Lima Barreto exageraria o postulado de Eça no sentido inverso. Sua ficção faz-se essencialmente de caricaturas e ironias. Se para o primeiro a realidade só era capaz de falar sem a ficção, para o segundo ela só poderia falar através da ficção, ficção crítica e caricatural, bem entendido.

Pode-se encontrar ainda, no interior desse contraste estético elementar, outros matizes mais sutis de confrontação. Euclides, entusiasta confesso dos autores e da literatura grega antiga,[7] recriava em suas obras algo da situação da tragédia clássica, em que o dilema representava a submissão do herói ao predomínio da determinante máxima do universo mítico: o destino. Também para ele a humanidade vive o dilema representado pelo choque entre o homem e o determinante máximo do mundo natural, que são as leis histórico-cosmológicas. Assim, pois, como os seus personagens configuram epítomes de forças sociais e naturais, igualmente os heróis trágicos eram subsumidos pelas divindades e os enredos passavam a retratar dramas cosmológicos em que se envolviam as próprias potências da natureza, representadas pelos deuses e incorporadas por seu intermédio aos personagens.[8] Há, contudo, uma diferença crucial entre a sua literatura e a arcaica: nesta última, as potestades cósmicas eram imponderáveis e incognoscíveis; nas suas páginas, elas podem continuar com feições inexoráveis, mas o seu ímpeto, curso e sentido são conhecidos pelo olhar ajuizado da ciência.

No caso de Lima Barreto, as forças sociais exercem um papel igualmente preponderante na moldagem dos seus personagens e no desencadear de sua ação. Identificado com referências mais recentes, sua inspiração nesse aspecto procedia de Zola, de Eça, mas sobretudo de George Eliot.[9] A essa ordem de fatores, contudo, o autor somava outras igualmente relevantes para a constituição da sua trama ficcional. Assim ocorria com os impulsos inconscientes, que sempre inquietaram esse autor seduzido pelo enigma da loucura e para os quais revelava uma notável sensibilidade. Sua informação científica sobre o assunto era nula, se descontarmos as generalizações de Maudsley, mas o autor as compensava com uma interpretação muito aguda do papel do subconsciente no comportamento dos personagens de Dostoiévski.[10] Paralelo aos impulsos interiores, havia ainda o enlevo místico que instigava em seus personagens os arroubos altruísticos, o anseio fraternitário e a firmeza ética. Nesse caso, os modelos mais sugestivos foram buscados nos autores russos da segunda metade do século XIX e provavelmente nos textos de Lamnnais e seus divulgadores.

Equiparando as duas estratégias de composição, verifica-se que, enquanto na obra de Euclides as energias sociais e naturais se acham controladas pela consciência via conhecimento, em Lima Barreto essas mesmas forças tendiam a prevalecer sobre o espírito, facultando apenas um campo restrito para a ação consciente. Para o autor de *Os sertões* ficaria sempre aberta uma fresta para a atuação do livre-arbítrio humano se os homens soubessem caminhar de acordo com as regularidades do universo. Esse é o ponto em que a sua concepção determinista finda e se inicia a sua crença na possibilidade e necessidade da ação e reação humana. A perspectiva barretiana infletia por um caminho completamente diverso. O próprio estado de liberdade seria mais uma intuição e um desígnio do espírito, que se manifestaria nos interstícios de um jogo caótico de forças internas e externas ao homem, do conjunto das quais ele mal possuiria uma inteligência incompleta. Assim, se para Euclides a ação livre do ser humano era um dado objetivo, um efeito causal, para Lima ela era um elemento volitivo, o resultado de uma opção ética.

Por fim, a última instância, porém a mais significativa, da oposição formal entre as obras, refere-se às diferentes práticas de linguagem. Assim como todo o universo intelectual euclidiano é plasmado numa linguagem extremamente apurada e versado em estilo elevado, o de Lima Barreto aparece numa linguagem despojada e assinalada pela mais completa mistura de estilos. Como decorrência dessas práticas desiguais, temos uma outra antinomia. Todo elemento incorporado à literatura de Euclides da Cunha é erguido à condição de peça indispensável para a articulação e o funcionamento do conjunto das forças histórico-naturais. E mais do que isso, a sua própria linguagem, fundada no saber e apresentada como um desdobramento do saber, procura concorrer para garantir o equilíbrio e o livre curso dessas forças, denunciando os entraves que se lhe opõem, fornecendo indicações práticas que permitam suavizar-lhe o fluxo. Sua linguagem, aliás, sonora, rigorosa e concreta, é um sucedâneo dessas mesmas forças e o seu estilo revela a dimensão da sua grandeza.

A linguagem de Lima Barreto, por outro lado, com suas oscilações contínuas, tanto fazia descer as situações de grandeza ao cotidiano e ao banal, quanto elevava o povo promíscuo das cidades e a população rústica dos tabaréus às eminências da máxima dignidade. Desse modo, firmado o conjunto de valores éticos a que o autor conferia plena legitimidade, ele os anunciava presentes nas situações mais insólitas ou latentes nos personagens que lhes fossem aparentemente mais aversos. Como efeito reverso, os episódios exemplares engendrados pelos enredos e o comportamento heroico dos personagens ratificavam a excelência dos seus valores éticos de eleição, consagrando-os como critérios justos e eficientes para orientar a mudança e a reordenação da realidade. Sua linguagem operava, pois, como uma projeção ininterrupta desses valores, em condições de vazá-los por todas as camadas da sociedade e do real, de forma a confirmar-se mediante a seleção dos elementos que lhes dessem ressonância e lhes comprovassem a superioridade.

\* \* \*

A caracterização dessas áreas de tensão formal entre as obras aponta evidentemente para mais longe. Um grau tão elevado de indisposição, um divórcio tão pronunciado entre duas formas altamente articuladas de encarar e compreender o mundo, que são ainda coetâneas e contíguas, é mais do que notável e sugere que à fissura estética profunda corresponda uma clivagem histórica e social de idênticas proporções. E para que se possa atingir esse plano mais abrangente e decisivo, torna-se necessário retomar as análises de conteúdo das obras e o estudo das formas de inserção social dos autores. Recupera-se dessa maneira os pressupostos que animam seus escritos, e, pela situação do cotejamento das obras, novas indicações e temas aparecem, multiplicando as linhas de análise e propiciando um vislumbre mais completo dos textos e da realidade que lhes é imediatamente subjacente.

Nesta nova gama de conteúdos temáticos revelados pela comparação em profundidade das duas séries de escritos, os motivos aparecem dispostos na forma de pares antônimos ou antagônicos, evidenciando a antítese radical presente nas posições dos autores. Surgem assim as seguintes dicotomias: índio/negro, interior/litoral, terra/mar, São Paulo/Rio-Bahia, imigrantes/nativos, Pacífico/Atlântico, futuro/passado, evolução/tradição, grande/pequena propriedade, racionalidade/irracionalidade. Esse conjunto último de confrontos temáticos é que permite entrever com maior clareza as definições pessoais mais peculiares e circunscritas a situações históricas específicas, que envolviam os dois escritores. É em torno deles, mais precisamente, que se observa com maior transparência a interseção entre o processo social e o processo criativo, de forma tão reversiva e imbricada que as características de um se reproduzem nas do outro, os enquadramentos internos do primeiro reaparecem simbolizados no segundo.

Vimos já como Euclides se declara um amante embevecido da terra. Lima Barreto, por sua vez, era seduzido pela contemplação obsessiva do mar. A atitude típica do engenheiro era o olhar voltado para o interior do país, pervagando pela planura dos sertões ou pelas chapadas suaves dos seus planaltos. O amanuense tinha a vista dirigida para a costa recortada do litoral, observando enlevado desde a paisagem da orla até as ilhas distantes na linha do horizonte. Ambos tinham a paixão do espaço ilimitado, que a vista não pode abranger de um relance e que transmite uma sensação de pequenez e submissão ao observador. Só essa atitude típica de cada um era já uma metáfora capaz de significar com notável agudeza as suas perspectivas estéticas e filosóficas. Mas há o curioso contraste entre o mar e a terra, o litoral e o interior. Euclides, conquanto sempre mantivesse a referência do litoral, dedicou praticamente toda sua obra ao estudo das vastidões interiores do país. Lima Barreto, contrariamente, não perdendo jamais a dimensão rural e sertaneja, centrou-se na análise do litoral e da cidade.

O autor de *Os sertões*, nessa sua obra máxima, ao procurar caracterizar o sertanejo como tipo étnico-social diferenciado, despende um esforço enorme para demonstrar as formações desiguais das populações nordestinas.

> Deste modo [explica o escritor] se estabeleceu distinção perfeita entre os cruzamentos realizados no sertão e no litoral. Com efeito, admitido em ambos como denominador comum o elemento branco, o *mulato* erige-se como resultado principal do último e o *curiboca* do primeiro.[11]

E que curibocas são esses? Trata-se de "uma raça de curibocas quase sem mescla de sangue africano", em que prevalecia a "dosagem preponderante do sangue tapuia".[12] Gente, aliás, que pelo "caminho" do São Francisco se fundiria e preservaria a civilização mameluca dos bandeirantes paulistas. Esse escritor, portanto, que considerava a si próprio, com orgulho, como uma "mistura de celta, tapuia e grego", concentraria a sua atenção sobre o universo de raiz indígena genuína, circunscrito no interior do triângulo territorial formado pelos sertões nordestino e amazonense, tendo São Paulo como vértice. Nele prepondera um tipo de mestiço altamente adaptado às condições do país e que por isso, apenas e circunstancialmente, "é um retrógrado e não um degenerado", como os "mestiços histéricos" do litoral, segundo o modelo de Foville. Redimidos de seu anacronismo secular, eles se destinariam à própria conquista étnico-social do país, dadas as suas condições superiores de ajustamento ao meio.[13]

Para Lima Barreto, esse mesmo papel, e por essas mesmas razões, estava reservado para os mulatos do litoral. Eram eles que estavam destinados a imporem-se como o padrão de homogeneidade étnica do país, em virtude de sua perfeita adaptabilidade ao meio nacional. É Augusto Machado quem o afirma convictamente:

E assim, fui sentindo com orgulho que as condições do meu nascimento e o movimento de minha vida se harmonizavam — umas supunham o outro que se continha nelas; e também foi com orgulho que verifiquei nada ter perdido das aquisições de meus avós, desde que se desprenderam de Portugal e da África. Era já o esboço do que havia de ser, de hoje a anos, o homem criação deste lugar. Por isso, já me apoio nas coisas que me cercam, familiarmente, e a paisagem que me rodeia, não me é mais inédita: conta-me a história comum da cidade e a longa elegia das dores que ela presenciou nos segmentos de vida que precederam e deram origem à minha.[14]

De resto, sempre que se referia aos indígenas e à sua civilização, o escritor insistia em frisar a sua condição de selvagens, brutais e canibais, denotando dessa forma uma manifesta má vontade para com essa fração da sociedade brasileira e para quem se dispusesse a cultivá-la com demasiado zelo.[15]

A esse propósito, inclusive, era notável o conflito que indispunha os dois autores a respeito da atuação do marechal Cândido Rondon no extremo noroeste do Mato Grosso, assegurando a proteção oficial das tribos indígenas da região contra as investidas genocidas dos caucheiros e seringueiros. Euclides exaltava entusiasmado o desempenho do seu ex-colega de turma da Escola da Praia Vermelha.[16] Já Lima Barreto detratava a obra de Rondon, sugerindo que se poderia dar melhor destino às suas verbas.[17] Dentro desse mesmo espírito, era fácil entender por que na concepção euclidiana São Paulo, a sede da civilização mameluca dos bandeirantes, era não só o foco da história do país desde os tempos coloniais, como ainda a fonte de todas as suas melhores expectativas para o futuro. Para o autor do *Gonzaga de Sá*, a realidade era bem outra. A Bahia, as cidades do litoral, bem entendido, é que constituíam o próprio "epítome do Brasil".[18] O

Rio de Janeiro, paralelamente, fornecia o modelo da sociedade mestiça do futuro.

Dentre essa sequência de temas antitéticos, assumia especial relevo aquele que se referia ao papel da imigração e dos imigrantes no contexto da nova realidade republicana. Euclides a considerava como um processo imprescindível para acelerar o compasso retardado da evolução da sociedade brasileira e para revesti-la dos padrões éticos, técnicos e culturais, tidos por superiores, dos povos europeus. É o que indicava a sua imagem da mão do imigrante europeu como guia da sociedade nacional no rumo do futuro. Mantidas as reservas de que fosse conduzida metodicamente, a fim de não sufocar o elemento nacional em situação mais frágil, a imigração era não só bem-vinda, era indispensável. Para Lima Barreto ela era a catástrofe. Catástrofe para os nacionais, que se viam alijados das pouquíssimas oportunidades de emprego que a estreiteza da economia brasileira ainda proporcionava e catástrofe para os próprios imigrantes, arrojados aos magotes num mercado limitado, que mal poderia absorver uma fração deles sob condições draconianas de contrato.

Para um a imigração era a salvação do país, para o outro, a sua perdição. Essa contradição se explica em grande parte pela diferença de perspectiva temporal entre os dois escritores. Euclides concentrava as suas referências temporais no futuro. Um futuro entendido como evolução linear, gradual e contínua, na direção do industrialismo, da sociedade universal, pacífica e justa. A vanguarda que trilharia esse percurso arrastando atrás de si as demais nações seria composta pelos povos europeus, particularmente os anglo-saxônicos. A perspectiva barretiana era inversa, seu trajeto era de retorno. Sua referência temporal estava não no futuro, mas no passado, não na evolução, mas na tradição. Não quer isso dizer que o autor alimentasse a ilusão do recuo no tempo. Apenas que, para ele, *progredir* significava reatar com valores morais e comportamentos sociais típicos de um passado recente, que não deveriam jamais ter sido abandonados, o que acarretou a dissolução e a decadência social. O egoísmo e a concorrência se sobrepuseram à solidariedade, o individualismo frenético dissipou os laços comunitários, o cosmopolitismo arruinou a convivência multiétnica. E não era estranho para o autor o quanto esses fatores coincidiam com a intensificação da influência europeia sobre o Brasil.

Dentro dos padrões do progresso europeu, Euclides acreditava ainda na necessidade da grande empresa, uma vez que a natureza mesma da civilização industrial repousava sobre projetos de grande envergadura. Para compensar seus efeitos sociais possivelmente nefastos, o autor preconizava uma ampla e rigorosa legislação trabalhista e assistencial. O grande empresário, contudo, era uma figura essencial, e basta lembrar seu apelo para o surgimento de um grande *railroad man* no estilo norte-americano, capaz de encabeçar o seu projeto de uma cruzada ferroviária. Ao governo caberiam somente as obras menores de infraestrutura básica, que não atraíssem a iniciativa privada, como as drenagens, arroteamentos e pequenos açudes para o combate às secas. Para Lima Barreto, justamente o grande empresário representava a maior ameaça que pairava sobre a sociedade. Quer fosse ele o latifundiário absenteísta e ocioso, ou o açambarcador, o especulador, o proprietário das "falsas indústrias" que viviam dos subsídios federais, ou ainda o grande cafeicultor que fraudava as leis de mercado mediante os estoques financiados, lesando ao mesmo tempo toda a nação. O autor nutria de fato um notório desprezo por todas as formas abstratas de propriedade, como as ações, títulos de renda, títulos de dívida pública etc.[19] Ele chegou a propor inclusive um modelo de reforma agrária, dividindo os latifúndios improdutivos em pequenas propriedades com a condição do seu cultivo.[20] Vê-se por aí somente que, segundo seu entendimento, ao Estado caberia um papel ao menos organizacionalmente mais ativo. Para Euclides, a tibieza da ação governamental no presente seria a condição do sólido governo social do futuro. Para Lima, o governo forte do presente criaria a possibilidade da sua dispersão no futuro.

Em termos simbólicos, todo esse conjunto de antinomias pode ser condensado nas simpatias opostas que os dois intelectuais manifestavam, um pelo oceano Pacífico e o outro pelo Atlântico. Nas páginas de Euclides o Pacífico aparece como o espaço do futuro, o palco privilegiado do industrialismo e o campo final da luta entre as etnias mais poderosas. O Pacífico consagraria o ápice da evolução, que se iniciou no Oriente e agora culminaria novamente às suas portas depois de um longo e milenar percurso, fechando todo um ciclo da história humana. Lima Barreto faz convergir para o Atlântico toda a carga emocional de seus textos, porque ele é a evocação do passado primordial, da imigração lusa e negra que fundou o país e traçou-lhe as peculiaridades. Ele é o elo de ligação entre o Brasil, a África e a Europa. Para que se chegue ao Pacífico é preciso que se conquiste e domine todo o sertão interior, cruzando o continente inteiro através da trama ferroviária. O Pacífico é o mais além do sertão. O Atlântico é o litoral do Brasil, é o Rio de Janeiro e é São Salvador. Ele não convida à conquista, antes sugere a contemplação e a quietude.

Observa-se portanto que ambas as séries de textos congregam em si, na matéria verbal de que são compostos, duas possibilidades históricas alternativas não realizadas, as quais se conservaram como que paralisadas nos discursos a que deram origem, como testemunho inerte dos projetos de grupos sociais concorrentes, subjugados ambos, porém, no devir das transformações da primeira fase republicana. Não se fixara ainda o padrão burguês e liberal mais efetivo, que só mais tarde se definiria integralmente, com o predomínio da economia industrial e o desenvolvimento do proletariado. O próprio eixo de forças que preponderava sobre as instituições representava uma aliança entre grupos arrivistas e sólidas bases conservadoras, nessa República dos Conselheiros, em torno de uma camada ambígua como era a dos fazendeiros de café. A época era ainda de indefinição e transição, não sendo pois de surpreender o confronto de energias tão dispersas e voltadas para referências temporais completamente antagônicas.

Tratava-se antes de mais nada de alcançar um objetivo comum, para o qual todas as forças convergiam: a constituição do Estado-nação moderno no país. Entretanto, uma vez definido esse propósito coletivo, começavam as dissensões. Onde localizar o seu corpo material e social, a sua enfibratura, aquela que pela sua própria natureza lhe definiria as características gerais e as feições mais regulares? O momento impunha opções decisivas que marcariam de forma indelével a sociedade florescente, transmitindo-se com todas as suas consequências ainda para as gerações futuras. Que rumo dar às decisões políticas? O do imigrante europeu ou do elemento nacional; o do cosmopolitismo progressista ou o da preservação de uma raiz tradicional de elementos da cultura nativa; o completo abandono às diretrizes do mercado internacional ou o semi-isolamento capaz de promover a formação e consolidação de um amplo mercado interno; a concentração dos esforços sociais e dos investimentos no litoral ou no interior, nas cidades ou no campo; na agricultura ou na indústria; na monocultura ou na policultura; na pequena ou na grande propriedade? Centenas de alternativas se colocavam diante do novo regime votado à reformulação e reordenação da sociedade, cada uma das quais encampada por estratos diferenciados e conflitantes.

A oscilação entre o imigrante e o elemento nativo é bastante significativa dessas tensões e se situa no cerne mesmo dos textos estudados. A abolição da escravatura liberara um enorme contingente humano errante e instável, econômica e socialmente marginalizado, que em grande parte iria se aglomerar nos subúrbios das grandes capitais, pouco mais que vegetando sob lastimáveis condições de vida e residência. Por outro lado, a preservação dos padrões coloniais no interior do país ao longo de todo o período imperial, e agora do republicano, só faria multiplicar a massa da população rural paupérrima e movediça, graças aos latifúndios improdutivos do sertão. Arrastados a situações de desespero, seriam dizimados aos milhares pelas secas, pestilências, migrações, deportações oficiais e a repressão aos movimentos messiânicos. E para o meio desse universo aflitivo de vadios compulsórios são arrastadas ainda levas intermináveis de imigrantes estrangeiros, agravando mais a penúria geral, a concorrência e insuflando a hostilidade entre os diferentes grupos.

O visconde de Taunay, líder conservador sempre alerta para os riscos iminentes de tal exacerbação das tensões sociais, apontava como responsáveis em grande parte por essa situação as sociedades particulares interessadas na atividade extremamente lucrativa do fomento à imigração.[21] Como um sucedâneo moderno do tráfico de escravos, a imigração seria a fonte de lucros extraordinários, gerando interesses capazes de assegurar a continuidade sem restrições da sua prática junto aos órgãos públicos federais, conquistando a sua anuência e eventual colaboração. De resto, o grande aumento da oferta de trabalho, tanto nas cidades quanto nos campos, convinha a proprietários sequiosos de rebaixar os custos salariais. Egressos da escravidão, populações sertanejas, imigrantes que controle tinham sobre o seu próprio destino, decidido nas coxias do Congresso da República? De qualquer modo, por ironia, junto com o seu estava sendo decidido o destino do país, e postos como grupos concorrentes teriam respectivamente em Lima Barreto, Euclides da Cunha e nos conselheiros os seus mais decididos defensores.

Como é notório, as condições históricas confluíram para o pleno sucesso dos últimos no plano da realidade fatual, restando aos dois escritores uma limitada vitória no campo simbólico. Cada um deles, confiando nos seus valores de eleição e de situação, procurou construir, pela linguagem e por intermédio da literatura, um processo acabado de integração e fusão nacional, que excluía deliberadamente os elementos opostos a esses seus valores. Suas obras exprimem projetos de construção e condução do Estado-nação republicano obstados e rejeitados pelas oligarquias situacionistas, mas rigorosamente inferidos das condições históricas mais significativas do período. Um último percurso, cotejando os textos e enquadramentos sociais dos autores, permitiria agora aprofundar essa perspectiva, iluminando os confrontos mais decisivos que os opunham.

\* \* \*

Sumariando o essencial dedutível da obra de Euclides da Cunha, conforme a análise a que procedemos no capítulo IV, podemos formar o seguinte quadro. Somente o progresso — entendido como o processo de capitalização continuada e elevação do padrão material e moral de vida — pode garantir o desenvolvimento ulterior de todas as potencialidades físicas e espirituais da espécie, consagrando os seus altos ideais, o saber, a verdade e a justiça. Para que esse mesmo progresso não se transforme num processo convulsivo e opressor, que destrua os valores herdados do passado e se atire num futuro totalmente imprevisível e obscuro, é necessária a atuação de um regime de cientistas e técnicos, capazes de estabelecer as leis inflexíveis da evolução e de "prever para prover". Há, portanto, na atitude intelectual desse autor um compromisso tacitamente assumido com o processo de intensificação das trocas mercantis ("a fórmula soberana da divisão do trabalho") e de sofisticação técnica no interior da sociedade, efeitos sem os quais a elite que ele representava não contaria com as condições mínimas necessárias sequer para a sua existência.[22]

Já Lima Barreto encarnava uma situação social bastante diversa. Filiado a uma condição condigna nos últimos anos da velha sociedade imperial, o autor vira seu mundo de referências ser tumultuosamente destruído e sua situação na sociedade atingir o ponto extremo da degradação. O elemento mediador entre uma situação e outra fora justamente o processo de mercantilização e seus corolários de transformação social, política e cultural. Nada a admirar, portanto, que seja exatamente contra esse processo de mudança e de hipertrofia do poder e das relações econômicas que o autor se volte, destilando sobre ele todo o fel da sua profunda amargura. É muito compreensível também que seja nos grupos populares, que padecem com esse novo matiz, amplo e particularmente cruel de opressão, que o escritor busque as formas de sentir em que ele verá as manifestações do sublime e os exemplos de dignidade. Daí sua concepção essencialmente ética de que somente com um governo que reunisse as qualidades morais e intelectuais representadas pela competência espiritual, mas sobretudo pela sensibilidade às virtudes humanas fundamentais, se poderia estabelecer o primado da solidariedade e da justiça entre os homens.[23]

Vemos em ambos os autores, portanto, elementos procedentes de grupos politicamente marginalizados e que careciam e lutavam por uma situação de real democratização, para poder dispor da plenitude das suas energias, até então reprimidas e embotadas. Os dois representavam elites intelectuais potencialmente alternativas, que se empenhavam diligentemente em construir as condições objetivas capazes de propiciar o seu afloramento de modo a desdobrar em atos o seu projeto social. A marginalização que os clãs oligárquicos lhes impuseram desde o início só contribuiu para reforçar as suas posturas. Euclides, vendo a desmoralização e depois o fechamento da Escola da Praia Vermelha, tenta conseguir uma posição decisória atuando ao lado do barão do Rio Branco e de seu círculo eminente, procurando simultaneamente penetrar no Congresso.[24] Lima Barreto, progressivamente degradado e oprimido, passa a viver a perspectiva de quem padece das decisões tomadas superiormente, restringindo a sua atuação a uma resistência inútil e solitária contra o agravamento da sua situação.[25]

Fica bastante clara, em confronto com todo esse contexto, a fixação de Euclides com a ideia do estabelecimento de condições para a preponderância no país de um sistema de racionalidade máxima, submetido ao império irredutível da ciência e às diretrizes de suas leis naturais e sociais. Em posição visceralmente oposta, nada parecia mais aflitivo e maléfico para Lima Barreto. Para esse autor, "tudo é mistério e sempre mistério". E há mais verdade em submeter-se ao imponderável do que pretender um falso domínio sobre ele. "É mais decente pôr a nossa ignorância no mistério do que querer mascará-la nas explicações que a nossa lógica comum... repele imediatamente." Baseado nesse apego doutrinário "ao espesso mistério impenetrável", o autor derruía quaisquer argumentos sedimentados na razão, na ciência ou nas leis naturais.[26] Ao contrário, todo o seu sistema convergia para a irracionalidade presente no "mistério", e consagrava como categorias fundamentais as emoções e os sentimentos. Daí seu louvor à "tristeza russa", às "trevas, miséria, dor, sofrimento e tristeza" como caminhos da verdade e do belo, ou ainda, repetindo Anatole France, que os critérios elementares do juízo são a "ironia e a piedade".[27]

Parece residir justamente aí, nessa tensão entre racionalidade e irracionalidade, a oposição mais contundente entre as duas obras. Oposição pensada como assimilação e rejeição de um sistema em que o conceito de racionalidade era traduzido por uma ciência transformada em poder não consentido, em uma concorrência truculenta e opressiva, na transfiguração dos preconceitos em conceitos, na metodização mecânica e banalizadora da vida, na proletarização de grande parte da sociedade e na segregação e isolamento da outra. Euclides, conquanto estivesse alerta para esses vícios do seu conceito-chave, acreditava que ele próprio trazia virtudes intrínsecas e que seu desdobramento ulterior faria vencer e eliminar os primeiros. Seu empenho ao lado do barão do Rio Branco e sua *entourage* era pela construção de um Estado-nação doutrinariamente autêntico no Brasil, que sobrepujasse as limitações mesquinhas que aqui se lhe antepunham e levasse às últimas consequências seu projeto humanista de racionalidade e solidariedade.[28] Lima Barreto, porém, não ocultava suas suspeitas quanto a esse desfecho. Para ele, todo projeto de mudança e reforma que se pretendesse justo e eficaz deveria partir de uma tábula rasa do passado político republicano. E essa determinação ele estava mais convicto de encontrar nos focos de tradição e irracionalidade, entorpecidos e desarticulados, mas presentes e pulsando com grande vigor latente no interior do corpo social do país.[29]

Nada mais expressivo dessa fé insubmissa do autor de *Clara dos Anjos* que o conto "O falso Henrique v".[30] Nesse texto, o romancista escreve uma série de *Os sertões* às avessas, em que um líder messiânico comanda um movimento popular que, em vez de exemplo de atavismo, representa uma reação política e moral válida contra a "República da Bruzundanga". Ao contrário de Canudos, embora como ele mais motivado pela tradição popular mística do que por qualquer ideologia coerente, o movimento do "falso Henrique v" obtém sucesso e redime o país da opressão burguesa e oligárquica. A tradição e a irracionalidade matavam assim, simbolicamente, o regime da ciência e da mercantilização, numa espécie de revanche sertaneja que o autor desejou, mas que a história não permitiu.

Essas antíteses, como seria de esperar, são reiteradas no plano especificamente formal das obras. Conforme se pode deduzir do estudo de seus procedimentos de linguagem, fica claro como ambos os autores procuravam definir públicos diversos. Euclides da Cunha parecia ter em mente o público literário tradicional, anterior à decadência do gosto e da cultura que acompanhou os processos de mudança política e social dos fins do século XIX. Persistindo fiel à antiga tradição literária, mantendo e recuperando a sua linguagem, a sua retórica, as suas imagens e mesmo ligando-a à nova produção científica, ele se voltava evidentemente para um público capaz ainda de decifrar e admirar esse código, ao mesmo tempo que se mantém informado sobre a ciência contemporânea. Lima Barreto, de sua parte, volta-se para um público novo, fruto da nova sociedade e do novo regime, gerado pela ampliação da tecnologia de impressão e de edições e pelas novas possibilidades de instrução. Um público formado e educado, basicamente, pelo novo jornalismo e completamente desprovido das chaves culturais que lhe permitissem compreender a complexidade secular da literatura tradicional.[31]

Equidistantes da literatura achatada, do chavão e da gramática purista — a "literatura de *frac*" —, ambos definem os seus caminhos. Um preso a um passado compreendido como glorioso e fecundo, capaz de redimir a mesquinhez do tempo atual. O outro comprometido com um futuro de despojamento e comunicação transparente, que elimine as distâncias que o presente aprofundou entre os homens. Como é fácil de ver, as deliberações sobre diferentes públicos trazem implícitas propostas de ação política calcadas em vetores antagônicos. Em Euclides o sentido orientador da ação pública deve partir do vértice literário e científico progressivamente em direção às bases dotadas de menor nível de instrução. Em Lima Barreto o sentido é inverso. O estímulo literário e científico deve visar o homem médio, o homem das leituras de massa, instigando-o a uma tomada de consciência que se traduzisse numa ação coletiva de pressão, capaz de determinar em última instância o curso das decisões nos planos político e administrativo.

Parece haver aí, porém, uma grave contradição funcional entre ambas as obras. Como, para Euclides, cuja referência temporal definitiva era o futuro, o público ideal deveria estar vinculado ao passado? E como, para Lima Barreto, encerrado numa nostalgia evocativa de um passado recente, o público pretendido estaria no futuro? Erro de cálculo que condenou o sucesso de ambos? Absolutamente. Há nas composições dos dois escritores noções de tempo contrárias, novamente, que explicam e solucionam essa contradição aparente. O tempo aparece nas obras de Euclides como uma sequência cronológica linear, marcada por fases evolutivas perfeitamente encadeadas.[32] Segundo sua concepção, portanto, a manutenção da cadeia evolutiva do tempo depende de um efeito cumulativo derivado da preservação e do desfrute da experiência humana do passado, com o fim de consolidar as bases do futuro. Era a regra consistente em "unir, pelo presente, o passado ao futuro", tão cara ao evolucionismo comtiano e destinada a preservar "a continuidade de esforços dos estados sociais sucedendo-se com um determinismo progressivo".[33]

Nos textos de Lima Barreto nota-se um esforço para submeter a noção de tempo a imperativos éticos. Há o tempo do bem e o do mal. O primeiro é figurado nostalgicamente no passado, o segundo define o avanço para o futuro como para graus maiores de insegurança, sofrimento, solidão e amargura. O progresso ideal, contraditoriamente, é sempre um retorno às origens, onde estão a solidariedade, a justiça e a verdade.[34] É preciso, pois, conquistar as novas forças sociais para que se voltem e recuperem a pureza do tempo perdido.

Aliás, essas mesmas noções de tempo estão engastadas nos

sentidos inversos de movimento que os autores estabelecem em suas obras, conforme foram analisadas. Ao universo dinâmico, fluido, ambulatório de Euclides, opõe-se frontalmente o mundo estático, fixo, permanente de Lima Barreto. A transformação, que é a condição de vida da obra do primeiro, é marca da degradação e da dissolução no outro. Daí a ênfase em um para o jogo, a confrontação, a combatividade e no outro para a paz, a quietude, a contemplação e a solidariedade. Assim, para Euclides, o espaço da ação é sempre o da disputa, fato que elucida o seu entusiasmo manifesto quando, parafraseando o Roosevelt do Ideal Americano, compara a "concorrência formidável" a um "vasto e estupendo *football on the green*: o jogo deve ser claro, franco, enérgico e decisivo, nada de receios, porque o triunfo é obrigatoriamente do lutador que *hits the line hard*!".[35]

Na obra de Lima Barreto, o espaço é fragmentado. A existência do espaço da luta, da concorrência, da rivalidade — esse odiado mundo da disputa e da agressividade, tão típico dos esportes violentos — impõe o surgimento de uma área de compensação, um lugar reservado para a tolerância, a fraternidade, o repouso e a quietude. É o caso do exílio voluntário do major Quaresma para o seu "sítio do Sossego", após a terrível campanha de hostilidades de que fora alvo na capital. Ou do enleio do autor com a imagem do capitão Nemo, desprezado e humilhado na terra, que se refugia solitário no seu Náutilus sob o mundo silencioso das profundezas do mar. Era mais ou menos essa mesma situação que ele procurava, de forma algo canhestra, na sua cela do Hospital Central do Exército, onde esteve em repouso e recuperação por algum tempo. O autor afirmava que naquele ambiente, que "tinha alguma coisa de monástico", "passaria toda a minha vida se não fossem os horrorosos pardais e se o horizonte que eu diviso fosse mais garrido e imponente". Ele inclusive sempre deixou patente essa sua simpatia pela vida na comunidade monacal.

De todas as instituições religiosas, uma das mais sábias é o convento. Nos antigos tempos, e um pouco no nosso, em que a vida social era baseada na luta e na violência, devia haver naturezas delicadas que quisessem fugir a tais processos, e o único meio de fugir era o convento. Era útil e consequente [...].[36]

Eis aí duas organizações mentais claramente distintas, articuladas em torno de dois projetos alternativos diversos de remodelação social. A comparação entre ambos produz um jogo completo de contrastes que vai desde a linguagem, passando pelos temas, até as noções mais abstratas de tempo, espaço e movimento. A diferença pouco mais do que ligeira nas suas situações sociais, diante de um divórcio intelectual de tal vulto, denota que é mais na forma da sua sujeição e participação no conjunto das transformações em curso que se pode encontrar a raiz de seu desencontro permanente. A rigor, a República veio sepultar os sonhos e perspectivas de ambos, sufocando-os sob uma maré de descrédito, desconsideração, abandono e indiferença. Sua literatura foi sua reação, sua resposta. Por meio dela eles refizeram e reformaram o país, derruindo a "falsa república" sob a pontaria implacável das suas críticas.

Cada qual, porém, buscou as energias de reforma e reconstrução em forças sociais diversas, inspirando-se em grupos humanos, propostas políticas, perspectivas culturais e soluções econômicas variantes que concorriam entre si, acompanhando as clivagens da sociedade. Adversários em comum dos conselheiros e dos jacobinos, discretamente equidistantes das correntes e doutrinas sociais mais radicais, resguardaram sempre os dois o primado da ação intelectual. Afora esse paralelismo, de resto, seus projetos, se realizados, teriam produzido dois resultados profundamente diferentes; eram intimamente incompatíveis. Representavam, em última instância, os dois termos extremos do conjunto de possibilidades que a enorme crise de transição denominada Primeira República trouxe ao país.

## 2. IDENTIDADE PROFUNDA

A essa altura já fica fácil avaliar o quanto o imaginário dos dois escritores era cativado pelo sistema de valores emanado da hegemonia britânica em particular e europeia em geral, sobre a ordem econômica internacional fixada durante a belle époque. O fato, seja dito, era notório entre os intelectuais mais argutos. Ele se traduz com agudeza nas palavras sempre candentes de Raul Pompéia:

> Os grandes centros censórios [...] de nosso organismo de interesses estão em Londres ou em Lisboa. Ausentes de nós portanto. Somos assim em economia política uns miserandos desvertebrados.[37]

Assim sendo, não faltava a Euclides da Cunha nem a Lima Barreto a necessária sensibilidade para perceber as enormes potencialidades inculcadas nessa situação, de resto inevitável. Os créditos europeus se desdobravam num único lance, na linguagem do liberalismo democrático, no modelo do Estado-nação e nas promessas de otimização dos fatores produtivos em função de uma elevação infinita do padrão de vida, do conhecimento e da segurança. A criação do sistema de interdependência crescente, suscitado pela internacionalização da economia, viria coroar o projeto final da solidariedade entre os povos como garantia da paz permanente e da mútua colaboração. Era essa, em linhas gerais, a matéria ideal de que se compunha o manchesterismo e que predominou praticamente incólume dentre as elites políticas até a desilusão de 1914-8.

Essa doutrina representava, pois, o próprio dialeto das elites governantes. Nada mais razoável, portanto, que aqueles dois escritores, cuja obra, conforme visto, se resumia em grande parte num debate acerbo com os potentados da Primeira República, se servissem da mesma linguagem, apenas realçando-lhe as funções ideais e ativando o seu fermento utópico. Era o bastante pôr a nu a assimilação mesquinha que esses valores encontravam no Brasil, apesar da veleidade aparatosa e verborrágica com que eram anunciados e enaltecidos. Os dois escritores cariocas, assim, usavam da linguagem oficial com mais habilidade e malícia do que os seus pretensos curadores. Havia no fundo uma identidade de convicções entre as duas partes, porém cada qual revertia o sentido de suas crenças para os seus interesses específicos. Os oligarcas, para a liberdade dos agentes econômicos, os escritores, para os fins sociais de todo esforço produtivo. Ao cabo, os literatos se mostrariam muito mais competentes no manuseio das concepções do liberalismo universalista, transformando-o numa arma lancinante, voltada contra aqueles mesmos que a exibiam com orgulho.

A lógica interna dessa linha de pensamento se centra toda ela sobre o conceito de eficiência. Ela não traz consigo uma proposta de transformação radical da sociedade, apenas reivindica o seu ajustamento a um princípio de otimização de todas as suas energias visando uma elevação máxima do desempenho produtivo, num quadro de mínimo desperdício de esforços e de recursos. Dessa forma, a mola mestra desse mecanismo consiste na promoção do esforço individual e na adequada seleção dos talentos cultivados e capacidades inatas. Essa é a receita para o estabelecimento do reino da felicidade geral, segundo a versão mais simples do utilitarismo inglês. Talento é igual a eficiência, eficiência é igual a felicidade disseminada: três noções muito caras aos autores estudados e que eles saberiam vibrar habilmente contra os seus desafetos, fossem os conselheiros, fossem os jacobinos, atribuindo-lhes a primazia no seu acervo crítico.

Nada podia convir mais a esses escritores do que as três noções aludidas. Elas significavam mesmo a aprovação tácita da sua condição de intelectuais com formação técnica, competência diretiva e convicções altruísticas. Talentos predispostos e adequados para o exercício das funções públicas mais elevadas, quer como dirigentes, como colaboradores ou como artistas. No entanto, que papel a República lhes reservou? Repita-se a resposta inconformada de Euclides da Cunha:

> A ver navios! Nem outra coisa faço nessa adorável República, loureira de espírito curto que me deixa sistematicamente de lado, preferindo abraçar...[38]

A marginalização dos talentos, sendo um elemento estrutural do novo regime, denunciava vícios muito mais profundos. A contenção das inteligências mais espontâneas, refreadas na sua projeção pelo arranjo oligárquico, operava como um evidente sistema de defesa dos privilégios, atestando a situação de permanente insegurança das novas elites denunciada por Lima Barreto.[39] A manifestação de força era um testemunho da fraqueza, da incerteza.

O horror ao impulso criativo individual figurava um estado de congelamento da sociedade em que somente a estagnação e a repetição eram premiadas, justamente por consagrarem o mesmo, o intocável. Aí está a raiz da "república dos medíocres" e da paralisação da imaginação, tão atacadas pelos autores. À parte a oligarquia, o espaço público estaria aberto somente aos arrivistas que se lhe submetessem como clientes, reproduzindo-a à sua imagem e autocomplacência. O próprio estudo e esforço, efetuados fora dessa esfera meramente reprodutiva, pareciam suspeitos.[40]

As consequências técnico-científicas dessa atmosfera obscurantista eram patentes. O saber era apanágio das instituições tuteladas. O próprio Machado de Assis, zeloso na preservação da sua Academia de Letras recém-fundada, definia-lhe severo os limites:

> Nascida entre graves cuidados de ordem pública, a Academia Brasileira de Letras tem que ser o que são as instituições análogas: uma torre de marfim, onde se acolhem espíritos literários, com a única preocupação literária, e de onde estendendo os olhos para todos os lados, vejam claro e quieto. Homens daqui podem escrever páginas de história, mas a história faz-se lá fora.[41]

O luminar das letras despejava assim um balde de água fria nos remanescentes dos "mosqueteiros intelectuais", que haviam feito a Abolição e a República.

Vê-se, pois, que por si só a eficiência já estava comprometida. Sem talentos que a animassem, não lhe sobrariam oportunidades. De fato, a articulação delicada entre o sistema de crédito e comércio internacional e as oligarquias locais possibilitava às últimas uma estabilidade acomodada sobre uma urdidura de marasmo, logros, brutalidades e ineficácia, oculta sob uma vistosa fachada liberal. Aparentemente tratava-se de uma relação entre parceiros iguais. Na realidade, e para isso os autores estavam atentos, contrapunham-se de um lado o modelo liberal, burguês, urbano, industrial e racionalizado da Europa, e de outro o sistema antiliberal e despótico do governo oligárquico, rural, agrícola e irracional. É desse confronto de imagens opostas que nasce a sensação de "realidade invertida", tão familiar aos autores. E o que mais impressionava era que o crédito e o comércio da Europa liberal e progressista é que sustinham, em última instância, a inércia da "República da Bruzundanga". Suprema contradição e a que mais chocava os escritores; daí serem ambos, em doses igualmente proporcionais, cosmopolitas e nacionalistas, já que a ordem europeia significava simultaneamente uma possibilidade e um limite, e a nação, inversamente, um limite e uma possibilidade.

Por força da regra, sem a seleção dos talentos e sem o padrão de eficiência, não poderia haver a felicidade pública. Essa seria a verdadeira pedra de toque das literaturas combativas desses escritores. O pretenso Estado-nação da Primeira República era de fato um Estado de poucos beneficiários. A nação era uma abstração inclusive mal definida num país que não possuía ainda sequer uma carta geográfica completa e detalhada do seu território, composto por frações em geral artificialmente ajustadas, herdeiras ainda em grande parte da dispersão colonial. Imensas eram as áreas totalmente desconhecidas — as "ficções geográficas", como se dizia por ironia — juntamente com suas populações tão rústicas quanto obscuras. Aliás, ninguém definiu essa situação melhor do que Euclides da Cunha, demonstrando que todas as dificuldades enfrentadas pelas expedições contra Canudos se resumiam na circunstância fantástica de se estar travando uma luta no seio do país contra uma natureza e um povo absolutamente desconhecidos. O Estado e suas repartições eram assim monopolizados por um restrito conjunto de clãs com vínculos regionais, indiferentes a conceitos jurídicos e políticos vazios como: eleitorado, patrimônio nacional, bem público ou interesse geral.

Eis aqui outro aspecto interessante dessa ampla dessintonia, igualmente explorado pelos escritores. Uma das características mais típicas da ordem liberal, nascida com ela e preservada como a própria condição da sua identidade, era a nítida e insofismável separação entre a esfera pública e a esfera privada. Segundo esse princípio, não se poderia admitir que alguém exercesse um cargo público em benefício de seus interesses pessoais, assim como não se toleraria que qualquer agente dispusesse de sua ação privada de forma a provocar transformações da ordem pública. Doutrina que curiosamente tivera grande repercussão na época do Império, como o atesta o episódio da estigmatização do barão de Mauá, já referido no capítulo II. O advento da ordem republicana, porém, viera romper com essa norma, diluindo as barreiras que separavam o espaço civil do privado. Assim, as oligarquias manipulavam acintosamente o Estado em função das suas conveniências regionais, os especuladores pressionavam a taxa cambial e a política de emissões com toda naturalidade, os cafeicultores sustentavam o preço do seu produto com dinheiro público, os deputados e senadores utilizavam-se do expediente legislativo para distribuir com prodigalidade cargos, pensões e comissões para seus parentes e suas clientelas.

Num movimento homólogo, também os escritores ampliam o espaço reservado da literatura de forma a abranger a esfera pública, fazendo de suas obras instrumentos de pressão e de transformação social e política. Essa sua ação suplementar, embora rompendo com a boa norma liberal, parecia ter o fito de repor as coisas no seu devido lugar, na medida em que recriminavam os desmandos do interesse privado sobre a ordem pública. Mas conquanto os autores demonstrassem uma desprendida vocação liberal, fixando sua ação intelectual em princípios inequivocamente filiados a essa doutrina, o modo mesmo do seu desempenho e as soluções algo drásticas que sugeriam extrapolavam esse limite, na direção de sistemas de pensamento mais prolixos. O liberalismo permaneceria sempre a base irremovível, os anseios democráticos porém — recobertos de uma densa preocupação pluriétnica — os conduziriam para vertentes mais exóticas dessa corrente, compatíveis com a sua própria situação híbrida no interior da sociedade.

A própria forma como os autores organizam os seus textos, num contraponto permanente entre as noções de conflito e solidariedade, é uma sólida indicação do sentido novo imposto ao seu raciocínio criativo. Antes de mais nada, a preocupação saliente com esses fenômenos insinuava a percepção de uma experiência histórica marcada pela exacerbação das formas de conflito e pela dissolução de comportamentos solidários tradicionais. Identifica-se, igualmente, por detrás dessas elaborações, o lume dos dois grandes sistemas que assenhoreavam as consciências cultas do período: o positivismo e o evolucionismo. Na filosofia de Comte, a presença daquele par conceitual se traduzia na fórmula do "Ordem e Progresso", constituindo-se no cerne mesmo de toda a doutrina. Operando como uma dicotomia reflexa, as tensões sociais produziriam no seu embate constante a transformação das formas de organização, no sentido da sua otimização crescente, gerando sempre estados superiores de ordem e coesão interna.[42] Em Spencer, o que temos é praticamente uma variação simétrica dessa mesma postura. Aqui o conceito-chave de evolução subsome os outros dois, que se transformam em elementos objetivos ponderáveis de uma operação mecânica: "A evolução é um processo de integração da matéria com dissipação concomitante de movimento [...]".[43]

Tanto Euclides da Cunha quanto Lima Barreto concentram, pois, as suas obras numa concepção social e cósmica do conflito, que assim se insurge como o eixo semântico de toda a sua literatura. É esse fator que explica, por exemplo, em grande parte, o abandono que neles sofre o tema tradicional do amor — ou porque simplifica e individualiza o conflito, ou porque o nega. As causas dessa mudança, não só temática, mas interferindo no próprio projeto de concepção formal das obras, devem ser analisadas segundo as condições históricas do período, com a formação de uma sociedade urbana complexa, multidiferenciada, de relações mediatizadas e toda ela marcada por formas ferozes de concorrência. Por toda parte em seus textos transparece a sensação angustiosa da diluição e perda das relações humanas autênticas, recobertas de intimidade e intensas de sentimento, por formas frias, indiretas, distantes de relacionamento, nas quais se manifesta mais um intercurso de funções e papéis sociais abstratos, do que de seres humanos concretos. E mais, as pessoas estão sob assalto permanente, restando-lhes optar pela tática defensiva: ou um contra-ataque ainda mais contundente porque mais lúcido, como parece sugerir Euclides; ou o recolhimento interior e a negação da própria lógica da luta, na reação típica de Lima Barreto.

Há, contudo, paralelamente à preocupação do conflito, uma expectativa da sua superação. Nesse sentido, os autores diligenciam em alvitrar a criação de novas formas de identificação, cooperação e coesão social, capazes de instituir alternativas compensatórias para o restabelecimento da solidariedade perdida. Ainda aqui a sintonia com Comte e Spencer é notável. Em ambos, o fim de todo o "progresso" ou "evolução" seria o de atingir, respectivamente, o "estado normal" ou o "estado de equilíbrio", no interior dos quais o dualismo essencial se consumiria, absorvido pelo termo representativo da ideia de harmonia. Comte, aliás, era sobejamente explícito nesse ponto, dirigindo todo o seu sistema para o clímax congraçador final da "religião da humanidade".[44] Em Euclides da Cunha e Lima Barreto verifica-se um impulso integrativo onímodo, inspirado e muito próximo desse germe comtiano. Ambos manifestam o anseio persistente de integrar o país geográfica, econômica, política e socialmente. Esse é o esteio de sua vocação literária, dirigida toda ela para a meta da constituição de um modelo de Estado-nação. Ela se destaca sobretudo no seu projeto de incorporação das populações marginalizadas à plena vivência nacional. E se irradia ainda na sua esperança da configuração de formas mais amplas e peremptórias de solidariedade, como a "Pátria Americana", a "República Humana" ou o "universo sem pátrias".

Conquanto convirjam para a mesma perspectiva congraçadora, cada escritor trilha um rumo peculiar. O autor do *À margem da história*, entusiasta do "*struggle for life*, a fórmula majestosa da nossa elevação constante",[45] enquadra a evolução como o efeito da conciliação dos esforços conjuntos da pletora de energias individuais concorrentes. Essa conciliação se processa de acordo com um modelo organicista em que o desempenho das partes, se bem que motivado por impulsos próprios, produz um resultado de cooperação geral, à medida que cada porção é um órgão interdependente dos demais dentro da cadeia social. É notória aqui a diretriz spenceriana sobre o fundo do utilitarismo britânico. A energia que desencadeia e conduz o efeito cooperativo seria a "fórmula soberana da divisão do trabalho".[46] Essa análise evidencia a impropriedade de se caracterizar a sua obra máxima como uma representação dualista do confronto entre o litoral e o sertão, a civilização e a barbárie, nos parâmetros do Facundo de Domingos Sarmiento. Mais do que para a contenda entre os termos opostos, sua atenção se voltava para o aspecto da integração monolítica entre eles: a incorporação do sertão à vida nacional e o revigoramento da civilização pela matéria-prima ética e social do sertanejo. Pela mesma razão, Euclides abjurou o positivismo xenófobo e intolerante dos florianistas, identificando-se somente com a corrente pacifista e integradora de Benjamin Constant. Com efeito, a lição do mestre de Montpellier ensinou, de forma a não deixar dúvidas, que toda atividade e todo pensamento deveriam convergir para a "síntese final", estuário impreterível de todo esforço humano.

As coordenadas de Lima Barreto nessa questão, ainda uma vez, são inversas às de Euclides. A diferenciação crescente das funções tende antes a dissolver do que a integrar a sociedade. A intensificação dos progressos materiais tende a atomizar o meio social em indivíduos animados por motivações egoístas e comportamentos hostis: "Foi-se a honestidade, foi-se a lealdade, cada um trata de enganar o outro".[47] O seu veredicto diante dos novos fatos históricos é seguro: "A sociedade, ao que parece, despenha-se [...]".[48] Sua linha de análise procura persuadir os leitores de que o germe de todas essas mudanças indesejáveis se encontra na transmutação dos valores éticos em valores mercantis, que teriam substituído os laços humanos essenciais pelo "poder do dinheiro, sem freio de espécie alguma".[49]

A busca da solidariedade social implicaria antes um caminho de retorno e recuperação de disposições e condutas relegadas. Seu modelo, portanto, supõe o empreendimento da preservação dos valores de comunidade, de um mundo de relações estreitas e diretas entre os homens, sob o calor do contato físico e emocional. Uma ordem social em que o critério de verdade se assentasse sobre o primado das considerações éticas, condensadas estas em torno da noção de bem comum.[50] Formas compostas de ponderação como essas, envolvendo elementos tradicionais e projeções futuras, Lima as rebuscaria em autores que viveram ou viviam ainda experiências semelhantes de resistência contra formas bruscas e repudiadas de mudança: Lamnnais, Dostoiévski, Tolstói, Turguêniev, Anatole France, Fénelon, Spinoza, e com alguma constância nas páginas do Evangelho.

Perlustrando caminhos diversos, os dois escritores coincidem numa versão finalista como o limite de suas especulações historicistas. Lembre-se de passagem que a pesquisa histórica e a produção historiográfica sempre foram uma preocupação capital de ambos. Euclides considerou seu *Os sertões* um trabalho de história, escrito segundo o método de Tucídides.[51] Lima Barreto pensava em fazer de "uma espécie de *Germinal* negro, com mais psicologia especial e maior sopro de epopeia" a sua obra máxima.[52] De resto, ambos procuravam vislumbrar uma perspectiva futura, para onde confluiriam, inflexíveis, os acontecimentos. Em ambos os casos, esse ponto de fuga no porvir significaria a extinção da história tout court, e a inauguração de uma dimensão temporal evolutiva, porém presa a um movimento circular em torno de um eixo central; como se fora uma estrutura em espiral. Para Euclides, esse congelamento do tempo se realizaria singularmente como um moto-perpétuo de descobertas científicas que se sobredeterminariam infinitamente, mantendo contudo o homem sob o jugo mais forte das leis naturais, sem que jamais consiga se sobrepor a elas. As condições materiais se incrementariam, mas o homem permaneceria com o seu destino preso à cadência das regularidades cósmicas.[53]

Para Lima Barreto, essa projeção final do tempo em perspectiva, também nos quadros do evolucionismo, seria caracterizada por um momento em que, firmada a solidariedade de toda a espécie humana sobre a Terra e em comunhão com a natureza, haveria uma libertação contínua da inteligência e sensibilidade coletivas no sentido do aperfeiçoamento moral infinito. Prevaleceria então o pleno fastígio da "missão prática dos utopistas", consubstanciada na divisa de São Luís de França: "*Haïs tous maux où qu'ils soient, très doux fils*".[54] Todos os quadrantes da existência humana e das manifestações do seu espírito seriam incorporadas dentro desse impulso ético e altruísta fundamental. Era esse o sentido inclusive de que o autor preenchia em última instância o conceito tradicional de amor, atribuindo-lhe agora uma notação social e fraternitária. O alcance desse sentimento assim compreendido não poderia ter fronteiras de qualquer espécie, estendendo-se para o próprio ilimitado, a exemplo da campanha de são Francisco Xavier: "*Amplius! Amplius! Amplius!* Sim; sempre mais longe!".[55]

\* \* \*

Um alento utópico profundamente otimista, supondo uma eterna elevação material ou moral da espécie, nutria as criações intelectuais de um e outro escritor. Sua literatura era, pois, um instrumento bastante complexo, condensando uma gama tão variada de funções como raramente ocorre com essa forma cultural. Atuava simultaneamente como um veículo de arte, reflexão, saber, crítica, reforma, instrução, ética, sonho e esperança. Visivelmente excedia de muito os limites do liberalismo manchesteriano ou do evolucionismo mais rasteiro. A cada passo propunha uma interação estreita entre a ação individual e as conveniências coletivas. Com efeito, os interesses sociais maiores, projetados na imagem distendida da nação ou, mais ainda, da humanidade como um todo, apareciam como o dado primordial, patenteando notável precedência sobre o desempenho individual. Por essa razão é que ambos os autores voltaram sempre e sistematicamente os olhos para teorias que calcassem a sua plataforma sobre o padrão da coletividade e dos movimentos sociais amplos, como o positivismo, o trabalhismo, o socialismo ou ainda o anarquismo, no caso de Lima Barreto. Compondo elementos retirados circunstancialmente dessas doutrinas, com os postulados básicos do liberalismo, aspirando às promessas generosas do humanitarismo cosmopolita *fin de siècle*, em qualquer de suas versões, é que os autores dariam constituição à matéria ideal de seus livros.

Essa mesma combinação exótica de fontes diversas estava presente na atuação crítica marcante de José Veríssimo nos principais órgãos da imprensa carioca. O crítico, juntamente com os dois escritores, formaria um triângulo indissociável, como um prisma que forneceu uma visão indelével de toda a cena cultural desse início de vida republicana. Admitido como mestre tutelar de ambos,[56] correspondente dos dois, amigo íntimo de Euclides na Academia e incentivador incansável da carreira de Lima Barreto, sua sombra recobre a personalidade e a obra de um e outro de forma inconcussa. Teórico sóbrio porém inflexível da literatura social e humanitária, nas vertentes francesa e eslava,

Veríssimo era ainda um representante vivo dos intelectuais combativos que haviam feito a campanha da Abolição e preparado o advento da República. Seu desencanto com o novo regime se transmitiu aos seus prosélitos e o seu inconformismo — oscilante entre o ceticismo para com as elites locais e a fé nas correntes reformistas europeias — ressurgia nos textos de ambos os escritores. O autor da *História da literatura brasileira* se impôs desse modo como vértice crítico dessas obras, definindo não só a disposição de espírito dos dois autores, mas dirigindo mesmo a sua empresa intelectual.

O que não quer dizer que Euclides e Lima não aplicassem sempre uma feição tipicamente pessoal às suas produções. Manteve-se sempre, nesse caso, a distância que medeia entre a inspiração e a criação. Afinal, de que outra forma se poderia entender que ambos houvessem escolhido modos mutuamente diversos para exprimir suas inquietações? Mas mesmo naquilo em que a sua postura é idêntica, percebe-se o selo da individualidade sobreposto às lições do mestre. Veríssimo, por exemplo, sempre lastimou o analfabetismo crônico que tolhia as camadas populares — base imensa dos povos latino-americanos —, "os rotos".[57] Tal situação restringia a atmosfera cultural, obstava o mercado literário e tornava impossível o aparecimento de uma opinião pública capaz de resistir à permanência sufocante das oligarquias. Lima e Euclides iriam inserir esse tema num contexto mais amplo e contundente. Afeitos ao princípio estrutural da eficiência, infundiriam uma dimensão superlativa ao seu conceito antônimo: o desperdício. Dentro dessa perspectiva, situam numa posição central em seus escritos a relação espúria e inconsequente das elites governantes para com a terra e a população do país.

Assim como a sua obra é em grande parte uma avaliação positiva do grau de desvio, produzido pela administração irracional do país, com respeito a um padrão ótimo de eficiência, ela é também uma crítica do desperdício, da dissipação improdutiva, do abandono danoso. Desperdício dos recursos naturais, do homem, do talento, do tempo, dos ensinamentos do século. A mensuração do custo social dessa consumação irresponsável se fez nos seus livros em termos de sofrimento, miséria e mortalidade em massa. Basta que se comparem nos dois trabalhos os movimentos rigorosamente simétricos que se delineiam quando, por exemplo, Euclides descreve a rudeza das malocas de Canudos e Lima Barreto traça o pauperismo dos barracões nos morros do Rio de Janeiro.[58] Ou quando o primeiro noticia o banimento brutal dos refugiados nordestinos das cidades litorâneas do Nordeste para o coração da Amazônia, e o segundo narra a deportação sumária dos prisioneiros da Revolta da Vacina para o sertão do Acre.[59] Há mesmo algo de profundamente familiar entre a resistência obstinada dos defensores de Canudos e a força de desespero que animava os últimos combatentes sitiados no bairro da Saúde, no seio da Cidade Nova, durante a revolta mencionada.[60] Nenhum dos dois apoiou as insurreições a que assistiu, compreendendo desde o início a sua ineficácia e abominando as situações de violência. Mas souberam ver na angústia suicida dos rebeldes um protesto agoniado contra uma situação de abandono e penúria muito além do suportável.

Nota-se igualmente nesses autores, por fim, uma semelhança na localização do foco narrativo. Muito embora atenuada pelas diferenças de linguagem já estudadas, essa característica comum ajuda a esclarecer alguns dos sentidos das obras. Euclides dá preferência quase que absoluta para a narrativa na terceira pessoa, com sujeito indeterminado. Perfeitamente compreensível, é o enfoque típico da ciência, atribuindo ao texto uma feição neutra em que o fluxo verbal indica a própria manifestação objetiva dos fenômenos reais, sem referências a qualquer sujeito intermediário entre o leitor e esses fatos. É o enfoque preferido também pela linguagem historiográfica e de forma geral por toda produção científica. Lima Barreto adota um processo correlato, o da terceira pessoa onisciente ou, menos comumente, o da primeira pessoa onisciente, como no *Isaías Caminha*, no *Gonzaga de Sá* e em grande parte dos contos. Um modelo de enfoque típico da literatura realista e naturalista, justamente por estar muito próxima do padrão de linguagem adotado pelos discursos de conhecimento, como a filosofia, o ensaio e eventualmente parte da própria ciência, notadamente no século xix, como o demonstra o caso conspícuo da *Origem das espécies* de Darwin. O efeito obtido pelos dois escritores nesse aspecto era o de produzirem textos apresentados como narrativas e análises objetivas, permanecendo velada a subjetividade do autor. As opções pessoais aparecem assim como induções determinadas pelo próprio curso da realidade, sendo pois resoluções tão inevitáveis para os personagens como o seriam para os leitores. A adoção desse recurso tornava imediata a identificação entre leitor, obra e público, instigando raciocínios e tomadas de decisão predeterminadas, como as únicas alternativas consequentes diante das situações propostas com objetividade. Não era a literatura que reproduzia a realidade, mas a realidade que reproduzia a literatura.

## 3. LITERATURA E AÇÃO PÚBLICA

As relações entre literatura e realidade oscilaram sempre, trazendo visível a marca da história. O que analisamos agora não é senão uma etapa dentro desse processo de interveniências contínuas. Uma etapa, entretanto, assinalada por traços estruturais muito bem definidos. As obras estudadas oferecem um vislumbre que transcende sua condição específica, em função do panorama cultural mais amplo desse período, seja pela pletora diversificada de significações que condensam, seja pelas suas peculiaridades como produtos artísticos. Revelam com clareza transparente as forças ativas mais típicas e expressivas da esfera cultural nessa fase, iluminando analogamente as energias e os processos sociais mais prementes. Por intermédio da sua observação pode-se remontar a alguns dos momentos decisivos das experiências de imaginação e de tomada de decisão desse prelúdio de vida republicana. Inicialmente, um cotejamento com algumas características do período anterior auxiliará a fornecer o fundo de contraste sobre o qual se evidenciam melhor as peculiaridades deste.

Na época imperial, particularmente no Segundo Reinado, passadas as confrontações do governo de d. Pedro I e as turbulências do período regencial, cristalizou-se uma estrutura social, política e econômica bastante estável e que gozou de uma duração dilatada. A aristocracia monárquica, de sólidos vínculos agrários, bem como toda a sua legião de acólitos e clientes, firmaram um sistema de controle tão consistente sobre a situação geral do país, que os dispensava e aos seus representantes políticos de atuar manifestamente na manutenção e defesa dos seus objetivos e privilégios. Daí a ojeriza contra qualquer forma de mesclagem entre política e negócios privados, e a tendência permanente ao espírito de conciliação e congraçamento no interior da elite política. No fundo, toda a sua ação se confundia com a própria preservação da ordem pública, encarada como uma totalidade unívoca, implicando tacitamente a perpetuação dos enquadramentos sociais presentes.

Com o advento da República, a quebra dessa cadeia de hegemonia social abriu um novo espaço público, disputado por diferentes agrupamentos sociais e categorias socioprofissionais, ciosos da conquista, ampliação, distribuição ou eliminação dos antigos e novos privilégios. Fixada a concorrência, ela tende a insuflar a criatividade cultural de cada grupo, no sentido da exaltação dos seus próprios valores de origem e da sua excelência como padrão mais adequado para a justa ordenação e condução da sociedade. O absoluto do Império fragmentou-se, pois, em inúmeras concepções parciais da sociedade, votadas a serem assumidas como projetos coletivos. Várias são as formas culturais por meio das quais essas concepções podem se manifestar e pretender estender-se para um público mais amplo e diversificado. Naquele início de século, porém, o único veículo de ampla penetração era a imprensa. Esta, por sua vez, era monopolizada por três formas culturais competindo entre si: a literatura, a ciência e o jornalismo. A ciência tinha o inconveniente de restringir-se aos estreitíssimos meios de educação e instrução técnica mais apurada. O jornalismo era ainda uma forma em brotamento, sua indefinição fica patente pelo esforço que faz para trazer ou manter a literatura dentro de si, na linguagem, nas crônicas, no folhetim e nas "matérias especiais", invariavelmente de cunho literário. As revistas, por exemplo, definiam-se antes de mais nada como "literárias".

Não há dúvida, pois, de que a literatura, graças em grande parte ao carisma prodigioso herdado do romantismo do século XIX, gozava de um prestígio ímpar nesse período, soando mesmo como um sinônimo da palavra *cultura*. Políticos, militares, médicos, advogados, engenheiros, jornalistas ou simples funcionários públicos, todos buscavam na criação poética ou ficcional o prestígio definitivo que só a literatura poderia lhes dar. A belle époque foi sem dúvida a época de ouro da instituição literária, tanto no Brasil como na Europa e em todo o mundo marcado pela influência cultural europeia. O caso Dreyfus, por exemplo, foi todo ele animado por motivações literárias, reproduzindo correntes que se emulavam no campo artístico mais do que no social ou político.[61] Mas já era uma instituição que desfrutava de um prestígio quase que todo ele acumulado no passado, como a dormência retardada de um transe hipnótico profundo. O que antes fora a intensidade criativa do romantismo era agora a atitude esnobe de quem ostentava o título honorífico de homem de letras. Alfred de Musset e Victor Hugo eram os grandes ídolos do passado, cultuados como verdadeiros mitos, mas os heróis do presente na França eram Paul Bourget e Maurice Barres; ou Coelho Neto e Afrânio Peixoto na versão caseira. Carente de uma substância mais efetiva, a literatura contudo era inegavelmente a forma cultural por excelência do período e para a qual convergiam todos os esforços de redefinição dos valores sociais, avassalados pelo processo de transformação histórica. O prestígio ímpar da literatura a transformava num instrumento particularmente eficiente de propaganda intelectual.

O confronto das correntes estéticas peculiares do período do Império e da República propicia igualmente ilações de grande interesse. O romantismo representou bem um modelo de sociedade estável, mantida sob um sistema homogêneo de autoridade, como o do Segundo Reinado no Brasil. Supunha, por isso, um sistema único de valores e uma perspectiva de contemplação social privilegiada e também exclusiva, que é a que se orienta do topo em direção à base da pirâmide. O substrato material dessa sociedade era um sistema econômico letárgico, que mantinha os polos, os agentes e a circulação das riquezas estáveis, por períodos suficientemente longos de tempo, de forma a consagrar uma imagem consolidada da sociedade e da sua elite. A ação dramática, assim, pode ocorrer como num palco de cenário e personagens fixos, com uma rigorosa marcação do espaço e do campo de ação dos atores. Daí por que a ação mais intensa se manifestava no campo do ideal e das emoções, já que todos os demais tinham seus espaços rigorosamente circunscritos.

Já o realismo e o naturalismo representam a sociedade multifragmentada, em que, havendo sido rompido o sistema de hegemonia de uma elite uniforme, vários grupos sociais se veem encorajados a conceber a sociedade a partir da sua perspectiva particular. Calcadas sobre uma realidade de intensificação das operações econômicas, oscilação, tensão e confronto das forças sociais, essas estéticas configuram um mundo turbulento e sem posições fixas. Os cenários, os personagens, os figurinos e até a maquilagem dos atores mudam constantemente. A encenação é confusa, os papéis se baralham, não há limites estritos para a ação regulados por normas imutáveis, as próprias regras se refazem ao sabor dos interesses dos personagens e das contingências do roteiro. Pensamento e sentimento passam para o segundo plano, num mundo de valores indefinidos, em que a indefinição é o maior valor. O rodízio permanente das máscaras e das posições ocupa solene o plano principal. O indivíduo perde a sua estabilidade, passando os grupos sociais e as coletividades a atuar como o padrão principal de referência. Enquanto o romantismo, firmado sobre o herói individual, baseava na duração da sua vida a divisão do tempo, para o realismo, fruto de processos agitados de transformação, o tempo abrange toda a dimensão da história.

Por trás da metamorfose estética transparece a mudança da condição social do escritor. Anteriormente, sua situação era de membro ou cliente virtual da elite monárquica, alocada no topo absoluto da hierarquia social e legitimada por uma concepção sobranceira e imponderável da ordem da sociedade. Agora, desprende-se da situação de velado mecenato, passando a uma condição de categoria social isolada, disputando a sobrevivência no concorrido mercado urbano recém-ativado e a participação no sistema de hegemonia no espaço público da nova república. Explica-se, assim, a exigência incondicional da notação histórica incorporada no desenrolar da trama, da caracterização e evolução dos personagens no realismo. A ação agora é percebida pelo escritor como inserida numa realidade dinâmica, de forças sociais em disputa, riquezas voláteis e diferentes possibilidades de ordenação das várias peças em jogo. Afinal, dos resultados desse arranjo depende a sua própria sorte, fato que o induz a zelar por ela, interferindo efetivamente no processo de tomada de decisões. É o que demonstra com suma clareza a análise dos livros de Euclides da Cunha e Lima Barreto. A tenacidade da sua preocupação com a história se salienta tanto nos registros de processos de mudança, de que estão saturados os seus textos, como nos seus projetos historiográficos pessoais. Afora isso, o seu empenho em serem eles próprios agentes de mudanças e desencadearem transformações históricas fala por si mesmo.

Não seria mais adequado, portanto, enquadrar esses literatos nas categorias tradicionais de romancista urbano e suburbano a um, ou de regionalista e sertanista ao outro. Essas classificações, nascidas com o romantismo, supunham uma passagem sempre direta e imediata das situações concretas para as abstratas, numa alternância cadenciada, em que as circunstâncias específicas do campo ou da cidade propiciavam as ilações ideais ou sentimentais sobre a condição humana. Machado de Assis, com o seu "princípio de Sirius", representa uma sobrevivência desse procedimento trazido para o crepúsculo do realismo.[62] No caso dos dois outros escritores, porém, o movimento das circunstâncias concretas da cidade, do subúrbio ou do sertão, para as instâncias abstratas da humanidade, da civilização ou da natureza humana, faz-se agora através da mediação concreta de uma nova dimensão, que interage tanto com o primeiro quanto com o segundo dado: a dimensão histórica e espacial da nação, do Estado, do território, da ordem econômica internacional, do cosmopolitismo etc. Não há mais nesse caso dois termos opostos e solitários, mas um único universo concreto e integrado. Os próprios conceitos de universo e humanidade representam essa emanação histórica materializada pela difusão em nível mundial do padrão cultural europeu, na esteira da internacionalização total do comércio e da expansão das potências do Velho Mundo.

Nessas condições, Lima Barreto, perscrutando a vida das cidades e dos subúrbios, faz refluir entretanto a sua preocupação para a população rural do país, que ele sempre encarou como o núcleo vital por excelência da nação e cujo triste destino procurou mitigar. Euclides da Cunha, por sua vez, de olhos postos nos confins dos sertões, avaliava de que forma as potencialidades daquele meio rude iriam consolidar a nova vida, promissora, porém flácida e superficial das cidades. Mesmo que por caminhos cruzados, a convergência entre os dois autores é explícita. E nem é de admirar, visto ambos representarem uma ampliação do foco visual da literatura, que justamente abandona os limites tradicionais mais estreitos, em busca de um enquadramento espacial capaz de abranger todo o país e mesmo o seu modo de vinculação com o conjunto da ordem internacional. Fica assim fixada uma tela de referências amplas no interior da qual a visão é sempre em ponto grande, por mais que o objeto específico de observação possa parecer momentaneamente limitado e diminuto. Só referidos a essa escala extensa e panorâmica de fundo é que os fatos, fenômenos e comentários assumem a sua proporção real. Eis aí uma das características novas e mais marcantes dessa literatura.

Há, notavelmente, nestes textos uma ampliação tanto do foco de visão horizontal, quanto do vertical. A rigor, não basta ver longe, é preciso ver igualmente fundo. Como efeito da incorporação dos resultados, mas sobretudo dos métodos da investigação científica, os autores buscam enxergar nos fatos isolados o indício da manifestação de fenômenos e leis científicas fundamentais. De onde deriva a tendência, em um e no outro, de empobrecer a caracterização individualizada e peculiar dos personagens, em função da sua representatividade sociológica e psicológica coletiva. Cada gesto, palavra ou pensamento de um personagem, assim como o seu fenótipo e o seu estereótipo, implicam uma notação analítica em primeiro lugar e em seguida generalizante. Nesse sentido, reproduziam uma expectativa geral com relação à moderna literatura, que não mais poderia se dissociar das conquistas e dos processos da ciência. Essa certeza vinha já expressa em 1896, na peroração do iminente dr. Rozendo Moniz, "lente jubilado do Ginásio Nacional e sócio honorário do Instituto [Histórico Nacional]", asseverando que a "forma literária é a face mais sedutora da ciência hodierna".[63]

Dessa forma, da perspectiva amplificada na escala nacional e mundial, os autores infletiam para as observações pormenorizadas dos detalhes agudos dos personagens, da paisagem, das coletividades e do cotidiano, para então retornarem à amplidão das leis gerais, das tendências sociais e das regularidades cósmicas. Um revezamento contínuo de um jogo de lentes destinado a ensejar ora uma visão microscópica, ora um amplo panorama macroscópico. É um esforço, paralelo ao da ciência, para escapar à superficialidade da aparência e do senso comum, em busca das causas últimas, dos processos elementares. Lima Barreto definiu preciso o sentido dessa busca transcendente: "O que se vê, 'não é tudo que existe', há 'atrás' do que se vê muitas e muitas coisas".[64] A mesma inquietação era demonstrada por Euclides da Cunha na explicação que prestou a Artur Lemos sobre a sua forma de captar a paisagem amazônica: "É uma grandeza que exige a penetração sutil dos microscópios e a visão apertadinha e breve dos analistas; é um infinito que deve ser dosado".[65] Essa homologia entre a literatura e a ciência recobre um efeito análogo e simultâneo ainda mais abrangente. Ela sintoniza perfeitamente com os motivos simétricos do sistema econômico capitalista internacional nesse período, passando justamente por um processo de expansão horizontal — mundial — e vertical, marcado pelas formas de concentração de capital, à formação dos grandes complexos industriais de feições monopolísticas.

Dentre essas duas ordens extremas de grandeza que regiam o olhar dos escritores, as referências de base eram sem dúvida a nação brasileira e o concerto das potências estrangeiras. Esses termos antípodas representavam a definição mais exigente e difícil para os autores e também a mais crucial. Seu próprio impulso era inspirado pelo exemplo ou pelo temor das "nações fortes", numa relação ambígua de admiração e receio. Dela se originou, porém, a certeza da necessidade de se construir uma nova identidade nacional, a partir da qual o país pudesse compor o sistema internacional em condições de autodeterminação e resguardo da sua soberania. Justificava-se desse modo a reação contra todo cosmopolitismo a priori. O que ocorria até então era que as potências preenchiam no Brasil as fissuras abertas pela "modernização" repentina. O país deixava assim de se articular na sua integridade e sonegava seus atributos específicos, dissolvendo-se ante a diligência, o tirocínio e as respostas prontas do modelo europeu. Ora, essa era a maneira mais canhestra de ignorar a própria lição ministrada pelos mestres alienígenas. A construção de uma solidariedade internacional densa e definitiva pressupunha que cada nação desenvolvesse as suas potencialidades mais peculiares, concorrendo assim para desenvolver positivamente o sistema de relações interdependentes, em que todos teriam algo de original a dar e a receber.[66] O dado primordial, como se percebe, era o internacional, mas somente ao custo do implemento dos conteúdos autenticamente locais é que ele poderia ser concretizado de forma completa e cabal.

Objetivo que apesar de ambicioso era o único sensato. Sua realização esbarrava, contudo, no obstáculo das oligarquias regionais, sobrevivência caduca do sistema político obsoleto, "fossilizado", do Império. Os escritores se identificavam, por isso, com todos os esforços para desalojar as oligarquias dos focos de autoridade. A condição da vida plena e ação descomedida para as elites regionais estava consubstanciada na "política dos governadores" de Campos Sales, tão execrada pelos dois intelectuais.[67] Para ambos, a centralização efetiva do poder era uma condição imprescindível para a "redenção nacional".[68] A ênfase das suas prédicas recairia insistentemente sobre a necessidade de criar um espírito nacional, ou consciência nacional, já que os agentes políticos, os Partidos Republicanos regionais, os ditos PRS, exibiam no máximo uma consciência local, e as elites urbanas se revolviam num cosmopolitismo afetado.

A elite nacionalista aparece assim como uma e a única alternativa válida para substituir a dispersão oligárquica e a empáfia cosmopolitista, igualmente comprometedoras, por um plano de ação voltado para a eficiência do desempenho econômico, a democracia autêntica e a elevação da qualidade de vida de todo o grosso da população do país. Programa neoliberal, progressista e policlassista de visível inspiração fabiana. Não parece casual, portanto, a coincidência entre essa literatura utilitária e a cidade do Rio de Janeiro. Sede de um Poder Executivo esvaziado e de um Congresso empenhado na defesa de interesses menores e escusos, a cidade era, no entanto, o ponto nodal da vida política brasileira, contendo os poucos espíritos dotados de sensibilidade e poder para as reformas, uma população irrequieta e tensa, e o maior número de funcionários nas posições decisórias cruciais. Público e condições promissoras para uma cruzada reformista. Afinal e antes de mais nada, seriam a cidade e a sua população que se beneficiariam sobretudo com uma centralização efetiva do poder republicano.

Esse empenho centralista e reformista destaca alguns aspectos inéditos no que se refere a uma alteração substantiva no papel e no significado da própria produção literária. Ressalta do trabalho desses autores um apelo urgente a uma dupla exacerbação da função literária, encarada num viés eminentemente utilitário. Circunscrita à realidade volátil de um processo de transformação intenso da sociedade e voltada para a instauração de um núcleo executivo enérgico e estendido, a literatura somente se adaptou nas mãos desses escritores ao custo de uma modificação na sua natureza. Transformada em fator de mudança ou de orientação do processo de mudança, ela se desdobrará em dois espaços colaterais e convergentes de ação. Inicialmente, buscaria um campo independente de ascendência, na delimitação de um amplo público receptivo, sobre o qual procuraria exercer um efeito tutelar direto e gradual. É a concepção da pena como o quarto poder, clássica nas sociedades liberais. O índice de analfabetismo do país tendia, porém, a comprometer gravemente a eficiência dessa atuação.[69]

Paralelamente, a literatura passou a ser o veículo de um projeto próprio de Estado, buscando influir sobre as elites políticas, ou forçar uma reformulação da ação executiva das instituições. Situação essa em que o seu campo de abrangência e sua capacidade de atuação — se bem que indiretas — passariam a ser imediatas e decisivas. Essa literatura já nasceu elaborada, como se aquela sua dupla perspectiva visual apontada — horizontal e vertical — tivesse um ponto de partida no espaço e esse ponto coincidisse com o núcleo do Poder Executivo. Esses intelectuais repensam o país como se o seu olhar estivesse postado no próprio centro de decisões, calculando suas possibilidades, medindo seus limites reais. Assim, ambas as obras procuram fixar um nexo entre a perspectiva intelectual e o foco central de autoridade, que deveria atuar como o coordenador do processo de mudança em curso, de forma a assegurar o encaminhamento positivo e a condução consciente do fluxo de transformações. Só assim se poderia inverter o que estava sendo a trajetória normal, a mudança tumultuária e descontrolada, determinada por injunções externas e interesses internos mesquinhos.[70]

O notável é como esse conjunto de circunstâncias históricas se interseciona com o processo de criação artística, de modo a vir a constituir um elemento fundamental da própria estrutura interna das obras de cada autor. Ambos sintonizam primorosamente seus textos literários com os fenômenos sociais contemporâneos que eles vivenciam. Assim como Euclides da Cunha abandonou o gênero da ficção romanesca, Lima Barreto renunciou à temática amorosa ou aventureira; ambos passaram a centralizar todo o entrecho e o desenvolvimento de seus textos num anseio de correção e condução das reformas necessárias e, num efeito mais global, de retificação da ação executiva que pairava sobre a sociedade. É sugerida de um lado a reação espontânea do público contra a marcha indeterminada e caótica das mudanças e, de outro, o planejamento criterioso pelo governo. Reações tão mais válidas se a segunda fosse efeito da primeira.[71] Dos textos de ambos o que sobressai, portanto, é uma concepção de literatura e da atividade intelectual em que se apagam as fronteiras tradicionais entre o homem de letras e o homem de ação, entre o escritor profissional e o homem público, e entre o artista e a sua comunidade. Assim metamorfoseados em escritores-cidadãos, esses autores despontavam para uma dupla ação tutelar: sobre o Estado e sobre a nação.

Sua literatura, franca e direta, evitava quaisquer efeitos de polissemia, no afã de garantir a eficácia e a contundência da sua mensagem dirigida. Seu horror ao efeito de fachada, ao beletrismo postiço, atesta a rigorosa economia de expedientes e o finalismo decidido que a caracteriza. Nenhum desperdício, controle judicioso dos recursos de expressão, comunicação imediata, temática atual, sentido prático: a forma de composição corresponde estritamente ao conteúdo proposto. Uma literatura híbrida certamente, mas seu objetivo não era ser fiel a raízes ancestrais, e sim ser funcional e contemporânea. Contudo, estava longe de ser uma arte meramente instrumental, um veículo suave ou pílula dourada. Guardava ciosa o prodígio da sedução, do encantamento, esse efeito especial de se comunicar com a sensibilidade e as emoções dos homens, quaisquer que sejam as disposições da sua razão.

Há uma fé otimista nessa opção pela literatura como meio de expressão. Por seu intermédio, Euclides podia alcançar "os corações [...] os poetas e bons". Ele transmitia essa confiança nos conselhos ao seu filho: "Cultiva também o teu coração, porque ele vale mais do que a cabeça".[72] Um texto neutro pode divulgar ideias, a literatura cria estados de espírito, desperta ou enseja desígnios éticos. Sem destruir a literatura, ao contrário, mantendo-a viva e revigorando-a, os dois escritores conseguiram que a sua eficiência como recurso de comunicação se amplificasse múltiplas vezes. Ela assim realizava aquele sortilégio a que se referia Lima Barreto: "A arte literária se apresenta como um verdadeiro poder de contágio que a faz facilmente passar de simples capricho individual para traço de união, em força de ligação entre os homens".[73]

A literatura não é uma ferramenta inerte com que se engendrem ideias ou fantasias somente para a instrução ou deleite do público. É um ritual complexo que, se devidamente conduzido, tem o poder de construir e modelar simbolicamente o mundo, como os demiurgos da lenda grega o faziam. O personagem-poeta Leonardo Flores sugere como se processa esse encantamento e de que sentido ele procura insuflá-lo: "A arte ama a quem a ama inteiramente, só e unicamente; e eu precisava amá-la porque ela representava, não só a minha Redenção, mas toda a dos meus irmãos, na mesma dor".[74] Atente-se para a sutileza da colocação: a literatura não representava um meio para a redenção do autor e seus irmãos, ela representava a *própria Redenção em si mesma*. Eis aí a razão pela qual Leonardo Flores podia suspirar ao fim, plenamente satisfeito consigo e com a sua realização: "porque cumpri o meu dever, executei a minha missão: fui poeta!".

# Conclusão
# História e literatura

*Antigo forte do castelo, Morro do Castelo, 1/3/1914.*

> *Este, que aqui aportou,*
> *Foi por não ser existindo.*
> *Sem existir nos bastou.*
> *Por não ter vindo foi vindo*
> *E nos creou.*
>
> Fernando Pessoa, "Ulisses"

As décadas situadas em torno da transição dos séculos XIX e XX assinalaram mudanças drásticas em todos os setores da vida brasileira. Mudanças que foram registradas pela literatura, mas sobretudo mudanças que se transformaram em literatura. Os fenômenos históricos se reproduziram no campo das letras, insinuando modos originais de observar, sentir, compreender, nomear e exprimir. A rapidez e profundidade da transfiguração que devassou a sociedade inculcou na produção artística uma inquietação diretamente voltada para os processos de mudança, perplexa com a sua intensidade inédita, presa de seus desmandos e ansiosa de assumir a sua condução. Fruto das transformações, dedicada a refletir sobre elas e exprimi-las de todo modo, essa literatura pretendia ainda mais alcançar o seu controle, fosse racional, artística ou politicamente. Poucas vezes a criação literária esteve tão presa à própria epiderme da história tout court. Era em grande parte uma literatura encampada por homens de ação, com predisposição para a liderança e a gerência político-social: engenheiros, militares, médicos, políticos, diplomatas, publicistas. Nesse meio e sob essa atmosfera, quem quer que se dispusesse a servir às letras era compelido à atuação cívica já pela dupla imposição do tirocínio e da forma.

Por outro lado, os valores éticos e sociais mudaram tanto no nível das instituições e dos comportamentos como no plano das peças literárias. Os textos artísticos se tornaram, aliás, termômetros admiráveis dessa mudança de mentalidade e sensibilidade. Diante de realidades, eventos e situações mesmo que idênticos aos de um passado próximo, os escritores os viam e compreendiam diferentemente. É o caso típico da paisagem brasileira. O panorama natural do país ainda é observado com o mesmo ufanismo com que o representaram os escritores românticos, deslumbrados com o seu aspecto edênico. No entanto, esse otimismo recebe agora uma coloração bastante peculiar, que lhe altera totalmente o sentido e que seria o primeiro passo para a sua futura reavaliação crítica, já antecipada nesse período pelas penas vanguardistas de Euclides da Cunha e Lima Barreto. Compare-se, por exemplo, dois textos de autores representativos de seus respectivos períodos, a fim de constatar essa diferença, bem como suas características sem dúvida ricas das maiores consequências.

O primeiro é um texto de José de Alencar, escrito em 1857 e presente na parte introdutória de *O guarani*. Consiste na clássica descrição do quadro natural paradisíaco em que se daria o desenrolar da trama romântica.

Aí o *Paquequer* lança-se rápido sobre o seu leito, e atravessa as florestas como o tapir, espumando, deixando o pêlo esparso pelas pontas do rochedo e enchendo a solidão com o estampido de sua carreira. De repente, falta-lhe o espaço, foge-lhe a terra; o soberbo rio recua um momento para concentrar as suas forças e precipita-se de um só arremesso, como o tigre sobre a presa.

Depois, fatigado do esforço supremo, se estende sobre a terra, e adormece numa linda bacia que a natureza formou, e onde o recebe como em um leito de noiva, sob as cortinas de trepadeiras e flores agrestes.

A vegetação nessas paragens ostentava outrora todo o seu luxo e vigor; florestas virgens se estendiam ao longo das margens do rio, que corria no meio das arcarias de verduras e dos capitéis formados pelos leques das palmeiras.

Tudo era grande e pomposo no cenário que a natureza, sublime artista, tinha decorado para os dramas majestosos dos elementos, em que o homem é apenas um simples comparsa.[1]

O segundo texto é de Vicente de Carvalho e consiste numa crônica publicada em 15 de janeiro de 1916. Traz uma descrição da paisagem natural entrevista pelo viés entusiástico da "terra da promissão".

É mesmo o destino do Brasil ser um país maravilhoso... A terra, além de fértil, de imensa, contém todas as riquezas possíveis e imagináveis, tem a maior vantagem de ser, quase por inteiro, virgem de arados e de aluviões. Há florestas de cauchos na Amazônia. Nas margens do Rio Branco o gado vacum vive como nos pampas do Sul. As melhores madeiras de construção constituem a brenha do Norte. As fibras mais rendosas e aproveitáveis para as indústrias apodrecem sobre a terra quando os rios transbordam. As aves de plumagem mais linda e mais cara descem em nuvens sobre as ilhas dos estuários. A linha dos cais do porto de Belém, no extremo de Val-de-Cães, morre sobre uma mina de cobre...

Quando uma terra não possui em estado bravio qualquer espécie de vegetal ou animal, basta uma semente ou um óvulo para que logo se multiplique ao infinito. O caqui japonês dá melhor em São Paulo do que nas terras do Mikado. Na barra da Gávea os pescadores apanham sal sobre os rochedos. Nas margens do Araguaia há florestas de cacau. No Maranhão os algodoeiros põem tons de neve na paisagem. No rio Vermelho os indígenas apanham pedras preciosas...[2]

Ambos os textos se referem a uma mesma imagem de natureza virgem, prodigiosa e intocada pela mão do homem. Que contraste notável porém há entre eles! Antes de mais nada, interpõe-se entre um e outro a diferença que separa o meramente decorativo do imediatamente utilitário.

As metáforas que recobrem o primeiro reforçam sempre a ideia básica do adorno esfuziante, dos requintes de enfeite e formosura de que se atavia a natureza local, como que por disposição própria. O efeito semântico repousa sempre nas projeções ornamentais e nos movimentos coreográficos da natureza; o pelo do animal, a fúria do rio, a languidez do lago, a musselina de heras, o bordado das flores, os capitéis de palmeiras etc. No segundo, se há alguma menção sobre o caráter decorativo da natureza, ele diz respeito a seu aproveitamento prático e imediato. Assim, a "plumagem mais linda" das aves ornamentais só chama a atenção do autor porque esse atributo a torna "mais cara". O autor coloca, desse modo, entre o observador e a natureza um terceiro elemento, a referência semântica fundamental, que é o mercado, em função do qual a paisagem é minuciosamente esquadrinhada e reavaliada.

No primeiro texto, o espetáculo natural se oferece à degustação passiva dos sentidos; no segundo, a riqueza potencial da paisagem excita o ensejo de apropriação e consumo predatório dos recursos inertes. De um lado a natureza aparece como um fim em si mesma; do outro lado ela é representada apenas como um meio, um instrumento que deve ser usado e desgastado para que se atinja um objetivo que a transcende. No discurso romântico ela é uma totalidade completa em si mesma e autorreferida; no realista ela aparece decomposta, sendo seus fragmentos selecionados em função de um critério que lhe é exterior e estranho. A uma imagem da natureza em que ela aparece espontânea e livre, contrapõe-se uma concepção que a retrata calculada e cativa. As pompas e alegorias ornamentais que encantam o observador oitocentista surgem como um desperdício injustificável diante do olhar ávido do escritor do Novecentos, indignado com a perda inútil "das melhores madeiras" que "apodrecem quando os rios transbordam", do sal que "os pescadores apanham sobre os rochedos", ou com as pedras preciosas recolhidas desdenhosamente pelos indígenas no rio Vermelho.

No texto de Alencar, a relação entre o homem e a natureza é direta e imediata. No de Vicente de Carvalho, essa mesma relação é indireta, estando sujeita à mediação de um terceiro elemento alçado em eixo de articulação entre os dois polos extremos: o valor, representação abstrata de um mercado livre de oferta e procura. O homem aparece dominado pela natureza no escrito de 1857, e manifesta-se embevecido ao se deixar conduzir e seduzir pela fúria majestática e envolvente dos elementos. Ao contrário, na descrição de 1916, é o homem que tem nas mãos o destino da natureza, exprimindo um júbilo incontido em poder dispor de toda a pletora de riqueza, graciosamente oferecida à sua ânsia de consumo. Nesses quase sessenta anos o que houve afinal? A paisagem mudou ou os homens mudaram? A sociedade se modificou e os traços dessa transformação ficaram plasmados na linguagem. Torna-se transparente na leitura comparada a percepção das diferentes visões de mundo incorporadas em cada texto. O de Alencar, deputado e ministro conservador na corte de d. Pedro II, transpira o páthos senhorial do Império. O de Vicente de Carvalho é a expressão genuína da nova elite que o escritor representava: líder republicano e positivista, deputado da Constituinte paulista e fazendeiro de café em Franca.

A dimensão histórica presente em cada um desses textos é tão peculiar e elas são tão adversas entre si, que o seu confronto suscita a inferência do grau complexo de transformações estruturais que levam de um ao outro. Dessa forma, lê-se a história simultaneamente ao ato de ler a literatura, reproduzindo como que pelo avesso o movimento de quem fez história fazendo literatura. A forma diferenciada pela qual cada autor se sensibiliza e se comporta diante de um mesmo cenário, glosando um mesmo tema, testemunha uma mudança profunda de quadros mentais traduzida em linguagem literária. Os trechos analisados fixaram posições sociais e culturais extremas, definidas num intervalo de cerca de sessenta anos. Pode-se deduzir, com desembaraço, que as obras de Euclides da Cunha e Lima Barreto se situam no espaço intermediário que medeia entre aquelas duas balizas. A rigor, esses escritores acompanharam o impulso de transição que arrastou a sociedade das posições representadas em Alencar para aquelas latentes em Vicente de Carvalho. Visavam inclusive ultrapassar essas últimas, na perspectiva de um futuro generoso de inteireza e solidariedade humana. Mas não perderam, por isso mesmo, o nexo com o passado recente, a partir de cujas potencialidades intrínsecas pretendiam vislumbrar os eventos do porvir.

Em suma, o que os chocava era justamente a brusquidão dessa ruptura entre o passado e o futuro, que desfez todos os elos éticos capazes de conter nos indivíduos os instintos mais egoísticos e antissociais, instilando-lhes aspirações elevadas como modelos de conduta. Ruptura com o tempo que era também ruptura com os homens, com a terra e com o dever: uma espécie de declaração de guerra de cada um contra tudo e contra todos. Sua missão era, pois, restaurar a solidariedade essencial no plano da sociedade e das relações desta com a natureza. Tantas e tais eram as dificuldades externas e internas que se opunham a esse desígnio, que a sua consecução deveria necessariamente sujeitar-se à adoção de uma forma política, transitória que fosse, apta para arregimentar a sociedade, restaurando as suas energias, aliviando-a das vicissitudes que a inibiam, a fim de capacitá-la para o futuro convívio da fraternidade universal. Essa forma política era o Estado-nação, entrevisto numa versão bastante atualizada e de forte colorido local: democrática, neoliberal e multiétnica.

Um projeto dessa envergadura não poderia deixar de forrar-se de ambiguidades, na medida mesmo em que supunha uma composição solidária entre grupos sociais heterogêneos e a afirmação de compromisso entre o presente, o passado e o futuro. Esse era o ônus que lhe competia suportar por tentar instilar um sentido, sugerir um controle ponderado sobre uma crise traumática de transição de uma época para outra, de uma estrutura social antiga para uma nova. De resto, ambos se desincumbiram com destreza desse encargo aparentemente incômodo. As marcas do esforço resistem porém, vincadas em suas obras, que trazem o registro das vacilações com que os autores traduziram as incertezas do período. As oscilações menores de cada obra se completam no confronto entre as duas, o qual tende a realçar in extremis o campo de variações possível, no âmbito dos potenciais históricos coetâneos dos dois escritores, oferecido como alternativa mais consequente ao predomínio de um padrão político e social calcado no arcabouço agrícola exportador da monocultura cafeeira, com todas as suas mazelas.

Para Euclides da Cunha, tratava-se antes de mais nada de

redistribuir a renda gerada pelo setor cafeeiro, transferindo-a para a promoção econômica do interior do país, com a diversificação de atividades e a elevação da condição social e humana do sertanejo. Nesse contexto é que se deve compreender o enlevo com que o autor alardeia a importância do capital e do imigrante estrangeiro, a sua ênfase sobre o modelo da grande propriedade e da preponderância da ação privada, em especial a paulista, sobre a ação pública, e mesmo a sua paixão pelo industrialismo. Para Lima Barreto, ao contrário, era preciso desestimular e desativar o setor cafeeiro, o qual era mantido artificialmente à custa do prejuízo social e econômico de todo o país, uma vez que as leis de mercado, pelo acréscimo exagerado da oferta e consequente derrocada dos preços, já o haviam condenado. Sua desarticulação pela simples retirada do patrocínio oficial espúrio se encarregaria de poupar recursos dispersos por todo o território. A orientação e o estímulo adequados oferecidos oficialmente às fontes desses recursos, de par com a implantação de uma eficiente infraestrutura em nível nacional, criariam as condições propícias para o desenvolvimento de um sólido mercado interno. Daí sua opção pelos recursos e pelo trabalho nacional, sua confiança na pequena propriedade, na ação central coordenadora, forte e eficaz do governo e a esperança final depositada sobre a policultura.

Percorrendo vertentes opostas, ambos revelavam, contudo uma posição dúbia quanto às virtudes do processo de intensificação das atividades econômicas, que partindo da Europa e Estados Unidos alcançaram e repercutiram por todas as partes do mundo. Euclides, arauto convicto de sua vitória inelutável, remoía, porém, uma incerteza angustiada, suscitada pela maneira tardia com que o avanço material se fazia acompanhar de qualquer refinamento ético. "O movimento industrial ou científico pode ao menos ser imaginado. Pode condensar-se num *bloc* resplandecente como essa Exposição de São Luís, que inscreve num quadrilátero de palácios o melhor de toda atividade humana. Mas o progresso da moral..."[3] Já Lima Barreto, indignado com seus efeitos nefastos, identificava na ativação do crescimento econômico a origem do "espírito [...] de ganância e avidez crematística", que "infeccionou todo o Brasil".[4] Mas nem por isso deixava de entrever no modelo da sociedade europeia, ao lado do flagelo, o foco de luz que apontava para a remissão dos povos.[5]

O fato é que, enquanto os processos de desenvolvimento econômico se erigiam no vetor principal para produzir uma sólida agregação da sociedade — com a plena incorporação a ela de todos os grupos marginalizados —, segundo Euclides, eles apareciam aos olhos de Lima Barreto como os próprios solventes dos impulsos sinergéticos atávicos presentes no meio social. Disso derivou a forma diferenciada com que cada um iria encaminhar a reflexão sobre o problema: o primeiro sondando preferencialmente o futuro, o outro revolvendo sobretudo o passado. Partindo de posturas antípodas, porém, os dois autores caminhavam para encontrar-se num mesmo ponto: qualquer tentativa de solução séria para a crise social deveria situar-se inicialmente no plano intermediário da nação, para só então atingir o ponto conclusivo no âmbito de toda a humanidade. Nesse sentido, os passos mais urgentes seriam a atualização das estruturas do país, o revigoramento das suas peculiaridades, a conquista consciente do seu destino original e, então, a integração ao convívio universal de parceiros iguais.

Euclides da Cunha, fiel às suas diretrizes filosóficas, significava a sua perspectiva da formação de uma nação homogênea a partir do conceito biológico de raça. Na linha dessa sua concepção naturalista, a constituição da nação seria uma decorrência de uma raça tipicamente brasileira, como uma subetnia antropológica.[6] Nada poderia haver de mais estranho do que essa certeza científica para Lima Barreto. Para esse autor, persuadido da superioridade do seu idealismo de sólido fundo ético, somente o amor, entendido como uma ampla disposição altruística, poderia estabelecer os vínculos estreitos de uma comunidade nacional: "Se se pode compreender Pátria é como um laço moral [...]".[7] Resultado do cruzamento de diferentes perspectivas, a nação formaliza o plano de referências mais próximo e concreto, comum a ambos. Nação, bem entendido, indissociável do Estado, seu órgão articulador e coordenador.

Esses rodeios impertinentes em torno de um propósito integrativo provinham de reflexões prudentes, de um raciocínio metódico e de estudos aprofundados sobre a realidade do país e do mundo. Aparentemente são menos matéria para a elaboração literária do que para o ensaio, a análise ou a ciência. Os dois escritores, contudo, entremeavam esse exercício intelectual com formulações irracionais, como a noção de mistério em Lima Barreto ou o materialismo animista de Euclides da Cunha, alinhavam disposições e conteúdos contraditórios e tudo encerravam sob uma densa atmosfera emocional. O efeito maior de suas construções mentais se respaldava no universo simbólico mais do que em qualquer outro. Disso derivava a sua opção pela literatura, pois somente ela se apresentava como uma forma cultural capaz de amalgamar, alisando e harmonizando tanto material heterogêneo. Desse modo, a literatura, por um efeito de linguagem, acabava oferecendo a solução simbólica para a crise, pelo próprio fato de consumir e uniformizar os antagonismos de que ela se nutria.

O modo mesmo de expressão dos autores avançava por inversões. Euclides da Cunha, voltando toda a atenção de sua obra para os sertões, a terra, o homem do interior do país, depositava as suas melhores esperanças futuras na civilização do litoral e das cidades cosmopolitizadas, com a sua ciência, tecnologia e capitais. Lima Barreto, cativado pelo mar, a orla litorânea, as cidades, acreditava que o reencontro do país consigo mesmo se daria por meio do revigoramento das formas tradicionais de solidariedade, típicas do meio rural, sob a placidez de relações telúricas autênticas. As obras apresentam quase tantas antinomias em si quanto entre si. E essa sua própria estrutura contrastante é um dado efetivamente sintomático do anseio de pôr um termo aos impasses surgidos nesse momento histórico de grande tensão, latente em ambos os trabalhos.

Os escritores se encontravam numa situação particularmente estratégica para abarcar toda a gama de conflitos que permeavam a sociedade. Postos à revelia do processo de tomada de decisões, enjeitados pelas elites política e social, desprezados até mesmo no seu lavor intelectual, eles sentiram ao mesmo tempo as agruras da necessidade e o arbítrio dos poderosos. Sua identificação com as camadas marginalizadas da população foi por isso imediata, sendo pelo grito de desespero e resistência desses condenados ingênitos que um e outro procuraram afinar o seu clamor crítico. Sua formação cultural e filiação a uma linhagem de intelectuais voltados para a participação pública os predispunha também para posições de liderança e o anseio ao planejamento e gestão social. Um exercício de liderança comprometido com propostas de reforma da elite, de seu modo de atuação e de sua relação com a população, o território e as forças internacionais. Reforma da elite, mas a partir da sua própria inserção numa nova situação de proeminência social e política. Como críticos da elite, eles eram portadores de planos alternativos para a sua revalidação, como agente eficaz do corpo social maior, democraticamente organizado.

Assim, premidos entre a massa e a elite, vivenciando as duas situações intensamente, retiravam dessa situação histórica equívoca e desconfortável, porém fértil de impressões extremadas, o descortino de um quadro panorâmico muito lúcido da sociedade brasileira. Contemplavam o governo a partir da perspectiva do homem das ruas ou do campo, ao mesmo tempo que encaravam esse homem como o alvo de projetos de reforma política e social. Vivendo como pacientes, refletiam como agentes. Acompanharam, incentivaram e sofreram com a mudança do regime. Contaram dentre os frutos mais curiosos da sociedade republicana. E embora fossem seus produtos mais notáveis — democratas convictos, procedentes das camadas sociais novas que pregaram, apoiaram e defenderam o regime, possuidores da mais atualizada cultura filosófica, científica e artística do seu tempo —, eram acintosamente ignorados por toda parte. Eram objeto de troça quando sua figura passava a pé e em desalinho, fugindo dos automóveis e contrastando com os figurinos da Avenida, enquanto arrastavam canhestramente o seu pessimismo anacrônico. Causavam estranheza mesmo aos seus iguais, por seu orgulho insólito em não se comprometer com os mandarins do momento, persistindo na fidelidade a uma obra notoriamente desafeita do gosto público.

Mas foi provavelmente em grande parte essa mesma situação de profundo isolamento, estranheza e marginalização que os tornou os dois prosadores mais expressivos desse período. Nenhum grupo social escapou ao seu crivo analítico, merecendo sua simpatia ou seu remoque. Seu testemunho, dessa forma, atravessou todo o espectro social, dando realce justamente às áreas em que os atritos eram mais críticos. Mas não é só por essa razão que eles aparecem como um índice privilegiado para o estudo da história social do período. Conforme foi visto, a própria forma como suas obras são compostas, por contraversões sucessivas, reflete e amplifica as tensões a que os autores estavam submetidos, transformando em fatos literários os fatos históricos. Mas muito mais do que isso, o jogo de antagonismos existentes entre os dois trabalhos permite discernir, com enorme rigor, a posição específica de cada autor por oposição ao outro, além de estatuir os graus extremos de variação subjacentes aos projetos de elite, que se ofereciam como alternativa para a gestão da sociedade e para mitigar a crise em que ela se consumia.

Esse jogo de antagonismos é gerado e se sustenta, antes de mais nada, nos modelos de linguagem criados por cada um dos autores. A linguagem cristalina, em estilo elevado refundido como veículo da evidência científica, constitui o cerne de toda a "literatura tecnográfica" de Euclides. O estilo composto entre o alto e o baixo de Lima Barreto, que encampa simultaneamente o trágico e o cômico, revestindo de dignidade o cotidiano prosaico do homem simples, é sem dúvida a chave do seu realismo social. É sobre esse substrato de linguagem que repousam, em primeira instância, as oposições estruturais entre as obras, e seria ele quem iria circunscrever o terreno sobre o qual os autores edificariam a armação mais complexa de suas obras. Nele se manifestava a condição de possibilidade, assim como o traçado do limite, dos dois discursos. Essas opções de linguagem eram igualmente, como não poderia deixar de ser, opções históricas. Implicavam uma extensão da forma literária sobre o campo das forças culturais concorrentes da ciência e do jornalismo. O modo como essas duas obras representam a simultaneidade dos conflitos ou as disputas entre formas culturais e correntes intelectuais antagônicas, sintonizando essa dupla tensão num paralelismo estreito, é no mínimo exemplar.

Esses dois conjuntos de textos representam, nesse sentido, fontes excepcionais para a avaliação das condições e efeitos peculiares ao cruzamento entre a história e a literatura. Em primeiro lugar, permitem entrever a produção literária, ela mesma como um processo, homólogo ao processo histórico, seguindo, defrontando ou negando-o, porém referindo-o sempre na sua faixa de encaminhamento própria. Nem reflexo, nem determinação, nem autonomia: estabelece-se entre os dois campos uma relação tensa de intercâmbio, mas também de confrontação. A partir dessa perspectiva, a criação literária revela todo o seu potencial como documento, não apenas pela análise das referências esporádicas a episódios históricos ou do estudo profundo dos seus processos de construção formal, mas como uma instância complexa, repleta das mais variadas significações e que incorpora a história em todos os seus aspectos, específicos ou gerais, formais ou temáticos, reprodutivos ou criativos, de consumo ou produção. Nesse contexto globalizante, a literatura aparece como uma instituição, não no sentido acadêmico ou oficial, mas no sentido em que a própria sociedade é uma instituição, na medida em que implica uma comunidade envolvida por relações de produção e consumo, uma espontaneidade de ação e transformação e um conjunto mais ou menos estável de códigos formais que orientam e definem o espaço da ação comum.[8]

Instituição viva e flexível, já que é também um processo, ela possui na história o seu elo comum com a sociedade. O ponto de interseção mais sensível entre a história, a literatura e a sociedade está concentrado evidentemente na figura do escritor. Eis por que uma análise que pretenda abranger esses três níveis deve se voltar com maior atenção para a situação particular do literato no interior do meio social e para as características que se incorporam no exercício do seu papel em cada período. Eles, juntamente com as editoras, os livros, as livrarias, academias, confrarias e o público constituem o aspecto palpável, visível da instituição literária. Há, contudo, uma dimensão incorpórea de grande amplitude que, por curioso que pareça, condensa a substância mais expressiva da experiência literária, por atravessar com maior profundidade o conjunto do agrupamento humano na sua história, nos seus conflitos, nos seus anseios projetados. Essa dimensão intangível pode ser percebida pelo estudo das transformações das formas de expressão artísticas, pela análise das raízes sociais do processo de produção de significações e pela consideração dos desejos coletivos que se ocultam sob as metáforas renitentes, sob a sugestividade das imagens e sob os rituais simbólicos. Nesse plano, a literatura extrapola a própria especificidade da situação circunstancial dos intelectuais, ganhando espaços, agrupamentos e temporalidades inusitadas e se realizando plenamente enquanto uma cerimônia de catarse coletiva, cumprindo-se como arte enfim. Arte, bem entendido, que não aquieta, mas perturba e interroga.

É por esse processo que se desvela o mundo errante, indígena e continental de Euclides da Cunha, ou a contemplação tranquila, negra e oceânica de Lima Barreto. Ele permite entrever também a identificação de ambos com o homem simples, aviltado na sua humanidade por toda parte, formando legiões de vadios compulsórios, réus sem julgamento e sem culpa, mártires sem acólitos. Através de sua obra os escritores propugnam caminhos e meios concretos para a sua remissão. No interior de sua arte eles operam essa salvação por si mesmos, pela mágica da forma e das palavras. A missão do poeta é, portanto, mais complexa que a do cientista, do técnico ou do governante. Pode servir-lhes de apoio ou de orientação, procura mesmo chamar sua atenção e modelar-lhes o desempenho, mas as transcende todas na sua eficácia simbólica.

Outros efeitos decorrem ainda desse poder alegórico da literatura. Todo discurso criativo assinala um ato fundador, na medida em que nomeia situações e elementos imprevistos, conferindo-lhes existência e lançando-os na luta por um espaço e uma posição, no interior das hierarquias que encerram as palavras encarregadas de dizer o mundo conhecido e compreendido. Produzir literatura criativa é por isso um gesto de inconformismo. Há, por essa razão, tensões tão fortes entre diferentes ordens de textos, como aquelas que se manifestam no interior das sociedades.[9] Muito embora haja homologia, não há necessariamente analogia entre essas duas cadeias de fenômenos. O certo é que essa disputa imaterial entre páginas escritas desencadeia em seus agentes a procura da sintonia com as pulsações mais íntimas dos membros da comunidade subjacente; a procura de vibrar na mesma cadência dos seus desejos, das suas emoções, dos seus temores. É desse manancial que a literatura se nutre, aí sorvendo toda a sua significação e validade, pois só descobrindo os fantasmas comunitários ela pode apontá-los e esconjurá-los ritualisticamente. Foi meditando sobre esse processo sutil que um grande poeta contemporâneo compreendeu e anunciou que: "Aquele que souber articular as palavras e citar os sentimentos terá todo o poder".[10] O autor se refere ao poder simbólico, evidentemente. Mas haverá outra forma de poder mais legítima aos olhos dos homens?

Posfácio
# O núcleo notável e a "linha evolutiva" da sociedade e cultura brasileiras

*Tudo, meus amigos, menos ser empulhado.*
(Machado de Assis, em comentário registrado por Araripe Júnior)

Machado de Assis. Parece estranho iniciar uma reflexão sobre a nova geração de escritores surgida com o advento da República a partir do grande mestre, cuja obra é quase toda ela associada ao Segundo Reinado. Mas Machado, como se sabe, é cheio de surpresas. Funcionário do Ministério da Agricultura, Comércio e Obras Públicas, depois, com a República, do Ministério da Indústria, Viação e Obras Públicas, ele trabalhou no serviço público por cerca de 35 anos, sem nunca aderir a nenhum dos partidos ou tendências do Parlamento ou do Congresso e nem manifestar preferências por sistemas políticos. Preservava acima de tudo sua independência intelectual, sua integridade de caráter e o distanciamento crítico que lhe permitiria avaliar em perspectiva histórica os entraves à gênese de uma sociedade brasileira moderna, equilibrada e justa.[1] Por isso, ademais de seu notável talento, era igualmente admirado pelos seus confrades mais jovens, que buscavam nele guia e inspiração, sem contar os muitos que se limitavam à mera emulação. Mesmo Lima Barreto, que se ressentia exatamente dessa sua obstinada abstenção de qualquer engajamento mais aberto, exaltava nele a "a grande inteligência".[2]

Pois bem, esse mesmo Machado de Assis tem um conto, denominado "Evolução",[3] que representa os dilemas dessa nova geração de uma forma cristalina, para não dizer profética. Como é de hábito no escritor, se trata de uma história simples, mal chegando a comportar um enredo, dando mais a impressão de uma mera anedota longa. Todo o fundamental, essa é a grande arte do escritor, está nas entrelinhas e nas referências cifradas. Não que fosse necessário, mas ele próprio chama a atenção para o caráter alusivo da composição, alertando o leitor logo no início de que "tudo nesse conto há de ser misterioso e truncado".[4] E é. Na superfície ele narra o encontro casual de dois homens num trem, partindo do Rio para Vassouras, que, encetando conversação para aliviar o tédio da viagem, acabam se tornando amigos, passando a se reencontrar com frequência daí por diante. Inácio, o personagem que narra a história, é empresário e engenheiro; Benedito é um opulento fazendeiro de café, colecionador diletante de artes, com inclinações para a política. Ambos moram no Rio de Janeiro, Benedito naturalmente numa mansão palaciana. Como parte de sua estratégia narrativa maliciosa, Machado não lhes revela os sobrenomes, mas sugere que o fazendeiro, com 45 anos quando se conheceram, era o mais velho dos dois.

O conteúdo, cômico, da história se resume a uma apropriação progressiva que Benedito faz de uma ideia que lhe fora originalmente apresentada por Inácio logo no seu primeiro encontro. Comentando sobre os rumos do progresso tecnológico e o enorme impacto das ferrovias, o engenheiro fez casualmente a seguinte observação: "Eu comparo o Brasil a uma criança que está engatinhando, só começará a andar quando tiver muitas estradas de ferro". Surpreso e faiscando os olhos, Benedito revela sua admiração: "Bonita ideia!". Quando se encontram novamente, uma quinzena depois, a convite do fazendeiro em seu palácio carioca, ele relembra e torna a elogiar a ideia de *Inácio*.[5] Um ano mais tarde, como candidato derrotado a deputado, se refere à necessidade de levar adiante a *nossa ideia*. Mais um ano passado e já agora como deputado eleito, mostra ao engenheiro seu discurso de posse, no qual se destaca a imagem do Brasil criança e das ferrovias, apresentada dessa vez como *sua própria ideia*. Machado conclui o conto com uma tirada lacônica porém cáustica, dita na voz de Inácio. "Achei ali mais um efeito da lei da evolução, tal como a definiu Spencer — Spencer ou Benedito, um deles."[6]

Revendo a história em termos alegóricos, Benedito representa a plutocracia do Segundo Reinado, enriquecida com a economia cafeeira, enquanto Inácio encarna a nova geração que entra na cena social como a elite tecnocrática emergente, formada nas escolas superiores nacionais e estrangeiras, a qual se tornaria a via de introdução e implementação no país das inovações decorrentes da Revolução científico-tecnológica. Eles seriam os caudatários da renovação cultural que Tobias Barreto havia denominado "um bando de ideias novas", difundidas a partir de 1870 e responsáveis em última instância pela vitória das causas da Abolição, da República e da abertura do Brasil aos imigrantes, às técnicas, aos capitais e aos quadros de valores das potências capitalistas dominantes. Estando desencantado com o declínio das fazendas escravocratas e temendo a ameaça de uma profunda crise social,[7] Benedito se dá conta de como a alternativa proposta por Inácio permitiria reordenar o quadro social e econômico em favor da continuidade de seus privilégios. Ele ressuda os ressentimentos do estamento dominante, que, desgastado com o Império, resolve apoiar a onda republicana ascendente. Note-se que Machado escreveu a história em 1884, quatro anos antes da Abolição e cinco antes da República.

O caso de Inácio não é menos interessante. A começar pela metáfora fértil da criança em desenvolvimento que ele lança e que se tornaria um emblema tão central e tão caro aos grupos emergentes, empenhados em fazer ruir e enterrar as "estruturas fossilizadas" do Império e, ao mesmo tempo, criar um jogo de imagens que seriam a antítese dos símbolos estéreis do velho imperador, do velho regime e do velho Brasil, sugerindo a imagem de um novo início, uma refundação do país.[8] Ademais, como empresário, seu projeto de investimentos é justamente no ramo ferroviário, com fundamental apoio de capitais europeus, particularmente ingleses. Essa é precisamente a peculiaridade que Benedito mais preza e admira em Inácio, seu vínculo estrito com o capitalismo internacional.[9] O que ele percebe é que não seria a elite tecnocrática emergente por si só que seria capaz de reconformar a caótica cena social e econômica brasileira, garantindo a manutenção do status quo, dada em particular a sua frágil estruturação política, sem qualquer apoio social ou poder econômico consistentes, afora sua linguagem radical em termos de reformas, democracia, justiça social e disparates do gênero. O poder de fato vinha de fora, do capital, das técnicas e das ideologias dominantes no contexto internacional. Gente como Inácio era só a esteira indispensável sobre a qual os rolimãs da *indirect rule* poderiam rolar suave e inapelavelmente, repotencializando os estratos conservadores momentaneamente fragilizados. Acionar e patrocinar os "Inácios", ensejando uma nova ordem e, graças a ela, o progresso da criança-Brasil, era a fórmula salvadora da "evolução" — no sentido de "Spencer ou Benedito, um deles".[10]

Isso tudo pode parecer surpreendente, mas ainda há mais. A história é narrada da perspectiva de Inácio, que, dada a sua qualificação técnica e científica, tem uma percepção mais atilada das amplas transformações em curso, das quais se sabe um agente interessado, engajado e decisivo. Comparado com ele, Benedito é um mandrião conservador, acomodado e inepto, um exemplar característico da plutocracia que entravava o desenvolvimento do país. Mas, por efeito de sua condição social, ele é também vaidoso, arrogante e pretensioso, características que juntas, ademais de sua fortuna desmedida, parecem a Inácio recomendá-lo para uma posição de destaque em meio ao mandarinato do Império. É isso, então, que lhe sugere uma deputância seguida de nada menos que um ministério, com segundas intenções, imaginando poder manipular a filáucia do fazendeiro poderoso para seus próprios fins desenvolvimentistas e, no processo, despertando-lhe fumaças de glória e recebendo as maiores simpatias do enfatuado.

Essa notável conjunção da competência técnico-científica com um engenho ardiloso para conduzir politicamente a camada dominante, ademais do fato de o foco da narrativa partir dele, dá ao leitor a nítida impressão de que Inácio é o herói da história e, com certeza, representa o próprio ponto de vista pessoal de Machado de Assis. O que é uma nova surpresa, na medida em que revelaria estar o escritor afinado com a elite técnico-científica emergente e, portanto, com o republicanismo e com a inserção do país nas condicionantes estruturais do mercado internacional, tal como articulado a partir das potências dominantes na belle époque. Machado se revelaria assim, ele próprio, a partir da sua identificação com Inácio, um "mosqueteiro intelectual" em perfeita sintonia com as novas gerações. Se Inácio é alguém que poderia ter estudado engenharia na Praia Vermelha ou na Escola Politécnica, como Euclides da Cunha ou Lima Barreto, e se ele representa a visão e a posição de Machado, então só resta concluir que eles, Inácio/Machado, também compunham a geração dos "paladinos malogrados".

É nesse ponto que convém estar atento para as armadilhas estéticas típicas da ficção de Machado de Assis, tal como nos ilustra o crítico John Gledson, com a sua fértil caracterização do "realismo enganoso" engendrado pelo escritor.[11] Lendo o texto nessa linha, o que ressalta é o fato de que, apesar da superioridade intelectual de Inácio, sua posição em relação a Benedito é de uma subordinação incondicional que se arrasta ao longo de toda a história, para ficar ainda mais acentuada na conclusão. O fazendeiro pode ser um fanfarrão oco de ideias e afogado na ilusão de seus refinamentos tão aparatosos quanto postiços, mas ele é quem de fato tem o poder econômico, político e social. Ameaçada, periclitante, acuada, como quer que esteja sua hegemonia nesse momento de crise aguda do sistema, ela porém ainda está sob o controle desse patriciado em busca de alternativas para a estabilização. Inácio pode ter a intenção de manipular Benedito para seus fins progressistas, mas ao fim e ao cabo, seriam ele, suas ideias, suas competências e suas ambições que haveriam de ser apropriados e agenciados pelo fazendeiro e seus compadres, ao acionar os "progressos" que iriam garantir a preservação da ordem dominante. Essa é a regra da "evolução" na sociedade brasileira ou a lei da sobrevivência dos mais fortes, como diria Spencer — Spencer ou Benedito, um deles.[12]

Nesses termos, a conclusão é que Machado suspeitava por igual tanto do patronato latifundiário quanto das novas elites técnicas e científicas, entrevendo em especial os malefícios futuros advindos da absorção da segunda para o revigoramento do primeiro. O que ficava claro para ele, entretanto, é que se tratava de um salto "evolutivo", a introdução no discurso político da nova ideologia positivista do "progresso", a imagem da criança que engatinhava transformada no gigante forjado em aço e eletricidade. O advento de um novo tempo, a modernidade, magicamente desprendida de quaisquer laços ou compromissos com o passado.

Ninguém incorporou mais completamente esse projeto do que o ministro da Economia e Finanças do Governo Provisório, Rui Barbosa, empossado logo após a Proclamação da República.

Por um lado, sua atuação se voltou contra o passado, comandando a destruição sistemática de toda a documentação relativa à escravidão, num esforço deliberado de fazer tábula rasa da tradição colonial e imperial do país, livrando-o da mais horrenda mácula que o caracterizava como uma sociedade arcaica, ossificada, isolada da comunidade internacional da belle époque e, portanto, bloqueada ao futuro. Por outro lado, seu projeto de liberação bancária para a emissão de moeda, visando causar uma avalanche de crédito e assim pavimentar o caminho para a rápida industrialização do país, desencadeou o famigerado Encilhamento, dando origem a uma nova classe de plutocratas especializados em fraudes, açambarcamento, atravessamento, falsificações, especulação cambial, imobiliária e de gêneros de primeira necessidade, peculato e toda forma de enriquecimento privado às custas de verbas públicas. Essa camada de arrivistas foi crismada pelas poucas vozes da oposição de "homens novos", compondo o que Lima Barreto denominou de "*societas sceleris*", a sociedade celerada que expôs todo o país ao saque de um pequeno círculo de famílias privilegiadas durante a Primeira República.

Eis o paradoxo instituído: os arautos do "progresso" se tornaram os algozes de uma sociedade em mudança, esvaziando de quaisquer sentidos emancipadores a Abolição e a República. Por meio de sua simbiose espúria com as camadas dominantes, os agentes da "ordem", os quais lhes proporcionaram o acesso aos circuitos decisórios, essa elite "esclarecida" bloqueou quaisquer alternativas de projetos democráticos ou de promoção social, constrangendo todo o país sob o jugo do seu monopólio institucional (política dos governadores, caixa de conversão, currais eleitorais, eleições do cacete). A economia, a educação e a cultura foram assim condenadas ao marasmo, sufocadas pelo primado da "ordem", condição inseparável do "progresso".

Tendo justificado seu golpe contra a monarquia como sendo

em nome do futuro, essa aliança entre o tradicional e o moderno, entre "ordem" e "progresso", se tornou por sua vez a rede neutralizadora que abortava quaisquer processos de transformação que pudessem ameaçar sua hegemonia e seus privilégios. Nas palavras de um de seus porta-vozes, a questão social deveria ser tratada como um caso de polícia e de repressão in limine. O colapso desse sistema com a crise de 1929, a ascensão de Getúlio Vargas e a cristalização posterior do Estado Novo implicaria uma nova "evolução", desdobrada na variação semântica desses temas, sendo então a "ordem" traduzida pelo novo dogma do nacionalismo, e o "progresso" pelas doutrinas emergentes da centralização estatal, do planejamento, da racionalização administrativa e da burocratização.

Definido esse quadro, os raros grupos intelectuais e correntes artísticas dispostas a denunciar esse arranjo de elites e as instituições espúrias do presente se viram diante do impasse de ou se voltarem para um passado amaldiçoado pela escravidão e o colonialismo ou idealizarem um futuro totalmente desvinculado da realidade do país e, ademais, identificado com as potências neocolonialistas. Situação bizarra, como a de um beco sem saída e sem retorno. Quaisquer temporalidades, presente, passado ou futuro, traziam consigo o estigma da exclusão social e dos entraves à democratização, aos processos de promoção social, de distribuição de oportunidades e riquezas e de consolidação da cidadania. Um quadro, enfim, configurando uma situação extrema, que se poderia caracterizar como o impasse dos tempos renegados: quaisquer diretrizes temporais manifestavam um sentido problemático, na medida em que significam a subordinação da sociedade brasileira a uma cronologia que é a das potências dominantes e dos seus intercâmbios de interesses com as redes simbióticas "evolutivas", dominantes no país. Os tempos renegados correspondem às perspectivas temporais intercorrentes de Benedito, Inácio e Spencer.[13]

O caso de Machado de Assis é exemplar para assinalar a configuração, nesse período-chave de transição da sociedade brasileira, de fórmulas estéticas que denunciavam esse empenho oficial em mistificar as temporalidades, no intuito de fixar imagens de um novo começo e uma nova identidade, dotados de um projeto próprio e promissor, diante do qual quaisquer outras linguagens seriam obsoletas ou ineptas, de modo que ele só poderia ser comentado e criticado nos termos mesmos em que se propunha. Essa desqualificação a priori de discursos concorrentes ou alternativos iria fundar sua legitimidade na consagração incondicional do primado da técnica e da ciência, tal como enunciado, em especial, pelas diferentes versões interconexas do darwinismo social, da eugenia, do culto da força e da superioridade manifesta dos valores culturais de matriz europeia. Há uma alegoria de Pedro Américo, *Paz e concórdia* (obviamente uma variante da máxima Ordem e Progresso adaptada aos desígnios do serviço diplomático), de 1902, encomendada pelo Ministério das Relações Exteriores, na qual figura o próprio Barão do Rio Branco, que representa em escala épica o marco fundador dessa nova temporalidade.[14] Nela, uma alegoria da República brasileira, vestindo o manto azul e estrelado, recebe o legado da cultura europeia. Toda a ambientação arquitetônica, as referências históricas e as figuras da tela são brancas de traços europeus, exceto um demônio escuro, decaído e se espojando aos pés do trono da pátria.

Atuando no sentido oposto, no propósito de corroer esse projeto unívoco, intolerante, opressivo e excludente, o realismo enganoso foi a estratégia elaborada por Machado de Assis para, simultaneamente, expor e contrapor, enunciar e minar, manifestar e subverter essa perversa equação ideológica. Euclides da Cunha a confrontou com a ambivalência da sua "tecnografia literária", Lima Barreto a assolou com sua denúncia do beletrismo de fancaria e sua economia estética a serviço das "ideias-força" e da ação crítica de desmascaramento da "República das Bruzundangas".

Outros escritores que criaram soluções estéticas originais destinadas a solapar essa traquitana ideológica e institucional das temporalidades renegadas e do "salto evolutivo" seriam João do Rio, com sua verve deliberadamente arrebatada, mimética, empastichada, alegórica e polifônica ou, caso extremo de mergulho do solilóquio às profundezas do solipsismo poético, o sublime Cruz e Souza. Seu grito do *Emparedado* revela num texto de força lírica única todo o drama, coragem e lucidez desse pequeno núcleo de espíritos raros, de origens humildes, de negros e mestiços que denunciaram a fraude ideológica da "evolução" e seu enorme custo em termos do sofrimento humano dos grupos subalternos, vulneráveis, segregados, excluídos e esconjurados.

> Tu és dos de Cam, maldito, réprobo, anatematizado! Falas em Abstrações, em Formas, em Espiritualidades, em Requintes, em Sonhos! Como se tu fosses das raças de ouro e da aurora, viesses dos arianos, depurado por todas as civilizações, célula por célula, tecido por tecido, cristalizado o teu ser num verdadeiro cadinho de ideias, de sentimentos — direito, perfeito, das perfeições oficiais dos meios convencionalmente ilustres! [...]
>
> Artista! Pode lá isso ser se és d'África, tórrida e bárbara, devorada insaciavelmente pelo deserto, tumultuando de raças bravias, arrastada, sangrando no lodo das Civilizações despóticas...? [...] Não! Não! Não! Não transporás os pórticos milenários da vasta edificação do Mundo, porque atrás de ti e adiante de ti não sei quantas gerações foram acumulando, acumulando pedra sobre pedra, pedra sobre pedra, que para aí estás agora o verdadeiro emparedado de uma raça.
>
> Se caminhares para a direita, baterás e esbarrarás ansioso, aflito, numa parede horrendamente incomensurável de Egoísmos e Preconceitos. Se caminhares para a esquerda, outra parede, de Ciências e Críticas, mais alta que a primeira, te mergulhará pro-

fundamente no espanto! Se caminhares para a frente, ainda nova parede, feita de Despeitos e de Impotências, tremenda, de granito, broncamente se elevará ao alto! Se caminhares, enfim, para trás, ah! ainda, uma derradeira parede fechando tudo, fechando tudo — horrível! — parede de Imbecilidade e Ignorância, te deixará num frio espasmo de terror absoluto...

E mais pedras, mais pedras, se sobreporão às pedras, já acumuladas, mais pedras, mais pedras... Pedras destas odiosas, caricatas, fatigantes Civilizações e Sociedades... Mais pedras, mais pedras! E as estranhas paredes hão de subir, longas, negras, terríficas! Hão de subir, subir, subir, mudas, silenciosas, até as Estrelas, deixando-te para sempre perdidamente alucinado e emparedado dentro do teu Sonho...[15]

Notável premeditação do poeta, escrita poucos meses antes da sua morte, tuberculoso, aos 36 anos, na mais pavorosa pobreza. Deixava esposa, quatro filhos e um ainda por nascer, destinados na sua irremediável miséria a se juntar àquelas crianças que ele mesmo descrevera, "crianças negras, vergônteas dos escravos, desamparadas, sobre o caos, à toa, pequeninas e tristes criaturas, flores tenebrosas que caminham por desertos vagos, sob o aguilhão de todas as torturas, na sede atroz de todos os afagos...".[16] O poeta, que se refugiara com a família num povoado remoto, próximo a Barbacena, na Serra da Mantiqueira, na vã tentativa de se recuperar, teve seu corpo transladado para o Rio de Janeiro em um vagão de transporte de animais, num *horse box*, engatado à rabeira do comboio da Central do Brasil. Nenhum lugar fora previsto para o maior poeta brasileiro na "linha evolutiva".

O destino de Cruz e Souza é emblemático do quadro social delineado pela peculiar República brasileira. As conotações arquitetônicas de seu pesadelo poético, as torres colossais construídas às milhares, em densas aglomerações, todas destinadas a isolar e não a congregar, lembram as imagens atormentadas daquela outra criatura estigmatizada, Franz Kafka. Mas evocam sobretudo, como um augúrio fatídico, a fúria construtiva da grande reforma urbana do Rio de Janeiro, que assinalaria as práticas de segregação espacial, discriminação étnica e exclusão social típicas da Regeneração. Práticas essas que seriam o tema central das críticas de Lima Barreto, e das quais Euclides da Cunha fugiria espavorido, buscando os amplos panoramas inclusivos do sertão. A cidade cenográfica que ao mesmo tempo foi a catalisadora e a resultante dessas práticas segregacionistas seria posta às avessas pela prosa em bricolagem, saturada de clichês de João do Rio, revelando as mazelas de suas elites, seu imaginário kitsch e mesquinho, ao mesmo tempo em que seu erotismo da alteridade esmiuçava os nichos clandestinos, os desvãos sombrios e os redutos da exclusão e da miséria que cercavam e não raro invadiam a capital elegante.

> No *trottoir roulant* da Grande Avenida passa, na auréola da tarde de inverno, o Rio inteiro, o Rio anônimo e o Rio conhecido — o Rio dos miseráveis ou o Rio cuja vida se prolonga de legendas odiosas e de invejas contínuas. Mas ninguém vê a miséria. Podem parar nas terraças dos bares, podem entrar pelas casas de chá os mendigos, ressequidos esqueletos da seca do norte [...]. A luz de inverno lustra os aspectos, faz ressaltar os prismas belos, apaga a fealdade. Não há gente desagradável, como não há automóveis velhos. Ninguém os vê. Os olhos estão nas mulheres bonitas, nos homens bem-vestidos, nos automóveis de luxo. É um desfilar de ópera.[17]

O que esses autores revelam é a homologia entre as fachadas e arranjos urbanísticos importados da cidade reformada, as instituições postiças da República e os artificialismos vazios e mistificatórios da literatura beletrística e dos discursos "progressistas" oficiais. Esse descolamento em relação ao referente é o traço em comum, subjacente a escritores que adotaram linguagens estéticas muito diversas, estratégias crítico-literárias não raro antagônicas, mas voltadas para um mesmo efeito final de desestabilização dos códigos instituídos, das convenções formais dominantes e das convicções ideológicas sobre as quais se assentavam as bases doutrinárias do novo regime. Seus textos, diversos quanto fossem nas opções estéticas e nas soluções estilísticas, conotavam cada qual ao seu modo tanto o estiolamento das convenções literárias tradicionais, quanto veiculavam propostas éticas e cognitivas alternativas aos discursos em vigor.

O elemento comum a esse núcleo notável de escritores era portanto a adoção de uma sintaxe transiente, capaz de fundir num mesmo corpo textual a reflexão crítica sobre o passado, o presente e o futuro, o bloco enfim dos tempos renegados. Seu objetivo não era apenas o de revelar como essas temporalidades se iluminavam umas às outras, elucidando o impasse histórico do país, mas sobretudo questionar como sair dele para algo que seria seu contraponto, seu avesso e sua superação. Em suma, como confrontar essas estratégias de esquecimento e de celebração, projetando para o primeiro plano justamente tudo aquilo e todos aqueles que foram deliberadamente "esquecidos", como se fossem meros elos perdidos, etapas superadas ou elementos obsoletos, atravancando o fluxo inexorável do "processo evolutivo".

Nesse tema das estratégias de esquecimento, lembremos os marcos inaugurais simbólicos do regime republicano. Por um lado, eles foram, como vimos, a queima dos arquivos sobre a escravidão e a queima dos capitais da elite imperial com o Encilhamento, ambos encabeçados pelo ministro plenipotenciário das Finanças, Rui Barbosa, beletrista e defensor intransigente da modernização ao estilo anglo-saxônico. Em consonância com esses, o marco inaugural da Regeneração foi o bota-abaixo da área central e mais densamente povoada, ao redor do porto, encabeçado pela trinca técnico-científica Pereira Passos (engenheiro, arquiteto e urbanista), Lauro Muller (engenheiro) e Oswaldo Cruz (médico sanitarista), sob a tutela do presidente e fazendeiro de café, o paulista Rodrigues Alves. Abrindo um enorme vão no centro do Rio de Janeiro e enxotando a massa de população pobre que vivia ali para os morros e subúrbios, o que foi louvado em prosa e verso pela imprensa oficial e oficiosa, o bota-abaixo ensejou a instalação ali de um cenário eclético e art nouveau rigorosamente modelado no urbanismo das grandes capitais europeias. Seu momento de manifestação epifânica foi assinalado pela inauguração da Avenida Central em 1904, revelando, para o espanto do Brasil e do mundo, a súbita aparição de uma vitrine cosmopolita irradiante, incrustada na mais bela baía tropical.

A culminação dessa Regeneração se daria em 1920-2, com o arrasamento do Morro do Castelo.[18] A circunstância é igualmente reveladora, pois se preparavam os festejos para a celebração do Centenário da Independência do Brasil. Assim sendo, é de se perguntar como um dos marcos históricos mais importantes do país, que sediou a luta épica de Estácio de Sá contra os franceses, onde o Rio de Janeiro, capital do país, foi fundado, onde se concentravam os primeiros prédios da administração e da Igreja, as presenças simbólicas da matriz, do colégio e da capela de São Sebastião, o padroeiro da cidade, como isso tudo poderia ser eliminado para sempre justamente naquele momento? Bem, é que o que ocorrera no centro se passou também no Morro do Castelo. Os velhos casarões foram sendo divididos em cubículos alugados para a população pobre, surgiram os cortiços e os barracos, sobretudo após o bota-abaixo. O morro inchou, com grande destaque para a presença de gentes negras e mestiças de todos os matizes. A invasão desses novos contingentes reanimou a vida local, com templos de umbanda e candomblé, grandes procissões, festas folguedos e batuques. Ele se tornou um dos centros da vida cultural, só que agora dos pobres e deserdados. Isso tudo tão próximo que era visível da Avenida Central. Ademais, em 1920 receberíamos a visita solene dos reis da Bélgica... No vão deixado pela desaparição do morro foram instalados alguns dos pavilhões da grande Exposição Internacional do Centenário. Todos no mais exuberante estilo eclético cosmopolita. Fechava-se o ciclo da Regeneração, o Rio se tornava a imagem viva da "evolução".

O ano de 1922 traz ainda outro marco decisivo para as estratégias de esquecimento dos tempos renegados. Ele foi adotado como o momento de fundação do movimento Modernista, a partir da Semana de Arte Moderna, organizada no início desse ano em São Paulo.[19] A capital paulista acabava exatamente de ajustar suas contas com o passado, conduzindo uma reforma urbana ainda mais furiosa que a do Rio, encabeçada como sempre pela aliança dos fazendeiros com a elite técnico-científica, da qual não restou praticamente nenhum resíduo dos tempos coloniais. Naturalmente esse ajuste de contas foi feito também com as populações negras e indígenas, a tal ponto que o alvo preferencial do "esquecimento" se tornaram as massas imigrantes turbulentas, concentradas na capital paulista em função do acelerado processo de industrialização. Os modernistas projetariam todo seu entusiasmo na celebração de um passado mítico, pré-histórico, o qual transformariam na sua plataforma estética ("pau-brasil", "antropofagia", "Pindorama", "matriarcado primitivo" etc.). Essa mitologia das origens se desdobraria por sua vez para um futuro idealizado, concebido como uma estetização da cultura brasileira "pura", pressuposto de uma nova harmonia e plenitude social, sem conflitos, opressões, exclusões ou contradições, derivada do encontro do passado mirífico com o futuro encarnado na mística evolutiva das tecnologias emancipadoras.

Machado de Assis não viveria para testemunhar mais esse

passo da evolução — tal como definida por Marinetti, Paulo Prado e Graça Aranha, ou um deles. Já Getúlio Vargas não apenas compreendeu os potenciais desse novo imaginário, como logo nos primeiros discursos exaltando a vitória do golpe de Estado avocava a si a paternidade da criança recém-nascida. "As forças coletivas que provocaram o movimento revolucionário do Modernismo na literatura brasileira, que se iniciou com a Semana de Arte Moderna de 1922, em São Paulo, foram as mesmas que precipitaram, no campo social e político, a Revolução de 1930."[20] Mais uma crise histórica aguda era equacionada pelo reencontro da ordem com o progresso. Foi Cassiano Ricardo, colaborando com o Governo Provisório, quem sugeriu a Getúlio a ideia da conexão entre os dois movimentos. Mas foi no discurso de posse de Getúlio que ela veio a público, e como *ideia dele*. Machado, na tumba, sorria melancólico.

*Nicolau Sevcenko, agosto de 2003*

# Notas

INTRODUÇÃO [PP. 27-33]

1. Adam Schaff, *Introduzione alla Semantica*, pp. 301-2.
2. (...) como o vento das margens/ fantasma a vagir, vindo não se sabe de onde,/ que acarecia a orelha e entretanto a assusta. Charles Baudelaire, *Les fleurs du mal*, p. 242.
3. Maurice Merleau-Ponty, *O homem e a comunicação: a prosa do mundo*, pp. 134 e 138.
4. Michel Foucault, *El orden del discurso*, pp. 11 e 31.
5. John Orr, *Tragic Realism and Modern Society: Studies on the Sociology of the Modern Novel*, p. 4.
6. Michel Zéraffa, *Fictions: the Novel and Social Reality*, p. 64.
7. Jean-Paul Sartre, *Situations: II*, p. 13.
8. Aristóteles, *Poética*, p. 451.
9. Roland Barthes, *Novos ensaios críticos: o grau zero da escritura*, p. 118.
10. E acrescenta o sábio: "Ora, aquele que aprendeu a dobrar a nuca e abaixar a cabeça em face do 'poder da história' terá sempre um gesto mecânico de aprovação, um gesto à chinesa, diante de qualquer espécie de poder, quer seja um governo, a opinião pública ou o maior número, movendo os seus membros de acordo com o compasso de um poder qualquer. Se todo sucesso traz consigo uma necessidade racional, se todo acontecimento é a vitória da lógica ou da 'ideia', não nos resta outra coisa senão nos ajoelharmos para percorrer assim

todas as formas do 'êxito'". Para concluir: "Que escola de conveniência, semelhante maneira de considerar a história!". Friedrich W. Nietzsche, *O pensamento vivo de Nietzsche*, p. 67.

11. Michel Foucault, *Nietzsche, Freud e Marx: theatrum philosophicum*, p. 57.

12. Basta lembrar os versos singelos, mas muito significativos, do "Intermezzo" de Heine: "Aus meinen grossen Schmerzen/ Mach ich die kleinen Lieder".

I. A INSERÇÃO COMPULSÓRIA DO BRASIL NA BELLE ÉPOQUE [PP. 35-94]

1. Visconde de Taunay, *O Encilhamento*, pp. 16-7.

2. Eulália Maria Lahmeyer Lobo, *História do Rio de Janeiro* (*do capital comercial ao capital industrial e financeiro*), v. 2, pp. 464-6.

3. Taunay, *op. cit.*, pp. 16-7.

4. A primeira citação procede de José Veríssimo, "Livros novos" (*JC*, 2/4/1900), e a segunda, de Ego, "Sem rumo, crônica da semana" (*JC*, 18/11/1900).

5. "A nova aristocracia" (*RK*, n. 2, 1906), e também Caio Prado Jr., *História econômica do Brasil*, pp. 208-9.

6. "Cada qual mais queria, ninguém se queria submeter ou esperar, todos lutavam desesperadamente como se estivessem num naufrágio. Nada de cerimônias, nada de piedade; era para a frente, para as posições rendosas e para privilégios e concessões. Era um galope para a riqueza, em que se atropelava a todos, os amigos e inimigos, parentes e estranhos. A República soltou de dentro de nossas almas toda uma grande pressão de apetites de luxo, de fêmeas, de brilho social. O nosso Império decorativo tinha virtudes de torneira. O Encilhamento, com aquelas fortunas de mil e uma noites, deu-nos o gosto pelo esplendor, pelo milhão, pela elegância e nós atiramo-nos à indústria das indenizações. Depois, esgotados, vieram os arranjos, as gordas negociatas sob todos os disfarces, os desfalques, sobretudo a indústria política, a mais segura e a mais honesta. Sem a grande indústria, sem a grande agricultura, com o grosso do comércio nas mãos dos estrangeiros, cada um de nós sentindo-se solicitado por um ferver de desejos caros e satisfações opulentas, começou a imaginar meios de fazer dinheiro à margem do código e a detestar os detentores do poder que tinham a feérica vara legal de fornecê-lo a rodo." Lima Barreto, *IC*, pp. 190-1.

7. Para a primeira citação, Olavo Bilac, "Crônica" (*RK*, n. l, 1904); para a segunda, Taunay, *op. cit.*, p. 20.

8. Os dados para a síntese desse parágrafo procedem dos estudos quantitativos de Eulália M. L. Lobo, *História do Rio de Janeiro* (*do capital comercial ao capital industrial e financeiro*), pp. 448, 451 e 463-4 e de Wilson Cano, "Alguns

aspectos da concentração industrial", in Flávio Rabelo Versiani e José Roberto Mendonça de Barros (orgs.), *Formação econômica do Brasil: a experiência da industrialização*, pp. 106-7.

9. Lobo, idem, pp. 447-9.
10. Taunay, *op. cit.*, pp. 36-7.
11. Idem, p. 27.
12. "Editorial", *JC*, 1/1/1901.
13. Taunay, *op. cit.*, p. 22.
14. Olavo Bilac, "Crônica", *RK*, janeiro de 1904.
15. Olavo Bilac, "Crônica", *RK*, março de 1904; Gil, "Crônica", *RK*, abril de 1904; Olavo Bilac, "Crônica", *RK*, outubro de 1905; "Tradições", *RK*, julho de 1904.
16. "Exposição Nacional do Rio de Janeiro", *JC*, de 1 a 28 de setembro de 1908.
17. Olavo Bilac, "Crônica", *RK*, março de 1904.
18. Gil, "Crônica", *RK*, n. 9, 1904.
19. Olavo Bilac, "Crônica", *RK*, outubro de 1909.
20. Constâncio Alves, "A semana dia a dia", *JC*, 18/9/1901.
21. João do Rio, *O momento literário*, p. 327; citação de "O. G. Lobo", *RK*, junho de 1905.
22. Carlos Seidl, "Função governamental", *JC*, 11/12/1913; "O Rio de Janeiro é a cidade dos contrastes", *FF*, 10/10/1914; João Luso, "Dominicais", *JC*, 12/9/1900.
23. "A pedido", *JC*, 5/8/1915; "Diário das ruas", *FF*, 28/7/1913; "O argot nacional...", *FF*, 30/5/1914.
24. "Ça marche...", *FF*, 24/6/1909.
25. "Rio primor de elegância", *FF*, 13/7/1907; "A semana dia a dia", *JC*, 3/3/1910.
26. "O bumba meu boi", *RK*, janeiro de 1906; "Crônica", *RK*, outubro de 1906; "A semana dia a dia", *JC*, 16/2/1900, 23/6/1900 e 26/9/1900.
27. "A pedido", *JC*, 14/5/1909; "A semana dia a dia", *JC*, 5/8/1908.
28. "Gazetilha", *JC*, 24/11/1918; João Luso escreveu ("Dominicais", *JC*, 13/7/1919): "Veja o amigo o que diz esse jornal: o último [candomblé] foi a polícia encontrá-lo na Rua do Lavradio, lá embaixo, junto à Praça Tiradentes! É extraordinário, mais alguns dias e teremos um candomblé na Avenida!".
29. Carioca, "O meu domingo", *FF*, 7/3/1908: "como seria deliciosa a alegria do carnaval se lhe tirassem essa feição externa de folia do interior da África!".
30. Bororó, "Os índios", *FF*, 16/1/1909; "O circulez no Rio", *FF*, 22/3/1919.
31. "A semana dia a dia", *JC*, 10/11/1900; Alceste, "Bedelho em tudo", *JC*, 14/11/1898.

32. Olavo Bilac, "Crônica", *RK*, outubro de 1904.

33. "A semana dia a dia", *JC*, 12/11/1900, 13/9/1901 e 24/1/1902; João Luso, "Dominicais", *JC*, 13/10/1901; "Dar esmolas aos pobres", *FF*, 19/7/1913; "Mendigos", *FF*, 15/2/1913; Jotaene; "Mendigos", *FF*, 6/10/1917; "Tretas", *FF*, 4/10/1917 etc.

34. "Num dos últimos domingos vi passar pela Avenida Central um carroção atulhado de romeiros da Penha: e naquele amplo boulevard esplêndido, sobre o asfalto polido, contra a fachada rica dos prédios altos, contra as carruagens e carros que desfilavam, o encontro do velho veículo, em que os devotos bêbedos urravam, me deu a impressão de um monstruoso anacronismo: era a ressurreição da barbaria — era uma idade selvagem que voltava, como uma alma do outro mundo, vindo perturbar e envergonhar a vida da idade civilizada... Ainda se a orgia desbragada se confinasse ao arraial da Penha! Mas não! Acabada a festa, a multidão transborda como uma enxurrada vitoriosa para o centro da urbs." Olavo Bilac, "Crônica", *RK*, outubro de 1906.

35. "Diário das ruas", *FF*, 28/7/1913.

36. "A pedido", *JC*, 15/8/1915.

37. "O Rio de Janeiro é a cidade dos contrastes", *FF*, 10/10/1914; "Crônica", *RK*, novembro de 1907.

38. "O argot nacional...", *op. cit.*

39. A unidade monetária até novembro de 1942 era o real (plural, réis), usado efetivamente em múltiplos de mil (o *mil-réis*, representado como 1$000 ou 1$). Um milhão de réis (ou mil vezes mil-réis) escrevia-se *1:000$* e dizia-se *um conto de réis*. "Em *Problemas brasileiros*, de 1911, Arthur Guimarães afirma que uma família operária de quatro pessoas no Rio precisava de 250$000 por mês para a simples sobrevivência — em comparação com 130$000 no Reino Unido ou 80$000 na Alemanha —, enquanto as necessidades essenciais de uma família de classe média de tamanho comparável teriam custado 1:500$." Laurence Hallewell, *O livro no Brasil, sua história*, p. 189.

40. "Ça marche...", op. cit. Grifo nosso.

41. Justino Accacio, "Ponderações", *FF*, 4/7/1908.

42. "A semana dia a dia", *JC*, 30/3/1908.

43. Idem, ibidem.

44. A análise do período da Independência, do indianismo e a expressão "desejo de ser brasileiros" procedem de Antonio Candido, *Formação da literatura brasileira — momentos decisivos*, principalmente v. 2, pp. 9-22.

45. "Sem rumo", *JC*, 21/3/1901. Um adágio francês muito em voga em todo esse período no Rio de Janeiro dizia justamente: "Quand la France joue du violon, tout le monde se met a danser" ("Sem rumo", *JC*, 12/4/1897).

46. João Luso (de Paris), "Dominicais", *JC*, 5/2/1911.

47. "Gazetilha", *JC*, 26/9/1916; Dactylo, "As novas estátuas", *JC*, 12/10/1907.
48. "Assobios", *FF*, 11/8/1917.
49. Mié, "As tabuletas da Avenida", *FF* 4/5/1907.
50. Petrônio, "Da miséria ao vício", *FF*, 8/2/1908.
51. "As tabuletas da Avenida", *op. cit.*
52. "Da miséria ao vício", *op. cit.* No mesmo sentido, também: Ciro Vieira da Cunha, *No tempo de Paula Ney*, p. 76; "Olhe em derredor...", *FF*, 16/6/1914; "A pedido", *JC*, 2/7/1911.
53. Dr. Picolino, "Liga contra o Feio", *FF*, 22/2/1908; "Riscos", *FF*, 9/1/1915; "Liga da Defesa Estética do Rio", *FF*, 13/2/1915; "Gazetilha", *JC*, 23/7/1919; João Luso, "Dominicais", *JC*, 12/9/1920.
54. João Luso, "Dominicais", *JC*, 12/9/1920; Gonzaga Duque, "Crônica insulsa", *FF*, 10/12/1910.
55. "Fantasias do Zé Povo", *FF*, 8/3/1913.
56. "Ganhar dinheiro", *FF*, 8/3/1913.
57. Cf. *Albun du "High-Life Taylor" pour le printemps 1910*, Paris, Draeger, 1910; Conde de Luxo em Burgo, "Pelos teatros", *RC*, 20/2/1912.
58. "Smoking concert and Ladies' Club", *FF*, 10/8/1907; "Dísticos e emblemas", *FF*, 7/9/1907; "Banquete de estrondo", *FF*, 19/10/1907; Arfeltos, "Na rua do Ouvidor", *FF*, 23/6/1910; Ciro Vieira da Cunha, op. cit., p. 76.
59. João do Norte, "Fidalguia", *FF*, 26/2/1916; "À fidalguia nacional", *RB*, janeiro a abril de 1920, p. 180.
60. "O dinheiro", *FF*, 3/7/1915.
61. D. J. Valverde, "A vida", *FF*, 15/1/1910.
62. Gonzaga Duque, "Crônica insulsa", *FF*, 15/1/1910; "Teatros e música", *JC*, 6/11/1910; "A pedido", *JC*, 1/3/1915; "A época é de arrivismo", *FF*, 1/7/1912; Lima Barreto, *HS*, p. 13.
63. "Gazetilha", *JC*, 23/5/1915.
64. "A pedido", *JC*, 5/5/1909.
65. "A semana dia a dia", *JC*, 30/3/1908.
66. D. Xiquote, "Vênus burguesa", *FF*, 14/8/1908; Pierrot, "A moda", *FF*, 13/4/1913; Lima Barreto, "Um e o outro", in *CA*, pp. 247-57.
67. "A propósito da Semana Santa", *RK*, n. 4, 1906, grifo do original.
68. Emílio Kemp, "Um amor" (IV), *RK*, n. 3, 1906.
69. Lima Barreto, *CRJ*, p. 80.
70. "A pedido", *JC*, 18/1/1900; "Sem rumo", *JC*, 18/7/1901; "A nossa aristocracia", *RK*, n. 2, 1908; Lima Barreto, *CRJ*, p. 174, e *HS*, pp. 234-5 e 237.
71. Rocha Pombo, "A civilização brasileira nos fins do século XIX", *RB*, v. 2, março de 1917, pp. 48-57; Lima Barreto, *GS*, p. 67; "Sem rumo", *JC*, 1/11/1896.
72. "Sem rumo", *JC*, 7/1/1900.

73. "Sem rumo", *JC*, 25/11/1900 e 1/11/1896.

74. Jack, "Cavação", *FF*, 22/1/1910.

75. Gonzaga Duque, "Crônica insulsa", *FF*, 15/1/1910; Mário Pederneiras, "À mercê da pena", *FF*, 13/7/1912; Amaral Jr., "Smart", 12/12/1908.

76. Lima Barreto, *GS*, p. 72.

77. Félix Pacheco, "Pereira Passos", *JC*, 3/9/1916; Francisco Bernardino R. Silva, "Reconstituição política", *JC*, 9/8/1909; "Teatros e música", *JC*, 29/12/1912; "A semana dia a dia", *JC*, 3/11/1910; "Gazetilha", *JC*, 3/9/1912 e 23/7/1919; João Luso, "Dominicais", *JC*, 12/9/1920.

78. Félix Pacheco, op. cit.; Souto Maior, "O novo Brasil e o barão do Rio Branco", *JC*, 20/4/1910; Francisco Bernardino R. Silva, op. cit.; "Gazetilha", *JC*, 3/10/1917, 1/2/1918 e 7/7/1919; Major Alípio Gama, "Estatística militar", *RA*, v. 3, n. 17, junho de 1910, pp. 431-41.

79. Sobre Paris, cf. Walter Benjamin, *Iluminaciones II*, pp. 173-90; sobre Buenos Aires, cf. Lucillo Bueno, "Literatura argentina", *RA*, v. 1, n. 2, novembro de 1916, pp. 126-32; sobre Nápoles, cf. Alcindo Guanabara, *Pela infância abandonada e delinquente no Distrito Federal*, p. 24; sobre Manaus, cf. Euclides da Cunha, v. 2, pp. 640 e 657; sobre Belém, cf. Caio Prado Jr., op. cit., p. 240; sobre São Paulo, cf. Aracy A. Amaral, *Artes plásticas na Semana de 22*, pp. 35-49; sobre Belo Horizonte, cf. Francisco Guimarães e Georges Lafond, *Annuaire du Brésil (économique et financier)*, pp. 368-9.

80. Heintz Gollwitzer, *O imperialismo europeu*, pp. 24-33; Eric J. Hobsbawm, *A era do capital*, pp. 59-64; M. D. Bidiss, *The Age of the Masses*, pp. 31-2; Geoffrey Barraclough, *Introdução à história contemporânea*, pp. 50-4; Adalberto Marson, *A ideologia nacionalista em Alberto Torres*, pp. 69-70.

81. Geoffrey Barraclough, op. cit., pp. 50-4; David Thomson, "The Era of Violence", *TNCMH*, v. 12, pp. 1-2; G. C. Allen, "The Economic Map of the World: Population, Commerce and Industries", *TNCMH*, pp. 14-5; P. M. Sweezy, *Teoria do desenvolvimento capitalista*, pp. 351-5; Wolfgang Mommsen, *La época del imperialismo*, pp. 55-6; Eric J. Hobsbawm, op. cit., pp. 67-8; Paul Singer, "O Brasil no contexto do capitalismo internacional", *HGCB*, v. 8, pp. 348-9.

82. Maurice Dobb, *A evolução do capitalismo*, pp. 372-81 e 387-9; M. B. Brown, *Economia do imperialismo*, pp. 183-6; M. D. Bidiss, op. cit., p. 31.

83. M. B. Brown, op. cit., pp. 140-51, 180-1, 187-8, 192 e 205-7; Adalberto Marson, op. cit., pp. 72-3; Eric J. Hobsbawm, op. cit., pp. 68-9; Maurice Dobb, op. cit., p. 383.

84. Eric J. Hobsbawm, op. cit., pp. 143-5 et passim.

85. Idem, pp. 135-6; G. C. Allen, op. cit., p. 15.

86. Hobsbawm, op. cit., p. 139.

87. Para uma visão integrada dos movimentos citados e do processo de

aburguesamento da sociedade brasileira, veja-se Raymundo Faoro, *A pirâmide e o trapézio*, principalmente pp. 40-89; também o capítulo "A república burguesa", da *História econômica do Brasil*, de Caio Prado Jr., que traz uma análise percuciente da ascensão do grupo burguês nesse período.

88. Cf. Richard Graham, *Grã-Bretanha e o início da modernização no Brasil*, p. 106. Sobre a penetração dos capitais estrangeiros veja-se também Edgard Carone, *A República Velha: instituições e classes sociais*, pp. 130-8.

89. Caio Prado Jr., op. cit., pp. 207-17 e 347; Richard Graham, idem, pp. 344-5.

90. Caio Prado Jr., op. cit., pp. 190-1; Edgard Carone, op. cit., p. 13; M. T. S. Petrone, "Imigração", *HGCB*, pp. 100-2.

91. Raymundo Faoro, *Os donos do poder*, pp. 513 (citação) e 501-34. No mesmo sentido, Richard Graham, op. cit., pp. 224-40.

92. "Editorial", *JC*, 15/11/1909.

93. V. 1, pp. 619 e 623.

94. "Teatros e música", *JC*, 24/12/1900; "A pedido", *JC*, 16/7/1897, 4/3/1900, 10/3/1900, 4/4/1901; "Aclamação", *JC*, 8/5/1896 etc.

95. V. 1, pp. 103-6.

96. Lionel C. Robins, *Teoria da política econômica*, p. 172; Raymundo Faoro, *Os donos do poder*, pp. 158-9.

97. Lima Barreto, *Bg*, p. 48; José Veríssimo, "Um ensaísta pernambucano, o sr. Arthur Orlando", *RK*, n. 3, 1906. Sobre o adesismo e conservadorismo, ainda, vejam-se: Lima Barreto, *HS*, pp. 249 e 69; E. Kemp, "Um amor" (IV), *RK*, n. 3, 1906; "Sem rumo", *JC*, 6/12/1896.

98. Sobre a atuação integrada de Rodrigues Alves e do barão do Rio Branco: A. Lins, *Rio Branco*, pp. 355-68; "Rio Branco", *FF*, Suplemento Especial, 15/2/1912; Souto Maior, op. cit. etc.

99. Afonso Arinos de Melo Franco, *Rodrigues Alves: apogeu e declínio do presidencialismo*, p. 236; Raymundo Faoro, *Os donos do poder*, pp. 518-9.

100. Dentre o círculo áulico de intelectuais que rodeava o barão do Rio Branco, podemos destacar: Joaquim Nabuco, Rui Barbosa, Euclides da Cunha, Graça Aranha, Arthur Orlando, Olavo Bilac, Araripe Jr., Oliveira Lima, Lúcio de Mendonça e Lauro Muller, entre outros. Com a mediação da Livraria Garnier, entretanto, sua influência chegava até Machado de Assis, José Veríssimo, João Ribeiro, Afonso Celso, Coelho Neto, Raimundo Correia, Filinto de Almeida, Garcia Redondo e outros mais. Isso sem lembrarmos o efeito irradiador da sua presença como membro da Academia Brasileira de Letras. Cf. Lima Barreto, *FM*, pp. 30-1; Lauro Muller, "Elogio do Barão do Rio Branco", *RA*, agosto a setembro de 1917, pp. 11-35. Sobre a política externa de Rio Branco: A. Lins, op. cit., pp. 355-6; "Livros novos", *JC*, 5/7/1914; Araripe Jr., "A doutrina

de Monroe", *RA*, dezembro de 1909, n. 3, pp. 279-308; Euclides da Cunha, v. 2, pp. 680-1.

101. Foi na fase decorrida entre 1870 e a Grande Guerra que se desenvolveram as formações políticas típicas das sociedades abaladas ou envolvidas pela Segunda Revolução Industrial — os Estados-nação modernos — que têm sido exaustivamente estudadas pela mais recente historiografia do período contemporâneo. Numa visão sintética, poderíamos resumir as conclusões fundamentais destes estudos da seguinte forma. O prosseguimento da expansão vertiginosa dos eixos horizontal e vertical do sistema econômico, operando em simultaneidade no conjunto das metrópoles capitalistas da Europa, nos EUA e Japão, desencadeia uma concorrência internacional que repete em escala ampliada os conflitos entre empresas pelo domínio dos mercados nacionais. Por sua vez, a formação dos grandes exércitos operários e burocráticos urbanos irá exacerbar as confrontações sociais até os limites do equilíbrio do sistema de forças. É, pois, visando à estabilização desses níveis de tensão que vemos igualmente desenvolver-se nesse período a participação e ingerência do Estado no controle da economia e dos atritos no interior e entre os grupos sociais.

Foi a partir desse emaranhado de circunstâncias e em função dele que o Estado-nação moderno atingiu a sua cristalização. Sua presença e atuação foram genericamente tidos como indispensáveis para ponderar as questões sociais e econômicas que irromperam, tais a sua magnitude e seu ímpeto. Assistiu-se, pois, a um vultoso crescimento do aparelho do Estado, facilmente perceptível pelo aumento do volume da burocracia governamental. Voltado para a estabilidade interna e a concorrência externa, seus três principais movimentos são a ação integradora e constritora sobre o próprio território; a ação social traduzida em sistemas de benefício e seguro social que lhe garantissem apoio e flexibilidade; e o desenvolvimento da força militar marítima e terrestre. Seu objetivo seria propiciar a máxima racionalidade ao desenvolvimento do sistema econômico e a oferta contínua de novas oportunidades de inserção e incremento social. O Estado-nação moderno "termina por ser, na realidade, a unidade 'natural' do desenvolvimento da sociedade burguesa, moderna, liberal e progressista" (Hobsbawm, op. cit., p. 105). Vejam-se, ainda, para síntese do parágrafo: idem, pp. 87-9 e 101-34; Gollwitzer, op. cit., pp. 45-6 e 132-48; Barraclough, op. cit., pp. 120-4; G. A. D. Soares, "O novo Estado na América Latina", *Estudos Cebrap*, n. 13, julho a setembro de 1975, pp. 57-77; Bidiss, op. cit., pp. 39-42; Brown, op. cit., pp. 158 e 175-6; Marson, op. cit., pp. 70-1; Hannah Arendt, *Imperialismo: a expansão do poder*, pp. 16-29.

102. Tobias Barreto, "Discurso em mangas de camisa", in Hildon Rocha (org.), *A questão do poder moderador e outros ensaios brasileiros*, pp. 175-6; Joaquim Nabuco, *O abolicionismo*, pp. 60 e 169-70; idem, *Minha formação*, pp. 16 e 69; Rui Barbosa, *Diretrizes de Rui Barbosa*, pp. 69-72, 209 e 301-2.

103. "Sem rumo", *JC*, 27/1/1897; no mesmo sentido são também as crônicas do *JC* de 21/1/1897, 23/4/1897, 3/10/1897 e 8/10/1898.

104. Sobre o desenvolvimento do papel do Estado e o crescimento da burocracia estatal: "A moléstia do funcionalismo", *JC*, 2/2/1897; "Sem rumo", *JC*, 1/8/1898; C. Seidl, op. cit. A respeito dos controles sobre a opinião pública: A. A. M. Franco, op. cit., pp. 127, 136, 149 e 426; Ciro Vieira da Cunha, op. cit., p. 99. A respeito da ação integradora sobre o território: "Através do sertão", *FF*, 18/5/1912; Major E. Trindade, "O centenário da Independência e a geografia nacional", *JC*, 16/7/1919; major Alípio Gama, op. cit. Sobre a ação social do Estado: "Vários assuntos", *JC*, 7/3/1915; "Gazetilha", *JC*, 12/2/1911; João Luso, "Dominicais", *JC*, 6/7/1919; "Diário das ruas", *FF*, 6/4/1912; "As vilas proletárias", *FF*, 15/12/1913. Sobre o desenvolvimento da força militar: "Novo surto", *FF*, 12/10/1907; "Futuros efeitos do sorteio militar", *FF*, 26/10/1907; dr. Picolino, "Sorteios", *FF*, 4/1/1908.

105. Nicolau Sevcenko, "O cosmopolitismo pacifista da belle époque: uma utopia liberal", *Revista de História*, nova série, n. 14, janeiro a junho de 1983, FFLCH-USP.

106. Alberto Sales, "Catecismo republicano", apud Luís Washington Vita, *Alberto Sales, ideólogo da República*, pp. 171-201.

107. *Barão do Rio Branco*, apud A. Lins, op. cit., p. 367.

108. *Barão do Rio Branco*, apud A. Lins, op. cit., p. 262; vejam-se também L. Muller, op. cit., e "Rio Branco", *FF*, Suplemento Especial.

109. Crispim Mira, "Agricultura e pecuária, eis o nosso caminho", *JC*, 12/4/1920.

110. Euclides da Cunha, v. 1, pp. 418-9; Lima Barreto, *NN*, pp. 201-2.

111. Sobre a articulação entre as elites locais e a economia internacional: Elias T. Saliba, "Cincinato Braga e a modernização econômica do país", in Elias T. Saliba (org.), *Ideias econômicas de Cincinato Braga*, pp. 23-37; Joseph Love, "Collective Biography, a Brazilian Case Study", mimeo., pp. 8-9. Sobre a dissipação improdutiva de capitais: Brown, op. cit., pp. 151, 187-8, 192, 205 e 207; Sertório de Castro, *A república que a revolução destruiu*, pp. 150-7; Caio Prado Jr., op. cit., pp. 221-4. Sobre o problema da poupança interna: Brown, idem, pp. 187-8. Sobre as práticas oligopolísticas e neomercantilistas: idem, ibidem, pp. 157-9, 171 e 177. Sobre a divisão internacional artificial do trabalho: idem, ibidem, pp. 101, 103, 108, 125 e 151-2; Hobsbawm, op. cit., p. 58. Sobre o *Imperium et Libertas*: Gollwitzer, op. cit., pp. 132-9.

112. Sobre os limites à participação social: Bóris Fausto, *Trabalho urbano e conflito social*, p. 28; Raymundo Faoro, *Os donos do poder*, p. 610. Sobre os limites da participação política: Sertório de Castro, op. cit., pp. 162-3; Raymundo Faoro, idem, pp. 620-1. Sobre o sistema oligárquico: Joseph Love, op. cit., p. 1;

Faoro, idem, pp. 628-9, 649 e 653; Franco, op. cit., p. 132. Sobre os limites de oportunidades, concorrência e discriminação: Faoro, idem, pp. 610, 620, 639 e 654; "A semana dia a dia", *JC*, 29/3/1900; Lima Barreto, *Bg*, pp. 108-9 e 111; Fausto, idem, pp. 31-2. Sobre as relações de tutela e dependência no Estado: "Desilusão", *FF*, 14/9/1907; "Reconstituição política", op. cit.; Euclides da Cunha, v. 2, pp. 641 e 709; Franco, idem, p. 47; Ralph Della Cava, *Milagre em Joaseiro*, p. 29; Faoro, idem, pp. 631-8. Sobre o monopólio estatal dos cargos técnicos e suas consequências: Euclides da Cunha, v. 2, pp. 644-5.

113. Sobre os limites do alcance social do Estado: Vicente de Carvalho, "Euclides da Cunha", *RB*, janeiro a março de 1918, v. 2, pp. 406-7; Bento Miranda, "O problema agrícola do Norte", *JC*, 2/7/1919; "A semana dia a dia", *JC*, 1/4/1920. Sobre os limites do alcance territorial do Estado: Vicente de Carvalho, idem; Júlio Nogueira, *JC*, 2/4/1920; Vitor Vianna, "Ação e organização", *JC*, 14/7/1919; "O Brasil incógnito", *JC*, 17/9/1912. Sobre a composição do Estado com forças tradicionais: Ralph Della Cava, idem, p. 20; Faoro: idem, pp. 646-7.

114. Visconde de Taunay, *Império e República*, p. 99; os demais dados do parágrafo procedem de Bóris Fausto, op. cit., pp. 25-7.

115. Francisco Guimarães e Georges Lafond, *Annuaire du Brésil (économique et financier)*, pp. 47-8 (dados demográficos) e 49 (citação). As demais informações demográficas em que se baseiam os cálculos vêm de Lahmeyer, op. cit., pp. 463 e 469-70, e Richard Graham, *Grã-Bretanha e o início da modernização do Brasil*, p. 40.

116. Cf. Afonso Arinos de Melo Franco, *Rodrigues Alves: apogeu e declínio do presidencialismo*, v. 1, pp. 309-10.

117. Sobre a crise habitacional: Lahmeyer, op. cit., pp. 470-1 e 503. Sobre a insalubridade: Melo Franco, op. cit., pp. 310 (citação) e 307-92; *Mg*, p. 140; Lahmeyer, p. 470; Paul Singer et al., *Prevenir e curar*, pp. 104-11. Sobre o abastecimento: W. Cano, op. cit., p. 110; Lahmeyer, op. cit., pp. 452-3. Sobre o exército industrial de reserva: Fausto, op. cit., p. 28; W. Cano, op. cit., p. 111, que lembra ainda a larga utilização, no Rio, do trabalho infantil e feminino, a fim de rebaixar ainda mais os salários.

118. Lahmeyer, op. cit., pp. 454, 467-8 e 503-4.

119. José Maria Bello, *História da República: 1889-1954*, pp. 162-3.

120. G., "Sem rumo", *JC*, 5/12/1897 (segundo Lahmeyer, "a maioria do operariado tinha uma jornada de 12 horas de trabalho", p. 508); "Sem rumo", *JC*, 25/4/1897.

121. Lahmeyer, op. cit., pp. 505-6. Uma análise pormenorizada e atenta às múltiplas motivações políticas do movimento operário carioca encontra-se em Bóris Fausto, op. cit., pp. 41-104.

122. Sertório de Castro, op. cit., pp. 169-70 e 174.

123. Na ordem das citações: G., "Sem rumo", *JC*, 19/9/1897; *CA*, "A semana dia a dia", *JC*, 1/11/1897; "Teatros e música", *JC*, 1/11/1897; "Associações", *JC*, 2/12/1897.

124. Taunay, *Império e República*, p. 103.

125. Na ordem das citações: G., "Sem rumo", *JC*, 4/7/1897, 24/5/1896 e 10/5/1896, e João do Rio, *A alma encantadora das ruas*, p. 39. Sobre a posição do funcionalismo no mercado de empregos do Rio: W. Cano, op. cit., pp. 108-12 e Lahmeyer, op. cit., p. 502.

126. *CA*, p. 115, citação. *HS*, p. 41. Em outra oportunidade, ainda, o autor voltaria a falar dos barracos, ao referir-se ironicamente aos "magníficos *repoissoirs* da Favela, do Salgueiro, do Nheco e outros em muitos morros e colinas que são descritos por um jovem jornal desta cidade, *O Dia*, de 3 do corrente, desta maneira:

'encontram-se extensos aldeamentos de casas construídas com folhas de latas de gasolina, ripas de caixas de batata e caixões de automóveis [...]. Por essas barracas, que seria impossível de qualificar de casebres, porque nelas nenhum homem rico abrigaria o seu cão de estima, cobram-se de 30$ a 50$000 por mês e até mais'". *FM*, p. 105. Ver nota 39 para entender as quantias.

127. *IC*, pp. 221-2.

128. *CA*, pp. 118-9.

129. Lahmeyer, op. cit., p. 469; Alcindo Guanabara, *Discursos fora da Câmara*, p. 99; Aluísio Azevedo, *O cortiço*, pp. 19-21.

130. Lahmeyer, op. cit., pp. 470-1 e 503; Alcindo Guanabara, idem, p. 72; Olavo Bilac, "Crônica", *RK*, outubro de 1907; Edgard Carone, *A república velha — evolução política*, pp. 216-7.

131. Alcindo Guanabara, *Pela infância abandonada e delinquente do Distrito Federal*, pp. 22-3.

132. *CA*, p. 171.

133. João do Rio, *A alma encantadora das ruas*, p. 85.

134. Idem, ibidem, pp. 160-3.

135. Alcindo Guanabara, *Discursos fora da Câmara*, pp. 72-4.

136. Olavo Bilac, "Crônica", *RK*, novembro de 1907.

137. Carlos Seidl, "A função governamental em matéria de higiene", *JC*, 11/12/1913.

138. Olavo Bilac, "Crônica", *RK*, outubro de 1907.

139. João do Rio, *A alma encantadora das ruas*, p. 148.

140. Pelo título de seu artigo, o próprio Lima Barreto parece sugerir o grau de generalidade que essa situação apresentava no interior da sociedade carioca: "Um do povo", *Mg*, p. 262.

141. João do Rio, *A alma encantadora das ruas*, pp. 37, 39, 41-3, 51, 67 e 234-5.

142. Constâncio Alves, "A semana dia a dia", *JC*, 15/8/1897 (citações), 10/11/1900 e 12/11/1900; Alceste, "Bedelho em tudo", *JC*, 14/11/1898 e 4/9/1899; Constâncio Alves, "A semana dia a dia", *JC*, 13/9/1901; idem, "Caça aos mendigos", *JC*, 24/1/1902; João Luso, "À quinta-feira", *JC*, 23/1/1902; "Um orçamento", *RC*, 20/1/1912; "A mendicidade", *RC*, 21/9/1912.

143. Pela ordem das citações: Alceste, "Bedelho em tudo", *JC*, 28/6/1897; G., "Sem rumo", *JC*, 4/4/1897; Alceste, "Bedelho em tudo", *JC*, 15/6/1896; Sancho Sanches, "Crônica da gatunice", *RC*, 16/6/1912; Alceste, "Bedelho em tudo", *JC*, 14/8/1898. E ainda, no mesmo sentido: idem, ibidem, 4/9/1899, 29/6/1896, 26/2/1897 etc. Sobre a prostituição, vejam-se: Alceste, "Bedelho em tudo", *JC*, 4/9/1899 e 22/2/1897; João do Rio, *A alma encantadora das ruas*, pp. 40-1, 48-9 et passim; Lima Barreto, *Mg*, pp. 129-30.

144. Alcindo Guanabara, *Pela infância abandonada e delinquente do Distrito Federal*, pp. 8-9 (citação) e 11-13 (dados estatísticos de que nos servimos para os cálculos).

145. Alcindo Guanabara, *Pela infância abandonada e delinquente do Distrito Federal*, pp. 10-1.

146. Respectivamente: Lima Barreto, *Mg*, p. 140, e João do Rio, *A alma encantadora das ruas*, p. 175.

147. G., "Sem rumo", *JC*, 10/10/1897; Constâncio Alves, "A semana dia a dia", *JC*, 12/11/1900; G., "Sem rumo", *JC*, 5/12/1897; Lima Barreto, *Mg*, pp. 97-8.

148. G., "Sem rumo", *JC*, 28/2/1900 (informações e estatísticas — os cálculos são nossos); idem, ibidem, *JC*, 1/9/1901; "A pedido", *JC*, 19/2/1901; "Gazetilha — Hospício Nacional dos Alienados (relatório dos doutores T. Esposei e Ernani Lopes)", *JC*, 25/3/1912.

149. "Suicídios", *FF*, 21/8/1915 (citação); G., "Sem rumo", *JC*, 4/3/1897 e 10/2/1901.

150 "Até o período das grandes greves [1917-1920], o protesto popular policlassista teve no Rio de Janeiro maior ressonância do que as paralisações especificamente operárias", Bóris Fausto, *Trabalho urbano e conflito social*, p. 59, e também 62. Lahmeyer, op. cit., p. 507, e também 505-6 e 508-9 (conflitos interétnicos). A expressão "geena social" no início do parágrafo é de Lima Barreto, *CV*, p. 44.

151. Joaquim Nabuco, *A intervenção estrangeira durante a Revolta de 1893*, pp. 26-8; Major José d'Assis Brazil, *O atentado de 5 de novembro de 1897 contra o presidente da República, causas e efeitos*, pp. 42-113; Cunha e Costa, *A luta civil brasileira e o sebastianismo português*, pp. 9-15; Taunay, *Império e República*, pp. 41-55 et passim; Raymundo Faoro, *Os donos do poder*, pp. 546-7; Lahmeyer, op. cit., p. 509. Quanto ao volume da imigração estrangeira e portuguesa, Lima Barreto, atentíssimo ao problema, cita dados interessantes (*VU*, p. 125). Da

população total de 1906, 811 443 pessoas, 600 928 (74%) eram nacionais e 210 515 (26%) eram estrangeiros. Do total de estrangeiros, cerca de 133 393 (63%) eram portugueses, dividindo-se os restantes 37% entre as outras nacionalidades. Comparando esses dados com os de Bóris Fausto (op. cit., p. 32), temos que em 1906, estimando-se o volume da mão de obra empregada nos principais setores econômicos em cerca de 271 265 pessoas, 112 381 (41%) eram estrangeiros e 158.884 (59%) eram nacionais. Ou seja, embora os nacionais perfizessem 74% da população, ocupavam apenas 59% do mercado de empregos, sendo que os estrangeiros, embora significassem somente 26% da população da cidade, tinham uma presença relevante de 41% no mercado de mão de obra ocupada. Donde se conclui que embora superiores numericamente aos estrangeiros em 185% na população total, os nacionais lhes eram superiores em nível de emprego em apenas 41%. Ou, usando os mesmos dados ainda, conclusão mais grave: a estrutura de empregos ocupava 53% dos imigrantes estrangeiros e apenas 26% dos elementos nacionais, propiciando uma vantagem de 102% dos primeiros sobre os segundos.

152. Tobias Monteiro, apud José Veríssimo, "Revista literária", *JC*, 20/8/1900. Sobre o jacobinismo, vejam-se também: "A pedido", *JC*, 3/5/1896, 15/5/1896, 2/6/1896 e 2/6/1897; G., "Sem rumo", *JC*, 7/6/1897; "A pedido", *JC*, 3/6/1897, 6/6/1897, 14/6/1897, 16/7/1897, 7/8/1897, 1/9/1897, 14/11/1897; "Sem rumo", *JC*, 21/11/1897; "Congresso Nacional", *JC*, 28/10/1898; "Gazetilha", *JC*, 4/11/1898 etc.

153. G., "Sem rumo", *JC*, 21/11/1897; Lima Barreto, *DI*, pp. 48, 203 e 266-7; Euclides da Cunha, v. 1, pp. 596-7; Bóris Fausto, *Trabalho urbano e conflito social*, pp. 47-51.

154. Mello Cavalcanti, "Nativismo", *JC*, 2/6/1896. No mesmo sentido: Mello Cavalcanti, "Diplomacia errada", *JC*, 6/6/1896; Taunay, *Império e República*, pp. 102-5. Para uma visão geral da evolução institucional da resistência monarquista: Edgard Carone, *A República Velha*, pp. 379-90.

155. "A pedido", *JC*, 16/7/1897.

156. Eis aí por que uma das táticas principais e particularmente temida dos jacobinos seriam os boatos alarmantes, disseminados no meio do povo da cidade, que causavam a ira descomedida dos paulistas. "Descei, finalmente, do Congresso e da Imprensa para as ruas das cidades. Reaparecerão os boatos que amedrontam e desconsolam, estamos outra vez no reinado sinistro das pavorosas mazorcas, que nos envergonham e fazem descer a taxa de câmbio e subir o preço do pão" ("A pedido", *JC*, 16/7/1897). No mesmo sentido: "A pedido", *JC*, 8/5/1896, 1/9/1897 e 4/4/1901.

157. Lima Barreto: *IC*, pp. 246-50; Mello Franco, op. cit., pp. 392-414; Sertório de Castro, op. cit., pp. 186-206.

158. A primeira citação é de José Maria dos Santos, *A política geral do Brasil*, apud Melo Franco, op. cit., p. 425, e a segunda é do mesmo autor e obra, na p. 424.

159. Lima Barreto, *DI*, p. 49; *Mg*, p. 27.

160. João do Rio, *A alma encantadora das ruas*, pp. 207-8.

## II. O EXERCÍCIO INTELECTUAL COMO ATITUDE POLÍTICA: OS ESCRITORES-CIDADÃOS [PP. 95-137]

1. J. Alexandre Barbosa, *A tradição do impasse*, pp. 77-111; Ciro Vieira da Cunha, *No tempo de Paula Ney*, pp. 12, 40, 77 e 93.

2. Novamente não cabe falar de mera imitação, mas da amplitude de um único processo de mudança.

3. Dentre todos, só Nabuco não era republicano, embora fosse um liberal progressista. Joaquim Nabuco, *Minha formação*, pp. 29 e 10. Sobre as oscilações e hesitações do radical Tobias Barreto e a sua atitude omissa com relação ao abolicionismo e o republicanismo, veja-se Evaristo de Morais Filho, "Tobias Barreto, intérprete do caráter nacional", in op. cit., pp. 49-52. De resto, o entusiasmo geral do grupo intelectual para com a República era acintosamente declarado.

4. Tobias Barreto, *A questão do poder moderador e outros ensaios brasileiros*, p. 153.

5. Aluísio Azevedo, "Crônica", in *O pensador*, 30/10/1880, apud Josué Montello, *Aluísio Azevedo e a polêmica d' "O mulato"*, p. 92.

6. Rui Barbosa, *Diretrizes de Rui Barbosa*, p. 34.

7. Joaquim Nabuco, *Minha formação*, p. 27.

8. Euclides da Cunha, v. 1, pp. 209-10.

9. Lima Barreto, *IL*, p. 76.

10. Vejam-se, nessa mesma linha interpretativa, Antonio Candido, *O método crítico de Sílvio Romero*, São Paulo, Edusp, 1988 e J. Alexandre Barbosa, op. cit., pp. 78-85.

11. Nicolau Sevcenko, "O fardo do homem culto: literatura e analfabetismo no prelúdio republicano", *Revista de Cultura Vozes*, n. 9, novembro de 1980, pp. 68-9; Belinski, Dobroljubow e Pisarew, *Russische Kritiker*, pp. 216-7; Eça de Queirós, *Notas contemporâneas*, pp. 132-4.

12. M. D. Bidiss, *The Age of the Masses*, pp. 29-75.

13. E. Hobsbawm, *A era das revoluções*, pp. 275-320; idem, *A era do capital*, pp. 101-16; G. Barraclough, *Introdução à história contemporânea*, pp. 119-44; Hannah Arendt, *Imperialismo: a expansão do poder*, pp. 59-92; Dante Moreira

Leite, *O caráter nacional brasileiro*, pp. 11-43; Leon Poliakov, *O mito ariano*, pp. 241-323.

14. Uma visão particularmente incisiva e concatenada, compreendendo as relações complexas que se estabelecem entre o desenvolvimento da economia industrial moderna, a expansão da imprensa e os seus efeitos sobre a formação das sociedades democráticas, está em J. B. Priestley, *Der Europäer und seine Literatur*, p. 211. Conclusão semelhante aparece também em Umberto Eco, *Apocalípticos e integrados*, p. 14.

15. Gollwitzer, *O imperialismo europeu*, p. 160; Adalberto Marson, *A ideologia nacionalista em Alberto Torres*, pp. 81-2; Barraclough, op. cit., pp. 240-51; Venceslau de Queiroz, "Introdução", in Raul Pompeia, *Canções sem metro*, pp. 15-20; C. Grimberg e R. Svanström, *De la Belle Époque à la Première Guerre Mondiale*, pp. 152-8; Stuart Hughes, *Consciousness and Society*, pp. 54-8.

16. Nestor Victor, in João do Rio, *O momento literário*, p. 122. Extremamente representativa dessa posição também é a proposta de Tavares Bastos: "O país não pertence aos ídolos, o país se volve para aqueles que sabem o que querem, os verdadeiros liberais, os reformadores, os inimigos da rotina, os derribadores das estátuas de barro, os adversários da palavra oca, os homens de ideias./ A salvação da sociedade está justamente nesta incontestável tendência para as coisas úteis, para as reformas necessárias, irresistível corrente a que não se pode pôr de frente ninguém, ninguém, ou cinja a coroa dos louros civis, ou cingisse embora o diadema real./ Esta sede de novidades, esta transformação moral, esta força democrática é que alenta e comove a nação. Nomes, palavras, discursos vãos, tudo isso já é irrisório. Só merecem conceito a reforma útil e o sujeito de préstimo", apud Luís Washington Vita, *Antologia do pensamento social e político no Brasil*, p. 262.

17. É o que alardeia Bilac: "A Arte não é, como querem ainda alguns sonhadores ingênuos, uma aspiração e um trabalho à parte, sem ligação com as outras preocupações da existência. Todas as preocupações humanas se enfeixam e se misturam de modo inseparável. As torres de ouro e marfim, em que os antigos se fechavam, ruíram desmoronadas. A arte de hoje é aberta e sujeita a todas as influências do meio e do tempo: por ser a mais bela representação da vida, ela tem de ouvir e guardar todos os gritos, todas as queixas, todas as lamentações do rebanho humano. Só um louco — ou um egoísta monstruoso — poderá viver e trabalhar consigo mesmo, trancado a sete chaves dentro do seu sonho, indiferente a quanto se passa cá fora, no campo vasto em que as paixões lutam e morrem, em que anseiam as ambições e choram os desesperos, em que se decidem os destinos dos povos e das raças", apud João do Rio, op. cit., p. 8.

18. E. Hobsbawm, *A era do capital*, pp. 102-13.

19. Tobias Barreto, op. cit., pp. 175-6.

20. Joaquim Nabuco, *O abolicionismo*, pp. 141-2.
21. Idem, ibidem, primeira citação, p. 170, segunda, p. 60.
22. Roque Spencer Maciel de Barros, *A ilustração brasileira e a ideia de universidade*.
23. V. 1, pp. 545 e 415, e *Bg*, pp. 48 e 163, respectivamente.
24. "A semana dia a dia", *JC*, 15/5/1900, p. 2. "Há quem fale a tremer do perigo alemão. Almas apreensivas recomendam que não esqueçamos o perigo americano. E dedos assustadíssimos apontam como o maior dos males, o perigo amarelo", idem, ibidem, 20/12/1904. Aliás, verifica-se que, em outros povos que passavam pela mesma situação crítica de transformações rápidas e um grande descompasso com o desenvolvimento econômico europeu, a sensação de insegurança era semelhante, conforme se deduz pela inquietação de Pisarew: "Wir brauchen eine strenge Ökonomie noch dringender als die anderen wirklich gebildeten Völker, denn in Vergleich mit ihnen sind wir Bettler". Belinski, Dobroljubow e Pisarew, *Russische Kritiker*, p. 217.
25. Tristão de Araripe Jr., *Literatura brasileira — movimento de 1893: o crepúsculo dos povos*, p. 17.
26. Sobre Bilac, "Crônica", *RK*, n. 4, abril de 1905; sobre Euclides da Cunha, v. 1, pp. 130-41 e 234-44. Preocupação da mesma natureza transparece com consequências mais candentes em Alberto Torres. Veja-se Adalberto Marson, op. cit., p. 162 et passim.
27. "É lastimável que ainda hoje procuremos nas velhas páginas de Saint--Hilaire... notícias do Brasil. Alheiamo-nos desta terra. Criamos a extravagância de um exílio subjetivo, que dela nos afasta, enquanto vagamos como sonâmbulos pelo seu seio desconhecido", Euclides da Cunha, v. 1, p. 135. "Mas no Brasil, o que menos se sabe e se estuda é o Brasil", José Veríssimo: *Estudos de literatura brasileira — 5ª série*, p. 50. "A história econômica e social da Bruzundanga [Brasil] ainda está por fazer", *Bz*, p. 106.
28. Esse esforço coletivo era tão evidente e tão concreto nas consciências intelectuais, que José Veríssimo chega a dar-lhe um nome ao referir-se a Alfredo de Carvalho, erudito pernambucano totalmente voltado para os estudos da história nacional: "É o que eu chamaria de um brasileirista, se não tivesse medo que o termo pegasse". "Um estudioso pernambucano", *RK*, n. 1, 1907.
29. "Editorial", *JC*, 1/1/1901.
30. "Somos uma raça em formação na qual lutam pela supremacia diversos elementos étnicos", Bilac, in João do Rio, *O momento literário*, pp. 6-7. "O período atual é de transição. Transição em tudo, na política, nos costumes, na língua, na raça, e portanto na literatura também... Quem se puser um pouco ao lado desse movimento, dessa ebulição geral, assistirá ao espetáculo miraculoso de uma sociedade, de um povo inteiro em vias de formação. Tudo se mescla, se mistura, se confunde", Raimundo Correia, in idem, ibidem, p. 319.

31. "Neste país, que é ainda todo embrião, as artes parecem ter grandes elementos para mais tarde constituírem uma soberba flora", Luís Paes Leme, "A propósito de um concerto", *RK*, n. 6, 1904. "O Brasil é um imenso campo verde que aspira cobrir-se de flores", Curvelo de Mendonça, in João do Rio, *O momento literário*, p. 161. É notável a esse respeito o livro *Por que me ufano de meu país*, de Afonso Celso, Rio de Janeiro, Briguiet, 1943, cf. "Sem rumo", *JC*, 27/1/1901.

32. É este, por exemplo, o caminho que Graça Aranha segue no seu *Canaã*, para chegar a uma conclusão negativa: "Nós seremos vencidos" (*Canaã*, p. 68). Já Euclides da Cunha é mais eloquente e positivo: "Quer dizer que neste composto indefinível — o brasileiro — encontrará alguma coisa que é estável, um ponto de resistência recordando a molécula integrante das cristalizações iniciadas. E era natural que admitida a arrojada e animadora conjetura de que estamos destinados à integração nacional, eu visse naqueles rijos caboclos o núcleo de força da nossa constituição futura, a rocha viva da nossa raça", v. 2, p. 141.

33. Há uma preocupação persistente em definir um tipo social, ou melhor, extrassocial, que pudesse dar o tom geral à nacionalidade, permeando-a de uma homogeneidade integradora, quando não por outra razão, ao menos pelo fato de representar um tipo específico, etnicamente definido e caracteristicamente nacional. Euclides da Cunha, inicialmente, viu no sertanejo a "rocha viva da nossa raça". Para Sílvio Romero, "o mestiço é o produto fisiológico, étnico e histórico do Brasil; é a forma nova da nossa diferenciação nacional". Monteiro Lobato pinta com cores fortes a imagem do caipira, imprimindo inclusive uma notação crítica no seu quadro. Graça Aranha, também envolvido com esse problema, deu a ele uma solução pessimista, resolvendo pela inexistência de um tipo brasileiro específico. Outros autores resolvem esse problema de forma mais simples; em não encontrando uma unidade étnica no Brasil presente, eles a transferem para o futuro ou para o passado. Nessa perspectiva, J. C. Mariz Carvalho projeta o brasileiro como a raça do futuro. Já Rocha Pombo caminha na direção inversa e vê no bandeirante a força ativa da nação. As referências para esta nota são: Monteiro Lobato, *Urupês*, in *Obras completas de Monteiro Lobato*, pp. 278-80; Euclides da Cunha, v. 2, p. 141; Sílvio Romero, *História da literatura brasileira*, v. 1, p. 31; Graça Aranha, *Canaã*, p. 231; J. C. Mariz Carvalho, "Pulcherrima rerum", *RK*, n. 9, 1904; Rocha Pombo, "A terra paulista e as suas grandes legendas", *RB*, v. 2, p. 276.

34. "Tudo se desagrega, uma civilização cai e se transforma no desconhecido... Há uma tragédia na alma do brasileiro quando ele sente que não se desdobrará mais até o infinito... E a tradição rompeu-se, o pai não transmitirá mais ao filho a sua imagem, a língua vai morrer, os velhos sonhos da raça, os longínquos e fundos desejos da personalidade emudeceram, o futuro não en-

tenderá o passado", Graça Aranha, *Canaã*, p. 40; "Está tudo mudado: Abolição, República... Como isso mudou! Então, de uns tempos para cá parece que essa gente está doida", Lima Barreto, *IC*; "Os que lutam entre as convicções mal firmadas e as que lhes vêm do passado sofrem, mas é, sobretudo, desse mau ajustamento", Medeiros e Albuquerque, *Minha vida*, p. 78.

35. José Veríssimo, "Vida literária", *RK*, n. 7, 1904.

36. "Um amor", *RK*, n. 3, 1905; "Crônica", *RK*, n. 2, 1904; "Um ensaísta pernambucano", *RK*, n. 3, 1906; "Crônica", *RK*, n. 3, 1909 etc. A citação de Lopes Trovão está em Andrade Muricy, "Apresentação", in B. Lopes, *Poesia*, p. 5. Expressão igualmente famosa foi a "Foi para isso então que fizeram a República?", de Farias Brito, *Inéditos e dispersos*, p. 193.

37. "Os partidos", *JC*, 27/8/1905; "Crônica", *RK*, n. 3, 1909. Segundo Lima Barreto, "Um deputado é água do outro; não há nada mais parecido com o discurso de um senador do que o de outro senador", *CRJ*, p. 85.

38. "A todas as reclamações, a todas as críticas, eles [a elite governante] só sabem responder com o Santo Ofício policial que já arvoravam em Academia, Sínodo, Concílio, para julgar e condenar esta ou aquela teoria política que qualquer precisa expor e não lhes agrade", Lima Barreto, *Bg*, p. 293.

39. Nestor Victor, *Prosa e poesia*, p. 83.

40. Augusto dos Anjos, *Augusto dos Anjos: poesia*, p. 68. O volume dos agravos contra uma completa inversão nos valores e papéis sociais é copioso e assinala um dos pontos mais sensíveis dos intelectuais da época. Selecionamos alguns testemunhos: "Vossa Excelência é uma das mais notáveis figuras da nossa mentalidade, que só a inversão das posições nesse país podia ter desviado dos altos postos da direção social e da política. É um fenômeno da desorganização [...]. Resultam daí duas consequências: que a direção e o governo das sociedades brotem de forças adventícias, artificiais, de acaso e de fortuna; e, por outro lado, os indivíduos, os interesses e as opiniões, que não encontram a corrente que os conduza, a planta agreste sobre que se enxertem, a força prática que os apoie, tornam-se em geral, por força do próprio isolamento, personalidades sem rota, condenados à esterilidade", Alberto Torres, "Uma carta do sr. Alberto Torres" [a João Ribeiro], *JC*, 25/3/1915.

"A sabedoria deixou de ser a aspiração dos espíritos para ser a anomalia dos solitários. É interessante considerar nessa moral de *parvenus*. Entre nós ouvimos a todo instante dizer-se: Até não vale a pena a gente estudar, porque só os nulos, os incompetentes é que sobem. Tenho ouvido algumas vezes: — Se eu tivesse um filho, ele não aprenderia a ler, ficaria bem estupidozinho, a fim de vencer na vida; e tenho ouvido enumerar o enorme catálogo das pessoas incompetentes que ocupam posições superiores ao seu mérito. O nosso país é, a este respeito, na opinião dos pessimistas, um país essencialmente perdido", Gilberto Amado, *A chave de Salomão e outros escritos*, p. 25.

"Cá nesta humana e trágica miséria/ Nesses surdos abismos assassinos/ Temos de colher de atroz destinos/ A flor apodrecida e deletéria/ O baixo mundo que troveja e brama/ Só nos mostra a caveira e só a lama/ Ah! só a lama e movimentos lassos.../ Mas as almas irmãs, almas perfeitas,/ Hão de trocar nas regiões eleitas,/ Largos, profundos, imortais abraços!", Cruz e Sousa, *Poemas escolhidos*, p. 133.

O mesmo tema reaparece ainda em Farias Brito, op. cit., p. 187; Jackson de Figueiredo, in Hamilton Nogueira, *Jackson de Figueiredo*, p. 39 et passim; Mário Pederneiras, *Mário Pederneiras: poesia*, p. 54. Mais adiante, veremos como ele aparece cristalino igualmente em Euclides da Cunha e Lima Barreto.

41. Farias Brito, op. cit., p. 216; Euclides da Cunha, v. 1, p. 539.
42. Jotaene, "Duma ligeira palestra", *FF*, 17/6/1916.
43. Monteiro Lobato, "Editorial", *RB*, janeiro a abril de 1919, v. 10, p. 134. Essa urdidura de situações malsinadas deu origem a uma sensação permanente de pesar e melancolia, que constitui um sinal indelével das obras do período. Era o efeito do "desencanto", o esvaecimento repentino das fantasias e dos ideais e o choque brutal com a realidade. Eis Jackson de Figueiredo numa autorreflexão: "Não tens mais ilusões, não tens mais sonhos.../ Olhas somente o céu escurecido/ Quando te abalam vendavais medonhos". E o lamento resignado de Alphonsus Guimaraens: "Ouvi rumor de gente a rir nos despovoados,/ Tudo era deserto e só na terra amena.../ Ah! Só dentro de mim é que passam noivados./ E o pastor não tem mais laúde nem avena!". O estilo épico de Bilac, contrastando com um tom elegíaco: "Guaiai, carpi, gemei! e ecoai de porto a porto!/ De mar a mar, de mundo a mundo, a queixa e o espanto:/ O Grande Pan morreu de novo! O Ideal é morto!". E o veredicto de uma geração nos versos do poeta de "Pulvis": "Cada um de nós é a bússola sem norte./ Sempre o presente pior do que o passado./ Cantem os outros a vida: eu canto a morte...".

Ao abandono e à desilusão seguia-se como contingência necessária a solidão. Solidão humilhante porque imposta pela indiferença e até pelo desprezo, mas de que os autores se vingavam transformando-a em orgulho. "Falarei no deserto [desafiava Clóvis Bevilacqua] o que é inócuo para todos, a não ser para mim mesmo. Em compensação, falarei mais em desafogo, certo de que serei o único a ouvir o som da minha voz." O poeta Luís Carlos se envaidecia de não se macular com as torpezas do mundo: "Ninguém saiba quem sou. Quero viver sepulto/ Na minha solidão grandíloqua de asceta". Na realidade, as razões do isolamento eram menos nobres e bem mais trágicas. Farias Brito as revela mais cruamente em seu desabafo: "Encontramos, quase invariavelmente, para toda e qualquer manifestação do pensamento, todas as portas fechadas". E elas filtram em Cruz e Sousa toda a sua dimensão agônica: "Nesse mundo tão trágico, tamanho,/ Como eu me sinto fundamente estranho/ E o amor e tudo para mim avaro!.../ Ah! Como eu sinto compungidamente/ Por entre tanto horror indiferente,/ Um frio sepulcral de desamparo!". No Paula Ney retratado por Coelho Neto, o insulamento se acresce da desorientação: "Sou um homem ao mar! Soçobrou a galera do meu futuro e aqui ando a braçadas aflitas no oceano de imbecilidade a ver se consigo alcançar algum porto".

As fontes para a síntese desses parágrafos são as seguintes, segundo a ordem das citações: Jackson de Figueiredo, op. cit., p. 38; Alphonsus Guimaraens: *Cantos de amor, salmos de prece*, p. 166; Olavo Bilac, *Poesia*, p. 363; Alphonsus Guimaraens, idem, p. 181; Clóvis Bevilacqua, *Filosofia social e jurídica*, v. 2, p. 76; Luís Carlos, "A caravana da Glória", *RB*, janeiro a abril de 1917; Farias Brito, op. cit., p. 187; Cruz e Sousa, op. cit., p. 126; Coelho Neto, *A conquista*, p. 43.

44. José Veríssimo, "Revista literária", *JC*, 25/7/1900.

45. As fontes para as informações são, na sequência: João do Rio, *O momento literário*, pp. 4 e 77-8; R. Magalhães Jr., *A vida vertiginosa de João do Rio*, p. 81; José Veríssimo, *Homens e coisas estrangeiras*, pp. 128-9 e 159; G., "Sem rumo", *JC*, 3/11/1901; Samuel de Oliveira, "O kantismo no Brasil", *RA*, maio de 1910, v. 3, n. 6, p. 285.

46. Coelho Neto, op. cit., p. 48; Bilac, op. cit., p. 106; Cruz e Sousa, op. cit., p. 150; Mário Pederneiras, op. cit., p. 55.

47. *Homens e coisas estrangeiras*, pp. 68-9 e 71.

48. Coelho Neto, *Vida mundana*, pp. 173-4. Descrição que não difere muito do cômodo em que o autor relata o seu primeiro encontro com Aluísio Azevedo, já então a maior personalidade das letras no Rio de Janeiro: "Ó sonho! Rui Vaz [Aluísio Azevedo] ali estava, não como um deus no santuário venerável, mas homem, simples homem, modesto e pobre, entre móveis reles, de calças de brim, camisa de cetineta aberta no peito, curvado sobre a bacia do seu lavatório de vinhático escovando os dentes com desespero./ Ao centro da sala a mesa acumulada de livros e de papéis, duas estantes de ferro, a cama ao fundo e as paredes nuas, tristemente nuas como as da cela de um monge". Coelho Neto, *A conquista*, p. 5.

49. Coelho Neto, *A conquista*, pp. 41-2 e 47. Gilberto Amado ratifica esse ponto de vista. "Esse indivíduo [o artista] é um expatriado, o país não o conhece; não se estabelece entre ele e o ambiente essa virtualidade, essa simpatia e compreensão recíprocas que lhe criam o domínio e o triunfo. O artista aí há de fatalmente recuar para o fundo da cena. É uma figura secundária [...]. Daí o assistirmos ao suplício dessas entidades desfiguradas na picota das profissões mais opostas à aspiração nativa", op. cit., p. 40.

50. "Tu és o louco da imortal loucura/ O louco da loucura mais suprema/ A terra é sempre a tua negra algema/ Prende-te nela a extrema Desventura/ Mas essa mesma algema de amargura/ Mas essa mesma Desventura extrema/

Faz que tua alma suplicando gema/ E rebente em estrelas de ternura." op. cit., p. 102.

Sobre as vicissitudes materiais dos escritores, podemos ainda colher alguns exemplos. "Eu continuo tangendo a mesma charamela da existência. Hei provido alguns meios de me libertar de tantas obstruções que ainda me embaraçam com urdiduras terríveis nesta capital." R. Magalhães Jr., *Poesia e vida de Augusto dos Anjos*, p. 246.

"Depois tenho filhos, tenho família e amigos; e cada hora que passa sinto que para todos se faz mais escura e mais ameaçadora a perspectiva dos dias que se aproximam." Farias Brito, op. cit., p. 189.

"Não fui ao Briguiet porque me faltou tempo e dinheiro. Os padres do Colégio Anchieta [onde estudava o filho do escritor] esmagaram-me com uma conta de fim de ano assombradora; depois vieram as do médico, do farmacêutico. — Um horror." Euclides da Cunha, v. 2, p. 688.

"Muitas causas influíram para que eu viesse a beber [...]. Adivinhava a morte de meu pai e eu sem dinheiro para enterrá-lo; previa moléstias com tratamento caro e eu sem recursos..." Lima Barreto, *CV*, pp. 47-8.

51. G., "Sem rumo", *JC*, 9/8/1896, grifo do autor.
52. Alceste, "Bedelho em tudo", *JC*, 8/2/1897.
53. Mário Pederneiras, op. cit., pp. 78-9; Farias Brito, op. cit., pp. 188-9; B. Lopes, op. cit., pp. 56-7; Lima Barreto, *CV*, p. 50.
54. "... neste século de danação social, em que o *Dinheiro* logrou a tiara de pontífice ubíquo, para reinar discricionariamente sobre todas as coisas", palavras de Augusto dos Anjos, in R. Magalhães Jr., op. cit., p. 244, grifo do autor.

"Toda essa confusão e desordem da sociedade contemporânea, a ignorância do nosso destino moral, o esquecimento de nossos deveres para com o sofrimento dos nossos semelhantes... tudo isso não é senão produto inevitável, a consequência necessária, fatal da impiedade moderna, o resultado prático da vitória do materialismo, da qual só pode ser logicamente deduzido como critério das ações o interesse." Jackson de Figueiredo, cf. Hamilton Nogueira, op. cit., p. 42.

"... e em pleno repontar do século XIX — quando a filosofia natural já aparelhava o homem para transfigurar a terra — um triste, um repugnante, um deplorável, e um horroroso direito: o direito de roubo", Euclides da Cunha, v. 1, p. 193.

"A República, mais do que o antigo regime, acentuou esse poder do dinheiro, sem freio moral de espécie alguma..." Lima Barreto, *Bg*, p. 52.

55. Também aqui os exemplos são inúmeros; tomemos alguns significativos. "Era um sonho ladrão de submergir-me/ Na vida universal, e, em tudo imerso,/ Fazer da parte abstrata do Universo,/ Minha morada equilibrada e firme!" Augusto dos Anjos, *Eu/ Outra poesia*, pp. 36-7.

"Oh! Dormir no silêncio e no abandono,/ Só, em um sonho, sem um pensamento,/ E, no letargo do aniquilamento,/ Ter, ó pedra, a quietude do teu sono!" Olavo Bilac, op. cit., p. 222.

"Abre-me os braços, Solidão radiante,/ Funda, fenomenal e soluçante,/ Longa e búdica Noite redentora!" Cruz e Sousa, op. cit., p. 128.

"Por ela [Dionísia] possuo toda a natureza, por ela eu me confundo com o Universo... É a inconsciência suprema que dá o amor... É o êxtase e o esquecimento." Graça Aranha, *Malazarte*, pp. 84-5.

"Sinto o mar morto, o desfalecimento/ de todo anseio, a quietação das águas,/ A renúncia total, e o só desejo/ negativo, infeliz, incompreendido,/ de, assim parado sob o sol ardente,/ da desgraçada, infalível e tremenda/ do sem remédio que circunda as vidas,/ ir morrendo, sumindo-se, extinguindo-me..." Jackson de Figueiredo, in H. Nogueira, op. cit., p. 37.

"E tremo e choro, pressentindo, forte/ Vibrar, dentro em meu peito, fervoroso,/ Esse excesso de vida que é a morte..." Euclides da Cunha, v. 1, p. 652.

"... queria matar em mim todo o desejo, aniquilar aos poucos a minha vida e sumir-me no todo universal." Lima Barreto, *CV*, p. 67. Esse tema, aliás, é obsessivo neste escritor e aparece recorrentemente, como exemplo: *GS*, pp. 130, 139, 142-3, e em *IC*, pp. 128-30.

56. "Preciso agir... É lá por fora o mundo.../ Suspenderei o braço do assassino/ Darei roupa ao vagabundo./ Mas morre aí o esforço... vão tormento!/ Ó vida triste, ó mísero destino/ De quem se deu de todo ao pensamento." Jackson de Figueiredo, in Nogueira, op. cit., p. 34. A citação de Euclides está no v. 2, p. 707.

57. Nada tocava mais essa elite intelectual do que o serem dispensados de qualquer função social significativa, ficando como uma "ilustre fauna de homéridas, tão injustamente atirada aos depósitos malsãos da ciscalhagem nacional", nas palavras de Augusto dos Anjos (R. Magalhães Jr., op. cit., p. 250). É fácil perceber o que há de pessoal na anedota que Lima Barreto conta do "escriturário que conhecia o zende, o hebraico, além de outros conhecimentos mais ou menos comuns", e que acabou "como um escolar que sabe geometria, a viver numa aldeia de gafanhotos; e quinze anos depois, veio a morrer, deixando grandes saudades na sua repartição. Coitado, diziam, tinha tão boa letra!" *GS*, p. 49.

É assim também que Cruz e Sousa vê o destino do poeta, "como que um supercivilizado ingênito, transbordado do meio, mesmo em virtude da sua percuciente agudeza de visão, da sua absoluta clarividência, da sua inata perfectibilidade celular" (op. cit., p. 150). E numa confissão mais direta: "A minha vida ficou como uma longa, muito longa véspera de um dia desejado, anelado, ansiosamente, inquietamente desejado, procurado através do deserto dos tempos, com angústia, com agonia, com esquisita e doentia neurose, mas que não chega nunca, nunca!!", op. cit., p. 141.

Essa solidão e essa espera atormentada e inútil foi também o tema central de outras literaturas que viveram vicissitudes semelhantes. Eis Dobrolyubov falando de Yelena, a heroína de Turgueniev: "She is waiting, living on the eve of something... She is ready for vigorous, energetic activity, but she is unable to set to work by herself, alone" ["Ela espera, vivendo na véspera de alguma coisa... Está pronta para uma ação vigorosa, enérgica, mas ela é incapaz de começar a lutar, sozinha"]. N. A. Dobrolyubov, "When Will the Day Come?", in *The Nineteenth-Century Novel* (*Critical Essays and Documents*), p. 189.

E eis Eça de Queirós falando de seu colega de Coimbra, Antero de Quental: "No seu país, Antero era como um exilado de um céu distante; era quase como um exilado do seu século", "Esse homem tão simples, com uma má quinzena de alpaca no verão, um paletó cor de mel no inverno, vivendo como um pobre voluntário num casebre de vila pobre, sem posição nem fama, sempre ignorado pelo Estado, nunca invocado pelas multidões...", Eça de Queirós, *Notas contemporâneas*, pp. 359 e 369.

58. Brito Broca, *A vida literária no Brasil: 1900*, p. 59, citação; Lauro Muller, "Elogio do barão do Rio Branco", *RA*, agosto a setembro de 1917, p. 37.

59. Para a síntese do parágrafo: João do Rio, *O momento literário*, pp. 30, 48, 86, 100 e 237; A. L. Machado Neto, *Estrutura social da República das Letras*, pp. 118 e 242-6; Brito Broca, op. cit., pp. 54-5 e 58; Thomas Skidmore, *Preto no branco*, p. 151; R. Magalhães Jr., *A vida vertiginosa de João do Rio*, pp. 30-1; Ciro Vieira da Cunha, *No tempo de Paula Ney*, p. 146.

60. Nicolau Sevcenko, "O fardo do homem culto: literatura e analfabetismo no prelúdio republicano"; Ciro Vieira da Cunha, op. cit., pp. 24-7; João do Rio, *O momento literário*, pp. 60 e 200 et passim.

61. Araripe Jr., *Literatura brasileira — movimento de 1893: o crepúsculo dos povos*, p. 11.

62. Pe. Júlio Maria, "Conferências na catedral", *JC*, 9/3/1909; "A comemoração da República", *JC*, 15/11/1909; Samuel de Oliveira, "O kantismo no Brasil", *RA*, maio de 1910, v. 3, n. 6.

63. V. de C., "Assim falou", *FF*, 18/9/1915.

64. "Livros novos", *JC*, 29/1/1914. O crítico trata aí do livro *Evangelho da sombra e do silêncio*, do poeta Olegário Mariano.

65. Bluff, "Falência do amor", *FF*, 1/8/1908; Gonzada Duque, "Crônica insulsa", *FF*, 3/9/1910.

66. João Luso, "Dominicais", *JC*, 7/3/1909.

67. "Suicídios pelo amor", *FF*, 4/2/1911; Yokanaan, "Barretadas", *FF*, 18/2/1911; Gonzaga Duque, "Crônica insulsa", *FF*, 3/9/1910. Nesta última, Luís Gonzaga Duque Estrada acrescenta ainda: "Ao demais, o *flirt* é uma brincadeira com o amor, e quando se brinca com uma coisa séria, ela está irremediavelmente perdida".

68. "Suicídios pelo amor", *FF*, 4/2/1911; d. Xiquote, "Vênus burguesa", *FF*, 14/8/1908.

69. "Bilhetes brancos", *FF*, 10/9/1917; "Paris", *FF*, 27/1/1912; Constâncio Alves, "A semana dia a dia", *JC*, 5/8/1915.

70. "Vários assuntos", *JC*, 25/3/1915.

71. J. Jr., "Moinhos de vento", *FF*, 3/9/1910.

72. "Folhas soltas", *FF*, 3/8/1912.

73. "A casaca é um hino de casimira preta eternamente entoado à consagração", "Folhas soltas", *FF*, 3/8/1912.

74. "O conselho faz concurso de fachadas", *FF*, 24/5/1913.

75. Samuel de Oliveira, "O kantismo no Brasil", *RA*, maio de 1910, v. 3, n. 6.

76. Pierrot, "A moda", *FF*, 13/4/1914; Lima Barreto, *CA*, pp. 247-57 (trata-se do conto "Um e o outro").

77. Labieno, "Machado de Assis", *RB*, janeiro a abril de 1917, pp. 195-200; Alberto de Oliveira, "Discurso na ABI", *RA*, novembro de 1916, pp. 88-114; C. da Veiga Lima, "Gonzaga Duque", *FF*, 3/1/1914.

78. V. C., "Assim falou", *FF*, 11/1/1913; Gonzaga Duque, "Crônica insulsa", *FF*, 4/6/1910.

79. "Antigamente era de uso", *FF*, 11/5/1912; "Naquele tempo", *FF*, 6/7/1912; Gonzaga Duque, "Crônica insulsa", *FF*, 23/7/1910.

80. M. P., "Em forma de crônica", *FF*, 3/8/1912.

81. "Eu tenho um amigo", *FF*, 17/1/1914; "A nossa crítica literária", *FF*, 24/1/1914; A. Facó, "Poética", *FF*, 4/8/1917. Roland Barthes, estudando fenômeno semelhante na França, caracteriza com rara felicidade esse tipo de literatura como uma máscara que aponta para si mesma, em *Novos ensaios críticos seguidos de o grau zero da escritura*, pp. 133-6.

82. "Gazetilha", *JC*, 16/9/1909 e 17/9/1909; José Veríssimo, "Anatole France", *JC*, 17/5/1909; C. da Veiga Lima, "Machado de Assis", *JC*, 28/9/1912; Humberto de Campos, "Emílio de Menezes", *RB*, maio a agosto de 1920, pp. 175-8; Afrânio Peixoto, "Aspectos do *humour* na literatura nacional", *RA*, outubro a dezembro de 1916, pp. 31-59.

83. "Gazetilha", *JC*, 2/5/1916; Rubens de Andrade, "Manifestações de nacionalismo", *RB*, setembro a dezembro de 1919, pp. 221-3.

84. "Homens de Letras", *FF*, 30/5/1914. Um registro que revela como a "mania da citação é, principalmente, uma mania nacional", está em "Risos", *FF*, 2/5/1914.

85. Flávio, "Paradoxo", *FF*, 5/3/1910; Lauro Muller, "Elogio do barão do Rio Branco", *RA*, agosto a setembro de 1917, pp. 11-35; "Riscos", *FF*, 6/2/1915; "Os Homens de Letras vão conquistando a política", *FF*, 19/11/1910; João do Rio, "Discurso de recepção", *RA*, agosto a setembro de 1917, pp. 86-99.

86. "Reproduzimos aqui...", *FF*, 9/5/1908; Jorge Jobim, "Três poetas", *RA*, janeiro de 1917, pp. 88-9; "É lógico, é evidente, é claro...", *JC*, 11/8/1909.

87. Constâncio Alves, "A semana dia a dia", *JC*, 27/7/1911; "Amende honorable", *FF*, 23/3/1908.

88. João Luso, "Dominicais", *JC*, 22/9/1909. Também: "Literatura e jornalismo", *JC*, 7/11/1909; Mário de Alencar, "Romances novos", *JC*, 2/7/1911; "Teatros e música", *JC*, 15/4/1909.

89. "Gazetilha", *JC*, 20/10/1917; João Luso, "Dominicais", *JC*, 3/2/1918 e 1/8/1909; "Ridendo", *RC*, 5/4/1912; Constâncio Alves, "A semana dia a dia", *JC*, 10/10/1910; "Bigodes etc.", *FF*, 6/7/1907; Juca Substituto, "Pelos sete dias", *FF*, 21/5/1910.

90. Américo Facó, "Literatura nacional", *FF*, 14/4/1917; idem, "O que desaprendeu a amar", *FF*, 1/4/1916; João do Rio, "Discurso de recepção", *RA*, agosto a setembro de 1917, pp. 86-99.

91. Gonzaga Duque, "Crônica insulsa", *FF*, 25/6/1910; "A época é de arrivismo", *FF*, 1/7/1912; "A pedido", *JC*, 20/12/1913 e 14/9/1912; Trepador, "Trepações", *FF*, 5/3/1910; "A infâmia da falsificação", *FF*, 6/11/1912; "Livros novos", *JC*, 20/6/1917; "O Tiro Brasileiro de Imprensa", *FF*, 29/9/1917.

92. "Teatros e música", *JC*, 14/5/1909; X. Marques, "Notas", *RA*, janeiro de 1917, pp. 180-5.

93. "A pedido", *JC*, 14/9/1912; Gonzaga Duque,: "Crônica insulsa", *FF*, 4/6/1910; "Da arte e do patriotismo", *RB*, janeiro a abril de 1920, pp. 71-2.

94. "Sociedade Brasileira dos Homens de Letras", *FF*, 23/5/1914, da qual extraí a citação. Também: "O momento literário", *FF*, 7/8/1915; "Gazetilha", *JC*, 10/10/1917.

95. Idem.

96. "Agências literárias", *FF*, 5/11/1910; "Aos poetas", *FF*, 24/5/1919.

97. Coelho Neto, "Aos da caravana", prólogo de *A conquista*.

98. Raimundo de Meneses, *Dicionário literário brasileiro*, pp. 196-7.

99. Sérgio Miceli, *Poder, sexo e letras na República Velha*, pp. 77-8.

100. G. Leite, "Olavo Bilac", *JC*, 12/3/1919; V. Vianna, "Poetas", *JC*, 7/7/1919; Constâncio Alves, "A semana dia a dia", *JC*, 8/4/1920; "Gazetilha", *JC*, 2/9/1916; Afrânio Peixoto, *Panorama da literatura brasileira*, p. 5, onde está a citação.

101. João do Rio, *O momento literário*, pp. 325-30; Lima Barreto, *Bg*, p. 248, e *FM*, pp. 173 e 178-81; Euclides da Cunha, v. 1, p. 401; Cruz e Sousa, op. cit., pp. 147-8; Farias Brito, op. cit., pp. 200-8.

102. Flávio, "Bilhetes à cora", *FF*, 19/10/1907.

103. Nestor Victor, op. cit., pp. 50-1.

104. Cruz e Sousa, op. cit., pp. 26 e 46-52.

105. Caio Prado Jr., *História econômica do Brasil*, p. 209 (citação) e 208.

106. José Veríssimo, *Estudos de literatura brasileira — 3ª série*, p. 79.

107. Farias Brito, *Inéditos e dispersos*, p. 214.

108. José Veríssimo, *Estudos de literatura brasileira — 3ª série*, p. 47, citação; Lima Barreto, *Bz*, pp. 108-11.

109. Para este parágrafo e o anterior: "Gazetilha", *JC*, 17/9/1909, p. 2, e 2/5/1916; J. Papaterra Limongi, "O secular problema do Nordeste", *JC*, 10/11/1918; Monteiro Lobato: "Almeida Júnior", *RB*, janeiro a abril de 1917, pp. 35-52; Eduardo J. de Moraes, *A brasilidade modernista*, pp. 19-47.

110. Gomes Leite, "Olavo Bilac", *JC*, 12/3/1919. Também: V. Vianna, "Poetas", *JC*, 7/7/1919; Constâncio Alves, "A semana dia a dia", *JC*, 8/7/1920; "Gazetilha", *JC*, 2/9/1916; etc.

III. EUCLIDES DA CUNHA E LIMA BARRETO: SINTONIAS E ANTINOMIAS
[PP. 139-52]

1. Os registros biográficos de Euclides da Cunha procedem de Olímpio de Souza Andrade, *História e interpretação de "Os sertões"*; Modesto de Abreu, *Estilo e personalidade de Euclides da Cunha, estilística d' "Os sertões"*; e da edição da *Obra completa* de Euclides da Cunha: Nelson Werneck Sodré, "Revisão de Euclides da Cunha", v. 2, pp. 11-55; Gilberto Freyre, "Euclides da Cunha revelador da realidade brasileira", v. 1, pp. 17-31; Francisco Venâncio Filho, "Estudo biográfico", v. 1, pp. 33-52.

Sobre Lima Barreto, as anotações biográficas foram buscadas em Francisco de Assis Barbosa, *A vida de Lima Barreto (1881-1922)*, e nos abundantes registros de suas circunstâncias de vida, que o próprio autor aponta ao longo de sua obra, bem como nas anotações paralelas ao texto elaboradas por Francisco de Assis Barbosa para a edição das *Obras completas de Lima Barreto*.

2. Ivan Lins, *História do positivismo no Brasil*, p. 294.

3. Idem, ibidem, pp. 476-8; Lima Barreto, *CV*, pp. 132-3.

4. Lima Barreto, *HS*, p. 35 e Euclides da Cunha, v. 1, p. 522.

5. V. 1, pp. 548 e 563.

6. *Bg*, pp. 249 e 271.

7. V. 1, p. 517 e também 422; *Bg*, pp. 73 e 104.

8. V. 1, p. 528 e 607; *Bg*, pp. 162 e 126.

9. Sobre a história da evolução temática da literatura ocidental, vejam-se Georg Lukács, *Teoria do romance*, pp. 61-93, e Eric Auerbach, *Mimesis*, p. 194 et passim. Quanto às citações, a primeira é de Euclides da Cunha, v. 1, p. 441, e a segunda é de Lima Barreto, *CV*, p. 163; dele também e no mesmo sentido, *HS*, p. 14.

10. V. 1, p. 618; *FM*, p. 113.
11. V. 1, p. 412; *Bg*, p. 267.
12. V. 1, p. 523; *Bg*, p. 255.
13. V. 1, p. 548; *FM*, p. 113.
14. V. 2, pp. 327-8, para a rua do Ouvidor, e v. 2, pp. 282-3, para Floriano. Em Lima Barreto, respectivamente, *GS*, p. 104, e *PQ*, pp. 240-3.
15. *GS*, p. 134; v. 1, pp. 142-3.
16. V. 1, p. 140; *Bz*, pp. 105-6.
17. V. 1, p. 201; *GS*, p. 141.
18. *IC*, p. 223, e *Bz*, pp. 143-51.
19. V. 1, pp. 246 e 140-1.
20. *Bz*, pp. 143-50.
21. V. 1, p. 199.
22. V. 1, pp. 417, 612 e 618; *Bg*, pp. 55 e 189, e *FM*, p. 276.
23. V. 1, p. 625; *HS*, p. 67.
24. V. 2, p. 232.
25. *CRJ*, p. 272. Cabe ressalvar que Lima Barreto permaneceu sempre oscilante entre o modelo de Maudsley (que ele também lera e aceitara) de Euclides e esse nível da análise mais flexível, não vendo, aparentemente, qualquer contradição entre ambos.
26. V. 1, pp. 392, 572; *CRJ*, p. 114, e *Bg*, p. 184.
27. V. 1, pp. 570 e 572 (citação); *FM*, pp. 236 e 129 (citação).
28. V. 1, p. 581.
29. *GS*, p. 272.
30. V. 1, p. 572.
31. *Bg*, pp. 196-203, e também B. Broca, *A vida literária no Brasil: 1900*, pp. 7-10.
32. *C1*, pp. 134, 149 e 150; *C2*, p. 169; v. 2, pp. 688 e 689.
33. *C1*, p. 61; *C2*, pp. 57 e 152; v. 2, pp. 652, 672, 673 e 708.
34. *C1*, p. 101; v. 2, pp. 652, 685.
35. *C2*, pp. 201 e 226; v. 1, pp. 643, 657 e 658.
36. *C1*, p. 270; v. 1, p. 643.
37. O. de S. Andrade, op. cit., p. 19, e *IL*, p. 263.
38. As referências, pela ordem, são as seguintes: Floriano: v. 1, p. 599, e *DI*, p. 42; hermismo: v. 2, p. 708, e *NN*, pp. 169, 206 e 214; jacobinismo: v. 2, p. 327, e *DI*, p. 80; militares na política: v. 1, p. 596, e *DI*, pp. 44 e 59; contra a violência: v. 1, p. 653, e *Bg*, p. 114.
39. V. 1, pp. 190-6; *Bg*, pp. 86-95.
40. As referências, respectivamente, são: burocracia: v. 2, p. 710, e *GS*, pp. 171-6; questão social: v. 1, pp. 190-6, e *DI*, p. 247; política: v. 1, p. 418, e *VU*, pp. 158-61.

41. V. 1, pp. 551-2; *FM*, p. 157.
42. V. 1, p. 399; *Bg*, p. 61.
43. "...tenho sido idealista demais — e disto bem me arrependo. Vou fazer o possível para considerar as coisas praticamente, sem contudo perder a minha linha reta à qual já estou habituado", v. 2, p. 649; *Bg*, p. 163.

IV. EUCLIDES DA CUNHA E O CÍRCULO DOS SÁBIOS [PP. 153-88]

1. Tanto o realismo europeu como o nacional oscilaram entre a dramatização trágica da vida cotidiana de pessoas comuns, de origem popular e de pequena ou média burguesia, e as aberrações patológicas enquistadas nos estratos mais baixos da sociedade, como no naturalismo mais radical. A própria opção por um meio específico da realidade social tende a limitar a margem das especulações e das referências dos autores. Euclides da Cunha, ao contrário, buscava temas que ao serem tratados deixavam abertos todos os níveis de projeção da realidade histórica, dando-lhe possibilidade de refletir sobre o conjunto da experiência humana significativa do seu tempo. Sobre as características do realismo e do naturalismo, veja-se Eric Auerbach, *Introdução aos estudos literários*, pp. 242-5.

2. Nesta análise da obra e da linguagem dos autores, deixaremos de apresentar as devidas referências bibliográficas para cada dado, tema, nível de enfoque, característica ou estrutura que identificarmos, dada a enorme profusão de indicações em que um tal procedimento implicaria e tendo em vista a pouca necessidade de uma localização precisa dos exemplos, uma vez que a sua escolha arbitrária poderia recair sobre quaisquer outros momentos da obra que está sendo analisada.

3. Sobre o romance como gênero e as peculiaridades do personagem romântico, veja-se G. Lukács, *Teoria do romance*, pp. 61-106, e, numa perspectiva mais formalizante, Edwin Muir, *A estrutura do romance*, pp. 1-34 et passim.

4. "... me desviei sobremodo dessa literatura imaginosa, de ficções, onde desde cedo se exercita e se revigora o nosso subjetivismo, tão imperioso por vezes que faz do escritor um minúsculo epítome do universo, capaz de o interpretar a priori, como se tudo quanto ele ignora fosse apenas uma parte ainda não vista de si mesmo", v. 1, p. 206.

5. V. 2, pp. 115-27 e 142-53; v. 1, pp. 227-8, 238-40, 244-5, 247-8 etc.

6. Respectivamente, v. 2, pp. 285 e 193-4; v. 1, p. 114.

7. Por exemplo, a belíssima descrição das malocas de Canudos: "Passeio dentro de Canudos", v. 2, pp. 468-73.

8. V. 2, pp. 170-2 e 179-80, respectivamente. Ressalve-se que, ainda assim,

o colorido local e autêntico que o autor imprime a essas descrições é altamente mais expressivo e realista do que as figuras exóticas e artificiais dos romances rurais anteriores ou contemporâneos à sua obra, e mesmo até muito posteriores, sendo equiparado nesse sentido somente com o chamado *romance social* da década de 1930, se excetuarmos a prosa de Simões Lopes Neto.

9. Cf. Dino Preti, *Sociolinguística: os níveis da fala*.

10. Cf. v. 2, pp. 431, 450, 461 e 483 (citação). Em *Caderneta de campo*, vejam-se, por exemplo, pp. 16-26, 36-7, 58-62, 76 e 89 (versos).

11. V. 2, pp. 232-3.

12. V. 1, pp. 604-5.

13. Sobre o romantismo, vejam-se o v. 1, pp. 553, 614-5, 643 e 142, e o v. 2, pp. 145-6, 682, 69 e 710; sobre o determinismo, v. 2, pp. 606, 624, 648 e 168.

14. V. 1, pp. 214, 143 e 576; sobre as combinações de estéticas também fornecem indicações Modesto de Abreu, *Estilo e personalidade de Euclides da Cunha, estilística d' "Os sertões"*, p. 29, e O. S. Andrade, *História e interpretação de "Os sertões"*, p. 352. Acrescente-se contudo, em abono seu, que Euclides jamais incorporou o formalismo oco e vão que marcou grande parte da produção parnasiana, denunciando sempre "a idiotice do seu culto fetichista da forma" (v. 1, p. 440). O. S. Andrade, idem, p. 220, depõe no mesmo sentido sobre o gosto parnasiano de Euclides.

15. V. 2, p. 621, posição de certa forma análoga a essa está em O. S. Andrade, op. cit., p. 314.

16. "A poesia, a escultura, a pintura e a música são para Spencer as flores da civilização e o eminente pensador pondera judiciosamente *que se não deve abandonar a planta, a instrução científica, para cuidar antes da flor, que neste caso brotará degenerada*", v. 1, p. 609, grifos do original. No mesmo sentido, vejam-se o v. 1, pp. 206-7, 545, 557, 575-6, 614, 622, 118-9 e 127, e v. 2, pp. 621 e 625.

17. V. 1, pp. 118-9.

18. "O princípio estético que está na base do realismo moderno [...] é o princípio da mistura dos gêneros, que permite tratar de maneira séria e mesmo trágica a realidade cotidiana, em toda a extensão dos seus problemas humanos, sociais, políticos, econômicos, psicológicos: princípios que a estética clássica condenava, separando claramente o estilo elevado e o conceito de trágico de todo contato com a realidade ordinária da vida presente, não admitindo sequer nos gêneros médios (comédias de pessoas de bem, máximas, caracteres etc.) a pintura da vida cotidiana, a não ser numa forma limitada pela conveniência, pela generalização, pelo moralismo", Eric Auerbach, *Introdução aos estudos literários*, pp. 27 e 170 passim.

19. V. 1, pp. 647 e 588 (citações). Sobre a sátira e o humor, ainda, veja-se o v. 1, pp. 587, 625, 130 e 203-4. Sobre a fidelidade ao estilo elevado: "Revelaria isto a mais ligeira análise da situação presente. Não a farei porém. Evito pormenorizar um assunto em que o funambulesco se conchava ao trágico, num dualismo abominável; o mesmo Tácito, neste lance, cederia muito ao seu bom grado uma tal empresa ao mimógrafo Batilus...", v. 1, p. 419. "Representamos desastradamente. Baralhamos os papéis da peça que deriva num jogar de antíteses infelizes [...]. Daí as antinomias que aparecem. Neste enredo de Eurípedes, há um contrarregra — Sardou. Os heróis desmandam-se em bufonarias trágicas. Morrem alguns, com um cômico terrível nessa epopeia pelo avesso. Sublimam-se e acalcanham-se. Se há por aí Aquiles, não é difícil descobrir-lhe no frêmito da voz imperativa a casquinada hilar de Trimalcião", v. 1, p. 180. No mesmo sentido, ainda, veja-se o v. 1, pp. 215, 587 ("preferíamos a trágica hediondez de Marat à feição desfrutável de Anarchasis Clootz; o que fazia chorar, ao que fazia rir a toda gente"), 625, 203-4 e 207.

20. V. 1, p. 549.

21. V. 2, p. 621.

22. V. 1, pp. 227-8, citação. Outros exemplos no mesmo sentido estão em: v. 1, pp. 123, 145, 147, 152, 170 e 218, e v. 2, pp. 95, 97, 170 (duas citações), 171, 173, 193 e 266.

23. Apenas três dessas obras foram publicadas em vida de Euclides: *Os sertões* (1901), *Peru versus Bolívia* (1907) e *Contrastes e confrontos* (1907). *À margem da história* (1909), que foi publicada apenas um mês após a morte do escritor, chegou a ser por ele preparada para a edição, embora não recebesse a sua revisão final. As demais são edições póstumas, reunindo seu legado artístico e intelectual segundo o critério de novos editores, normalmente bem assessorados pelos entusiastas do Grêmio Euclides da Cunha.

24. V. 2, p. 640; v. 1, pp. 637 e 656. A citação do período anterior está no v. 1, p. 206.

25. V. 1, pp. 652-3.

26. V. 1, p. 511.

27. V. 2, pp. 674-5.

28. Pela ordem das citações: v. 2, p. 214; v. 1, p. 510; v. 2, p. 152; v. 1, p. 255; v. 1, p. 171.

29. V. 1, p. 151.

30. V. 2, pp. 159-64.

31. V. 1, p. 721.

32. V. 2, pp. 157 (São Francisco), 151 (Tietê), e v. 1, pp. 223-4 (Amazonas).

33. V. 2, pp. 157-9.

34. V. 2, p. 151; v. 1, pp. 163 e 413.
35. V. 1, p. 722.
36. V. 1, pp. 185-8.
37. V. 2, p. 169.
38. V. 1, pp. 412-7.
39. V. 1, p. 295.
40. V. 1, p. 417.
41. V. 1, p. 734.
42. V. 1, p. 164.
43. V. 1, p. 166.
44. V. 1, pp. 166, 169 e 105.
45. V. 1, p. 137.
46. V. 1, p. 137.
47. V. 1, p. 208.
48. V. 1, p. 134.
49. V. 1, p. 135.
50. V. 1, pp. 133, 138 e 511-4.
51. V. 1, p. 504.
52. V. 1, pp. 511-2.
53. V. 1, p. 197.
54. V. 1, pp. 416-7.
55. "Transacreana", v. 1, p. 282; "Afluentes do Amazonas", v. 1, pp. 728-33.
56. V. 1, p. 174.
57. V. 1, pp. 300-3.
58. "Considero o paralelo, ou melhor, o contraste lucidamente exposto, entre as duas expansões, a teutônica e a *yankee*, como o raio de uma visão que nos últimos tempos mais se tem dilatado no perquirir o destino superior da civilização./ Sou um discípulo de Gumplowicz, aparadas todas as arestas duras daquele ferocíssimo gênio saxônico. E admitindo com ele a expansão irresistível do círculo sinergético dos povos, é bastante consoladora a ideia de que a absorção final se realize menos à custa da brutalidade guerreira do 'centauro que com as patas hípicas escavou o chão medieval' do que à custa da energia acumulada e do excesso de vida do povo destinado à conquista democrática da terra", v. 2, p. 624.
59. V. 2, p. 624.
60. "É que ainda não existe um Maudsley para as loucuras e crimes das nacionalidades...", v. 2, p. 489.
61. V. 1, pp. 181-4.
62. V. 1, p. 140.

63. V. 1, p. 187.
64. V. 1, p. 199.
65. V. 2, pp. 431, 169.
66. V. 1, p. 233.
67. V. 1, p. 727.
68. V. 1, p. 607.
69. V. 1, p. 268.
70. V. 2, p. 488.
71. V. 1, p. 172. "Deslumbrados pelo litoral opulento e pelas miragens de uma civilização que recebemos emalada dentro dos transatlânticos, esquecemo-nos do interior amplíssimo onde se desata a base física da nossa nacionalidade", v. 1, p. 140.
72. "Nada, afinal, visando uma distribuição de unidades, de acordo com os caracteres especiais do adversário e do terreno. Adstrito a uns rudimentos de tática prussiana, transplantados às nossas ordenanças, o chefe expedicionário, como se levasse o pequeno corpo de exército para algum campo esmoitado da Bélgica…", v. 2, pp. 265 e 290-1.
73. V. 1, pp. 125-7, 161 e 165.
74. Lucien Goldmann, *A sociologia do romance*, pp. 7-28 et passim.
75. V. 1, pp. 517 e 658.
76. V. 1, p. 167. Euclides expressa esse mesmo sentimento no poema "O paraíso dos medíocres (uma página que Dante destruiu)", em que o vate florentino, conduzido por Virgílio, é solicitado a divisar o magnífico panorama brasileiro, dominado porém por homens inexpressivos. V. 1, p. 658.
77. Na ordem das citações: v. 1, p. 422; v. 2, p. 610; v. 1, p. 810; v. 2, p. 604.
78. V. 1, pp. 579, 606 e 192.
79. V. 1, p. 593.
80. V. 1, p. 579.
81. V. 2, p. 672.
82. V. 2, pp. 690, 620, 636 e 709.
83. V. 1, p. 655.
84. V. 1, p. 551.
85. V. 2, pp. 604 e 610.
86. V. 2, p. 701.
87. V. 1, p. 419.
88. V. 2, p. 611, e também v. 1, pp. 593 e 618.
89. V. 1, p. 169; v. 1, p. 175. E ainda v. 2, pp. 620, 690, 687.
90. V. 1, p. 129. Euclides vislumbra o país todo cheio de Alexandres de Gusmão: "A nossa história patenteia o tristíssimo fato de uma sociedade esma-

gando pela própria passividade, aos seus melhores filhos", v. 1, p. 591. Senão vejamos a situação do próprio Euclides, aflito entre a rotina acachapante e a angústia criativa: "A minha engenharia rude, engenharia andante, romanesca e estéril, levando-me a constantes viagens através de dilatado distrito, destrói a continuidade de quaisquer esforços na atividade dispersiva que impõe", v. 2, p. 627. E ainda: "Continuo na minha engenharia fatigada e errante — e, agora, com a sobrecarga, de uma monografia sobre o Duque de Caxias. Felizmente me habituei a estudar nos trens de ferro, nos *trolleys* e até a cavalo! É o único meio que tenho de levar por diante essa atividade dupla de chefe de operários e homem de letras [...]", v. 2, p. 631.

91. V. 1, p. 169.

92. "[...] a política emana de uma ciência tão positiva como qualquer uma dessas (a química ou a matemática) e como qualquer uma repele objetivações que a desvirtuem", v. 1, p. 566.

93. "Temos como em extremo trabalhosa a missão do Estado, nos tempos de hoje; não lhe basta dedicar-se exclusivamente à garantia da ordem, é-lhe indispensável que de alguma sorte exorbite, estabelecendo os primeiros elementos do progresso." E completando, mais adiante: "A verdade, porém, é que, ante o assalto da crise atual, nos sentimos inermes e fracos, fazendo-se precisa, para os mais simples fatos de economia, a ação do Estado; isso desde as questões mais rudimentares da alimentação e da higiene, às mais sérias", v. 1, p. 605.

94. "Sendo assim, qualquer que seja o desfalecimento econômico do país, justifica-se a formação de comissões permanentes, de profissionais modestos embora, mas de uma estrutura inteiriça — que, demoradamente, desvendando com firmeza as leis reais dos fatos inorgânicos observados, possam esclarecer a ação ulterior e decisiva do Governo", v. 1, p. 132.

95. V. 1, p. 175.

96. "Essas linhas dizem que ao abordar aquele assunto tinha [...] duas preocupações seletivas uma da outra: a ideia política da defesa do território e o pensamento social de incorporar à nossa vida frágil e sem autonomia, de ribeirinhos do Atlântico, o cerne vigoroso das sociedades sertanejas", v. 1, p. 497. Na mesma linha, aparecem v. 1, pp. 199, 166 e 121, e v. 2, p. 565.

97. V. 2, pp. 508 e 565, e v. 1, p. 726.

98. V. 1, p. 183.

99. V. 1, p. 568.

100. Sobre o positivismo, vejam-se, de Auguste Comte, *Catechisme positiviste*, Paris, Garnier, s.d., e *Plan des travaux scientifiques nécessaires pour réorganiser la société*, Paris, Aubier-Montaigne, 1970.

101. V. 1, p. 581.

102. V. 1, p. 217.

103. Era notório o seu entusiasmo para com "o curso irresistível de um movimento industrial incomparável", como o dos Estados Unidos; veja-se o v. 1, p. 173. Sobre os princípios liberais, veja-se o v. 1, pp. 375-6: "As novas correntes, forças conjugadas de todos os princípios e de todas as escolas — do comtismo ortodoxo ao positivismo desafogado de Littré, das conclusões restritas de Darwin às generalizações ousadas de Spencer — o que nos trouxeram de fato, não foram os seus princípios abstratos, ou leis incompreensíveis à grande maioria, mas as grandes conquistas liberais do nosso século [...]". Veja-se também o v. 1, p. 810.

104. V. 1, p. 544.

105. V. 1, p. 591.

106. Wolfgang J. Mommsen, *La época del imperialismo*, pp. 14-34.

107. As duas citações encontram-se no v. 1, pp. 607 e 194, respectivamente. Quanto à desconsideração que Euclides votava a qualquer aspecto dialético na sua concepção de socialismo: "Nada de idealizações: fatos; e induções inabaláveis resultantes de uma análise rigorosa dos materiais objetivos; e a experiência e a observação, adestrada em lúcido tirocínio ao través das ciências inferiores; e a lógica inflexível dos acontecimentos; e essa terrível argumentação terra a terra, sem tortuosidade de silogismos, sem o idiotismo transcendental da velha dialética, mas toda feita de axiomas, de verdadeiros truísmos, por maneira a não exigir dos espíritos o mínimo esforço para o alcançarem, porque ela é quem os alcança independentemente da vontade, e os domina e os arrasta com a fortaleza da própria simplicidade", v. 1, p. 194. Como se vê, uma concepção comprometida in limine com o positivismo, na mais autêntica inspiração comtiana.

108. V. 1, pp. 195 e 543.

109. V. 1, p. 528.

110. V. 1, p. 196.

111. "Eu tenho um fanatismo tão insensato pela palavra, pela tribuna, que, faça embora o que fizer de melhor para a sociedade, terei cumprido mal o meu destino se não tiver ocasião de, pelo menos uma vez, erguer a minha palavra sobre a fronte de um infeliz, abandonado de todos; e aí impávido, altivo, audaz e insolente arriscar em prol da sua vida obscura todas as energias de meu cérebro, todos os meus ideais — a minha ilusão mais pura, o meu futuro e a vida minha!...", v. 1, pp. 522-3. É sem dúvida difícil imaginar uma declaração mais franca e apaixonada de utilitarismo intelectual.

112. V. 2, p. 636.

113. V. 1, p. 392.

114. V. 1, p. 569, e também v. 2, p. 700.

115. V. 1, p. 597; v. 2, p. 608.

116. V. 1, pp. 596-7.
117. V. 1, pp. 544 e 597.
118. V. 1, p. 574.
119. O. S. Andrade, op. cit., p. 56.
120. V. 1, p. 569.
121. V. 1, p. 579.
122. V. 1, pp. 523-4.
123. V. 2, p. 696.
124. V. 1, p. 622.
125. V. 1, p. 428.
126. "O próprio Barão [do Rio Branco], com a sua estranha e majestosa gentileza, recorda-me uma idade de ouro, muito antiga ou acabada. Continuo a aproximar-me dele sempre tolhido, e contrafeito pelo mesmo culto respeitoso. Conversamos; discutimos; ele franqueia-me a máxima intimidade — e não há meio de eu poder considerá-lo sem as proporções anormais de homem superior à sua época. Felizmente ele não saberá nunca esse juízo, que não é somente meu — senão que se vai generalizando extraordinariamente. De fato é o caso virgem de um grande homem justamente apreciado pelos contemporâneos. A sua influência moral, hoje, irradia triunfalmente pelo Brasil inteiro", v. 2, pp. 680-1; igualmente, v. 2, pp. 672 e 690.
127. V. 2, pp. 634 e 630.

## V. LIMA BARRETO E A "REPÚBLICA DOS BRUZUNDANGAS" [PP. 189-234]

1. *Bg*, p. 73.
2. *HS*, p. 34.
3. *GS*, pp. 268-9.
4. "Oto, sem eiva de pedantismo ou de suficiência presumida, era um gênio universal, em cuja inteligência a total representação científica do mundo tinha lhe dado, não só a acelerada ânsia de mais saber, mas também a certeza de que nunca conseguiremos sobrepor ao universo as leis que supomos eternas ou infalíveis. A nossa ciência não é nem mesmo uma aproximação; é uma representação do universo peculiar a nó, e que, talvez, não sirva para as formigas e gafanhotos. Ela não é uma deusa que possa gerar inquisidores de escalpelo e microscópio, pois devem sempre julgá-la com a cartesiana dúvida permanente. Não podemos oprimir em seu nome", *Bg*, p. 64. No mesmo sentido, também: *CRJ*, p. 250; *HS*, pp. 238-9.
5. *IL*, p. 181.
6. *IL*, p. 116.

7. *IL*, p. 195.

8. "Parece-me que o dever dos escritores sinceros e honestos é deixar de lado todas as velhas regras, toda a disciplina exterior dos gêneros e aproveitar de cada um deles o que puder e procurar, conforme a inspiração própria, para tentar reformar certas usanças, sugerir dúvidas, levantar julgamentos adormecidos, difundir as nossas grandes e altas emoções em face do mundo e do sofrimento dos homens, para soldar, ligar a humanidade em uma maior, em que caibam todas, pela revelação das almas individuais pelo que elas têm de comum e dependente entre si", *HS*, p. 33.

9. *IL*, p. 168.

10. Sobre Coelho Neto e o parnasianismo: *IC*, p. 172. Sobre o "clássico": *Bg*, p. 225; *GS*, p. 30; *PQ*, pp. 219-20.

11. Como exemplos interessantes, temos: *PQ*, p. 89 e 136; *GS*, pp. 193 e 220-1; *CA*, pp. 94 e 172-3.

12. *IL*, p. 223.

13. *IL*, p. 116.

14. Para a citação anterior, *IL*, p. 251; para a última, *IL*, p. 271.

15. *Bz*, p. 277.

16. *C2*, pp. 257, 37, 188 e 212.

17. *HS*, p. 34; *IL*, p. 182.

18. Sobre as características da linguagem, *C2*, pp. 27, 188, 212 e 254; sobre o tratamento temático, *C1*, p. 190.

19. *IL*, p. 183 e *IC*, p. 120, respectivamente.

20. Contestando um crítico de sua linguagem simples e despojada, Lima Barreto comenta: "Percebi que tem de estilo a noção corrente entre leigos e... literatos, isto é, uma forma excepcional de escrever, rica de vocábulos, cheia de ênfase e arrebiques, e não como se deve entender com o único critério justo e seguro: uma maneira permanente de dizer, de se exprimir o escritor, de acordo com o que quer comunicar e transmitir". *HS*, pp. 30-1.

21. *IL*, p. 73.

22. *IL*, p. 66. E o autor prossegue ainda com a mesma verve mais adiante: "Mais do que qualquer outra atividade espiritual da nossa espécie, a Arte, especialmente a Literatura, a que me dediquei e com que me casei; mais do que ela nenhum outro qualquer meio de comunicação entre os homens, em virtude mesmo do seu poder de contágio, teve, tem e terá um grande destino na nossa triste humanidade", *IL*, p. 66.

23. *IC*, p. 182.

24. *IC*, p. 72.

25. *IC*, pp. 75-6.

26. Respectivamente: *NN*, p. 50, e *IC*, p. 102. *NN*, p. 24.

27. *NN*, p. 23.
28. Respectivamente: *Bz*, p. 135, e *GS*, p. 70.
29. Respectivamente: *NN*, p. 59, e *Bg*, p. 52.
30. *PQ*, p. 182.
31. *NN*, p. 29. Outra figura significativa do mesmo gênero é o tenente Fontes, em *PQ*, p. 194.
32. Respectivamente em *PQ*, pp. 192 e 288.
33. *IC*, p. 153.
34. Cf. *IC*, pp. 145, 192 e 260; *Bg*, p. 159.
35. *IC*, p. 190; *GS*, p. 89.
36. Respectivamente: *GS*, p. 90, e *IC*, p. 146.
37. *IC*, pp. 191 e 174.
38. Pela ordem das citações: *IL*, p. 185-bis, e *HS*, p. 238.
39. *DI*, p. 112. Um outro momento de revolta contra a arrogância da ciência europeia está em *GS*, pp. 121-2.
40. *CV*, p. 126.
41. *IC*, p. 246.
42. *CV*, p. 220.
43. *IL*, p. 272.
44. *GS*, p. 59.
45. *GS*, pp. 156-7.
46. *PQ*, pp. 162-3.
47. *PQ*, p. 242.
48. *IC*, p. 127.
49. *DI*, pp. 93-4; *Bg*, p. 57.
50. *PQ*, pp. 279 e 30-5.
51. Respectivamente: *IC*, pp. 191, 255 e 244.
52. *CA*, p. 251, e também *PQ*, pp. 263-4; *NN*, p. 251.
53. Cf. *IC*, pp. 109, 129-30 e 132-3.
54. *GS*, p. 19.
55. *IC*, p. 102.
56. *IC*, p. 115.
57. *GS*, p. 123, e *IC*, pp. 53 e 110, respectivamente.
58. Duas análises muito refinadas sobre o elemento pessoal e confessional presentes na obra de Lima Barreto estão no "Prefácio" de Sérgio Buarque de Holanda a *Clara dos Anjos* e no artigo de Antonio Candido, "Os olhos, o barco e o espelho", in "Suplemento cultural", n. 1, *O Estado de S. Paulo*, 17/10/1976, pp. 3-4, republicado em Lima Barreto, *Triste fim de Policarpo Quaresma*, edição crítica de Antônio Houaiss e C. L. Negreiros de Figueiredo, pp. 549-50.
59. O exemplo mais típico está no epílogo do conto "O filho da Gabriela",

nas manifestações do delírio febril do pequeno Horácio, mulato e a quem alude o título da narrativa (*CA*, pp. 220-1):

"— Estou dividido... não sai sangue...

— Horácio, Horácio, meu filho!

— Faz sol... Que sol!... Queima... Árvores enormes... Elefantes...

— Homens negros... fogueiras... um se estorce... xi! Que coisa!... o meu pedaço dança...

— Horácio! Genoveva, traga água de flor... Depressa, um médico... Vá chamar Genoveva!

— Já não é o mesmo... é outro... lugar, mudou... uma casinha branca... carros de boi... nozes... figos... lenços...

— Acalma-te, meu filho!

— Ué! Chi! os dois brigam... [...]".

60. "Morreu aos trinta e poucos anos como a criança que se fora: um frangalho de corpo e um olhar vago e doce, fora dela e das cousas", *HS*, p. 118.

61. "Sua natureza era assim, dual, bifronte, sendo que os seus aspectos por vezes, chocavam, guerreavam-se, sem nunca se colarem, sem nunca se justaporem, dando a crer que havia entre as duas partes um vazio, uma falha a preencher, que à sua união se opunha um forte obstáculo mecânico...", *HS*, pp. 223 e 229-30.

62. *GS*, p. 177.

63. *PQ*, p. 275.

64. *CV*, p. 67.

65. *IL*, p. 91.

66. Respectivamente: *CV*, p. 161, e *IL*, p. 236. "Eu sou dado ao maravilhoso, ao fantástico, ao hipersensível; nunca, por mais que quisesse, pude ter uma concepção mecânica, rígida do Universo, e de nós mesmos", *CV*, pp. 50-1.

67. *IL*, p. 73.

68. *IL*, p. 74.

69. Isolada, no seu *Diário do hospício*, apareceu essa anotação muito significativa: "Diz Plutarco que, mais do que outra qualquer divindade, Vênus tem horror à violência e à guerra", *CV*, p. 109. Em *O cemitério dos vivos* esse núcleo temático seria tratado com muito maior eloquência: "o meu pensamento era para a humanidade toda, para a miséria, para o sofrimento, para os que sofrem, para os que todos amaldiçoam. Eu sofria honestamente por um sofrimento que ninguém podia adivinhar; eu tinha sido humilhado, e estava, a bem dizer, ainda sendo, eu andei sujo e imundo, mas eu sentia que interiormente eu resplandecia de bondade, de sonho de atingir a verdade, do amor pelos outros, de arrependimento dos meus erros e um desejo imenso de contribuir para que os outros fossem mais felizes do que eu, e procurava e sondava os mistérios da

nossa natureza moral, uma vontade de descobrir nos nossos defeitos o seu núcleo primitivo de amor e de bondade", *CV*, pp. 182-3.

70. *HS*, p. 35.

71. "A missão da literatura é fazer comunicar umas almas com as outras, é dar-lhes um mais perfeito entendimento entre elas, é ligá-las mais fortemente, reforçando desse modo a solidariedade humana, tornando os homens mais capazes para a conquista do planeta e se entenderem melhor, no único intuito da sua felicidade", *IL*, p. 190.

72. *PQ*, p. 188.

73. "Gostei sempre muito da casa, do lar; e o meu sonho seria nascer, viver e morrer, na mesma casa. A nossa vida é breve, a experiência só vem depois de um certo número de anos vividos, só os depósitos de reminiscências, de relíquias, as narrações caseiras dos pais, dos velhos parentes, dos antigos criados e agregados é que têm o poder de nos encher a alma do passado, de ligar-nos aos que foram e de nos fazer compreender certas peculiaridades do lugar do nosso nascimento. Todos os desastres da minha vida fizeram que nunca eu pudesse manter uma inabalável, minha, a única propriedade que eu admitia, com as lembranças dos meus antecedentes, com relíquias dos meus amigos, para que tudo isso passasse por sua vez aos meus descendentes, papéis, livros, louças, retratos, quadros, a fim de que eles sentissem bem que tinham raízes fortes no tempo e no espaço e não eram só eles a viver um instante, mas o elo de uma cadeia infinita, precedida de outras cadeias de números infinitos de elos", *CV*, p. 193.

74. *CV*, pp. 88-9. O mesmo sentimento transparece na revelação poética do personagem Augusto Machado: "Pouco olho o céu, quase nunca a Lua, mas sempre o mar", *GS*, p. 38.

75. É Caminha quem o narra: "Continuei a olhar o mar fixamente, de costas para os bondes que passavam. Aos poucos ele hipnotizou-me, atraiu-me, parecia que me convidava a ir viver nele, a dissolver-me nas suas águas infinitas, sem vontade nem pensamentos; a ir nas suas ondas experimentar todos os climas da Terra, a gozar todas as paisagens, fora do domínio dos homens, completamente livre, completamente a coberto das suas regras e caprichos... Tive ímpetos de descer a escada, de entrar corajosamente pelas águas adentro, seguro de que ia passar a uma outra vida melhor, afagado e beijado constantemente por aquele monstro que era triste como eu", *IC*, pp. 128-9.

76. Cf. *NN*, p. 150.

77. *GS*, p. 76.

78. *GS*, p. 43.

79. "Uma ilhota, com sua alta chaminé, não diminuía o largo campo de visão que o mar oferecia. Alonguei a vista por ele afora, deslizando pela super-

fície imensamente lisa. Surpreendi-o quando beijava os gelos do polo, quando afagava as praias da Europa, quando recortava as costas da Ásia e recebia os grandes rios da África. Vi a Índia religiosa, vi o Egito enigmático, vi a China hierática, as novas terras da Oceania e toda a Europa abracei num pensamento, com a sua civilização grandiosa e desgraçada, fascinadora, apesar de julgá-la hostil", GS, p. 130.

80. Respectivamente: GS, p. 60, e IC, p. 129.
81. Bg, p. 169; FM, p. 10.
82. Bg, pp. 243 e 293-4.
83. FM, p. 124.
84. Bg, p. 179; DI, p. 131; HS, pp. 81 e 130.
85. Bg, p. 164; HS, pp. 13 e 161; Bg, p. 118; DI, pp. 134 e 111.
86. Bg, pp. 164, 109 e 118; Bg, pp. 13 e 161; DI, pp. 110-1 e 134.
87. GS, p. 267.
88. GS, pp. 267-8.
89. HS, pp. 268-9.
90. Bg, pp. 188, 53, 55, 89 e 165.
91. Bg, pp. 18-9, 185, 154, 155; FM, p. 170.
92. Bg, p. 39; HS, pp. 263, 94, 96 e 97. Uma síntese geral muito expressiva deste ponto de vista está no conto "Hussein Ben-Áli Al-Bálec e Miquéias Habacuc", dedicado "ao Senhor Cincinato Braga", em HS, pp. 86-100.
93. Bg, p. 294; FM, pp. 124-5.
94. Veja-se o conto "Procurem a sua Josefina", que fornece uma excelente síntese sobre essa matéria, em Bg, pp. 141-50.
95. Bg, pp. 48, 52, 294 e 125.
96. Bg, pp. 104 e 73; DI, p. 117.
97. Bg, p. 117; CRJ, p. 148.
98. GS, pp. 57 e 78, e IC, pp. 181-2, respectivamente. Em outro momento, citando Lineu de cabeça, o autor afirmaria peremptoriamente: "A natureza não tem raças nem espécies; ela só tem indivíduos", FM, p. 190.
99. IL, p. 277.
100. A exposição das ideias de Ingenieros sobre o maximalismo está na publicação de sua conferência, a "Significação histórica do maximalismo", nas páginas da *Revista do Brasil*, v. 9, setembro a dezembro de 1918, pp. 486-91, então sob a direção de Monteiro Lobato. Análise de Francisco de Assis Barbosa no mesmo sentido encontra-se em op. cit., pp. 261 e 321. Sobre as coordenadas filosóficas do sociólogo J. Ingenieros, cf. Ricaurte Soler, *El positivismo argentino (pensamiento filosófico y sociológico)*, pp. 213-20.
101. IL, p. 81.
102. Bg, p. 249.

103. Sobre as posições do autor nesse assunto, ver, por exemplo: *DI*, p. 97 e 101; *Bg*, pp. 13-4, 239, 243, 257 e 262; *FM*, pp. 123 e 125; *GS*, p. 39; *IL*, pp. 78, 80-1, 83 e 152 etc.
104. *GS*, p. 113; *CRJ*, p. 174.
105. *GS*, p. 262.
106. *DI*, p. 135.
107. *IL*, pp. 239-40.
108. *CRJ*, p. 15; *HS*, p. 15.
109. *Bg*, pp. 61 e 41, sobre Machado de Assis. *DI*, p. 134, *Bg*, p. 223 e *FM*, p. 76, sobre Coelho Neto.
110. *IL*, p. 68.
111. *DI*, p. 132.
112. *CV*, p. 124.
113. *Bg*, p. 192.
114. *CV*, pp. 47-8; *DI*, p. 76.
115. *CV*, pp. 151-8.
116. *Mg*, p. 11; *CV*, pp. 216-20; *CRJ*, pp. 123-4; *HS*, pp. 13 e 174; *CRJ*, pp. 79-80; *DI*, p. 130; *CV*, pp. 76 e 194-6.
117. *IL*, p. 62.

## VI. CONFRONTO CATEGÓRICO: A LITERATURA COMO MISSÃO [PP. 235-84]

1. V. 1, p. 224.
2. V. 1, p. 173-bis.
3. *GS*, pp. 76-7, 137-8.
4. Eça de Queirós, "Sobre a nudez forte da verdade — o manto diáfano da fantasia", in *A relíquia*, p. III.
5. V. 1, p. 207.
6. Cf. Sérgio Buarque de Holanda, "Prefácio", op. cit., e Antonio Candido, "Os olhos, a barca e o espelho", op. cit.
7. Cf. O. S. Andrade, *História e interpretação de "Os sertões"*, pp. 68-9.
8. Sobre o sentido da ficção no mundo grego, veja-se Georg Lukács, *Teoria do romance*, pp. 27-39. Antonio Candido parece ter convergido para conclusão semelhante em artigo a que, porém, não tivemos acesso: "Euclides da Cunha sociólogo", *O Estado de S. Paulo*, 13/12/1952, e que citamos apud O. S. Andrade, op. cit., p. 237.
9. *GS*, p. 134; *IL*, pp. 166 e 246.
10. *GS*, p. 181; *IL*, pp. 58-61; *HS*, pp. 167-78.
11. V. 2, p. 157, grifos do autor.

12. V. 2, pp. 161 e 168.
13. V. 2, p. 169.
14. *GS*, pp. 40-1.
15. *HS*, p. 36; *NN*, pp. 219-24; e *Mg*, pp. 69-70, onde não poupa crítica e comentários mordazes aos indianistas Cândido Rondon e Deolinda Daltro, cuja candidatura à intendência da capital federal ele descartava com a seguinte ilação: "Não era do Rio de Janeiro que ela devia ser intendente; era de alguma aldeia de índios. A minha cidade já de há muito deixou de ser taba; e eu, apesar de tudo, não sou selvagem".
16. V. 1, pp. 511-2.
17. *Mg*, p. 70.
18. *Bg*, p. 267.
19. *Bg*, p. 241.
20. *Bg*, p. 163.
21. Do visconde de Taunay, *O Encilhamento*, p. 19, e *Império e República*, pp. 102-3.
22. V. 1, pp. 604-5.
23. *GS*, pp. 261-72.
24. V. 2, pp. 672 e 690.
25. *CV*, pp. 47-8; *DI*, p. 76.
26. Para as três citações: *CV*, pp. 163, 127 e 161.
27. *Bg*, p. 76; *CV*, pp. 163 e 182; *Bg*, p. 64.
28. V. 1, pp. 604-5.
29. *GS*, pp. 261-72.
30. Idem, ibidem.
31. A definição é explícita em Lima Barreto quando o autor postula a sua concepção do que fosse a arte literária: "Escrever, com fluidez, claro, simples, atraente, de modo a dirigir-me à massa comum dos leitores, quando tentasse a grande obra, sem nenhum aparelho rebarbativo e pedante de fraseologia especial ou um falar abstrato que faria afastar de mim o grosso dos legentes. Todo homem, sendo capaz de discernir o verdadeiro do falso, por simples e natural intuição, desde que se lhe ponha este em face daquele, seria muito melhor que me dirigisse ao maior número possível, com auxílio de livros singelos, ao alcance das inteligências médias com uma instrução geral, do que gastar tempo com obras só capazes de serem entendidas por sabichões enfatuados, abarrotados de títulos e tiranizados na sua inteligência pelas tradições de escolas e academias e por preconceitos livrescos e de autoridades. Devia tratar de questões particulares com o espírito geral e expô-las com esse espírito", *CV*, pp. 138-9.
32. V. 2, p. 195.
33. V. 1, p. 217.

34. Há em Lima Barreto uma tendência constante à idealização do passado, fixando nele aquelas que seriam as referências temporais mais positivas, quer fosse no cristianismo primitivo, no Iluminismo, na Colônia ou no Império.

35. V. 1, p. 173.

36. *Bg*, pp. 106 e 86. Lembremos que o próprio major Quaresma "vivia num isolamento monacal", *PQ*, p. 28.

37. Araripe Jr., *Literatura brasileira — movimento de 1893: o crepúsculo dos povos*, p. 13.

38. V. 2, p. 707.

39. *HS*, p. 130.

40. É o que se pode deduzir, por exemplo, do diálogo entre Genelício, burocrata em franca ascensão, e o doutor Florêncio, a respeito de Policarpo Quaresma: "— Ele não era formado, para que meter-se em livros?/ — É verdade, fez Florêncio./ — Isso de livros é bom para os sábios, para os doutores, observou Sigismundo./ — Devia até ser proibido, disse Genelício, a quem não possuísse um título 'acadêmico', ter livros. Evitavam-se assim essas desgraças. Não acham?", *PQ*, p. 78.

41. Humberto de Campos, *Antologia da Academia Brasileira de Letras, trinta anos de discursos acadêmicos: 1897-1927*, pp. 20-1.

42. Auguste Comte, *Discurso sobre o espírito positivo*, p. 40.

43. Apud François Châtelet (dir.), *A filosofia do mundo científico e industrial, de 1860 a 1940*, p. 125.

44. Ruy Galvão de Andrade Coelho, *Indivíduo e sociedade na teoria de Augusto Comte*, p. 117.

45. V. 1, p. 581.

46. V. 1, p. 604.

47. *CRJ*, p. 173.

48. *IC*, p. 197.

49. *Bg*, p. 52.

50. *Bg*, p. 251.

51. V. 2, pp. 93-4.

52. *DI*, p. 84; no mesmo sentido, pp. 42-3 e 61.

53. V. 1, pp. 581-2.

54. *Bg*, pp. 254 e 248-53.

55. *HS*, p. 35.

56. *DI*, p. 124; v. 2, pp. 620-1.

57. José Veríssimo, *Homens e coisas estrangeiras*, pp. 383-4.

58. *HS*, pp. 40-1; *FM*, pp. 104-5; v. 2, pp. 468-73.

59. V. 1, p. 248; *DI*, p. 49.

60. *IC*, pp. 247-51; v. 2, p. 488.

61. Christophe Charle, "Champ littéraire et champ du pouvoir: les écrivains et l'affaire Dreyfus".
62. Lúcia Miguel-Pereira, *História da literatura brasileira: prosa de ficção de 1870 a 1920*, p. 66.
63. "A festa no Instituto", *JC*, 7/7/1896.
64. *IL*, p. 87.
65. V. 2, p. 662.
66. *Bg*, p. 249; v. 1, p. 176.
67. V. 1, p. 169; *NN*, pp. 201-3.
68. V. 1, pp. 424-5; *CRJ*, p. 79, em que Lima Barreto expõe por sua conta aquele que era como que um lema de Euclides e de seus colegas da Escola Militar da Praia Vermelha: "É preciso que o todo se interesse pelas partes, para que as partes não se separem do todo".
69. V. 1, pp. 809-10; *CRJ*, p. 11; *HS*, pp. 34-5.
70. V. 1, pp. 187-90; *GS*, pp. 261-72.
71. V. 1, p. 189; *IL*, pp. 133 e 165-6.
72. Respectivamente: v. 2, pp. 629 e 678.
73. *IL*, p. 62.
74. *CA*, p. 135.

CONCLUSÃO — HISTÓRIA E LITERATURA [PP. 285-301]

1. José de Alencar, *O guarani*, p. 8.
2. Vicente de Carvalho, "Assim falou", *FF*, 15/1/1916.
3. V. 1, p. 203. O evento a que o autor se refere é a Exposição Industrial de Saint Louis, realizada nos Estados Unidos em 1904.
4. *Bg*, p. 163.
5. *GS*, p. 130.
6. V. 2, p. 141.
7. *IL*, p. 133.
8. Michel Foucault, *El orden del discurso*, pp. 46-8.
9. "El discurso no es simplesmente aquello que traduce las luchas o los sistemas de dominación, sino aquello por lo que, y por médio de lo qual se lucha, aquel poder de que quiere uno adueñarse", idem, ibidem, p. 12.
10. A fala é de Manuela Rosenberg, traduzindo o pensamento do dr. Hans Vergérus; in Ingmar Bergman, *O ovo da serpente*, p. 71.

POSFÁCIO — O NÚCLEO NOTÁVEL E A "LINHA EVOLUTIVA"
DA SOCIEDADE E CULTURA BRASILEIRAS [PP. 303-18]

1. Em crônica escrita na *Imprensa Fluminense*, em 20-21/5/1888, Machado definiu seu mote intelectual numa fórmula lapidar: "O melhor de tudo, acrescento eu, é possuir-se a gente a si mesmo". Sobre a concepção de história de Machado de Assis, cf. o trabalho profundo e inovador de John Gledson, *Machado de Assis, Ficção e História*. São Paulo, Paz e Terra, 1986. A citação está na p. 251.

2. Lima Barreto, *I.L.* p. 251.

3. Publicado originalmente na *Gazeta de Notícias* em 24 de junho de 1884 e depois integrado à coletânea *Relíquias de Casa Velha*, de 1906.

4. Machado de Assis, "Evolução", in *Relíquias de Casa Velha*, Obras Completas, v. 18, Rio de Janeiro, W. M. Jackson Inc., 1957, pp. 127-37.

5. Nesse texto os grifos são meus, mas no seu conto Machado também sempre grifa a mudança progressiva dos pronomes possessivos ao longo da história.

6. Machado de Assis, "Evolução", *op.cit.*, p. 137.

7. Benedito, após longa visita às suas propriedades em Vassouras, bastião da cafeicultura no Vale do Paraíba, reclamava a Inácio: "Infelizmente, o governo não correspondia às necessidades da pátria; parecia até interessado em mantê-la atrás das outras nações americanas". (pp. 135-6) Sobre a gravidade extrema da crise social nas décadas finais do Império, cf. Maria Helena Machado. *O Plano e o Pânico, os movimentos sociais na década da Abolição*. Rio de Janeiro, Editora da UFRJ e São Paulo, Edusp, 1994, sobretudo os capítulos 2, 3 e 4. Também Maria Cristina Cortez Wissenbach. *Sonhos Africanos, vivências ladinas: escravos e forros em São Paulo*, 1850-1880. São Paulo, Hucitec/ História Social, FFLCH-USP, sobretudo pp. 33-59.

8. Sobre elaborações simbólicas associadas à República, uma leitura imprescindível é José Murilo de Carvalho. *A Formação das Almas, o imaginário republicano do Brasil.* São Paulo, Companhia das Letras, 1990. Cf. também N. Sevcenko "A Capital Irradiante: técnicas, ritmos e ritos do Rio", capítulo 7 de *República: da belle époque à Era do Rádio*, v. 3 da *História da vida privada no Brasil*, coleção dirigida por Fernando A. Novais, volume organizado por N. Sevcenko, São Paulo, Companhia das Letras. Sobre o simbolismo da infância, tal como foi articulado pelas elites republicanas, Patrícia Santos Hansen está presentemente elaborado uma Tese de Doutoramento no Departamento de História da FFLCH da USP, sob o título *Brasil País do Futuro: Infância Brasileira e um País Novo*.

9. Quando reencontra Inácio, já como deputado eleito, Benedito lhe pergunta sobre o andamento de seus projetos empresariais. Recebendo uma resposta genérica, ele insiste e vai direto ao ponto que lhe interessava: (Inácio)

"Perguntou-me pela empresa; disse-lhe o que havia. — Dentro de dois anos conto inaugurar o primeiro trecho da estrada. (Benedito) — E os capitalistas ingleses? (Inácio) — Que têm? (Benedito) — Estão contentes, esperançados? (Inácio) — Muito; não imagina." (pp. 135-6)

10. O sociólogo Herbert Spencer, como se sabe, era discípulo de Auguste Comte e caudatário de seu mote principal, "ordem e progresso", além de ser seguidor de Charles Darwin, tendo engendrado uma nova síntese teórica entre o positivismo e o evolucionismo, que se tornou célebre como "darwinismo social". Essa doutrina alcançou ampla difusão em todo o mundo no período, a ponto de se tornar a convicção dominante entre as elites técnico-científicas ascendentes, muito em especial na América Latina e no Brasil, onde os republicanos chegariam ao extremo de fixar seu lema no próprio seio da bandeira nacional. Essa prodigiosa capacidade profética de Machado parece legitimar os epítetos de ordem necromântica que lhe são insistentemente atribuídos.

11. "Nesse ponto, precisamente, se concentra o aspecto mais original da contribuição do crítico aos estudos machadianos. Dada a homologia existente entre o desenvolvimento da cultura burguesa e a gênese da forma romanesca nas potências capitalistas, esse mesmo emparelhamento haveria de se manifestar entravado, disfuncional ou artificioso numa sociedade assinalada por práticas tradicionais, tutelas senhoriais e instituições postiças como a brasileira, uma cópia mal-composta do modelo dominante. Como então se poderia não compensar o que em si não constitui desafio muito grande para a fantasia, mas, ao contrário, expor esteticamente essa descompensação? Ou, em outras palavras, como expor a artificialidade da aplicação do modelo ficcional dominante às condições singulares e historicamente diversas do meio brasileiro? Uma situação semelhante, como bem lembra John Gledson, à que os escritores russos experimentavam para representar a sociedade tzarista. A alternativa encontrada por Machado é desvendada pelo crítico através do conceito de "realismo enganoso", um procedimento pelo qual o artista, por um lado, representa a realidade por meio das convenções doutrinárias da estética realista dominante, enquanto, pelo outro, solapa, suspende e compromete todas elas ao mesmo tempo.

O resultado não é a ausência ou a negação do referente, mas o desafio para que o leitor o encontre lendo os textos a contra-apelo da narrativa, buscando seus lapsos, seus atos falhos, suas hesitações, suas referências cifradas e seu substrato histórico." N. Sevcenko, "A Ficção Maliciosa e as Traições da História", Prefácio à nova edição de J. Gledson. *Machado de Assis: ficção e história*, no prelo pela Editora Paz e Terra, com lançamento previsto para o segundo semestre de 2003.

12. Outro detalhe que revela a sutil ironia, o realismo capcioso de Machado, está nos nomes das personagens, Benedito e Inácio. São óbvias alusões a

Benedicto de Nursia (o popular São Bento), patriarca fundador da velha e pioneira ordem beneditina, criada por ele em 529, no célebre mosteiro de Monte Cassino, na Itália; e a Inácio de Loyola (Santo Inácio de Loiola), fundador da Companhia de Jesus ou ordem dos jesuítas, cerca de um milênio mais tarde, em 1534, na Espanha. Benedito representa evidentemente o corpo clerical da Igreja no momento da plena consolidação de sua hegemonia, ao passo que Inácio simboliza a nova elite militante e intelectualmente engajada a que a instituição teve que recorrer no momento da grande crise do Renascimento e da Reforma Protestante, encabeçando a reação Contrarreformista ao se empenhar pela defesa da doutrina Católica, pela consolidação da autoridade pontifical e da hierarquia do clero, pela manutenção dos privilégios clericais e pela expansão do Catolicismo aos novos continentes e populações incorporados pelas Grandes Navegações. Nesse sentido, os jesuítas teriam representado a "evolução" natural da Igreja Católica, ou da nova Igreja Contrarreformista, como diria Spencer — Spencer ou Benedito, um deles. Esse jogo de alusões deixa mais do que clara a intenção de Machado de guardar sua distância crítica com respeito a ambos, Inácio e Benedito, representados como elementos complementares numa relação simbiótica na qual, à parte os benefícios mútuos de que desfrutam, o primeiro é dependente e condicionado pelo segundo.

13. Sobre as estratégias ou a sintaxe do esquecimento e da celebração como recursos do discurso ideológico, cf. Homi K. Bhabha. *The Location of Culture*. London, New York, Routledge, 1994, pp. 139-70, especialmente pp. 157-61.

14. O quadro encontra-se reproduzido no caderno de ilustrações deste livro.

15. Cruz e Sousa, "Emparedado", citado por Raimundo Magalhães Júnior, *Poesia e Vida de Cruz e Sousa*. Rio, Civilização Brasileira, Brasília, INL, 1975, pp. 319-20. Segundo o autor, esse poema em prosa teria sido composto nos inícios de 1897.

16. Idem, ibidem, p. 346.

17. João do Rio. *Pall-Mall Rio: o inverno carioca de 1916*. Rio de Janeiro, Villas, 1917, cit. por Antônio Edimilson Martins Rodrigues, *João do Rio, a cidade e o poeta: o olhar de flâneur na* belle époque *tropical*. Rio de Janeiro, Editora FGV, 2000, p.120.

18. Sobre o Morro do Castelo, cf. a rica coletânea de textos e imagens organizada por José Antônio Nonato e Núbia Melhem Santos. *Era uma vez o Morro do Castelo*. Rio de Janeiro, IPHAM, 2000.

19. Sobre o Modernismo, cf. N. Sevcenko. *Orfeu extático na metrópole, São Paulo, sociedade e cultura nos frementes anos 20.* São Paulo: Companhia das Letras, 1992. Estudo nesse trabalho outras tendências da estética moderna, diferentes da enfatizada nos parágrafos que se seguem no presente texto e que confrontam as estratégias de esquecimento e de exaltação comentadas aqui. Outros dois

trabalhos recentes que trazem reinterpretações decisivas sobre o Modernismo brasileiro são os de Elias Thomé Saliba, *Raízes do riso. A representação humorística na história brasileira: da belle époque aos primeiros tempos do rádio*. São Paulo: Companhia das Letras, 2002; e o de Sergio Miceli, *Nacional estrangeiro. História social e cultural do modernismo artístico em São Paulo*, São Paulo: Companhia das Letras, 2003.

20. N. Sevcenko, *Orfeu extático na metrópole*, op.cit., pp. 306-7.

# Fontes e bibliografia

FONTES BÁSICAS

*Periódicos*

*Jornal do Comércio*, Rio de Janeiro, 1896-1920.
*Revista Americana*, Rio de Janeiro, 1909-1919.
*Revista Careta*, Rio de Janeiro, 1912.
*Revista do Brasil*, São Paulo, 1916-1920.
*Revista Fon-Fon*, Rio de Janeiro, 1907-1920.
*Revista Kosmos*, Rio de Janeiro, 1904-1906.

*Obras literárias*

ALENCAR, José de. *O guarani*. 6. ed. São Paulo: Melhoramentos, s.d.
ANJOS, Augusto dos. *Eu / Outra poesia*. São Paulo: Círculo do Livro, s.d.
\_\_\_\_\_. *Poesia*. Rio de Janeiro: Agir, 1978.
ARANHA, Graça. *Canaã*. Rio de Janeiro: Edições de Ouro, s.d.
\_\_\_\_\_. *Malazarte*. Rio de Janeiro: Briguiet, 1911.
AZEVEDO, Aluísio. *O cortiço*. 6. ed. São Paulo: Ática, 1978.
BARRETO, Lima. *Obras completas de Lima Barreto*. Org.: Francisco de Assis Barbosa. São Paulo: Brasiliense, 1956. 17 v.
\_\_\_\_\_. *Triste fim de Policarpo Quaresma*. Paris: Unesco, 1999. Edição crítica de Antônio Houaiss e C. L. Negreiros de Figueiredo. Col. Archives.

BAUDELAIRE, Charles. *Les fleurs du mal*. Paris: Société d'Édition Les Belles Lettres, 1952.
BELINSKI, Dobroljubow & PISAREW. *Russische Kritiker*. Intr. e sel.: Efraim Frisch. Munique: Drei Masken Verlag, 1921.
BERGMAN, Ingmar. *O ovo da serpente*. São Paulo: Nórdica, 1978.
BILAC, Olavo. *Poesia*. Rio de Janeiro: Francisco Alves, s.d.
COELHO NETO. *A capital federal (impressões de um sertanejo)*. 5. ed. Porto: Chardron, 1924.
_____. *A conquista*. 3. ed. Porto: Chardron, 1921.
_____. *Jardim das Oliveiras*. Porto: Chardron, s.d.
_____. *Livro de prata*. São Paulo: Liberdade, 1928.
_____. *Rapsódias*. Rio de Janeiro: Garnier, 1911.
_____. *Vida mundana*. 2. ed. Porto: Chardron, 1924.
CORRÊA, Raimundo. *Poesias*. 6. ed. Rio de Janeiro: São José, 1958.
CRUZ E SOUSA. *Poemas escolhidos*. Sel. e intr.: Massaud Moisés. São Paulo: Cultrix, s.d.
CUNHA, Euclides da. *Caderneta de campo*. Intr., notas e coment.: Olímpio de Souza Andrade. São Paulo/Brasília: Cultrix/INL, 1975.
_____. *Obra completa*. Rio de Janeiro: Aguilar, 1966. 2 v.
D'ANNUNZIO, Gabriele. *Trionfo della morte*. Estudo crítico: Giansiro Ferrata. 2. ed. Milão: Mondadori, 1980.
DAUDET, Alphonse. *Aventuras prodigiosas de Tartarin de Tarascon*. São Paulo: Saraiva, 1959.
DOSTOIÉVSKI, Fedor. *A voz subterrânea*. Rio de Janeiro: Bruguera, s.d.
EMERSON, Ralph Waldo. *Homens representativos*. 2. ed. São Paulo: Editora do Brasil, 1960.
ESTRADA, Luís Gonzaga Duque. *Mocidade morta*. São Paulo: Três, 1973.
FRANCE, Anatole. *Le génie latin*. Paris: Calmann-Lévy, 1917.
_____. *Monsieur Bergeret em Paris (história contemporânea IV)*. Rio de Janeiro: Civilização Brasileira, 1978.
GUIMARAENS, Alphonsus de. *Cantos de amor, salmos de prece*. Rio de Janeiro/Brasília: José Aguilar/INL, 1972.
HUGO, Victor. *Les châtiments*. Paris: Hetzel Maison Quantin, s.d.
_____. *Os homens do mar*. Lisboa: Empreza da História de Portugal, 1901.
HUYSMANS, J.-K. *Against Nature*. Bungay, Penguin, 1977.
LOBATO, Monteiro. *Obras completas de Monteiro Lobato*. 9. ed. São Paulo, Brasiliense: 1959, v. 1-4 e 11-15.
LOPES, B. *Poesia*. Rio de Janeiro: Agir, 1962.
MAUPASSANT, Guy de. *Bel-Ami*. São Paulo: Assunção, 1944.
MUSSET, Alfred de. *A confissão de um filho do século*. Rio de Janeiro:Athena Editora, 1936.

NABUCO, Joaquim. *Pensamentos soltos.* São Paulo/Rio de Janeiro: Civilização Brasileira/Companhia Editora Nacional, 1937.
PEDERNEIRAS, Mario. *Poesia.* Sel. e apres.: Rodrigo Otávio Filho. Rio de Janeiro: Agir, 1958.
POMPÉIA, Raul. *O Ateneu.* São Paulo, Três, 1973.
\_\_\_\_\_. *Canções sem metro.* 2. ed. Rio de Janeiro: Casa Mandarino, s.d.
QUEIRÓS, Eça de. *Cartas de Inglaterra.* Porto: Lello, s.d.
\_\_\_\_\_. *A correspondência de Fradique Mendes (memórias e notas).* 6. ed. Porto: Chardron, 1921.
\_\_\_\_\_. *O mandarim.* 7. ed. Porto: Chardron, 1919.
\_\_\_\_\_. *Notas contemporâneas.* 2. ed. Porto: Lello, 1944.
\_\_\_\_\_. *A relíquia.* Porto: Lello, s.d.
ROSTAND, Edmond. *Cyrano de Bergerac.* São Paulo: Abril Cultural, 1976.
TAUNAY, Visconde de. *O Encilhamento.* 3. ed. São Paulo: Melhoramentos, s.d.
TOLSTÓI, Leão. *A escravidão moderna.* 2. ed. Lisboa: Guimarães e Cia., 1908.
\_\_\_\_\_. *The Kingdom of God and Peace Essays.* Londres, University Press, 1960.
\_\_\_\_\_. *Pensées de Tolstói (d'après les textes russes).* Org.: Ossip-Lourié. 3. ed. Paris: Félix Alcan, 1910.
\_\_\_\_\_. *Ressurreição.* Lisboa: Editores Associados, s.d.
VERLAINE, *Poemas.* Sel., trad., pref. e notas: Jamil Almansur Haddad. São Paulo: Difel, 1962.
VICTOR, Nestor. *Prosa e poesia.* Rio de Janeiro: Agir, 1963.
ZOLA, Émile. *Germinal.* São Paulo: Abril Cultural, 1972.
\_\_\_\_\_. *Naná.* Rio de Janeiro: Edições de Ouro, 1973.

*Ensaios, estudos e crítica*

ARARIPE JR. *Araripe Jr.: teoria, crítica e história literária.* Sel. e apres.: Alfredo Bosi. Rio de Janeiro / São Paulo, LTC/Edusp, 1978.
\_\_\_\_\_. *Literatura Brasileira — movimento de 1893: o crepúsculo dos povos.* Rio de Janeiro: Empresa Democrática Editora, 1896.
BARBOSA, Rui. *Coletânea literária.* Org.: Batista Pereira. São Paulo: Companhia Editora Nacional, 1952.
\_\_\_\_\_. *Diretrizes de Rui Barbosa.* Sel.: Batista Pereira. São Paulo: Companhia Editora Nacional, 1932.
\_\_\_\_\_. *República: teoria e prática.* Sel. e coord.: Hildon Rocha. Petrópolis/Brasília, Vozes/Câmara dos Deputados, 1978.
BARRETO, Tobias. *A questão do poder moderador e outros ensaios brasileiros.* Sel. e coord.: Hildon Rocha. Petrópolis/Brasília, Vozes/INL, 1977.
BEVILACQUA, Clóvis. *Filosofia social e jurídica.* São Paulo, Grijalbo/Edusp, 1975.

BRITO, Farias. *Inéditos e dispersos.* São Paulo: Grijalbo/Edusp, 1966.

_____. *Trechos escolhidos.* Sel.: Benedito Nunes. Rio de Janeiro: Agir, 1967.

CAMPOS, Humberto de. *Antologia da Academia Brasileira de Letras, trinta anos de discursos acadêmicos: 1897-1927.* Rio de Janeiro/Porto Alegre/São Paulo, W. M. Jackson, 1951.

COMTE, Auguste. *Discurso sobre o espírito positivo.* Porto Alegre/São Paulo, Globo/Edusp, 1976.

LIMA, Alceu Amoroso. *Três ensaios sobre Machado de Assis.* Belo Horizonte: Paulo Bluhm, 1941.

MENUCCI, Sud. *Alma contemporânea (ensaios de estética).* 2. ed. São Paulo: Cultura Brasileira, s.d.

NABUCO, Joaquim. *O abolicionismo.* Intr.: Gilberto Freyre. 4. ed. Petrópolis/Brasília, Vozes/INL, 1977.

ORLANDO, Artur. *Ensaios de crítica.* São Paulo: Grijalbo/Edusp, 1975.

RIBEIRO, João. *Trechos escolhidos.* Rio de Janeiro: Agir, 1960.

ROMERO, Sílvio. *História da literatura brasileira.* 2. ed. Rio de Janeiro: Garnier, 1902-1903, 2 v.

_____. *História da literatura brasileira.* 3. ed. Rio de Janeiro: José Olympio, 1943, 3 v.

_____. *Obra filosófica.* Intr. e sel.: L. W. Vita. Rio de Janeiro/São Paulo, José Olympio/Edusp, 1969.

_____. *Sílvio Romero: teoria, crítica e história literária.* Sel. e apres.: Antonio Candido. Rio de Janeiro/São Paulo: LTC/Edusp, 1978.

VERÍSSIMO, José. *Estudos de literatura brasileira — 1ª série.* Belo Horizonte/São Paulo: Itatiaia/Edusp, 1976.

_____. *Estudos de literatura brasileira — 2ª série.* Belo Horizonte/São Paulo: Itatiaia/Edusp, 1976.

_____. *Estudos de literatura brasileira — 3ª série.* Belo Horizonte/São Paulo: Itatiaia/Edusp, 1976.

_____. *Estudos de literatura brasileira — 4ª série.* Belo Horizonte/São Paulo: Itatiaia/Edusp, 1976.

_____. *Estudos de literatura brasileira — 5ª série.* Belo Horizonte/São Paulo: Itatiaia/Edusp, 1976.

_____. *Estudos de literatura brasileira — 6ª série.* Belo Horizonte/São Paulo: Itatiaia/Edusp, 1976.

_____. *História da literatura brasileira.* 5. ed. Rio de Janeiro: José Olympio, 1969.

_____. *Homens e coisas estrangeiras.* Rio de Janeiro: Garnier, 1902.

_____. *José Veríssimo: teoria, crítica e história literária.* Sel. e apres.: Antonio Candido. Rio de Janeiro/São Paulo, LTC/Edusp, 1978.

*Crônicas e memórias*

ABRANCHES, Dunshee de. *Como se faziam presidentes (homens e fatos do início da República)*. Rio de Janeiro: José Olympio, 1973.
AMADO, Gilberto. *A chave de Salomão e outros escritos*. Rio de Janeiro: José Olympio, 1947.
_____. *A dança sobre o abismo*. Rio de Janeiro: Ariel, s.d.
_____. *Aparências e realidade*. São Paulo: Monteiro Lobato, 1922.
_____. *Minha formação no Recife*. Rio de Janeiro: José Olympio, 1955.
_____. *Mocidade no Rio e primeira viagem à Europa*. Rio de Janeiro: José Olympio, 1956.
CUNHA, Ciro Vieira da. *No tempo de Paula Ney*. São Paulo: Saraiva, 1950.
JOÃO DO RIO. *A alma encantadora das ruas*. Rio de Janeiro: Simões, 1951.
_____. *As religiões do Rio*. Rio de Janeiro: Nova Aguilar, 1976.
_____. *No tempo do Venceslau*. Rio de Janeiro: Editores Villas-Boas, 1917.
_____. *O momento literário*. Rio de Janeiro/Paris: Garnier, s.d.
LINS, A. *Rio Branco*. São Paulo: Companhia Editora Nacional, 1962.
MACEDO, J. M. de. *Memórias da rua do Ouvidor*. São Paulo: Saraiva, 1963.
MACHADO DE ASSIS. *Crônicas*. Rio de Janeiro/São Paulo/Porto Alegre, W. M. Jackson, 1950, v. 20-23.
MEDEIROS E ALBUQUERQUE. *Minha vida*. Rio de Janeiro: Calvino Filho, 1933. 2 v.
NABUCO, Joaquim. *Minha formação*. 9. ed. Rio de Janeiro/Brasília, José Olympio/INL, 1976.

*Opúsculos*

D'ASSIS BRASIL, Major Dr. José. *O atentado de 5 de novembro de 1897 contra o presidente da República, causas e efeitos*. São Paulo: Vanorden, 1909.
CALDAS, Honorato. *A explosão militar e as tradições do país*. Rio de Janeiro: Cia. Litho-Typographia, 1905.
COSTA, J. S. da Cunha e. *A luta civil brasileira e o sebastianismo português*. Porto: Empresa Literária e Tipográfica, 1894.
GUANABARA, Alcindo. *Discursos fora da Câmara*. Rio de Janeiro: Livraria Editora, 1911.
_____. *Pela infância abandonada e delinquente no Distrito Federal*. Rio de Janeiro: Tipografia do Jornal do Comércio, 1917.
NABUCO, Joaquim. *A intervenção estrangeira durante a revolta de 1893*. São Paulo/Rio de Janeiro, Companhia Editora Nacional/Civilização Brasileira, 1939.

PRADO, Eduardo P. da S. *A ilusão americana*. 3. ed. São Paulo: Brasiliense, 1961.
_____. *Fastos da ditadura militar no Brasil*. São Paulo: Escola Tipográfica Salesiana, 1902.
SANTOS NETO, A. B. *Psicologia criminal e justiça*. Rio de Janeiro: Selma Editora, 1934.
TAUNAY, Visconde de. *Império e República*. São Paulo: Melhoramentos, 1933.

BIBLIOGRAFIA

*História contemporânea geral*

ALLEN, G. C. "The Economic Map of the World: Population, Commerce and Industries", in *The New Cambridge Modern History*, Cambridge:University Press, 1960, v. 12.
ARENDT, H. *Imperialismo, a expansão do poder*. São Paulo: Hucitec, 1979.
AZÉMA, J.-P. & WINOCK, M. *La troisième republique*. Paris: Calmann-Lévy, 1976.
BARRACLOUGH, G. *Introdução à história contemporânea*. 4. ed. Rio de Janeiro, Zahar, 1976.
BROWN, M. Barret. *Economia do imperialismo*. Lisboa: Ulisséia, 1976.
CROUZET, M. "A época contemporânea", in *História geral das civilizações*, São Paulo: Difel, 1969, t. 7, v. 15.
DOBB, Maurice. *A evolução do capitalismo*. 6. ed. Rio de Janeiro: Zahar, 1977.
GENOVESE, E. D. *The Political Economy of Slavery*. Nova York: Vintage, 1977.
GOLLWITZER, Heinz. *O imperialismo europeu. 1880-1914*. Lisboa: Verbo, s.d.
GRIMBERG, C. & SVANSTRÖM, R. *De la Belle Époque a la Première Guerre Mondiale*. Verviers: Marabout, 1974.
HOBSBAWM, E. *A era das revoluções*. Rio de Janeiro: Paz e Terra, 1977.
_____. *A era do capital*. Rio de Janeiro: Paz e Terra, 1977.
_____. *Industry and Empire*. Bungay: Penguin, 1975.
JOUVENEL, B. *As origens do Estado moderno*. Rio de Janeiro: Zahar, 1978.
MOMMSEN, Wolfgang J. *La época del imperialismo*. Madri: Siglo Veinteuno, 1971.
RÉMOND, René. *O século XIX. 1815-1914*. São Paulo: Cultrix, 1976.
ROBINS, Lionel C. *Teoria da política econômica*. São Paulo: Ibrasa/Edusp, 1971.
SCHNERB, R. "O século XIX", in *História geral das civilizações*, 4. ed. Rio de Janeiro/São Paulo, Difel, 1977, v. 14, t. 6.
SWEEZY, P. M. *Teoria do desenvolvimento capitalista*. 3. ed. Rio de Janeiro: Zahar, 1973.
THOMSON, D. "The Era of Violence", in *The New Cambridge Modern History*, Cambridge: University Press, 1960, v. 12.

THOMSON, D. *Pequena história do mundo contemporâneo*. Rio de Janeiro: Zahar, 1967.

_____. "The Transformation of Social Life", in *The New Cambridge Modern History*, Cambridge: University Press, 1960, v. 12.

*História social da cultura*

BIDISS, M. D. *The Age of the Masses*. Aylesbury: Penguin, 1977.
BINNI, W. *La poetica del decadentismo*. 5. ed. Florença: Sansoni, 1977.
BUBER, M. *O socialismo utópico*. São Paulo: Perspectiva, 1971.
CHÂTELET, François (Org.). *A filosofia do mundo científico e industrial, de 1860 a 1940*. Rio de Janeiro: Zahar, 1974.
CIPOLLA, C. M. *Literacy and Development in the West*. Londres: Penguin, 1969.
CLISSOLD, S. *Perfil cultural de Latinoamérica*. Barcelona: Labor, 1967.
DAVIS, H. E. *Latin American Thought*. Londres: Coolier-Mcmillan, 1974.
FOUCAULT, M. *As palavras e as coisas*. Lisboa: Portugália, 1966.
FREEBORN, R. *The Rise of the Russian Novel*. Cambridge: University Press, 1973.
HALÉVY, Elie. *The Growth of Philosophic Radicalism*. Londres: Faber and Faber, 1972.
HAUSER, A. *The Social History of Art*. Londres: Routledge and Kegan, 1962.
HUGHES, Stuart. *Conciousness and Society*. Nova York: Vintage, 1961.
KETTLE, Arnold (Ed.). *The Nineteenth-Century Novel (Critical Essays and Documents)*. Londres: Heinemann Educational Books, 1977.
LÖWITH, Karl. *Saggi sulla storia*. Florença: Sansoni, 1971.
MATTHEWS, W. R. "Literature, Philosophy and Religious Thought", in *The New Cambridge Modern History*, Cambridge: University Press, 1960, v. 12.
MEINECKE, Friedrich. *Le origini dello storicismo*. Florença: Sansoni, 1954.
MORENO, C. F. (Coord.). *América Latina en su Literatura*. 4. ed. México/Paris: Siglo XXI/Unesco, 1977.
MULLER-ARMACK, A. *El siglo sin Diós*. México: Fondo de Cultura Económica, 1968.
POLIAKOV, Leon. *O mito ariano*. São Paulo: Perspectiva, 1974.
POTTS, D. C. & CHARLTON, D. G. *French Thought Since 1600*. Londres: Methuen, 1974.
PRIESTLEY, J. B. *Der Europäer und seine Literatur*. Munique: Verlag Kurt Desch, 1961.
SARAIVA, A. J. *Para a história da cultura em Portugal*. 4. ed. Lisboa: Europa-América, v. 1.
SOLER, Ricaurte. *El positivismo argentino (pensamiento filosófico e sociológico)*. Buenos Aires: Paidós, 1968.
TALMON, J. L. *Romantismo e revolta*. Lisboa: Verbo, 1967.

*Crítica, estética, teoria e história literária*

ADORNO, W. T. "Conferência sobre lírica e sociedade", in *Os pensadores*, São Paulo: Abril Cultural, 1975, v. 48, pp. 201-14.
\_\_\_\_\_. *Crítica cultural y sociedad*. Barcelona: Anel, 1973.
\_\_\_\_\_. *Filosofia da nova música*. São Paulo: Perspectiva, 1974.
\_\_\_\_\_. *Notas de literatura*. Rio de Janeiro: Tempo Brasileiro, 1973.
ARISTÓTELES. Poética, in *Os pensadores*, São Paulo: Abril Cultural, 1973, v. 4, pp. 443-502.
AUERBACH, E. *Introdução aos estudos literários*. São Paulo: Cultrix, 1970.
\_\_\_\_\_. *Mimesis*. São Paulo: Perspectiva, 1971.
BARBOSA, J. Alexandre. *A tradição do impasse*. São Paulo: Ática, 1974.
BARTHES, Roland. *Análise estrutural da narrativa*. 4. ed. Petrópolis: Vozes, 1971.
\_\_\_\_\_. *Crítica e verdade*. São Paulo: Perspectiva, 1970.
\_\_\_\_\_. *Novos ensaios críticos seguidos de o grau zero da escritura*. 2. ed. São Paulo: Cultrix, 1974.
BASTIDE, Roger. *Arte e sociedade*. 2. ed. São Paulo: Nacional/Edusp, 1971.
BENJAMIN, Walter. *Iluminaciones 2*. Madri: Taurus, 1972.
\_\_\_\_\_. "A obra de arte na época de suas técnicas de reprodução", in *Os pensadores*, São Paulo: Abril Cultural, 1975, v. 48, pp. 9-34.
\_\_\_\_\_. "O narrador", in *Os pensadores*, São Paulo: Abril Cultural, 1975, v. 48, pp. 63-82.
\_\_\_\_\_. "Sobre alguns temas em Baudelaire", in *Os pensadores*, São Paulo: Abril Cultural, 1975, v. 48, pp. 35-62.
BOSI, A. *O pré-modernismo*. 3. ed. São Paulo: Cultrix, 1969.
BOURDIEU, Pierre. *A economia das trocas simbólicas*. Intr., org. e sel.: Sérgio Miceli. São Paulo: Perspectiva, 1974.
CANDIDO, A. *Formação da literatura brasileira, momentos decisivos*. 4. ed. São Paulo: Martins, 1971, 2 v.
\_\_\_\_\_. *Literatura e sociedade*. 3. ed. São Paulo: Nacional, 1973.
\_\_\_\_\_. *Tese e antítese*. 2. ed. São Paulo: Nacional, 1971.
CHARLE, Christophe. "Champ littéraire et champ du pouvoir, les écrivains et l'affaire Dreyfus", *Annales E. S. C.*, ano 32, n. 2, março a abril de 1977, pp. 240-64.
COELHO, Ruy Galvão de Andrade. *Indivíduo e sociedade na teoria de Augusto Comte*. São Paulo: FFLCH-USP, 1961. Tese de livre-docência.
DERRIDA, J. *A escritura e a diferença*. São Paulo: Perspectiva, 1971.
ECO, Umberto. *Apocalípticos e integrados*. São Paulo: Perspectiva, 1976.
ESCARPIT, R. *Le littéraire et le social*. Paris: Flammarion, 1970.

FORSTER, E. M. *Aspectos do romance*. 2. ed. Porto Alegre: Globo, 1974.
FOUCAULT, Michel. *A arqueologia do saber*. Petrópolis/Lisboa, Vozes/Centro do Livro Brasileiro, 1972.
_____. *Nietzsche, Freud e Marx: theatrum philosophicum*. Porto: Edições Rés, 1975.
_____. *El orden del discurso*. Barcelona: Tusquets, 1973.
GIRARD, René. *Mensonge romantique et vérité romanesque*. Paris: Bernard Grasset, 1961.
GOLDMANN, Lucien. *Criação cultural na sociedade moderna*. São Paulo: Difel, 1972.
_____. *Crítica e dogmatismo na cultura moderna*. Rio de Janeiro: Paz e Terra, 1973.
_____. *A sociologia do romance*. 2. ed. Rio de Janeiro: Paz e Terra, 1976.
_____. *Structures mentales et création culturalle*. Paris: Anthropos, 1970.
GRAMSCI, A. *Cultura y literatura*. Barcelona: Peninsula, 1972.
GULLAR, F. *Vanguarda e subdesenvolvimento*. Rio de Janeiro: Civilização Brasileira, 1962.
HOWARTH, W. D., PEYRE, M. H. & PRUICKSHANK, J. *French Literature From 1600 to the Present*. Londres: Methuen, 1974.
JAUSS, R. Hans et al. *A literatura e o leitor, textos de estética da recepção*. Coord.: Luiz Costa Lima. Rio de Janeiro: Paz e Terra, 1979.
LUKÁCS, G. *Le roman historique*. Paris: Payot, 1977.
_____. *Sociología de la literatura*. Barcelona: Peninsula, 1973.
_____. *Teoria do romance*. Lisboa: Presença, s.d.
MERLEAU-PONTY, Maurice. *O homem e a comunicação: a prosa do mundo*. Rio de Janeiro: Bloch, 1974.
MOREAU, P. *La critique litteraire en France*. Paris: Armand-Colin, 1960.
MUIR, Edwin. *A estrutura do romance*. 2. ed. Porto Alegre: Globo, 1976.
NIETZSCHE, Friedrich W. *Obras incompletas*. Sel. de Gérard Lebrun. Trad.de Rubens R. T. Filho. In *Os pensadores*, São Paulo: Abril Cultural, 1974, v. 32.
_____. *O pensamento vivo de Nietzsche*. Trad. de Sérgio Milliet. Apres.: Heinrich Mann. São Paulo: Martins/Edusp, 1975.
ORR, John. *Tragic Realism and Modern Society: Studies on the Sociology of the Modern Novel*. Londres: MacMillan Press, 1977.
OSAKABE, H. *Argumentação e discurso político*. São Paulo: Kairós, 1979.
PAZ, O. *Signos em rotação*. São Paulo: Perspectiva, 1976.
PEIXOTO, Afrânio. *Panorama da literatura brasileira*. São Paulo: Companhia Editora Nacional, 1940.
PRETI, D. *Sociolinguística: os níveis da fala*. São Paulo: Nacional, 1974.
ROSENFELD, A. *Estrutura e problema da obra literária*. São Paulo: Perspectiva, 1976.

SARAIVA, A. (org.). *Páginas de estética contemporânea*. Lisboa: Presença, 1966.
SARTRE, Jean-Paul. *Situations II*. 7. ed. Paris: Gallimard, 1948.
SCHAFF, Adam. *Introduzione alla semantica*. 3. ed. Roma: Editori Riuniti, 1974.
STAROBINSKI, J. "A literatura", in *História: novas abordagens*. Org. de J. Le Goff e P. Nora. Rio de Janeiro: Francisco Alves, 1976.
TODOROV, T. *As estruturas narrativas*. São Paulo: Perspectiva, 1969.
_____. *Poética*. Buenos Aires: Losada, 1975.
WELLEK, R. *Conceitos de crítica*. São Paulo: Cultrix, s.d.
ZÉRAFFA, Michel. *Fictions: The Novel and Social Reality*. Aylesbury: Penguin, 1976.

*História da Primeira República no Brasil e de sua literatura*

ABREU, Modesto de. *Estilo e personalidade de Euclides da Cunha, estilística d' "Os sertões"*. Rio de Janeiro: Civilização Brasileira, 1963.
AMARAL, Aracy A. *Artes plásticas na Semana de 22: subsídios para uma história da renovação das artes no Brasil*. São Paulo: Perspectiva, 1970.
ANDRADE, O. de S. *História e interpretação de "Os sertões"*. 3. ed. São Paulo: Edart, 1966.
BARBOSA, Francisco de Assis. *A vida de Lima Barreto (1881-1922)*. 5. ed. Rio de Janeiro/Brasília, José Olympio/INL, 1975. A oitava edição desse livro tem notas de revisão de Beatriz Resende e foi publicada pela José Olympio em 2002.
BARROS, Roque Spencer Maciel de. *A ilustração brasileira e a ideia de universidade*. São Paulo: Convívio/Edusp, 1986.
BELLO, J. M. *História da República: 1889-1954*. 7. ed. São Paulo: Companhia Editora Nacional, 1976.
BOSI, A. *História concisa da literatura brasileira*. 2. ed. São Paulo: Cultrix, 1975.
BRITO, M. da S. *Antecedentes da Semana de Arte Moderna*. 2. ed. Rio de Janeiro: Civilização Brasileira, 1964.
BROCA, Brito. *A vida literária no Brasil — 1900*. Rio de Janeiro: José Olympio, 1975.
CANDIDO, Antonio. *O método crítico de Sílvio Romero*. São Paulo: Edusp, 1988.
CARONE, Edgard. *A Primeira República (texto e contexto)*. 3. ed. São Paulo: Difel, 1976.
_____. *A República Velha: evolução política*. 3. ed. São Paulo: Difel, 1971.
_____. *A República Velha: instituições e classes sociais*. 2. ed. São Paulo: Difel, 1970.
CARVALHO, L. R. de. *A formação filosófica de Farias Brito*. São Paulo: Saraiva/Edusp, 1977.

CASTRO, Sertório de. *A república que a revolução destruiu*. Rio de Janeiro: Freitas Bastos, 1932.

CAVA, R. Della. *Milagre em Joaseiro*. Rio de Janeiro: Paz e Terra, 1976.

COSTA, E. Viotti da. *Da Monarquia à República: momentos decisivos*. 2. ed. São Paulo: Ciências Humanas, 1979.

COSTA, J. C. *Contribuição à história das ideias no Brasil*. 2. ed. Rio de Janeiro: Civilização Brasileira, 1967.

COUTINHO, Afrânio (dir.). *A literatura no Brasil*. 2. ed. Rio de Janeiro: Sul Americana, 1969, v. 4.

FAORO, Raymundo. *Os donos do poder*. 2. ed. Porto Alegre/São Paulo, Globo/Edusp, 1975.

_____. *Machado de Assis: a pirâmide e o trapézio*. São Paulo: Companhia Editora Nacional, 1974.

FAUSTO, Bóris. "Pequenos ensaios de história da República". *Cadernos Cebrap*, n. 10. São Paulo: 1972.

_____. *Trabalho urbano e conflito social*. São Paulo: Difel, 1977.

FERNANDES, F. *A revolução burguesa no Brasil*. Rio de Janeiro: Zahar, 1975.

_____. *Sociedade de classes e subdesenvolvimento*. Rio de Janeiro: Zahar, 1968.

FRANCO, Afonso Arinos de Melo. *Rodrigues Alves: apogeu e declínio do presidencialismo*. Rio de Janeiro/São Paulo, José Olympio/Edusp, 1973. 2 v.

FRANCO, M. S. C. "As ideias estão no lugar". *Cadernos de Debate*, n. 1. 2. ed. São Paulo: Brasiliense, 1976.

FREYRE, Gilberto. *Ordem e progresso*. 2. ed. Rio de Janeiro: José Olympio, 1962, 2 v.

GALVÃO, W. N. *No calor da hora: a Guerra de Canudos nos jornais, 4ª expedição*. São Paulo, Ática, 1974.

GRAHAM, R. *Grã-Bretanha e o início da modernização no Brasil*. São Paulo: Brasiliense, 1973.

HALLEWELL, Laurence. *O livro no Brasil, sua história*. São Paulo: Edusp, 1985.

IANNI, O. *Imperialismo na América Latina*. Rio de Janeiro: Civilização Brasileira, 1974.

LACOMBE, A. J. *À sombra de Rui Barbosa*. São Paulo/Brasília, Nacional/INL, 1978.

LEAL, V. N. *Coronelismo, enxada e voto*. 2. ed. São Paulo: Alfa-Ômega, 1975.

LEITE, Dante Moreira. *O caráter nacional brasileiro*. 2. ed. São Paulo: Pioneira, 1969.

LINS, Ivan. *História do positivismo no Brasil*. 2. ed. São Paulo: Companhia Editora Nacional, 1967.

LOBO, Eulália Maria Lahmeyer. *História do Rio de Janeiro (do capital comercial ao capital industrial e financeiro)*. Rio de Janeiro: Ibmec, 1978.

LUZ, N. Vilela. *A luta pela industrialização do Brasil.* São Paulo: Alfa-Ômega, 1975.

MACHADO NETO, A. L. *Estrutura social da República das Letras.* São Paulo: Grijalbo/Edusp, 1973.

MAGALHÃES JR., R. *Poesia e vida de Augusto dos Anjos.* 2. ed. Rio de Janeiro/Brasília, Civilização Brasileira/INL, 1978, corrigida e aumentada.

_____. *A vida vertiginosa de João do Rio.* Rio de Janeiro/Brasília, Civilização Brasileira/INL, 1978.

MARSON, Adalberto. *A ideologia nacionalista em Alberto Torres.* São Paulo: Duas Cidades, 1979.

MARTINS, J. de S. *A imigração e a crise do Brasil agrário.* São Paulo: Pioneira, 1973.

MENEZES, R. de. *A vida boêmia de Paula Ney.* São Paulo: Martins, 1957.

MICELI, Sérgio. *Poder, sexo e letras na República Velha.* São Paulo: Perspectiva, 1977.

MIGUEL-PEREIRA, Lúcia. *História da literatura brasileira — prosa de ficção de 1870 a 1920.* 3. ed. Rio de Janeiro/Brasília, José Olympio/INL, 1973.

_____. *Prosa de ficção: de 1870 a 1920.* 3. ed. Rio de Janeiro/Brasília, José Olympio/INL, 1973.

MONTELLO, Josué. *Aluísio Azevedo e a polêmica d' "O mulato".* Rio de Janeiro/Brasília, José Olympio/INL, 1975.

MORAES, Eduardo J. de. *A brasilidade modernista, sua dimensão filosófica.* Rio de Janeiro: Graal, 1978.

MOTTA, C. G. (Org.). *Brasil em perspectiva.* São Paulo: Difel, 1974.

NOGUEIRA, Hamilton. *Jackson de Figueiredo.* Rio de Janeiro/São Paulo, Hachette/Loyola, 1976.

PEREGRINO, Humberto. *História e projeção das instituições culturais do Exército.* Rio de Janeiro: José Olympio, 1967.

PRADO, A. Arnoni. *Lima Barreto: o crítico e a crise.* Rio de Janeiro/Brasília, Cátedra/INL, 1976.

PRADO Jr., C. *História econômica do Brasil.* 14. ed. São Paulo: Brasiliense, 1971.

QUEIROZ, M. I. P. de. *O mandonismo local na vida política brasileira e outros ensaios.* São Paulo: Alfa-Ômega, 1976.

TALIBA, Elias T. (Org.). *Ideias econômicas de Cincinato Braga.* Rio de Janeiro/Brasília, Fundação Casa de Rui Barbosa/Senado Federal, 1984.

SCHWARZ, R. *Ao vencedor as batatas.* São Paulo: Duas Cidades, 1977.

SENNA, H. *Gilberto Amado e o Brasil.* 2. ed. Rio de Janeiro: José Olympio, 1969.

SINGER, Paul et al. *Prevenir e curar.* Rio de Janeiro:Forense-Universitária, 1978.

SKIDMORE, Thomas. *Preto no branco.* Rio de Janeiro: Paz e Terra, 1976.

VERSIANI, Flávio Rabelo & BARROS, José Roberto Mendonça de (Orgs.). *Formação econômica do Brasil.* São Paulo: Saraiva, 1978.

VIANA FILHO, L. *A vida de Rui Barbosa*. 8. ed. Rio de Janeiro/Brasília, José Olympio/INL, 1977.
VITA, Luís Washington. *Alberto Sales, ideólogo da República*. São Paulo: Companhia Editora Nacional/Edusp, 1965.
_____. *Antologia do pensamento social e político no Brasil*. Washington (DC)/São Paulo, União Pan-Americana (SGOEA)/Grijalbo, 1968.

*Obras de referência*

CROUZET, Maurice (dir.). *História geral das civilizações*. 4. ed. Rio de Janeiro/São Paulo, Difel, 1977, v. 13-17.
DAICHES, David (ed.). *The Penguin Companion to Literature*. Aylesbury: Penguin, 1971. 4 v.
GUIMARÃES, Francisco & LAFOND, Georges. *Annuaire du Brésil (économique et financier)*. Paris: Annuaire Général du Brésil, 1927.
HOLANDA, Sérgio Buarque de & FAUSTO, Bóris (dirs.). *História geral da civilização brasileira*. Rio de Janeiro/São Paulo, Difel, 1977, t. 2-3, 7 v.
MENESES, Raimundo de. *Dicionário literário brasileiro*. 2. ed. Rio de Janeiro: Livros Técnicos e Científicos, 1978.
THOMSON, David (ed.). *The New Cambridge Modern History*. Cambridge: University Press, 1960.

# Lista das abreviações utilizadas

OBRAS DE EUCLIDES DA CUNHA

A referência "Euclides da Cunha" remete a sua *Obra completa*, em dois volumes:

O volume 1 contém: *Contrastes e confrontos; À margem da história; Outros contrastes e confrontos; À margem da geografia; Fragmentos e relíquias; Crônica; Poesia; A ilha de Búzios; Os reparos nos fortes de Bertioga; O rio Purus; Peru versus Bolívia*.
O volume 2 contém: *Os sertões; Canudos, diário de uma expedição; Artigos, fragmentos e notas; Epistolário*.

OBRAS DE LIMA BARRETO

As siglas ligadas ao nome de Lima Barreto referem-se às seguintes obras, todas consultadas na edição *Obras completas de Lima Barreto*, em dezessete volumes:

Bg — *Bagatelas*
Bz — *Os bruzundangas*
C1 — *Correspondência, tomo 1*
C2 — *Correspondência, tomo 2*
CA — *Clara dos Anjos*
CRJ — *Coisas do Reino de Jambon*

*CV* — *O cemitério dos vivos*
*DI* — *Diário íntimo*
*FM* — *Feiras e mafuás*
*GS* — *Vida e morte de M. J. Gonzaga de Sá*
*HS* — *Histórias e sonhos*
*IC* — *Recordações do escrivão Isaías Caminha*
*IL* — *Impressões de leitura*
*Mg* — *Marginália*
*NN* — *Numa e a Ninfa*
*PQ* — *Triste fim de Policarpo Quaresma*
*VU* — *Vida urbana*

OBRAS DE REFERÊNCIA

*HGC* — *História geral das civilizações*
*HGCB* — *História geral da civilização brasileira*
*TNCMH* — *The New Cambridge Modern History*

PERIÓDICOS

*FF* — *Revista Fon-Fon*
*JC* — *Jornal do Comércio*
*RA* — *Revista Americana*
*RB* — *Revista do Brasil*
*RC* — *Revista Careta*
*RK* — *Revista Kosmos*

# Créditos de fotos e ilustrações

CAPA

Foto de Marc Ferrez. Coleção Gilberto Ferrez. Acervo Instituto Moreira Salles.

ABERTURAS DE CAPÍTULOS

I. A inserção compulsória do Brasil na belle époque
Foto de Augusto Malta. Arquivo Geral da Cidade do Rio de Janeiro (AGCRJ). Reprodução fotográfica: Marco Belandi.
II. O exercício intelectual como atitude política: os escritores-cidadãos
Agosto de 1916. Iconographia.
III. Euclides da Cunha e Lima Barreto: sintonias e antinomias
Foto de Juan Gutierrez. Acervo Jamil Nassif Abib.
IV. Euclides da Cunha e o círculo dos sábios
Foto de Flávio de Barros (detalhe). Arquivo Histórico do Museu da República.
V. Lima Barreto e a "República dos Bruzundangas"
Foto de Marc Ferrez. Coleção Gilberto Ferrez. Acervo Instituto Moreira Salles.
VI. Confronto categórico: a literatura como missão
Foto de Augusto Malta. Acervo da Fundação Biblioteca Nacional — Brasil. Reprodução fotográfica: Vicente de Mello.

CONCLUSÃO — História e literatura
Foto de Augusto Malta (detalhe). Acervo da Fundação Biblioteca Nacional — Brasil. Reprodução fotográfica: Vicente de Mello.

CADERNO DE IMAGENS

1. Iconographia, s/d.
2. Revista *Dom Casmurro*, número especial de aniversário, maio de 1946.
3. Foto c. 1917. Iconographia.
4. Foto de Juan Gutierrez, 1983-4. Acervo da Fundação Biblioteca Nacional — Brasil.
5. Caderno especial de *O Estado de S. Paulo*, 31/7/2002.
6. Revista *Tagarela*, 13/10/1904.
7. Revista *Careta*, 20/2/1909. Reprodução fotográfica: Vicente de Mello.
8. Capa da *Revista da Semana*, edição de 29/1/1921. Acervo da Fundação Biblioteca Nacional — Brasil. Reprodução fotográfica: Vicente de Mello.
9. Capa da *Revista da Semana*, edição de 2/10/1904. Acervo da Fundação Biblioteca Nacional — Brasil. Reprodução fotográfica: Vicente de Mello.
10. Revista *A Avenida*, edição de 4/10/1904. Acervo da Fundação Biblioteca Nacional — Brasil. Reprodução fotográfica: Vicente de Mello.
11. Centro Cultural Banco do Brasil, Rio de Janeiro. Reprodução fotográfica: Vicente de Mello.
12. Revista *O Malho*, edição de 29/10/1904.
13. Revista *O Malho*, edição de 19/11/1904. Acervo da Fundação Biblioteca Nacional — Brasil. Reprodução fotográfica: Vicente de Mello.
14. Revista *Tagarela*, edição de 20/7/1905.
15. Revista *O Malho*, edição de 26/11/1904. Acervo da Fundação Biblioteca Nacional — Brasil. Reprodução fotográfica: Vicente de Mello.
16. *Retrato do Barão do Rio Branco*, 1942. Cadmo Fausto de Souza, óleo sobre tela, 175 × 108 cm. Museu da República.
17. Foto de Marc Ferrez. Coleção Gilberto Ferrez. Acervo Instituto Moreira Salles.
18. Foto de Augusto Malta. Arquivo Geral da Cidade do Rio de Janeiro (AGCRJ). Reprodução fotográfica: Marco Belandi.
19. Foto de Marc Ferrez. Coleção Gilberto Ferrez. Acervo Instituto Moreira Salles.
20. Revista *Ilustração Brasileira*, março de 1921.
21. Cartão-postal subscrito em 31/8/1909. Coleção Waldyr da Fontoura Cordovil Pires.
22. Cartão-postal. Coleção Ruy Souza e Silva.
23. Foto de Augusto Malta. Museu da Imagem e do Som, Rio de Janeiro.
24. Foto de Augusto Malta. Museu da Imagem e do Som, Rio de Janeiro.

25. Revista *Paratodos*, edição de 4/11/1922. Acervo da Fundação Biblioteca Nacional — Brasil. Reprodução fotográfica: Vicente de Mello.
26. *Casa Persa na Rua do Rosário*, 1914, óleo sobre tela de Gustavo Giovanni Dall'Ara, 75,5 × 46,5 cm. Coleção Sergio Sahione Fadel.
27. *Algumas figuras de ontem. Cenas da vida carioca*, ilustração de Raul Pederneiras, 1924. Arquivo Geral da Cidade do Rio de Janeiro (AGCRJ). Reprodução fotográfica: Marco Belandi.
28. Revista *O Mequetrefe*, edição nº 303, 1883. Reprodução fotográfica: Vicente de Mello.
29. Foto de Augusto Stahl e Wahnschaffe, 1865. Coleção Gilberto Ferrez. Acervo Instituto Moreira Salles.
30. *Praça D. Pedro II*, 1892, óleo sobre cartão de Nicolau Antonio Facchinetti, 12 × 18 cm. Coleção Sergio Sahione Fadel.
31. Cartão-postal. Coleção George Ermakoff.
32. Foto de Augusto Malta. Secretaria Municipal de Cultura/Departamento Geral de Documentação e Informação Cultural, Divisão de Editoração, Rio de Janeiro.
33. Foto de Augusto Malta. Arquivo Geral da Cidade do Rio de Janeiro (AGCRJ). Reprodução fotográfica: Marco Belandi.
34. Foto de Augusto Malta. Arquivo Geral da Cidade do Rio de Janeiro (AGCRJ). Reprodução fotográfica: Marco Belandi.
35. Fotógrafo não identificado, s/d. Arquivo Geral da Cidade do Rio de Janeiro (AGCRJ). Reprodução fotográfica: Marco Belandi.
36. Secretaria Municipal de Cultura/Departamento Geral de Documentação e Informação Cultural, Divisão de Editoração, Rio de Janeiro. Arquivo José Leal.
37. *Portão do Forte do Castelo*, 1922, óleo sobre tela de Gustavo Dall'Ara. Museu Histórico Nacional/Instituto do Patrimônio Histórico e Artístico Nacional, Rio de Janeiro.
38. Fotógrafo não identificado. Instituto Histórico e Geográfico Brasileiro, Rio de Janeiro.
39. Museu Histórico Nacional/Instituto do Patrimônio Histórico e Artístico Nacional, Rio de Janeiro.
40. Foto de Marc Ferrez. Coleção Gilberto Ferrez. Acervo Instituto Moreira Salles.
41. Foto de Juan Gutierrez. Coleção Apparecido Jannir Salatini.
42. Palácio Monroe de dia, fotógrafo não identificado, s/d. Palácio Monroe de noite, foto de Augusto Malta, 27/9/1920. Arquivo Geral da Cidade do Rio de Janeiro (AGCRJ). Reprodução fotográfica: Marco Belandi.
43. Fotógrafo não identificado, 12/10/1922, reproduzida em Revista *Paratodos*, edição de 21/10/1922.
44. *Paz e concórdia*, 1902, óleo sobre tela de Pedro Américo de Figueiredo e Mello, 300 × 431 cm. Museu Histórico e Diplomático do Itamaraty — Ministério das Relações Exteriores. Reprodução fotográfica: Rômulo Fialdini.

# Índice remissivo

NOMES DE PESSOAS

Abreu, Capistrano de, 97
Abreu, Modesto de, 344, 347
Accacio, Justino, 322
Afghani, Al, 62
Alberto, Rei, 58
Albuquerque, Medeiros e, 132, 336
Alceste (Manuel Bastos Tigre), 321, 330, 339
Alencar, José de, 134, 287, 290, 291, 362
Alencar, Mário de, 343
Allen, G. C., 324
Almeida, Filinto de, 325
Alves, Castro, 93
Alves, Constâncio, 321, 330, 342, 343, 344
Alves, Rodrigues, 64, 65, 93, 118, 187, 316, 325
Amado, Gilberto, 336, 338
Amaral Jr., 324
Amaral, Aracy A., 324

Amaral, Glória, 12
Américo, Pedro, 311
Andrade, Olímpio de Souza, 344-5, 347, 353, 359
Andrade, Rubens de, 342
Anjos, Augusto dos, 109, 336, 339, 340
Aranha, Graça, 45, 97, 136, 147, 318, 325, 335, 336, 340
Araripe Jr., Tristão de, 97, 105, 119, 171, 303, 325, 334, 341, 361
Arendt, Hannah, 326, 332
Arfeltos, 323
Aristóteles, 29, 319
Auerbach, Eric, 344, 346-7
Azevedo, Aluísio, 77, 98, 111, 114, 194, 329, 332, 338

Bacelli, Roney, 12
Bagehot, Walter, 103
Balzac, Honoré de, 198
Barbosa, Francisco de Assis, 15, 344, 358

Barbosa, J. Alexandre, 332
Barbosa, Rui, 65, 98, 110, 111, 308, 315, 325, 326, 332
Barraclough, Geoffrey, 324, 326, 332, 333
Barres, Maurice, 275
Barreto, Tobias, 97, 103, 305, 326, 332, 333
Barros, José Roberto Mendonça de, 321
Barros, Roque Spencer Maciel de, 334
Barthes, Roland, 319, 342
Basarow, 96
Bastiat, Frederic, 229
Bastos, Tavares, 333
Batilus, 348
Baudelaire, Charles, 319
Belinski, 332, 334
Bello, José Maria, 328
Benjamin, Walter, 324
Bento, São, 365
Bergman, Ingmar, 362
Bertholet, 159
Bevilacqua, Clóvis, 97, 337-8
Bhabha, Homi K., 365
Bidiss, M. D., 324, 326, 332
Bilac, Olavo, 44, 48, 81, 82, 105, 110, 111, 124, 135, 320, 321, 322, 325, 329, 33-4, 337, 338, 340
Bluff, 341
Bororó, 321
Bourget, Paul, 275
Braga, Cincinato, 227, 358
Brailsford, 229
Brasil, Major José d'Assis, 330
Brito, Farias, 109, 115, 135, 336-9, 343-4
Broca, José Brito, 341, 345
Brown, M. Barret, 324, 326-7
Brumel, Belo (George Bryan Brummell), 132

Bruyère, Jean de la, 211
Bueno, Lucillo, 324

Campos, Humberto de, 342, 361
Candido, Antonio, 322, 332, 355, 359
Cano, Wilson, 320, 328, 329
Carletti, Maria Cristina Simi, 12, 23
Carlos, Luís, 337-8
Carnegie, 52
Carone, Edgard, 325, 329, 331
Carvalho, Alfredo de, 334
Carvalho, J. C. Mariz, 335
Carvalho, José Murilo de, 363
Carvalho, Vicente de, 288, 290, 291, 328, 341, 342, 362
Castro, Augusto de, 215
Castro, Sertório de, 327-8, 331
Cava, Ralph Della, 328
Cavalcanti, Mello, 331
Caxias, Duque de, 351
Celso, Afonso, 325, 335
César, Moreira, 156
Charle, Christophe, 362
Châtelet, François, 361
Clootz, Anarchasis, 348
Coelho Neto, 53, 111, 113, 124, 129, 130, 146, 196, 232, 275, 325, 338, 343, 354, 359
Coelho, Ruy Galvão de Andrada, 12-3, 361
Comte, Auguste, 158, 182, 186, 264, 265, 351, 361, 364
Condorcet, 229
Conselheiro, Antônio, 156, 165
Constant, Benjamin, 142, 186, 266
Correia, Raimundo, 325, 334
Courtney, 229
Cruz e Sousa, 111, 114, 134, 140, 312-3, 337, 338, 340, 343, 365
Cruz, Osvaldo, 94, 316

Cunha e Costa, 330
Cunha, Ciro Vieira da, 323, 327, 332, 341
Cunha, Euclides da, 15-8, 20, 32, 45, 63, 64, 98, 104-5, 109, 116, 123, 126, 136, 140, 14-3, 145-51, 154-61, 163-4, 167-73, 175-88, 190, 214, 237, 238-40, 242, 244-7, 249, 250, 252-6, 258, 260, 262, 264-71, 277-9, 283, 285, 287, 291-5, 298, 300, 307, 311, 314, 324-28, 331-2, 334-5, 337, 339-40, 343-8, 350-2, 362

Dactylo, 323
Daltro, Deolinda, 360
d'Annunzio, Gabriele, 221
Darwin, Charles, 272, 352, 364
Daudet, Alphonse, 195, 198
Dias, Maria Odila da Silva, 11, 13, 15, 23
Dickens, Charles, 198
Disraeli, Benjamin, 70
Dobb, Maurice, 324
Dobroljubow, N. A., 332, 334, 341
Dostoiévski, Fiódor, 191, 239, 267

Eco, Umberto, 333
Edmundo, Luís, 53
Ego (Teófilo Guimarães), 320
Eliot, George, 239
Escobar, Francisco, 164, 178, 183
Esposei, T., 330
Estrada, Luís Gonzaga Duque, 323-4, 341, 342, 343
Eurípedes, 348

Facó, Américo, 342-3
Faoro, Raymundo, 325, 327-8, 330
Fausto, Bóris, 327-8, 330-1

Fénelon, François de, 229, 267
Figueiredo, C. L. Negreiros de, 355
Figueiredo, Jackson de (Jack), 57, 324, 337-40
Flávio, 342-3
Fonseca, Deodoro da, 68, 149
Foucault, Michel, 319-20, 362
Fourier, Charles, 90
Foville, 243
France, Anatole, 124, 230, 252, 267
Francisco Xavier, São, 268
Franco, Afonso Arinos de Melo, 136, 325, 327-8, 331-2
Freyre, Gilberto, 344
Frontin, Paulo de, 20, 53

Gama, Major Alípio, 324, 327
Gaultier, Jules de, 212
Gautier, Theóphile, 111
Germano, Rita, 12
Gil, 44, 321
Gladstone, William, 183
Gledson, John, 23, 307, 363, 364
Goldmann, Lucien, 350
Gollwitzer, Heinz, 324, 326-7, 333
Gomes, Dias, 19
Graham, Richard, 325, 328
Grimberg, C., 333
Guanabara, Alcindo, 77, 80, 324, 329, 330
Guimaraens, Alphonsus, 337-8
Guimarães, Arthur, 322
Guimarães, Francisco, 324, 328
Gumplowicz, Ludwig, 158, 171, 177, 349
Gusmão, Alexandre de, 179, 350

Hallewell, Laurence, 322
Hansen, Patrícia Santos, 363
Heine, Heinrich, 320

Heródoto, 29
Hobhouse, Leonard, 229
Hobsbawm, Eric J., 62, 324, 326, 327, 332-3
Hobson, John Atkins, 229
Holanda, Sérgio Buarque de, 13, 355, 359
Hosne, William Saad, 13
Houaiss, Antônio, 355
Hughes, Stuart, 333
Hugo, Victor, 25, 158, 159, 275
Humboldt, Alexander von, 168

Inácio de Loyola, Santo, 365
Ingenieros, José, 229, 358

J. Jr. (Mário Pederneiras), 342
Jaceguai, Barão de, 136
João do Rio, 78-9, 83, 94, 111, 132, 312, 314, 321, 329, 330, 332-5, 338, 341-3, 365
Jobim, Antônio Carlos, 19
Jobim, Jorge, 343
Jotaene (Gustavo Barroso), 322, 337

Kafka, Franz, 314
Keill, J., 171
Kemp, Emílio, 323, 325
Kropotkin, Príncipe, 230

Labieno, 342
Lafond, Georges, 324, 328
Lamnnais, 230, 239, 267
Lavoisier, Antoine, 84
Leite, Dante Moreira, 332
Leite, Gomes, 343-4
Leme, Luís Paes, 335
Lemos, Artur, 279
Levy, Silvia, 12
Lima Barreto, 15-20, 23, 32, 36, 57, 64, 76, 83, 93, 99, 104, 115, 122, 124, 135, 140, 141-2, 144-151, 155, 177, 185, 190-9, 201, 203, 204, 206-10, 212-5, 217-9, 223, 228, 230, 232, 234, 237-40, 242-7, 249, 251-6, 258, 260, 264, 265-72, 277-9, 283, 285, 287, 291, 293, 294-6, 298, 300, 304, 307, 309, 311, 314, 320, 323-5, 327-32, 336-7, 339-40, 342-5, 354-5, 360-3
Lima, Barbosa, 92
Lima, C. da Veiga, 342
Lima, Oliveira, 65, 325
Limongi, J. Papaterra, 344
Lineu, 358
Lins, A., 325, 327
Lins, Ivan, 344
Littré, Émile, 352
Lobo, Eulália Maria Lahmeyer, 320-1, 328-30
Lopes Neto, Simões, 347
Lopes, Bernardino, 115, 336, 339
Lopes, Ernani, 330
Lopes, Oscar, 210
Love, Joseph, 327
Luís de França, São, 268
Luís I, Dom, 100
Lukács, Georg, 344, 346, 359
Luso, João, 47, 126, 321-4, 327, 330, 341, 343
Luxo em Burgo, Conde de, 323

Machado de Assis, 124, 147, 184, 197, 232, 261, 277, 303-5, 307-8, 311, 317, 325, 359, 363-5
Machado Neto, A. L., 341
Machado, Maria Helena, 363
Magalhães Jr., Raimundo, 338-41, 365
Maia, Domiciano Augusto dos Passos, 86

Maior, Souto, 324-5
Malthus, Thomas, 174
Marat, Jean-Paul, 348
Maria, Pe. José, 126
Maria, Pe. Júlio, 341
Mariano, Olegário, 130, 341
Marinetti, Filippo Tommaso, 318
Marinoni, Hippolyte, 207
Marques, X., 343
Marson, Adalberto, 11, 324, 326, 333-4
Marx, Karl, 183
Mauá, Barão de, 134, 263
Maudsley, Henry, 148, 239, 345, 349
Maupassant, Guy de, 198
Mendes, Teixeira, 142
Mendonça, Curvelo de, 335
Mendonça, Lúcio de, 325
Meneses, Raimundo de, 343
Merleau-Ponty, Maurice, 319
Miceli, Sérgio, 343, 366
Mié, 323
Miguel-Pereira, Lúcia, 362
Mill, John Stuart, 103
Mira, Crispim, 327
Miranda, Bento, 328
Mommsen, Wolfgang J., 324, 352
Moniz, Rozendo, 279
Monteiro Lobato, 45, 136, 173, 229, 335, 337, 344, 358
Monteiro, Tobias, 89, 331
Montello, Josué, 332
Moraes, Eduardo J. de, 344
Morais Filho, Evaristo de, 332
Morais, Mello, 136
Morais, Prudente de, 67, 88, 93
Muir, Edwin, 346
Muller, Lauro, 316, 325, 327, 341-2
Muricy, Andrade, 336
Musanek, Hermínia, 13
Musset, Alfred de, 158-9, 275

Nabuco, Joaquim, 65, 98, 103, 136, 147, 325-6, 330, 332, 334
Ney, Paula, 113, 338
Nietzsche, Friedrich W., 221, 320
Nogueira, Hamilton, 337, 339-40
Nogueira, Júlio, 328
Nonato, José Antônio, 365
Norte, João do, 323
Novais, Fernando A., 363

Oliveira, Alberto de, 342
Oliveira, Samuel de, 111, 338, 341-2
Orlando, Artur, 97, 325
Orr, John, 319

Pacheco, Félix, 324
Paranhos Jr., José Maria da Silva (Barão do Rio Branco), 187
Passos, Pereira, 20, 46, 52, 316
Pederneiras, Mário, 324, 337-9, 342
Pedro I, imperador, 273
Pedro II, imperador, 17, 291
Peixoto, Afrânio, 131, 146, 275, 342, 343
Peixoto, Floriano, 64, 88, 93, 117, 150, 212, 345
Pena, Afonso, 17, 65
Pessoa, Fernando, 286
Petrone, Maria Teresa Schorer, 11, 13, 325
Petrônio (Artur Azevedo), 323
Picolino, Dr., 323, 327
Pierrot (Pedro Rabelo), 323, 342
Pimentel, Figueiredo, 54
Pinto, Alfredo, 86
Pinto, Maria Inez Machado, 12
Pisarew, 96, 332, 334
Plutarco, 356
Poliakov, Leon, 333
Pompéia, Raul, 258, 333
Prado Jr., Caio, 320, 324-5, 327, 343

Prado, Caio Graco, 23
Prado, Paulo, 318
Preti, Dino, 347
Priestley, J. B., 333
Proudhon, Pierre-Joseph, 90

Queirós, Eça de, 159, 238-9, 332, 341, 359
Queiroz, Venceslau de, 333
Quental, Antero de, 341

Rangel, Alfredo, 164
Rebouças, André, 170
Redondo, Garcia, 325
Ribeiro, Coronel Solon, 186
Ribeiro, João, 325, 336
Ribeiro, Silvia Lara, 12
Ricardo, Cassiano, 318
Rio Branco, Barão do, 65, 104, 118, 145, 147, 165, 172, 187-8, 237, 252-3, 311, 325, 353
Rio Branco, Visconde do, 147
Robins, Lionel C., 325
Rocha Pombo, 323, 335
Rocha, Hildon, 18, 326
Rodrigues, Antônio Edimilson Martins, 365
Romero, Sílvio, 17, 97, 136, 335
Rondon, Cândido, 170, 244, 360
Roosevelt, Theodore, 256
Root, Elihu, 51
Rostand, Edmond, 195

Sá, Estácio de, 316
Saint-Hilaire, Auguste de, 334
Sales, Alberto, 68, 327
Sales, Campos, 42, 74-5, 89, 281
Saliba, Elias Thomé, 12, 23, 327, 366
Sampaio, Carlos, 20
Sampaio, Teodoro, 164

Sanches, Sancho, 330
Santos, José Maria dos, 332
Santos, Núbia Melhem, 365
Sardou, Victorien, 348
Sarmiento, Domingos, 266
Sartre, Jean-Paul, 319
Schaff, Adam, 319
Schiller, Friedrich von, 96
Schmidt, Ferdinand, 73
Schnaiderman, Bóris, 13
Schopenhauer, Arthur, 193
Schwarcz, Lilia, 23
Schwarcz, Luiz, 23
Seidl, Carlos, 81-2, 321, 327, 329
Sevcenko, Nicolau, 15-6, 20, 327, 332, 341, 363-6
Silva, Francisco Bernardino R., 324
Singer, Paul, 324, 328
Skidmore, Thomas, 341
Soares, G. A. D., 326
Sodré, Nelson Werneck, 344
Soler, Ricaurte, 358
Spencer, Herbert, 103, 158, 160, 182-3, 229, 264-5, 305-6, 308, 310, 347, 352, 364-5
Spinoza, Baruch, 267
Sterne, Laurence, 195
Substituto, Juca, 343
Svanström, R., 333
Sweezy, P. M., 324
Swift, Jonathan, 195, 198

Tácito, 348
Taunay, Visconde de, 72, 75, 90, 249, 320-1, 328-31, 360
Thomson, David, 324
Tolstói, Leão, 77, 236, 267
Torres, Alberto, 107, 334, 336
Torres, Jaci Moura, 12
Trepador, 343

Trindade, Major E., 327
Trovão, Lopes, 108, 336
Tucídides, 267
Turgueniev, Ivan, 267, 341

Valverde, D. J., 323
Vanderbilt, 52
Vargas, Getulio, 310, 318
Vaz, Rui (Aluísio Azevedo), 338
Veiga, Luiz Maria, 23
Venâncio Filho, Francisco, 344
Veríssimo, José, 16, 64, 107, 110, 112, 124, 135, 161, 269-70, 320, 325, 331, 334, 336, 338, 342, 344, 361
Verne, Jules, 222
Versiani, Flávio Rabelo, 321
Vianna, Vitor, 328, 343, 344
Victor, Nestor, 333, 336, 343
Vieira, Ruy C. C., 13
Virgílio, 350
Vita, Luís Washington, 327, 333
Voltaire, 195, 198

Wernet, Augustin, 11
Wissenbach, Maria Cristina Cortez, 363

Xiquote, D. (Manuel Bastos Tigre), 323, 342
Xubregas, Felismino, 83

Yokanaan, 341

Zéraffa, Michel, 319
Zola, Émile, 111, 239


PUBLICAÇÕES
(em itálico: livros, jornais e revistas)

À fidalguia nacional, 323
*À margem da geografia*, 163
*À margem da história*, 163, 164, 266, 348
À mercê da pena, 324
A pedido, 321-3, 325, 330-1, 343
*A propósito da Semana Santa*, 323
A propósito de um concerto, 335
À quinta-feira, 330
*abolicionismo, O*, 326, 334
Ação e organização, 328
Aclamação, 325
Adélia, 218
Afluentes do Amazonas, 349
Agaricus auditæ, 208
*Age of the Masses, The*, 324, 332
Agências literárias, 343
Agricultura e pecuária, eis o nosso caminho, 327
*Alberto Sales, ideólogo da república*, 327
*Albun du "High-Life Taylor" pour le printemps 1910*, 323
Alguns aspectos da concentração industrial, 320
*alma encantadora das ruas, A*, 329-30, 332
Almeida Júnior, 344
*Aluísio Azevedo e a polêmica d' "O mulato"*, 332
*Amazônia, terra sem história*, 156
Amende honorable, 343
amor, Um, 323, 325, 336
Anatole France, 342
*Annuaire du Brésil (économique et financier)*, 324, 328
Antigamente era de uso, 342
*Antologia da Academia Brasileira de Letras*, 361
*Antologia do pensamento social e político no Brasil*, 333

Aos da caravana, 343
Aos poetas, 343
*Apocalípticos e integrados*, 333
argot nacional..., O, 321-2
*Artes plásticas na Semana de 22*, 324
artistas, Os, 96
Aspectos do *humour* na literatura nacional, 342
Assim falou, 341-2, 362
*Assommoir, L'*, 111
*atentado de 5 de novembro de 1897 contra o Presidente da República, causas e efeitos, O*, 330
Através do sertão, 327
*Augusto dos Anjos — poesia*, 336
*Bagatelas*, 18-9, 325, 328, 334, 336, 339, 343-6, 353-5, 358-62
Banquete de estrondo, 323
*Barão do Rio Branco*, 327
Barretadas, 341
Bedelho em tudo, 321, 330, 339
*Bel-Ami*, 132
biblioteca, A, 212
Bigodes, etc., 343
Bilhetes à cora, 343
Bilhetes brancos, 342
binóculo, O, 54
Brasil incógnito, O, 328
Brasil no contexto do capitalismo internacional, O, 324
*Brasil, país do futuro: infância brasileira e um país novo*, 363
*brasilidade modernista*, A, 344
*bruzundangas, Os*, 18, 36, 334, 344-5, 354-5
bumba meu boi, O, 321

Ça marche..., 321-2
Caça aos mendigos, 330
*Caderneta de campo*, 157, 347

*Canaã*, 335-6
*Canções sem metro*, 333
*Cantos de amor, salmos de prece*, 338
capital irradiante: técnicas, ritmos e ritos do Rio, A, 363
*caráter nacional brasileiro*, O, 333
caravana da Glória, A, 338
*Careta*, 323, 330, 343
carta do Sr. Alberto Torres, Uma, 336
*Catechisme positiviste*, 351
Catecismo republicano, 327
Cavação, 324
*cemitério dos vivos, O*, 208-9, 330, 339-40, 344, 355-7, 359-60
centenário da Independência e a geografia nacional, O, 327
Champ littéraire et champ du pouvoir: les écrivains et l'affaire Dreyfus, 362
*chave de Salomão e outros escritos, A*, 336
Cincinato Braga e a modernização econômica do país, 327
circulez no Rio, O, 321
cismas do destino, As, 109
civilização brasileira nos fins do século XIX, A, 323
*Clara dos Anjos*, 204, 208-9, 253, 323, 329, 342, 354-6, 362
Cló, 218
*Coisas do Reino de Jambon*, 224, 323, 336, 345, 353, 358-9, 361-2
Collective Biography, a Brazilian Case Study, 327
comemoração da República, A, 341
Como o homem chegou, 201
Conferências na catedral, 341
Congresso Nacional, 331
Congresso pan-planetário, 209
*conquista, A*, 338, 343
consciência, A, 25

*Consciousness and Society*, 333
conselho faz concurso de fachadas, O, 342
*Contos argelinos*, 204
*Contrastes e confrontos*, 163, 188, 348
conversa vulgar, Uma, 218
conversa, Uma, 208
*Corão*, 209
*Correio da Manhã*, 131
*Correspondência tomo 1*, 345, 354
*Correspondência tomo 2*, 345, 354
cortiço, O, 77, 329
cosmopolitismo pacifista da belle époque: uma utopia liberal, O, 327
Crônica da gatunice, 330
Crônica insulsa, 323-4, 341-3

Da arte e do patriotismo, 343
Da Independência à República, 163
Da miséria ao vício, 323
Dar esmolas aos pobres, 322
*De la Belle Époque à la Première Guerre Mondiale*, 333
*Débacle*, 111
Dentes negros e cabelos azuis, 218
*Der Europäer und seine Literatur*, 333
*Des Esseintes*, 132
destino da ciência e da arte, O, 236
destino da literatura, O, 190
Diário das ruas, 321-2, 327
*Diário do hospício*, 219, 356
*Diário íntimo*, 331-2, 345, 355, 358-61
*Dicionário literário brasileiro*, 343
dinheiro, O, 323
Diplomacia errada, 331
*Diretrizes de Rui Barbosa*, 326, 332
Discurso de recepção, 342-3
Discurso em mangas de camisa, 326
Discurso na ABL, 342
*Discurso sobre o espírito positivo*, 361

*Discursos fora da Câmara*, 329
Dísticos e emblemas, 323
*donos do poder, Os*, 325, 327, 330
doutrina de Monroe, A, 325
Duma ligeira palestra, 337

É lógico, é evidente, é claro..., 343
*Economia do imperialismo*, 324
Economic Map of the World: Population, Commerce and Industries, The, 324
Editorial, 321, 325, 334, 337
*El orden del discurso*, 319, 362
*El positivismo argentino (pensamiento filosófico y sociológico)*, 358
Elogio do Barão do Rio Branco, 325, 341-2
Em forma de crônica, 342
Emílio de Menezes, 342
Emparedado, 312, 365
encilhamento, O, 320, 360
ensaísta pernambucano, o Sr. Arthur Orlando, Um, 325, 336
*Epistolário*, 164
*época del imperialismo, La*, 324, 352
época é de arrivismo, A, 323, 343
*era das revoluções, A*, 332
*era do capital, A*, 324, 332-3
Era of Violence, The, 324
*Era uma vez o Morro do Castelo*, 365
Estatística militar, 324
*estética da vida, A*, 136
Estilo e personalidade de Euclides da Cunha, estilística d' "Os sertões", 344, 347
Estrelas indecifráveis, 164
*estrutura do romance, A*, 346
Estrutura social da República das Letras, 341
estudioso pernambucano, Um, 334

Estudo biográfico, 344
*Estudos de literatura brasileira*, 334, 344
*Eu / Outra Poesia*, 339
Eu tenho um amigo, 342
Euclides da Cunha revelador da realidade brasileira, 344
Euclides da Cunha sociólogo, 359
Euclides da Cunha, 328
*Evangelho da sombra e do silêncio*, 341
*evolução do capitalismo, A*, 324
Evolução, 363
Exposição Nacional do Rio de Janeiro, 321
Falência do amor, 341
falso Dom Henrique v, O, 201, 231, 253
Fantasias do Zé Povo, 323
fardo do homem culto: literatura e analfabetismo no prelúdio republicano, O, 332, 341
*Feiras e mafuás*, 18, 325, 329, 343, 345-6, 358-9, 361
feiticeiro e o deputado, O, 219
festa no Instituto, A, 362
ficção maliciosa e as traições da história, A, 364
*Fictions: the Novel and Social Reality*, 319
filho da Gabriela, O, 218, 355
*filosofia do mundo científico e industrial, de 1860 a 1940, A*, 361
*Filosofia social e jurídica*, 338
*fleurs du mal, Les*, 319
Foi buscar lã..., 219
Folhas soltas, 342
*Fon-Fon*, 48, 52, 321-5, 327-8, 330, 337, 341-3, 362
*Formação da literatura brasileira — momentos decisivos*, 322
*formação das almas, o imaginário republicano no Brasil, A*, 363

*Formação Econômica do Brasil: a experiência da industrialização*, 321
*fortes de Bertioga, Os*, 163
*Fragmentos e relíquias*, 163
função governamental em matéria de higiene, A, 329
Função governamental, 321
Futuros efeitos do sorteio militar, 327

G. Lobo, O, 321
Ganhar dinheiro, 323
*Gazeta de Notícias*, 18, 54, 363
Gazetilha — Hospício Nacional dos Alienados, 330
Gazetilha, 321, 323-4, 327, 331, 342-4
*Germinal*, 267
*Grã-Bretanha e o início da modernização do Brasil*, 325, 328
*guarani, O*, 287, 362

*História da literatura brasileira — prosa de ficção de 1870 a 1920*, 362
*História da literatura brasileira*, 270, 335
*História da república: 1889-1954*, 328
*História da vida privada no Brasil*, 363
*História do positivismo no Brasil*, 344
*História do Rio de Janeiro (do capital comercial ao capital industrial e financeiro)*, 320
*História e interpretação de "Os sertões"*, 344, 347, 359
*História econômica do Brasil*, 320, 325, 343
*História geral da civilização brasileira*, 324-5
*Histórias e sonhos*, 323, 325, 329, 344-5, 353-62
*homem e a comunicação: a prosa do mundo, O*, 319

homem que sabia javanês, O, 215
homens de letras vão conquistando a política, Os, 342
Homens de Letras, 342
*Homens e coisas estrangeiras*, 338, 361
Hussein Ben-Áli Al-Bálec e Miquéias Habacuc, 201, 358

*Ideias econômicas de Cincinato Braga*, 327
*ideologia nacionalista em Alberto Torres, A*, 324, 333
*ilha de Búzios, A*, 163
*Iluminaciones II*, 324
*ilustração brasileira e a ideia de universidade, A*, 334
imperialismo europeu, O, 324, 333
*Imperialismo: a expansão do poder*, 326, 332
*Império e república*, 328-31, 360
*Imprensa Fluminense*, 363
*Impressões de leitura*, 332, 345, 353-9, 362, 363
índios, Os, 321
*Indivíduo e sociedade na teoria de Augusto Comte*, 361
*Inéditos e dispersos*, 336, 344
infâmia da falsificação, A, 343
Intermezzo, 320
*intervenção estrangeira durante a revolta de 1893, A*, 330
*Introdução à história contemporânea*, 324, 332
*Introdução aos estudos literários*, 346-7
*Introduzione alla Semantica*, 319

*João do Rio, a cidade e o poeta: o olhar de flâneur na belle époque tropical*, 365
Jornal do Comércio, 47, 49, 112, 114, 126, 206, 320-5, 327-31, 334-6, 338-9, 341-4, 362
jornalista, O, 206

kantismo no Brasil, O, 338, 341-2
Kosmos, 320-3, 325, 329, 334-6

Liga Contra o Feio, 323
Liga da Defesa Estética do Rio, 323
Literatura argentina, 324
*Literatura brasileira — movimento de 1893: o crepúsculo dos povos*, 334, 341, 361
Literatura e jornalismo, 343
Literatura nacional, 343
Lívia, 212
*livro no Brasil, sua história, O*, 322
Livros novos, 320, 325, 341, 343
*Location of Culture, The*, 365
*luta civil brasileira e o sebastianismo português, A*, 330

Machado de Assis, 342
*Machado de Assis, ficção e história*, 363-4
*Malazarte*, 340
Manifestações de nacionalismo, 342
*Marginália*, 20, 328, 329-30, 332, 359-60
*Mário Pederneiras — poesia*, 337
*Mélanges d'économie politique*, 229
mendicidade, A, 330
método crítico de Sílvio Romero, O, 332
meu Carnaval, O, 201
meu domingo, O, 321
*Milagre em Joaseiro*, 328
*Mimesis*, 344
*Minha formação*, 326, 332
*Minha vida*, 336
Miss Edith e seu tio, 210
mito ariano, O, 333

moda, A, 323, 342
Moinhos de vento, 342
moleque, O, 215, 218
moléstia do funcionalismo, A, 327
*momento literário, O*, 321, 333-5, 338, 341, 343
momento literário, O, 343

Na janela, 212
Na Rua do Ouvidor, 323
*Nacional estrangeiro: história social e cultural do modernismo artístico em São Paulo*, 366
Naquele tempo, 342
Nativismo, 331
*New Cambridge Modern History, The*, 324
*Nietzsche, Freud e Marx: theatrum philosophicum*, 320
*Nineteenth-Century Novel (Critical Essays and Documents), The*, 341
*No tempo de Paula Ney*, 323, 332, 341
nossa aristocracia, A, 323
nossa crítica literária, A, 342
*Notas contemporâneas*, 332, 341
Notas de leitura, 154
nova aristocracia, A, 320
novas estátuas, As, 323
novo Brasil e o Barão do Rio Branco, O, 324
novo Estado na América Latina, O, 326
Novo surto, 327
*Novos ensaios críticos seguidos de o grau zero da escritura*, 319, 342
*Numa e a Ninfa*, 201, 204, 327, 345, 354-5, 357, 360, 362


O Dia, 329
O Estado de São Paulo, 165, 187, 355, 359

*O País*, 52
*O proletário*, 183
*Obra completa de Euclides da Cunha*, 344
*Obras completas de Lima Barreto*, 344
*Obras completas de Monteiro Lobato*, 335
Olavo Bilac, 343-4
Olhe em derredor..., 323
olhos, a barca e o espelho, Os, 355, 359
orçamento, Um, 330
Orfeu extático na metrópole, 365-6
*Origem das espécies*, 272
*Outros contrastes e confrontos*, 163
ovo da serpente, O, 362

Pall-Mall Rio: o inverno carioca de 1916, 365
*Panorama da literatura brasileira*, 343
paraíso dos medíocres (uma página que Dante destruiu), O, 350
paraíso perdido, Um, 18
Paris, 342
partidos, Os, 336
Passeio dentro de Canudos, 346
*Paz e concórdia (pintura)*, 311
*Pela infância abandonada e delinquente do Distrito Federal*, 324, 329-30
Pelos sete dias, 343
Pelos teatros, 323
pensamento vivo de Nietzsche, O, 320
Pereira Passos, 324
Peru versus *Bolívia*, 163, 348
pirâmide e o trapézio, A, 325
*Plan des travaux scientifiques nécessaires pour réorganiser la société*, 351
plano e o pânico, os movimentos sociais na década da Abolição, O, 363
*Poder, sexo e letras na República Velha*, 343

*Poemas escolhidos*, 337
*Poesia e vida de Augusto dos Anjos*, 339
*Poesia e vida de Cruz e Sousa*, 365
*Poesia*, 164, 336, 338
*Poética*, 29, 319
Poética, 342
*política geral do Brasil, A*, 332
*Por que me ufano de meu país*, 335
*Preto no branco*, 341
*Prevenir e curar*, 328
problema agrícola do Norte, O, 328
*Problemas brasileiros*, 322
Procurem a sua Josefina, 358
*Prosa e poesia*, 336
Pulcherrima rerum, 335
Pulvis, 337

que desaprendeu a amar, O, 343
*questão do poder moderador e outros ensaios brasileiros, A*, 326, 332

*Raízes do riso, a representação humorística na história brasileira*, 366
Realistas, 96
Reconstituição política, 324, 328
*Recordações do escrivão Isaías Caminha*, 64, 206, 208-9, 215, 217, 272, 320, 329, 331, 336, 340, 345, 354-5, 357-8, 361
*Reforma ou revolução*, 62
*religiões do Rio, As*, 110
*relíquia, A*, 359
*Relíquias de Casa Velha*, 363
Reproduzimos aqui..., 343
república burguesa, A, 325
*república que a revolução destruiu, A*, 327
*república velha — evolução política, A*, 329, 331

*república velha — instituições e classes sociais, A*, 325
*República: da belle époque à era do rádio*, 363
Revisão de Euclides da Cunha, 344
*Revista Americana*, 324-6, 338, 341-3
*Revista do Brasil*, 323, 328, 335, 337-8, 342-4
Revista literária, 331, 338
Ridendo, 343
*Rio Branco*, 325
Rio Branco, 325, 327
Rio de Janeiro é a cidade dos contrastes, O, 321-2
Rio primor de elegância, 321
*rio Purus, O*, 163
*Riqueza das nações*, 69
*Rodrigues Alves: apogeu e declínio do presidencialismo*, 325, 328
Romances novos, 343
*Russische Kritiker*, 332, 334

secular problema do Nordeste, O, 344
Sem rumo, 322-5, 327-31, 335, 338-9
Sem rumo, crônica da semana, 320
semana dia a dia, A, 321-4, 328-30, 334, 342-4
*sertões, Os*, 18, 149, 156, 163, 185, 240, 243, 253, 267, 348
Significação histórica do maximalismo, 358
*Situations: II*, 319
Smart, 324
Smoking concert and Ladies' Club, 323
Sobre a nudez forte da verdade — o manto diáfano da fantasia, 359
*Sociolinguística: os níveis da fala*, 347
*sociologia do romance, A*, 350
sombra do Romariz, A, 204

*Sonhos africanos, vivências ladinas: escravos e forros em São Paulo, 1850-1880*, 363
Suicídios pelo amor, 341-2
Suicídios, 330
Suplemento cultural, 355

tabuletas da Avenida, As, 323
Teatros e música, 323-5, 329, 343
*Teoria da política econômica*, 325
*Teoria do romance*, 344, 346, 359
terra paulista e as suas grandes legendas, A, 335
Terra sem história, 163
Tiro Brasileiro de Imprensa, O, 343
*Tobias Barreto, intérprete do caráter nacional*, 332
*Trabalho urbano e conflito social*, 327, 330-1
*tradição do impasse, A*, 332
*Tragic Realism and Modern Society: Studies on the Sociology of the Modern Novel*, 319
Transacreana, 349
Trepações, 343
Três poetas, 343
Tretas, 322
*Triste fim de Policarpo Quaresma*, 201, 204, 209, 212, 215, 224, 345, 354-7, 361

Ulisses, 286
Um do povo, 329
Um e o outro, 215, 323, 342
único assassinato do Cazuza, O, 219
*Urupês*, 335

Vários assuntos, 327, 342
Vários estudos, 163
Vênus burguesa, 323, 342

vida de Lima Barreto (1881-1922), A, 344
*Vida e morte de M. J. Gonzaga de Sá*, 201, 206, 208-9, 211, 215, 228, 244, 323-4, 340, 345, 353-60, 362
*vida literária no Brasil — 1900, A*, 341, 345
Vida literária, 336
*Vida mundana*, 338
*Vida urbana*, 330, 345
*vida vertiginosa de João do Rio, A*, 338, 341
vida, A, 323
vilas proletárias, As, 327

When Will the Day Come?, 341

PERSONAGENS

Aleixo Manuel, 218
Aquiles, 348
Augusto Machado, 211, 216, 218, 230, 243, 357

Benedito, 304-6, 308, 310, 363-5
Brás Cubas, 197, 232

Cam, 312
Capitão Nemo, 219, 222, 256

Dionísia, 340
Dr. Florêncio, 361
Dr. Hans Vergérus, 362

Felizardo, 204, 211

Genelício, 361
Genoveva, 356

Gonzaga de Sá, 58, 210, 218, 223, 224

Horácio, 356

Imperador Don Sajon, 231
Inácio, 363-5
Inácio Costa, 205, 304-8, 310
Isaías Caminha, 212, 216, 218, 224

Jeca Tatu, 45
Judas Asvero, 18, 165

Leonardo Flores, 285
Lúcio Barba-de-Bode, 203

Manuela Rosenberg, 362

Nove-Dedos, 203

Olga, 211, 217
Oto, 353

Pã, 337
Policarpo Quaresma, 203, 211-3, 217, 219, 256, 361
Prometeu, 105

Ricardo Coração dos Outros, 205

Sigismundo, 361

Tenente Fontes, 355
Totonho, 203
Trimalcião, 348

Vênus, 356
Vicente Mascarenhas, 209

Yelena, 341

LUGARES

Acre, 92, 94, 109, 165, 167, 170, 187
África, 244, 247, 312, 321, 358
Alemanha, 103, 322
Amazônia, 18, 147, 163, 165-9, 174-6, 271, 279, 288
América do Sul, 62, 186
América Hispânica, 64
América Latina, 61-2, 364
América, 50
Anchieta, 83
Argentina, 65
Ásia, 358
Austrália, 61
avenida Beira-Mar, 82
avenida Central, 43, 48, 50, 52, 54, 58, 82, 149, 297, 314, 316, 317, 321, 322

Bahia, 163, 165-6, 242, 244
Barbacena, 313
beco dos Ferreiros, 78
Belém, 59, 289, 324
Bélgica, 58, 317, 350
Belo Horizonte, 59, 324
Berlim, 49
Bizâncio, 179
Bolívia, 171
Botafogo, 54, 210
Buenos Aires, 39, 59, 324

campo de Santana, 54
campo de São Cristóvão, 82
Canadá, 61
canal da Mancha, 66
canal do Panamá, 171
Cantagalo, 141
Canudos, 148, 157, 172, 174-6, 253, 262, 271, 346
capela de São Sebastião, 316

Centro, 193, 234
chapada dos Parecis, 167
Chicago, 73
Chile, 65
China, 62, 145, 358
Cidade Nova, 113, 271
Coimbra, 98, 341
Copacabana, 19, 82
cordilheira dos Andes, 171
Corumbá, 171
Costa Barros, 83

Distrito Federal, 20, 46, 71, 73, 77, 81

Egito, 105, 203, 358
Espanha, 100, 365
Espírito Santo, 39, 163
Estados Unidos, 65, 146, 171, 188, 227, 237, 293, 326, 352, 362
Europa, 43, 48, 57, 59, 70, 89, 97, 99, 102, 105, 127, 144-6, 183, 188, 208, 247, 261, 274, 293, 326, 358

Flamengo, 54
Franca, 291
França, 52, 98, 102, 275, 322, 342

Gasômetro, 113
Gávea, 289
Goiás, 163
Grã-Bretanha, 63

Hilæa prodigiosa, 168
Hinterland, 39, 59

ilha das Cobras, 93, 131
ilha do Governador, 141
Índia, 61, 105, 358
Inglaterra, 102, 171, 227, 237
interior paulista, 165

interior, 168, 218, 242, 295
Ipanema, 19
Itália, 103, 365

Japão, 62, 171, 326

Laranjeiras, 141
largo de São Francisco, 75, 188
largo do Moura, 78
largo do Paço, 82
Leblon, 19
Lisboa, 49, 258
litoral, 242, 244, 248, 271, 295, 296
Londres, 151, 258

Manaus, 39, 59, 324
Mangue, 82
Maranhão, 130, 289
Mato Grosso, 39, 163, 202, 244
Maxambomba, 83
México, 145
Minas Gerais, 39, 163, 173
monte Cassino, 365
Montpellier, 266
morro da Favela, 81, 329
morro de Santo Antônio, 81
morro do Castelo, 316, 365
morro do Nheco, 329
morro do Salgueiro, 329

Nápoles, 59, 324
Nova York, 39, 73
Novo Mundo, 70

Oceania, 358
oceano Atlântico, 98, 145, 242, 247, 351
oceano Pacífico, 171, 242, 247
Oeste Paulista, 39
Olinda, 98
Oriente, 171, 247

Paris, 48, 51-2, 59, 73, 121, 151, 322-4, 351
parque da República, 82
Penha, 322
Petrópolis, 18, 210
Pindorama, 317
Portugal, 88, 100, 114, 244
praça Tiradentes, 321

região Centro-Sul, 17, 59
região Nordeste, 39, 163, 214, 271
região Norte, 39, 59, 163, 165-7, 172, 176, 288
região Oeste, 59, 171
região Sul, 39, 54, 59, 163, 165-7, 173-4, 288
Reino Unido, 102, 322
rio Amazonas, 167, 170, 348
rio Araguaia, 289
rio Branco, 288
Rio Comprido (bairro), 76
Rio de Janeiro, 15, 18-9, 31, 36, 39, 40, 42-3, 45, 47-9, 51-2, 54, 56, 58, 63, 68, 71-4, 76-8, 85, 87-9, 117-8, 121, 128, 130, 141, 144, 145, 163, 174, 179, 192, 206, 210, 214, 221, 233, 242, 245, 247, 271, 281, 304, 313-4, 316-7, 322, 328-30, 335, 338, 360
rio Madeira, 170
rio Paquequer, 288
rio Paraguai, 167
rio Paraná, 167
rio Purus, 170
rio São Francisco, 166-7, 243, 348
rio Tietê, 166-7, 348
rio Vermelho, 289, 290
Roma, 49
Rondônia, 170
rua da Misericórdia, 78
rua da Quitanda, 40
rua do Lavradio, 321
rua do Ouvidor, 40, 118, 145, 149, 202, 345
rua Dom Manuel, 78
rua dos Ourives, 40
Rússia, 171

Salvador, 247
Santa Cruz de La Sierra, 171
Santos, 39, 63
São José do Rio Pardo, 183
São Paulo, 39, 47, 59, 98, 124, 163, 168, 173, 227, 237, 242-4, 289, 317-8, 324
São Petersburgo, 151
Sapopemba, 83
Saúde (bairro), 271
serra da Mantiqueira, 313
sertão amazonense, 243
sertão do Acre, 271
sertão interior, 247
sertão nordestino, 167, 243

Tijuca, 82
Transacreana, 170

Val-de-Cães, 289
vale do Paraíba carioca, 72, 173
vale do Paraíba, 39, 363
Vassouras, 304, 363
Velho Mundo, 51, 62, 66, 100, 278

INSTITUIÇÕES E
REFERÊNCIAS URBANAS

A Agência Literária, 129
Academia Brasileira de Letras, 17, 117-8, 128, 184, 187, 261, 269, 325
Academia de Ciências de Lisboa, 124

Academia Francesa, 159
Apostolado Positivista do Rio de Janeiro, 90
Asilo da Mendicidade, 85

Banco do Brasil, 39
Biblioteca Municipal de São Paulo, 13
Bolsa de Valores, 37, 39, 117
Briguiet, 339

Café Chic, 52
Casa de Detenção, 86, 94
Central do Brasil, 313
Centro União Espírita do Brasil, 75
Chocolate Lacta, 129
Colégio Anchieta, 339
Colégio Aquino, 142
Colégio de São Sebastião, 316
Colégio Pedro II, 130
Comissão Mista Brasileiro-Peruana de Reconhecimento do Alto Purus, 165
Companhia de Jesus, 365
Confeitaria Colombo, 141
Congresso Internacional de Haia, 65
Congresso Pan-Americano, 50
Congresso, 249, 252, 281, 303, 331
Conselho Municipal, 46
Conservatório, 83

Departamento de História da FFLCH-USP, 363
Departamento de Sociologia da FFLCH-USP, 12
Depósito Provisório de Menores, 86
Diretoria de Saúde, 84

Escola Dramática Municipal, 130
Escola Militar da Praia Vermelha, 17, 42, 141, 142, 170, 186, 187, 244, 252, 307, 362

Escola Politécnica, 141, 307
Estrada de Ferro Noroeste, 171
Exército, 59, 90, 92, 176, 187

Faculdade de Direito, 68
Faculdade de Filosofia, Letras e Ciências Humanas da USP, 13, 327
Faculdade de Medicina, 86
Fundação de Amparo à Pesquisa do Estado de São Paulo, 13

Gabinete de Identificação e Estatística do Distrito Federal, 86
Gabinete Zacarias, 62
Ginásio de Campinas, 130
Ginásio Nacional, 279
Governo Provisório, 108, 318
Grêmio Euclides da Cunha, 348
Guarda Nacional, 215

Hospício Nacional, 86
Hospital Central do Exército, 256

Igreja Positivista do Brasil, 142
Imprensa Oficial, 233
Instituto de Estudos Brasileiros, 13
Instituto Histórico e Geográfico Brasileiro, 17
Instituto Histórico Nacional, 279
Instituto Politécnico, 233
Itamaraty, 65, 118, 165, 172, 187

Jockey Club, 47

Ladies' Club, 54
Liga Contra o Feio, 53
Liga da Defesa Estética, 53
Liga de Defesa Nacional, 105
Liga Nacionalista, 135

Livraria Garnier, 141, 147, 325, 351
Lóide Brasileiro, 92

Maison Rose, 52
Marinha de Guerra, 59, 90, 92
Marinha Mercante, 59
Mikado, 289
Ministério da Agricultura, Comércio e Obras Públicas, 303
Ministério da Economia e Finanças do Governo Provisório, 308
Ministério da Indústria, Viação e Obras Públicas, 303
Ministério da Justiça, 118
Ministério das Relações Exteriores, 65, 118, 147, 311

Ordem de São Bento, 365

Palácio Imperial, 222
Palácio Monroe, 50, 132
Parlamento, 134, 303
Partido Republicano Federal, 69
Partido Republicano Paulista, 91
Partido Republicano, 62, 281
Pavilhão, 234
Poder Executivo, 186, 281-3
Poder Judiciário, 203
Polícia Central, 93

Secretaria da Guerra, 233
Silogeu Brasileiro, 118
Sociedade Brasileira dos Autores Teatrais, 128
Sociedade Brasileira dos Homens de Letras, 128, 343
Sociedade dos Autores, 128
Superintendência das Obras do Estado de São Paulo, 164

Tesouro Nacional, 41, 64
Tiro Brasileiro de Imprensa, 127

REFERÊNCIAS CULTURAIS, SOCIAIS, HISTÓRICAS

Abolição da escravatura, 22, 62, 72, 97, 107, 152, 249, 261, 305, 309, 336
abolicionismo, 15, 62, 97, 117, 184, 270, 332
aburguesamento, 47, 53, 325
academia, 188, 234, 336
ação central, 293
ação comum, 299
ação consciente, 239
ação contínua, 165
ação descomedida, 280
ação dramática, 275
aceleração da atividade nacional, 97
adesismo, 37, 68, 89-90, 325
administração, 53, 61, 65, 74, 87-8, 118, 131, 270
agentes de mudanças, 277
agiotagem, 211, 228
ajustamento ao meio, 243
Ala Pinel, 234
alcoolismo, 83, 86, 115, 234
aldeamento, 76, 329
alfabetização, 119, 360
alienação, 127, 140, 213, 239
almofadinha, 192
altruísmo, 133, 223, 239, 260, 268, 295
amor romântico, 143
amor, 120, 144, 221, 264, 268, 283, 295, 337, 340-1, 356-7
amparo legal, 181
Amplius, 268
anacronismo secular, 243

anacronismo, 40, 322
analfabetismo, 71, 100, 110-1, 113, 118, 128, 270, 282
anarquismo, 17, 87, 228, 230, 269
animismo, 156, 158, 160, 193, 238
anticlericalismo, 97, 204
anti-sebastianismo, 117
antropofagia, 317
Antropologia cultural, 148
Antropologia, 101
apanha-rótulos, 84
arbítrio, 187, 203, 223, 296
aristocracia, 17, 44, 54, 56-7, 127, 133, 135, 155, 192, 231, 273
Arqueologia, 101
arquitetura continental, 164
arquitetura física e social, 166
arquitetura, 80, 121
arrivismo, 36-8, 54-6, 58, 109, 117, 131, 145, 192, 217, 225, 234, 248, 260
arroteamento, 168, 170, 246
Art Nouveau, 44, 102
arte excêntrica, 195
arte utilitária, 199
arte, 22, 29, 31-2, 42, 44, 53, 99, 115, 120, 123, 126, 130, 132, 135, 163, 194, 196, 198, 200, 218, 232, 236, 269, 273, 274, 283, 285, 286, 287, 297, 300, 304, 310, 333, 335, 348, 354, 360
assassinato, 86, 337, 340
Associação de Resistência, 75
autores russos, 239
ave ornamental, 289

banco, 56, 74, 92, 192, 228, 309
bandeirante, 165-6, 168, 243, 244, 335
banimento de refugiados nordestinos, 271
bar, 78, 83, 86, 192, 234
barbárie, 89, 156, 172, 174, 226, 266

barraca de São João, 47
barretiana, perspectiva, 240, 245
Batalha das Flores, 54
batalhão patriótico, 205
batuque, 47, 317
beletrismo, 16, 283, 311, 314, 315
belle époque, 15, 31, 44, 54, 100, 103, 105, 123, 131, 143, 146, 182, 191, 208, 258, 274, 307, 309
beneficência, 75, 90
bexiga (varíola), 174
biblioteca, 213
biografia, 31, 155, 191, 232
bloc, 293
boêmia, 46, 84, 133-4, 149, 155, 234
bôeres, 145
bonde, 56, 92, 114, 193, 216, 357
bordel, 192
bota-abaixo, 20, 315-6
botas de sete léguas, 165
bovarismo, 127, 201, 212-4, 217
brutalidade, 244, 349
Bruzundanga, 224, 226, 253, 261, 311, 334
bugre, 51, 202
bumba-meu-boi, 47
burguesia cosmopolitista, 211
burguesia panurgiana, 144
burguesia, 38, 42, 49, 50, 52, 54, 62, 112, 119, 123-4, 131-2, 146, 155, 160, 177, 192, 225, 227, 231, 247, 261, 325, 326, 346
burguesia, pequena, 192, 225, 230
burocracia, 59-60, 67, 118, 151, 155, 157, 191-2, 205, 215, 310, 326-7, 345, 361

caatinga, 165, 167, 176
cabaré, 193
caboclos, 18, 50, 164, 335

caçadores de gatos, 84
caça-dote, 56
cacau, 63, 168, 289
cadeia (prisão), 92, 113
cadeia evolutiva, 255
café (bar), 118
cafeicultura, 17-8, 39, 63, 65, 69, 72, 147, 168, 173, 246, 248, 263, 291, 293, 304
cafeicultura, depressão da, 74
cafuzos, 210
caipiras, 335
caixa de conversão, 227, 309
caixeiros, 40, 83, 88, 126, 192
câmbio, 37, 64, 85, 114, 128, 205, 263, 309, 331
camponeses, 20, 211, 226, 231
candomblé, 47, 316, 321
canibalismo, 225, 244
capanguismo, 71, 192, 202, 203
capitalismo, 17, 60-1, 63, 143, 250, 279, 306, 315, 324, 326, 364
capoeira, 57, 192, 203
caracteres adquiridos, teoria dos, 209
caravançará, 82
carnaval, 47, 321
carne-seca, 114
cartelização, 70
catarse, 300
caudilhismo, 67
cavação, 57, 125, 127, 206
cavalheirismo, 121, 143
celebração, 44, 205, 273, 315-7, 340, 365
cemitério, 193
cena de família, 160
cena de rua, 198
censura, 55, 88, 170, 258
Centenário da Independência do Brasil, 316

centralização de decisões, 282
centralização estatal, 310
centralização, 60-1, 281
chibata, 92
chiquismo, 45, 48, 50
cidadania, 134-5, 181, 283, 310
cidade morta, 173
cinema, 122-3, 193
circo, 193
círculo dos sábios, 188
civilização branca, 210
civilização mameluca, 243
civilização, 41, 44, 47, 85, 89, 99, 105, 143, 145-7, 168, 171, 176-7, 182, 184, 218, 230, 237, 244, 246, 266, 277, 312, 335, 347, 349, 350, 358
civilização, marcha da, 171
clã, 55, 222, 262
classe dominante, 305, 307
classe marginalizada, 296
classe popular, 195, 203, 230, 270
classe, 16, 43, 48, 56, 58, 76, 111, 126, 128, 134, 181, 228, 230, 232, 297, 322
classicismo, 160, 194, 195, 238
clero, 100, 365
colônia, 20, 41, 43-4, 46, 52, 61, 78, 91, 146, 170, 176, 206, 244, 249, 262, 309, 361
colonialismo, 22, 65, 208
colonização, 18, 63, 105, 208
comédia, 195, 347
comércio de cabotagem, 39
comércio internacional, 261
comércio, 39-41, 52-3, 63, 69, 84, 88-9, 92, 101, 114, 121, 134, 168, 192, 206, 214, 261, 278, 320
competição, 228
comportamento, 200-1, 239, 241, 246, 264

comtismo, 142, 148, 181, 255, 265, 352
comunicação, 170, 194, 200, 206, 254, 283, 285
comunidade, 206, 246, 267, 301, 309
confessional, caráter, 218
confessional, matriz, 199
confisco, 229
conflito, 228, 264
conquista étnico-social, 243
conservadorismo, 37, 64, 248-9, 291, 306, 325
constitucionalismo, 112, 181
consumo, 60, 110, 127, 131-2, 290
Contrarreforma, 365
Convênio de Taubaté, 69
copaíba, 168
coronelismo, 71, 202
corrupção, 38, 72, 108, 201-2, 206, 227
cortiço, 192
cosmopolitismo, 40, 43, 45, 49, 51, 52, 54, 56, 67-8, 90, 101, 126, 136, 143-5, 151, 167, 176, 183, 192, 201, 209, 211, 213, 246, 248, 262, 269, 277, 280-1, 295, 316
crédito, 258
crédito, avalanche de, 309
crédito, sistema de, 261
criança-Brasil, 306
criatividade, 242, 260, 264, 300
criminalidade, 46, 83, 85, 86, 110, 173-4, 192, 209, 227, 349
crise, 31, 41, 47, 61, 66, 68, 72, 74-5, 107, 113, 117, 120, 127-8, 133, 258, 292, 294-5, 298, 305, 328, 351
crise de 1929, 310
crise industrial-comercial de 1905-1906, 74
cristianismo primitivo, 361
cristianismo, 230
crítica, 22, 155, 191, 212-3, 232, 238, 270, 287, 296, 303, 315, 360
crônica, 31, 38, 42-4, 47-9, 52, 54-5, 57, 63, 73, 85, 104, 111, 114, 120, 122, 124, 127, 130-1, 199, 274, 327, 363
cultura brasileira, 188
cultura burguesa, 364
cultura científica, 161
cultura erudita, 110
cultura europeia, 311
cultura filosófica, 297
cultura impressa, 214
cultura letrada, 213
cultura lusitana, 23
cultura popular, 148, 237, 253
cultura, 158, 237, 248, 254, 273
cultura, estetização da, 317
cultural, campo, 298
cultural, cena, 269
cultural, debate, 22
cultural, desenvolvimento, 100
cultural, fenômeno, 198
cultural, fluxo, 96
cultural, forma, 269, 274, 295, 298
cultural, formação, 296
cultural, influência, 274
cultural, instituição, 201
cultural, padrão, 245, 277
cultural, panorama, 272
cultural, perspectiva, 257
cultural, produção, 162
cultural, renovação, 305
cultural, significação, 150, 237
cultural, transformação, 251
curandeiro, 47
curibocas, 167, 243
custo de vida, 233

dandy, 132
darwinismo, 177

darwinismo social, 100, 311, 364
decadência dos costumes, 225
decadentismo, 133
degeneração, 150, 233, 243, 347
delegacia, 93
democracia, 17, 38, 56, 70, 89, 97, 178, 183, 203, 281, 297, 306
democratização, 40, 56, 97, 107, 251, 310
demolição, 43-4, 47, 64, 77
derrotado, perspectiva do, 234
desperdício, 259, 290
despotismo, 205
determinismo, 168, 193, 240, 255
deus, 25, 51, 58, 208, 239, 338, 353
dialética, 183, 352
diamante, 168
dinheiro, 19, 56, 202, 204, 224, 320, 339
dinheiro, caça ao, 225
dinheiro, poder do, 267
direct rule, 70
direito autoral, 128
divórcio, 229
doutrina católica, 365
Doutrina Drago, 65
doutrina, 143, 230, 234, 310, 315
Dreyfus, caso, 112, 274

economia brasileira, 245
economia industrial, 247
economia, 39, 41-2, 60, 62, 64, 70, 72, 147, 258, 309, 326-7, 333, 351
economia, internacionalização da, 258
economia, promoção da, 293
econômica internacional, ordem, 258, 277
econômica, atividade, 233, 293
econômica, estrutura, 203, 273
econômica, marginalização, 249
econômica, opressão, 227
econômica, transformação, 155

econômicas, relações, 251
econômico, agente, 259
econômico, crescimento, 294
econômico, desempenho, 281
econômico, poder, 306, 308
econômico, sistema, 70, 143, 275
educação, 45, 68, 181, 234, 274, 309
educação superior, 149, 216
eleição, 112, 241, 250, 262
eleição do cacete, 309
eleitoral, cabo, 192, 202
eleitoral, curral, 309
elite governante, 270, 336
elite imperial, 210, 276, 315
elite nacionalista, 281
elite política, 67, 227, 273, 282, 296
elite regional, 281
elite republicana, 363
elite tecnocrática, 305-6, 364
elite urbana, 227, 281
elite, 209, 298
elite, nova, 291
elite, reforma da, 296
emprego, oportunidades de, 245
empreguismo, 203
Encilhamento, 37, 40, 58, 62, 63, 64, 68, 89, 143, 177, 233, 309, 315, 320
Engenharia de campo, 157, 170
Engenharia, 141, 164, 170, 242, 274, 287, 304, 351
epistolografia, 159, 194
Escola de Londres, 182, 229
Escola do Recife, 97
escola, 181, 360
escravidão, 22, 72, 90, 174, 192, 208, 214, 222, 249, 305, 309, 315
escritor-cidadão, 135, 283
esnobismo, 145, 275
esquecimento, 18, 81, 115, 127, 170, 315, 317, 339-40, 365
Estado Novo, 310

Estado-Nação, 66, 69-71, 101-2, 248, 250, 253, 258, 262, 265, 292, 326
estética antiga, 160
estética barretiana, 217
estética moderna, 365
estética, 12, 28, 33, 51, 120, 124, 136, 151, 159, 160, 162, 190, 194-5, 198, 238, 241-2, 275, 276, 311, 315, 347
estilo composto, 298
estilo elevado, 160, 240, 298, 347-8
estilo médio, 160, 195
estilos, mistura de, 240
estilos, separação de, 160, 195
estilos, teoria da separação dos, 160
estranhamento, 167, 179, 212, 219
ética missionária, 185
ética, 31, 53, 97, 113, 115, 142, 151, 182, 193, 200, 230, 239-41, 245, 251, 255, 267-9, 285, 287, 291, 293, 295
etnias, 87, 89, 91, 106, 166, 167, 210, 223, 243, 247, 294, 334, 335
etnias, ambiguidade de, 218
etnias, convivência de, 209, 246, 263, 292, 330
etnias, discriminação entre, 227
etnias, homogeneidade de, 243
europeização, 47, 97, 102, 147
evolucionismo, 99, 143, 183, 229, 264, 268-9, 305, 365
expansão territorial, 168-9
expansionismo, 104, 146, 169
exportação agrícola, 292
Exposição Canina, 54
Exposição de São Luís, 294
Exposição Industrial de Saint Louis, 362
Exposição Internacional do Centenário, 317

Exposição Nacional do Rio de Janeiro, 43
expressão cediça, 196
expressão, capacidade de, 150
expressão, formas de, 300
expressão, meio de, 285
expressão, recursos de, 283
expressionismo, 191

fabianismo, 183, 281
falsificação, 84, 89, 127, 227, 246, 309
favela, 46, 48, 192, 226
febre, 38, 87, 90, 140, 174
febre fiduciária, 177
febre tifoide, 41, 73
federalismo, 181
feminismo, 121
ferro-velho, 84
ferrovia, 41, 59, 63, 88, 173, 193, 234, 246-7, 304-5
festa da Glória, 47
festa da Penha, 47
festa, 47, 50, 83, 91, 130, 192, 317, 322
fetichismo, 67, 213, 347
ficcional, matriz, 199
Filologia, 27, 101
Filosofia, 30, 40, 99-100, 155-6, 158, 160, 182, 186, 191, 193, 204, 212, 238, 264, 272, 339
filosofia da força, 221
Física, 101
five-o'clock tea, 54
*flirt*, 120, 341
florianismo, 90, 145, 150, 204, 266
florianista, repressão, 187
folhetim, 131, 274
força, culto da, 311
forças internacionais, 296
forças internas, 240
forças materiais, 158

forças produtivas, 169
funcionalismo, 76, 128, 151, 205, 216, 274, 329

Generación de 1898, 100
Geografia, 101, 159, 188
geográfica, carta, 262
geográfica, conformação, 170
geográfica, descrição, 155
geográfica, expedição, 157
geográfica, ficção, 262
Geometria, 340
Geração de 70, 129, 133, 151
Geração de Coimbra, 100
globalização, 22, 299
Grande Depressão, 60, 229
Grande Mudança, 129
Grandes Navegações, 365
Grito do Ipiranga, 44
Guerra Civil Americana, 62
Guerra de Canudos, 174
Guerra do Paraguai, 62

hermismo, 150, 204, 345
higiene, 42, 44, 58, 69, 125, 351
histórica, força, 240
histórica, significação, 237
histórico, processo, 182
Historiografia, 29, 31, 59, 159, 267-7, 326
hospício, 87, 91, 192, 209, 234
hostilidade, 256, 267
humanismo, 253
humanismo russo, 230
humanitarismo, 31, 145, 151
humor, 194, 197

Idade Média, 183, 211
Ideal Americano, 256
idealismo, 127, 238, 295

ideologia, 106, 201, 204, 217, 306, 312, 315, 365
Igreja, 126, 316, 365
iluminismo, 143, 361
imigração, 22, 72, 89, 104, 148, 157, 165-6, 237, 242, 245, 248-9, 293, 331
imigração negra, 247
imigração nordestina, 166
imigração portuguesa, 247
impaludismo, 41
imperialismo, 61, 65-6, 145-6, 169, 237
Império, 16, 36, 38, 44, 55, 58, 62-5, 68, 72, 97, 103, 106, 115, 117, 120, 122, 134, 168, 173, 231, 252, 263, 274-5, 280, 305-7, 320, 361, 363
Império Inglês, 61
Império Otomano, 93, 203
Imperium et Libertas, 70, 327
importação, 39, 63, 127
imprensa, 18, 31, 44, 46, 48, 52, 66, 85-6, 88, 91, 119-20, 123, 127, 130-1, 155, 187, 201, 205-7, 217, 274, 316, 331, 333
imprensa carioca, 199, 269
inconformismo, 28, 110, 133-4, 180, 200, 208, 260, 270, 300
inconsciente, 239
independência, 51, 113, 115, 204, 228, 322
indianismo, 51, 322, 360
índice bovárico, 212
indígena, tribo, 166, 244, 360
índios, 47, 49, 51, 90, 141, 242-4, 289-90, 300
*indirect rule*, 61, 66, 70, 306
individual, ação, 269
individualismo, 55, 133, 246
individualismo revolucionário, 56

411

industrialismo, 22, 72, 182, 245, 247, 293
inflação, 74, 233
infraestrutura, 46, 61, 63, 91, 246, 293
intelectual combativo, 270
intelectual de casaca, 134
intelectual, atividade, 257, 263, 283
intelectual, autonomia, 228, 230
intelectual, divórcio, 257
intelectual, elite, 251
intelectual, energia, 22
intelectual, exercício, 295
intelectual, independência, 303
intelectual, mosqueteiro, 96-7, 116, 133, 261, 307
intelectual, nacionalismo, 135
intelectual, pretenso, 196
intelectual, produção, 154, 195
intelectual, propaganda, 275
intelectual, superioridade, 308
intelectual, trabalho, 172, 296
intelectual, utilitarismo, 352
intelectualidade, 117, 127, 213, 224, 234, 240, 260, 296, 298, 304, 310, 360
intelligentsia, 15, 65, 100
interesse paulista, 134
interesse privado, 246, 259, 262-3, 273, 293
interesse público, 164, 262, 269
intervencionismo, 69
ironia, 194, 197, 238
jacobinismo, 42, 69, 88-91, 145, 150, 187, 204, 257, 260, 331, 345
jacobinismo florianista, 205
jagunços, 157, 164, 176, 202, 203
jogo do bicho, 47, 192
jornalismo, 111-2, 121-2, 125-8, 150, 198-9, 206, 274, 298
jornalismo, novo, 118-9, 135, 254

kantismo, 193

latifúndio, 226, 246, 249
lei científica, 278
lei da sobrevivência dos mais fortes, 308
lei fundamental da história, 182
lei fundamental de fevereiro de 1891, 91
lei geral, 279
lei histórico-cosmológica, 238
lei natural, 193, 252, 268
lei positiva, 184
lei, 43, 46, 51, 82, 93, 105, 128, 156, 160, 173-4, 182-4, 202-3, 237, 250, 351-3
Levante Argelino, 61
Levante Indiano, 61
liberalismo, 31, 68-9, 97, 103, 107, 182-4, 229, 262-3, 269, 352
liberalismo clássico, 67, 282
liberalismo democrático, 258
liberalismo universalista, 259
liberdade de opinião, 195
liga cívica, 193
linguagem castiça e empolada, 196
linguagem comum, 194, 198, 232
linguagem despojada, 240
linguagem historiográfica, 272
linguagem narrativa, 198, 271-2
linguagem oficial, 259
linguagem radical, 306
linguagem, análise da, 154
linguagem, modelos de, 298
*linguistic turn*, 21
literária, criação, 274, 295, 299
literária, escola, 159, 195
literária, evangelização, 124
literária, experiência, 194, 299
literária, forma, 279, 298
literária, função, 281

literária, linguagem, 126, 161, 291
literária, motivação, 274
literária, peça, 287
literária, preocupação, 261
literária, produção, 190, 281, 298
literária, tradição, 254
literária, vanguarda, 238
literária, vida, 199
literária, vocação, 265
literária, voga, 196
literário, mandarinato, 194
literário, mercado, 270
literário, núcleo, 141
literário, procedimento, 199
literário, processo, 160, 194
literário, público, 198, 254
literário, recurso, 196
literário, texto, 283, 287
literários médios, gêneros, 347
literários, gêneros, 194
literatura brasileira, 132, 192, 318
literatura de cordel, 84
literatura de frac, 254
literatura do beletrismo, 314
literatura do século XIX, 159
literatura grega antiga, 238, 285, 359
literatura híbrida, 283
literatura militante, 16
literatura moderna, 28, 279
literatura nacionalista, 124
literatura ocidental, 344
literatura russa contemporânea, 159
literatura social e humanitária, 269
literatura tecnográfica, 161, 298, 311
literatura tradicional, 254
literatura utilitária, 232, 281
literatura, missão da, 357
literatura, poder alegórico da, 300
litoral, mulatos do, 243
lusofobia, 88

malhação do judas, 47
manchesterismo, 64, 258
Matemática, 205, 351
material, desenvolvimento, 100
materialismo, 55, 97, 133, 158, 339
materialismo animista, 295
matriarcado primitivo, 317
mecenato, 118, 135, 276
mediocridade, 109-10, 150
*meeting*, 74, 89, 91
mendicidade, 83-5
mercado de trabalho, 22
mercado editorial, 102, 128, 299, 348
mercado internacional, 248, 307
mercado interno, 248, 293
mercado, 55, 70, 117, 121, 125, 128, 171, 250-1, 253, 267
mercado, lei de, 246, 293
mercantil, atividade, 128, 143
messianismo, 249, 253
metrópole, 17, 20, 61, 102, 146, 326
metrópole europeia, 208, 227
Mi-Carême, 54
militância, 32, 67, 89, 200, 213
militar, acampamento, 157
militar, campanha, 74
militar, expedição, 157
militar, intervenção, 150
militar, mocidade, 185
militar, vanguarda, 67
militarismo, 64, 65, 71, 90, 101, 105, 146, 155-6, 158, 192, 204, 228, 274, 287, 326, 327
ministério, 147, 192, 307
misantropia, 124, 219
moda, 122, 220
modernidade, 18, 22, 52, 59, 97, 101-2, 147, 280, 308
modernismo, 16, 317-8, 365-6
Modernismo de 1870, 62, 97

modinha, 46, 84
monarquia, 17, 42, 64, 67-9, 88-90, 309, 331
monocultura, 248
monocultura cafeeira, 292
monopólio, 70, 88, 89, 127, 206, 227, 262, 274, 279, 328
moral, 158, 224-5, 231, 253, 268, 347, 357
motim, 41, 75, 91-4, 187, 221
movimento histórico, 155, 191
Movimento Nacional Egípcio, 62
movimento popular, 253
mundanismo, 127

nacionalismo, 105, 127, 145-6, 169, 310
*nation-making*, 103
naturais, desperdício de recursos, 271
natural, agente, 156
natural, energia, 239
natural, espetáculo, 289
natural, força, 156, 240
natural, panorama, 287
natural, processo, 182
natural, seleção, 177, 183
naturalismo, 98, 194, 272, 275, 294, 346
naturalismo francês, 238
natureza paradisíaca, 287
natureza, 210, 289
natureza, caráter decorativo da, 289
natureza, determinismo da, 237
natureza, exploração predatória da, 22
natureza, imagem da, 290
natureza, ordem na, 237
natureza, potência da, 193, 238-9
Náutilus, 219, 256
navegação, 167, 170
navio negreiro, 93

navio tumbeiro, 92
navio-prisão, 92
nefelibatismo, 133, 195
negociata, 37, 206, 227, 320
negros, 87, 141, 147, 210, 242, 267, 356
neocolonialismo, 70
neoliberalismo, 281, 292
neomercantilismo, 61, 229, 327
neo-romantismo, 194
nepotismo, 71, 203, 215, 227
nirvanismo, 116, 219-20, 222

ocidentalização, 62
oligarquia, 16-7, 69, 71, 104, 111, 119, 179, 181, 202, 217, 227, 232, 250-1, 253, 259, 260-1, 263, 270, 280-1, 327
oligopólio, 327
operariado, 60, 74-5, 81, 87-8, 90, 96, 174, 192, 230, 326, 328, 330, 351
oportunismo, 88, 109, 117, 120
Ordem e Progresso, 264, 310-1, 318, 364
ordem europeia, 262
ordem internacional, 208, 278
ordem, velha, 64
otimismo, 52, 126, 213, 220, 287

pacifismo, 188, 229, 245, 266
pacto ABC, 65, 114, 172
paladino malogrado, 107, 307
Pan-Americanismo, 65, 172
pão de Jesus, 75
parasitismo, 57, 99
parlamentarismo, 17, 112
parnasianismo, 196, 347, 354
partido político, 108, 202-3, 281
pasquim, 118
Pátria Americana, 265

Pátria Humana, 143
Pátria Universal, 186
patriarcalismo, 44, 222
patrimonialismo, 71
patriotismo, 98, 112
pau-brasil, 317
personagem errante, 166
personagem fragmentado, 218
personagem popular, 200
personagem-poeta, 285
pessimismo, 110, 120, 220, 227, 297, 335-6
planejamento, 281, 283, 296, 310
Plano de Valorização do Café, 227
plutocracia, 17, 38, 71, 202, 230, 307, 309
poder da história, 30, 319
poder de contágio, 285
poder político, 205, 308
poder republicano, 281
poder, centralização de, 282
poder, hipertrofia do, 251
poder, quarto, 207, 282
poesia, 16, 110, 123, 159, 301, 347
poética, 120, 165, 357
policultura, 248, 293
política, 155, 191, 204, 228, 253
política de emissão, 205, 263
política dos governadores, 42, 68, 281, 309
política, ação, 254, 281
política, caracterização, 229
política, crise, 36
política, decisão, 248
política, estrutura, 273, 306
política, militarismo na, 345
política, participação, 97
política, transformação, 227, 251
política, vida, 281
politicagem, 18, 203

político de carreira, 205
político, cambalacho, 206
político, clã, 233
político, representante, 273
político, servilismo, 103
político, sistema, 202, 280, 303
político, suborno, 206
população brasileira, 128, 211, 281
população civil, 205
população paulista, 167
população rústica, 241
população, abandono da, 226, 271
positivismo, 31, 90, 99, 142-3, 148, 151, 181, 183, 204-5, 229, 264, 266, 269, 282, 291, 308, 351, 352
positivista, ditadura, 67
positivista, vanguarda, 67
poupança, 70, 327
preconceito, 71, 146-7, 194, 200, 208, 218, 225, 234, 253, 312, 360
prejuízo econômico, 293
presiganga, 92, 93
Primeira Guerra Mundial, 20, 51, 52, 64, 105, 124, 147, 326
Primeira República, 33, 108, 113, 117, 142, 203, 215, 258-9, 262, 309
princípio de Sirius, 277
privilégio, 260, 273
Proclamação da República, 37, 41, 68, 115, 185, 233, 308
profissão, 57, 75, 83-4, 86, 114, 125, 128, 132, 134, 338, 351
progresso europeu, 246
progresso material, 266
progresso tecnológico, 304
progresso, opressão do, 250
proletariado, 90, 233, 248, 253
propriedade, grande, 184, 242, 248, 293
propriedade, pequena, 242, 246, 293

prosa, 16, 29, 110, 123, 157, 347
prostituição, 48, 85, 86, 108-9, 192, 330
protecionismo, 227
Psicologia, 101, 267, 278
pública, ação, 152, 293
pública, dívida, 246
pública, esfera, 262-3
pública, felicidade, 262
pública, fortuna, 202
pública, função, 260
pública, opinião, 206, 270
pública, ordem, 203, 261, 263, 273
pública, participação, 296
pública, projeção, 207
pública, saúde, 81, 202
pública, vida, 140
público europeu, 210
público novo, 254
público, bem, 262, 267
público, cargo, 205, 262
público, dinheiro, 202, 263
público, emprego, 125, 206
público, espaço, 273, 276
público, gosto, 297
público, poder, 67
público, reação espontânea do, 283
público, tema, 176
públicos, órgãos, 249
Putsch (golpe), 89
quebra-lampiões, 75, 91
quediva, 203

Química, 101, 351

raça brasileira, 294
raça latina, 171
raça, superstição de, 228
raças, teoria das, 147

raciais, relações, 155, 191
racial, inferioridade, 208
racial, motivação, 214
real (réis), 57, 79, 82, 129, 322
realismo animista, 185
realismo enganoso, 308, 311, 364
realismo europeu, 346
realismo moderno, 347
realismo social, 298
realismo, 31, 107, 114, 155-6, 159-60, 171, 272, 275-7, 290, 346, 347
Rebelião de Tai-Ping, 62
Redenção, 44, 45, 97, 119, 281, 285, 340
reforma, 37, 58, 77, 97, 102, 107, 129, 148, 152, 180-1, 183-4, 186, 229, 253, 257, 269, 281, 283, 296-7, 306, 333
reforma agrária, 246
Reforma Protestante, 365
Reforma Religiosa, 61
reformismo, 90, 104-5, 133-4, 180, 183, 185, 229-30, 248, 270, 281
Regeneração Nacional, 69
Regeneração, 43, 45-6, 52, 53, 58, 65, 78, 82, 91, 118-20, 124, 126, 129, 131, 136, 147, 149, 150, 226, 314-6
regra das três unidades, 195
Regulamento da Vacina Obrigatória, 92
Reinado, Segundo, 40, 73, 273, 275, 303, 305
relativismo, 193, 208, 212, 238
religiosidade, 17, 47, 101, 110, 200, 208, 257, 358
Renascimento, 365
repartição pública, 118, 157, 192, 262
Repressão de 1904, 42, 93
República, 15-7, 20, 22, 37, 40, 51, 57-8, 62-4, 68, 72, 89, 97, 106-8, 112, 116-7, 125, 128, 134, 136, 143, 146, 149, 150-2, 177-9, 183-4, 186,

202-3, 213, 224-5, 231, 237, 257, 260-1, 270, 273, 275, 303, 305, 309, 311, 313-4, 320, 332, 336, 339, 363
república aristocrática, 64
república das letras, 195
república de caudilho, 64
República dos Camaleões, 64
República dos Conselheiros, 64, 68, 88, 90, 118, 124, 130, 147, 187, 248
república dos medíocres, 260
república humana, 265
República, conselheiros da, 229
república, falsa, 257
república, nova, 276
republicana, cena, 226
republicana, ordem, 117, 142, 263
republicana, realidade, 245
republicana, sociedade, 152, 185, 215, 227, 269, 273, 297
republicanismo, 37, 69, 204, 307, 332
republicano, mandonismo, 203
republicano, regime, 17, 129, 178, 237, 315
resistência, 252, 271
ressentimento, 93, 132
Restauração Meiji, 62
Revolta da Armada, 187
Revolta da Vacina, 209, 271
Revolta de 1893, 88, 90, 187
Revolta de 1904, 89-90
Revolta do Selo, 75
Revolta dos Sargentos, 90
revolução, 91, 182, 183
Revolução de 1930, 318
Revolução Industrial, Segunda, 60, 101, 146, 326
Revolução Sanitária, 100
Revolução Tecnológica, 59, 101, 305
romantismo, 120, 122, 124, 133-4, 149, 158-60, 213, 274-7, 283, 287, 290, 346-7

sacrifício, 56, 236
Salão de Artes Plásticas, 131
salário, 18, 73-5, 226, 328
salário, alta do, 226
salário, custo do, 249
Santo Ofício Republicano, 205
seca, 174, 246, 314
Semana de Arte Moderna, 317, 318
sertaneja, cena, 160
sertaneja, ética, 266
sertaneja, população, 181, 211, 214, 249
sertaneja, revanche, 253
sertanejos, 293
sertanismo, 277
sertão, incorporação do, 266
simbólica, eficácia, 300
simbólica, solução, 295
simbólico, poder, 301
simbólico, ritual, 300
simbólico, termo, 247
simbólico, universo, 295
simbolismo francês, 102
símbolo de distinção, 215, 225
símbolo universal, 227
símbolo, 219, 363
símbolo, objeto-, 216
símbolo, papel-, 216
sindicato, 75, 89
sistema de controle, 273
sistema de dominação, 362
sistema de hegemonia, 276
sistema de relações, 280
sistema de segurança, 203
sistema de valores, 258, 275
sistema internacional, 280
sistema viário, 170, 188
smartismo, 45, 49, 54, 57-8, 126-7, 150

sociais, forças, 239, 255, 257, 276
social, abominação, 200, 234
social, ação, 155, 214, 232
social, agrupamento, 273, 299
social, assistência, 184, 202, 246
social, cadeia, 266
social, cena, 177, 305
social, coesão, 221, 265
social, condição, 233, 276, 307
social, corpo, 248, 253, 296
social, custo, 271
social, decadência, 246
social, dissolução, 178
social, divisão, 230
social, energia, 181, 239
social, enquadramento, 250
social, espectro, 297
social, estrutura, 203, 273
social, exclusão, 310
social, geena, 87, 330
social, hierarquia, 28, 54, 56, 217, 231, 276, 300
social, ideal, 155, 191
social, justiça, 306
social, lei, 252
social, luta, 183
social, marginalização, 217, 251
social, meio, 230, 266, 294, 299
social, movimento, 269
social, nível, 158, 193
social, ordem, 230, 276
social, perspectiva, 154-5, 177, 232
social, poder, 308
social, prática, 217
social, precedência, 215
social, prejuízo, 293
social, processo, 242
social, projeto, 237, 251, 274
social, promoção, 310
social, proteção, 209
social, questão, 144, 345
social, raiz, 300
social, realidade, 346
social, relação, 155, 191
social, relevo, 233
social, remodelação, 257
social, romance, 347
social, situação, 251
social, solidariedade, 181, 267
social, tendência, 279
social, tensão, 264
social, texto, 250
social, tipo, 157, 335
social, transformação, 155, 177, 191, 251, 263
social, utilitarismo, 107
social, vida, 225, 231, 257
socialismo, 87, 183-4, 228, 269, 352
socialização das perdas, 227
sociedade arcaica, 309
sociedade brasileira, 210, 227, 244-5, 297, 308, 311, 364
sociedade dos vaqueiros, 166
sociedade imperial, velha, 251
sociedade tradicional, desagregação da, 225
*societas sceleris*, 225, 309
sociolinguística, variação, 157, 161, 196, 199
Sociologia, 181, 229, 358
soldado-cidadão, 134
solidariedade, 55-6, 124, 133, 143-4, 167, 181, 220-3, 225, 228, 232, 234, 246, 251, 253, 255-6, 258, 263, 265, 268, 280, 292, 357
sonâmbulo, 165
spencerianismo, 188, 266
*struggle for life*, 100, 228, 266
subconsciente, 239
subemprego, 83

subúrbio, 19, 46, 48, 74, 76-7, 83, 91, 145, 192, 234, 249, 277-8
suicídio, 83, 86, 87, 120
sultão, 202-3

tabaréus, 167, 241
talento, marginalização do, 260
talentos, seleção dos, 262
tamoios, 210
tapuias, 167, 243
teatro de marionete, 193
teatro escandinavo, 194
teatro, 19, 36, 193
tecnologia de impressão, 254
tecnologia, 120, 295
tempo do bem, 255
tempo do mal, 255
Terror do Alves, 93
tísica, 133
trabalhador, defesa do, 183
trabalhismo, 87, 183, 269
trabalho agrícola, 219
trabalho, 293
trabalho, divisão do, 70, 229, 250, 266
trabalho, lei do, 246
trabalho, oferta de, 249
tragédia, 195, 233, 238, 346, 347
transformismo, 177
trustização, 52, 70
tsarismo, 100, 364

tuberculose, 73, 192
tupinambás, 50
tupis, 51

ufanismo bovarista, 213
ufanismo, 213, 215, 287
umbanda, 316
urbanismo, falso, 19
utilitarismo, 31, 99, 103, 177, 281
utilitarismo inglês, 183, 259, 266
utopia, 205, 259, 268

vadiagem, 46, 82-3, 192, 212, 227, 249, 300, 340
vandalismo, 146
vanguarda, 100, 145, 149, 212, 245, 287
varejo, 41, 46, 88, 121, 205
varíola, 41, 73, 76
Vinho Reconstituinte de Granado, 125
violão, 46, 192
violência, 221, 345
voluntarismo, 185
voto de bico de pena, 71
voto de cabresto, 71

xenofobia, 88

zona rural, 157, 193, 203, 242, 249, 278, 296

2ª EDIÇÃO [2003] 3 reimpressões

ESTA OBRA FOI COMPOSTA PELA ABORDAGEM EDITORIAL EM MINION
E IMPRESSA PELA GRÁFICA FORMA CERTA SOBRE PAPEL PÓLEN NATURAL
DA SUZANO S.A. PARA A EDITORA SCHWARCZ EM SETEMBRO DE 2025

A marca FSC® é a garantia de que a madeira utilizada na fabricação do papel deste livro provém de florestas que foram gerenciadas de maneira ambientalmente correta, socialmente justa e economicamente viável, além de outras fontes de origem controlada.